MÉMOIRES

POUR SERVIR

A L'HISTOIRE DE MON TEMPS

II

PARIS.—IMPRIMÉ CHEZ BONAVENTURE ET DUCESSOIS,
55 QUAI DES AUGUSTINS.

MÉMOIRES

POUR SERVIR A

L'HISTOIRE DE MON TEMPS

PAR

M. GUIZOT

—

TOME DEUXIÈME

PARIS

MICHEL LÉVY FRÈRES, LIBRAIRES-ÉDITEURS,
RUE VIVIENNE, 2 BIS.
—
1859
Droits de reproduction et traduction réservés.

MÉMOIRES

POUR SERVIR

A L'HISTOIRE DE MON TEMPS

CHAPITRE IX

LA RÉVOLUTION DE 1830.

Mon arrivée à Paris. — Je trouve la Révolution soudainement flagrante. — Réunions de Députés chez MM. Casimir Périer, Laffitte, Bérard et Audry-Puyraveau. — État des esprits dans ces réunions ; — parmi le peuple et dans les rues. — Les Députés prennent séance au Palais-Bourbon et appellent le duc d'Orléans à Paris.—Il accepte les fonctions de lieutenant général du royaume.—Insignifiants et vains essais de négociation entre Paris et Saint-Cloud. — Le raccommodement avec Charles X était-il possible?— La royauté du duc de Bordeaux avec la régence du duc d'Orléans était-elle possible?—M. de La Fayette et ses hésitations.—M. le duc d'Orléans et les motifs de sa détermination.—Il n'y avait de choix qu'entre la monarchie nouvelle et la République. — Emportement public.— Sentiment dominant parmi les royalistes.—Empire de l'exemple de la Révolution de 1688 en Angleterre.—Différences méconnues entre les deux pays et les deux événements.—Révision de la Charte.—Origine du parti de la résistance.—Fallait-il soumettre la royauté et la Charte nouvelles à la sanction populaire?—Symptômes anarchiques. — Prétentions républicaines. — Faits divers qui déterminent ma ferme adhésion à la politique de résistance.—Je deviens ministre de l'intérieur.

(26 juillet—11 août 1830.)

J'entre dans l'époque où j'ai touché de près, et avec quelque puissance, aux affaires de mon pays. Si j'étais sorti de l'arène comme un vaincu renversé et mis hors de combat par ses vainqueurs, je ne tenterais pas de parler aujourd'hui des luttes que j'ai soutenues. Mais la catastrophe qui m'a frappé et brisé a tout frappé et brisé autour de moi, les rois comme leurs conseillers, mes adversaires comme moi-même. Acteurs de ce temps, nous sommes tous des vaincus du même jour, des naufragés de la même tempête. Je ne me flatte pas que les grands coups du sort, même les plus rudes, portent partout et soudain la lumière. Je crains que les idées, les passions et les intérêts avec lesquels j'ai été aux prises ne possèdent et n'agitent encore bien des cœurs. La nature humaine est aussi obstinée que légère, et les partis ont des racines que les plus violentes secousses n'extirpent pas complétement. Pourtant j'ai la confiance que, dans les régions un peu hautes de la vie publique, le jour s'est levé assez grand et nous avons tous aujourd'hui l'esprit assez libre pour que nous puissions regarder dans le passé en y cherchant les enseignements de l'expérience, non de nouvelles armes de guerre. C'est avec ce sentiment, et avec celui-là seul, que j'entreprends de retracer nos anciens combats. Je me promets d'être fidèle à mes amis, équitable envers mes adversaires, et sévère pour moi-même. Si j'y réussis, mon travail ne s'achèvera peut-être pas sans quelque honneur pour mon nom et sans quelque utilité pour mon pays.

Je quittai Nîmes le 23 juillet 1830, content des élections auxquelles j'avais concouru, des dispositions générales que j'avais trouvées, et uniquement préoccupé de chercher comment il faudrait s'y prendre pour faire prévaloir dans les Chambres et accueillir en même temps par le Roi le vœu décidé, mais modéré et honnête, du pays. Ce fut seulement le 26 juillet, en passant à Pouilly, que j'eus, par le courrier de la malle, la première nouvelle des ordonnances. J'arrivai à Paris le 27, à cinq heures du matin, et je reçus à onze heures un billet de M. Casimir Périer qui m'engageait à me rendre chez lui, où quelques-uns de nos collègues devaient se réunir.

La lutte était à peine commencée, et déjà tout l'établissement de la Restauration, institutions et personnes, était en visible et pressant péril. Quelques heures auparavant, à quelques lieues de Paris, les ordonnances ne m'étaient pas même connues, et, à côté de la résistance légale, je trouvai en arrivant l'insurrection révolutionnaire déchaînée. Les journaux, les tribunaux, les sociétés secrètes, les réunions de pairs et de députés, la garde nationale, la bourgeoisie et le peuple, les banquiers et les ouvriers, les salons et les rues, toutes les forces réglées ou déréglées de la société poussaient ou cédaient au mouvement. Le premier jour, *Vive la Charte! A bas les Ministres!* Le second jour, *Vive la liberté! A bas les Bourbons! Vive la République! Vive Napoléon II!* La fermentation et la confusion croissaient d'heure en heure. C'était, à l'occasion des ordonnances de la veille, l'explosion de toutes les colères, de toutes les espérances, de tous les desseins et désirs politiques amassés depuis seize ans.

Entre les maux dont notre pays et notre temps sont atteints, voici l'un des plus graves. Aucun trouble sérieux ne peut éclater dans quelque partie de l'édifice social qu'aussitôt l'édifice entier ne soit près de crouler; il y a comme une contagion de ruine qui se propage avec une effroyable rapidité. Les grandes agitations publiques, les grands excès du pouvoir ne sont pas des faits nouveaux dans le monde; plus d'une fois les nations ont eu à lutter, non-seulement par les lois, mais par la force, pour maintenir ou recouvrer leurs droits. En Allemagne, en Espagne, en Angleterre avant le règne de Charles Ier, en France jusque dans le XVIIe siècle, les corps politiques et le peuple ont souvent résisté au roi, même par les armes, sans se croire en nécessité ni en droit de changer la dynastie de leurs princes ou la forme de leur gouvernement. La résistance, l'insurrection même avaient, soit dans l'état social, soit dans la conscience et le bon sens des hommes, leur frein et leurs limites ; on ne jouait pas, à tout propos, le sort de la société tout entière. Aujourd'hui et parmi nous, de toutes les grandes luttes politiques on fait des questions de vie ou de mort ; peuples et partis, dans leurs aveugles emportements, se précipitent tout à coup aux dernières extrémités ; la résistance se transforme soudain en insurrection et l'insurrection en révolution. Tout orage devient le déluge.

Du 27 au 30 juillet, pendant que la lutte populaire éclatait çà et là dans les rues, de jour en jour, d'heure en heure plus générale et plus ardente, je pris part à toutes les réunions de députés qui se tinrent chez MM. Casimir Périer, Laffitte, Bérard, Audry-Puyraveau, sans autre but que de nous entendre sur la conduite que nous avions à tenir, et sans autre concert que l'avis transmis des uns aux autres que nous nous trouverions à telle heure, chez tel d'entre nous. Selon les incidents de la journée et l'aspect des chances, ces réunions étaient très-inégalement empressées et nombreuses. Dans la première, tenue le 27 chez M. Casimir Périer, j'avais été chargé, avec MM. Villemain et Dupin, de rédiger, au nom des députés présents, une protestation contre les ordonnances. Je la présentai et elle fut adoptée le lendemain 28, dans deux réunions chez MM. Audry-Puyraveau et Bérard, où elle reçut, soit des membres présents, soit par autorisation pour les absents, soixante-trois signatures[1]. Mais le soir du même jour, m'étant de nouveau rendu, comme on en était convenu le matin, chez M. Audry-Puyraveau, nous ne nous trouvâmes plus que onze. La diversité des dispositions n'était pas moindre que celle des nombres. Les uns voulaient porter la résistance jusqu'à la dernière limite de l'ordre légal, mais pas plus loin. D'autres étaient résolus à un changement de dynastie, ne désirant, en fait de révolution, rien de plus, mais regardant celle-là comme aussi nécessaire que l'occasion leur en semblait favorable, et se flattant qu'on pourrait s'en tenir là, ou à peu près. D'autres, plus

---

[1] *Pièces historiques*, n° I.

révolutionnaires sans le savoir, se promettaient, dans les institutions et les lois, toutes sortes de réformes indéfinies, commandées, pensaient-ils, par l'intérêt et le vœu du peuple. D'autres enfin aspiraient décidément à la République, et considéraient comme un avortement ou une déception toute autre issue de la lutte que le peuple soutenait au nom de la liberté. La gravité de la situation, la rapidité et l'incertitude de l'événement contenaient un peu ces dissidences; mais elles apparaissaient dans les propositions, les discussions, les conversations particulières; elles faisaient pressentir les divisions qui se manifesteraient dès que les esprits et les passions seraient affranchis du pressant péril; elles démontraient la nécessité de mettre une prompte fin à la crise qui suspendait l'anarchie, mais qui évidemment ne la suspendrait pas longtemps.

Quand les regards se portaient hors de nos réunions et sur ce qui se passait dans les rues, l'urgence d'une solution apparaissait bien plus pressante encore. Le droit du pays violé et son honneur offensé, les sentiments justes et généreux avaient d'abord soulevé le public et déterminé les premières résistances. Mais les ennemis de l'ordre établi, les conspirateurs d'habitude, les sociétés secrètes, les révolutionnaires à toute fin, les rêveurs de toute espèce d'avenir s'étaient aussitôt jetés dans le mouvement et y devenaient d'heure en heure plus puissants et plus exigeants. Tantôt ils proclamaient bruyamment leurs desseins, ne tenant pas plus compte de nous, députés, que si nous n'existions pas;

tantôt ils accouraient autour de nous, nous assiégeaient de leurs messages ou de leurs clameurs, et nous sommaient d'exécuter sans délai leurs volontés. Le 28 juillet au soir, pendant que nous étions réunis en très-petit nombre chez M. Audry-Puyraveau, dans un salon du rez-de-chaussée dont les fenêtres étaient ouvertes, des ouvriers, des jeunes gens, des enfants, des combattants de toute sorte entouraient la maison, remplissaient la cour, obstruaient les portes, nous parlaient par les fenêtres, prêts à nous défendre si, comme le bruit en courait, des agents de police ou des soldats venaient nous arrêter, mais réclamant notre prompte adhésion à leurs instances de révolution, et discutant tout haut ce qu'ils feraient si nous ne faisions pas sur-le-champ ce qu'ils voulaient de nous. Et ce n'était pas seulement dans les rues que l'esprit révolutionnaire se déployait ainsi en tous sens et à tout hasard; il prenait pied le 29 juillet dans le seul pouvoir actif du moment, dans la Commission municipale établie à l'Hôtel-de-Ville pour veiller, disait-on, aux intérêts de la cité : deux membres sur six se faisaient là ses interprètes, M. Audry-Puyraveau et M. Mauguin, beau parleur audacieux, prétentieux, vaniteux, sans jugement comme sans scrupule, très-propre, dans ces jours de perturbation générale, à échauffer les fous, à intimider les faibles et à entraîner les badauds. Quelques esprits sensés et fermes, entre autres M. Casimir Périer et le général Sébastiani, essayaient de résister et se montraient résolus à ne pas devenir des révolutionnaires, même en faisant une révolution.

Mais sans point d'appui fixe toute résistance est vaine, et ils n'en avaient aucun. Avec une rapidité incessamment croissante, le flot de l'anarchie montait dans les régions hautes et se répandait à grand bruit dans les régions basses de la société.

Dans l'espoir de l'arrêter, quelques royalistes éclairés, le duc de Mortemart, MM. de Sémonville, d'Argout, de Vitrolles et de Sussy, tentèrent de faire donner au pays une satisfaction légale, et d'amener, entre la royauté inerte à Saint-Cloud et la révolution bouillonnante à Paris, quelque accommodement. Mais quand ils demandaient à voir le Roi, on leur opposait l'heure, l'étiquette, la consigne, le sommeil. Admis pourtant, ils trouvaient le Roi à la fois tranquille et irrité, obstiné et hésitant. Ils parvenaient, après bien des efforts, à lui arracher le renvoi du cabinet Polignac, le rappel des ordonnances et la nomination du duc de Mortemart comme premier ministre. Mais cela convenu, le Roi traînait encore et faisait attendre au duc de Mortemart les signatures nécessaires. Il les lui donnait enfin, mais en y ajoutant de vive voix toute sorte de restrictions, et le duc de Mortemart, malade et rongé de fièvre, repartait pour Paris sans avoir obtenu du dauphin le laissez-passer dont il avait besoin. Arrêté à chaque pas sur sa route, par les troupes royales aussi bien que par les gardiens volontaires des barricades, il n'arrivait pas jusqu'à la réunion des députés et ne réussissait qu'à grand' peine à leur faire parvenir, ainsi qu'à la Commission municipale, par l'entremise de M. de Sussy, les ordonnances dont il était porteur. Nulle part ces concessions n'étaient accueillies ; au palais Bourbon et à l'Hôtel-de-Ville, on consentait à peine à en prendre connaissance ; M. de La Fayette faisait acte de courage en écrivant au duc de Mortemart pour lui en accuser réception ; et deux hommes à cheval ayant dit tout haut sur le boulevard : « Tout est fini ; la paix est conclue avec le Roi ; c'est M. Casimir Périer qui a tout arrangé, » le général Gérard et M. Bérard, qui se trouvaient là, eurent peine à soustraire ces deux hommes à la colère de la foule, qui voulait les massacrer. Il n'y avait, à Saint-Cloud, plus de pouvoir en état, je ne dis pas d'agir, mais seulement de parler au pays.

Ce fut au milieu de cette menaçante situation et pour y mettre un terme que, sortant enfin de nos réunions sans caractère et sans but déterminé, nous nous rendîmes le 30 juillet au Palais-Bourbon, dans la salle de la Chambre des députés, invitant nos collègues absents à venir s'y joindre à nous et à relever le grand pouvoir public dont nous étions des membres épars. Les pairs présents à Paris se réunirent pareillement au palais du Luxembourg. Nous entrâmes en communication avec eux ; et ce même jour, avant la fin de la matinée, informés que M. le duc d'Orléans, qui jusque-là s'était tenu éloigné, inactif et invisible, se montrait disposé à venir à Paris, nous adoptâmes la résolution conçue en ces termes :

« La réunion des députés actuellement à Paris a pensé qu'il était urgent de prier S. A. R. monseigneur le duc d'Orléans de se rendre dans la capitale pour y exercer les fonctions de lieutenant général du royaume, et de lui exprimer le vœu de conserver les couleurs nationales. Elle a, de plus, senti la nécessité de s'occuper sans relâche d'assurer à la France, dans la prochaine session des Chambres, toutes les garanties indispensables pour la pleine et entière exécution de la Charte.[1] »

Cette résolution, précise et pourtant encore réservée, fut à l'instant revêtue de quarante signatures; quoiqu'ils eussent souhaité un autre vote et un autre langage, les membres les plus ardents de la réunion, MM. Eusèbe Salverte, de Corcelle, Benjamin-Constant, de Schonen, y donnèrent leur adhésion. Trois seulement des députés présents, MM. Villemain, Le Pelletier d'Aunay et Hély d'Oissel, considérant cet acte comme un pas décisif vers un changement de dynastie, ne se crurent pas en droit de s'y associer.

A ce point de la crise, c'eût été certainement un grand bien pour la France, et de sa part un grand acte d'intelligence comme de vertu politiques, que sa résistance se renfermât dans les limites du droit monarchique, et qu'elle ressaisît ses libertés sans renverser son gouvernement. On ne garantit jamais mieux le respect de ses propres droits qu'en respectant soi-même les droits qui les balancent, et quand on a besoin de la monarchie, il est plus sûr de la maintenir que d'avoir à la fonder. Mais il y a des sagesses difficiles, qu'on n'im-

[1] *Pièces historiques*, n° II.

pose pas, à jour fixe, aux nations, et que la pesante main de Dieu, qui dispose des événements et des années, peut seule leur inculquer. Partie du trône, une grande violation du droit avait réveillé et déchaîné tous les instincts ardents du peuple. Parmi les insurgés en armes, la méfiance et l'antipathie pour la maison de Bourbon étaient profondes. Les négociations tentées par le duc de Mortemart ne furent que des apparences vaines; malgré l'estime mutuelle des hommes et la courtoisie des paroles, la question d'un raccommodement avec la branche aînée de la famille royale ne fut pas un moment sérieusement considérée ni débattue. L'abdication du Roi et du Dauphin vint trop tard. La royauté de M. le duc de Bordeaux, avec M. le duc d'Orléans pour régent, qui eût été, non-seulement la solution constitutionnelle, mais la plus politique, paraissait, aux plus modérés, encore plus impossible que le raccommodement avec le Roi lui-même. A cette époque, ni le parti libéral, ni le parti royaliste n'eussent été assez sages, ni le régent assez fort pour conduire et soutenir un gouvernement à ce point compliqué, divisé et agité. La résistance d'ailleurs se sentait légale dans son origine et se croyait assurée du succès si elle poussait jusqu'à une révolution. Les masses se livraient aux vieilles passions révolutionnaires, et les chefs cédaient à l'impulsion des masses. Ils tenaient pour certain qu'il n'y avait pas moyen de traiter sûrement avec Charles X, et que, pour occuper son trône, ils avaient sous la main un autre roi. Dans l'état des faits et des esprits, on n'avait à choisir qu'entre une monarchie nouvelle et la république, entre M. le duc d'Orléans et M. de La Fayette : « Général, dit à ce dernier son petit-gendre, M. de Rémusat, qui était allé le voir à l'Hôtel-de-Ville, si l'on fait une monarchie, le duc d'Orléans sera roi ; si l'on fait une république, vous serez président. Prenez-vous sur vous la responsabilité de la république ? »

M. de La Fayette avait l'air d'hésiter plutôt qu'il n'hésitait réellement. Noblement désintéressé quoique très-préoccupé de lui-même, et presque aussi inquiet de la responsabilité qu'amoureux de la popularité, il se complaisait à traiter pour le peuple et au nom du peuple, bien plus qu'il n'aspirait à le gouverner. Que la république, et la république présidée par lui, fût entrevue comme une chance possible, s'il la voulait; que la monarchie ne s'établît que de son aveu et à condition de ressembler à la république ; cela suffisait à sa satisfaction, je ne veux pas dire à son ambition. M. de La Fayette n'avait pas d'ambition ; il voulait être le patron populaire de M. le duc d'Orléans, non son rival.

Bien des gens ne me croiront guère, et pourtant je n'hésite pas à l'affirmer, M. le duc d'Orléans non plus n'était pas un ambitieux. Modéré et prudent, malgré l'activité de son esprit et la mobile vivacité de ses impressions, il prévoyait depuis longtemps la chance qui pouvait le porter au trône, mais sans la chercher, et plus enclin à la redouter qu'à l'attendre avec désir. Après les longues tristesses de l'émigration et la récente épreuve des Cent-Jours, une pensée le préoccupait surtout : il ne voulait pas être de nouveau et nécessairement enveloppé dans les fautes que pouvait commettre la branche aînée de sa maison et dans les conséquences que ces fautes devaient amener. Le 31 mai 1830, il donnait à son beau-frère, le roi de Naples, arrivé depuis peu de jours à Paris, une fête au Palais-Royal; le roi Charles X et toute la famille royale y assistaient; la magnificence était grande, la réunion brillante et très-animée : « Monseigneur, dit au duc d'Orléans, en passant près de lui, M. de Salvandy, ceci est une fête toute napolitaine; nous dansons sur un volcan : — Que le volcan y soit, lui répondit le duc, je le crois comme vous; au moins la faute n'en est pas à moi; je n'aurai pas à me reprocher de n'avoir pas essayé d'ouvrir les yeux au Roi; mais que voulez-vous? rien n'est écouté. Dieu sait où ils seront dans six mois! Mais je sais bien où je serai. Dans tous les cas, ma famille et moi, nous resterons dans ce palais. Quelque danger qu'il puisse y avoir, je ne bougerai pas d'ici. Je ne séparerai pas mon sort et celui de mes enfants du sort de mon pays. C'est mon invariable résolution. » Cette résolution tint plus de place que tout autre dessein dans la conduite de M. le duc d'Orléans pendant tout le cours de la Restauration; il était également décidé à n'être ni conspirateur ni victime. Je lui étais alors complétement étranger; avant 1830, je ne l'avais vu que deux fois et en passant; je ne saurais apprécier avec certitude les sentiments divers qui ont pu traverser alors son âme; mais après avoir eu, pendant tant d'années, l'honneur de le servir, je demeure convaincu que, s'il eût dépendu de lui de consolider définitivement la Restauration, il eût, sans hésiter, pour lui-même et pour sa famille comme pour la France, préféré la sécurité de cet avenir aux perspectives qu'une révolution nouvelle pouvait lui ouvrir.

Quand ces perspectives s'ouvrirent en effet devant lui, un autre sentiment influa puissamment sur sa conduite. Cette patrie, dont il était résolu à ne plus se séparer, était en grand danger, en danger de tomber dans le chaos; le repos comme les libertés de la France, l'ordre au dedans comme la paix au dehors, tout était compromis ; nous n'avions devant nous que des orages et des ténèbres. Le dévouement à la patrie, le devoir envers la patrie ne sont certes pas des sentiments nouveaux et que n'aient pas connus nos pères; il y a cependant, entre leurs idées et les nôtres, leurs dispositions et les nôtres à cet égard, une différence profonde. La fidélité envers les personnes, envers les supérieurs ou envers les égaux, était, dans l'ancienne société française, le principe et le sentiment dominant; ainsi l'avaient faite ses origines et ses institutions premières ; les liens personnels étaient les liens sociaux. Dans le long cours de notre histoire, la civilisation s'est répandue; les classes diverses se sont rapprochées et assimilées ; le nombre des hommes indépendants et influents s'est immensément accru ; les individus sont sortis des groupes particuliers auxquels ils appartenaient jadis pour entrer et vivre dans une sphère générale; l'unité nationale s'est élevée au-dessus de l'organisation hiérarchique. L'État, la nation, la patrie, ces êtres collectifs et abstraits, sont devenus comme des êtres réels et vivants, objets de respect et d'affection. Le devoir envers la patrie, le dévouement à la patrie ont pris, dans la plupart des âmes, un empire supérieur à celui des anciens dévouements, des anciens devoirs de fidélité envers les personnes. De nobles et désintéressés sentiments animaient également, sur les rives du Rhin, l'armée républicaine et l'armée de Condé dans leurs déplorables combats; mais leur foi morale et politique différait de nature autant que d'objet : les uns souffraient et mouraient pour rester fidèles à leur Roi, à leur classe, à leur nom; les autres pour défendre et servir cette patrie, idée sans figure, nom commun à tous, de laquelle ils n'avaient reçu que l'honneur de naître dans son sein, et à laquelle, par ce seul motif qu'elle était la France, ils croyaient se devoir tout entiers. La même transformation s'était accomplie dans la vie civile; la préoccupation des intérêts publics, des vœux publics, des périls publics, était devenue plus générale et plus forte que celle des relations et des affections individuelles. Ce fut par des causes profondes et sous l'empire de grands faits sociaux que, sans préméditation, par instinct, les deux partis s'appelèrent, en 1789, l'un le parti royaliste, l'autre le parti patriote : dans l'un, le devoir et le dévouement envers le Roi, chef et représentant de la patrie, dans l'autre, le devoir et le dévouement direct envers la patrie elle-même, étaient le principe, le lien, le sentiment dominant. Royaliste par situation, M. le duc d'Orléans, par les événements et par les influences au milieu desquelles il avait vécu, était devenu patriote. La patrie était gravement compromise. Il pouvait, et lui seul pouvait la tirer de péril. Ce ne fut pas le seul, mais ce fut, à coup sûr, l'un des plus puissants motifs de sa détermination.

Il est peu sensé et peu honorable de méconnaître, quand on n'en sent plus le pressant aiguillon, les vraies causes des événements. La nécessité, une nécessité qui pesait également sur tous, sur les royalistes comme sur les libéraux, sur M. le duc d'Orléans comme sur la France, la nécessité d'opter entre la nouvelle monarchie et l'anarchie, telle fut, en 1830, pour les honnêtes gens et indépendamment du rôle qu'y jouèrent les passions révolutionnaires, la cause déterminante du changement de dynastie. Au moment de la crise, cette nécessité était sentie par tout le monde, par les plus intimes amis du roi Charles X comme par les plus ardents esprits de l'opposition. Quelle autre force que le sentiment d'une situation si pressante eût pu décider l'adhésion si prompte de tant d'hommes honorables qui déploraient l'événement? Comment expliquer autrement les paroles prononcées, dans la Chambre des pairs, par le duc de Fitz-James, le duc de Mortemart, le marquis de Vérac, en prêtant serment au régime nouveau [1]? Que d'autres, par affection ou par hon-

---

[1] De ces paroles, je ne citerai ici que celles de M. le duc de

neur, se retirassent de la vie publique, leur retraite, aussi inactive que libre, constatait elle-même le grand et vrai caractère de l'événement qui s'accomplissait ; une même conviction dominait, ce jour-là, tous les hommes sérieux; par la monarchie seule la France pouvait échapper à l'abîme entr'ouvert, et une seule

Fitz-James dans la séance de la Chambre des Pairs du 10 août 1830, empreintes d'une loyauté et d'un patriotisme également sincères et tristes.

« A peine absent de France depuis quelques jours, pour un voyage de courte durée, j'apprends tout à coup qu'un effroyable coup de tonnerre a éclaté sur la France, et que la famille des rois a disparu dans la tempête. Le bruit du canon qui proclamait un nouveau roi semblait m'attendre hier à mon entrée dans la capitale, et dès aujourd'hui je suis appelé à cette Chambre pour y prêter un nouveau serment.

« Je ne me suis jamais fait un jeu de ma parole, et pour moi la religion du serment fut toujours sacrée. Je n'avais jamais prêté que deux serments dans ma vie : le premier à Louis XVI, de sainte mémoire, presque au sortir de mon enfance; le second, en 1814, à la Charte constitutionnelle, dont les principes étaient depuis longtemps entrés dans mon cœur, et que je vis avec transport devenir la loi de la France. Je porte le défi à tout être vivant de pouvoir m'accuser d'avoir été infidèle à ces deux serments : vous me rendrez peut-être la justice de convenir que, dans cette Chambre, je n'ai jamais émis devant vous une opinion qui ne fût motivée sur le texte même de la Charte, et j'atteste sur l'honneur que, depuis seize ans, mon cœur n'enferma jamais une pensée qui n'y fût conforme. Éprouvé par le malheur presque dès mon entrée dans la vie, j'appris de bonne heure dans l'adversité à me soumettre aux décrets de la Providence, et à me roidir contre les orages. On sait depuis longtemps dans ma famille ce que c'est que de rester fidèle à des causes désespérées; et, à cet égard, nous n'en sommes pas à notre début.

« Sans doute je pleure et je pleurerai toujours sur le sort de Charles X. Longtemps honoré de ses bontés, personne plus que moi ne sut connaître toutes les vertus de son cœur; et même, monarchie était possible. Son établissement fut pour tout le monde une délivrance : « Moi aussi je suis des victorieux, me dit M. Royer-Collard, triste parmi les victorieux. »

Je ne veux, en ce qui me touche, rien taire des vérités que le temps m'a apprises. En présence de cette

lorsque, trompé par des ministres imbéciles, encore plus que perfides, lorsque, trop vainement, hélas ! je cherchais à lui faire entendre la vérité que l'on mettait un soin si criminel à lui déguiser, j'atteste encore, j'attesterai toujours ne lui avoir jamais entendu exprimer que des vœux pour le bonheur des Français et la prospérité de la France. Cette justice, mon devoir est de la lui rendre ; ces sentiments, qui vivront à jamais dans mon cœur, et qui m'étoufferaient si je ne leur donnais un libre cours, j'aime à les répandre devant vous, et je plains celui qui s'en offenserait.

« Oui, jusqu'au dernier souffle de ma vie, tant qu'une goutte de sang fera battre mon cœur, jusque sur l'échafaud, si jamais je dois y porter ma tête, je confesserai à haute voix mon amour et mon respect pour mon vieux maître. Je proclamerai ses vertus, je dirai qu'il ne méritait pas son sort, et que les Français, qui ne l'ont pas connu, ont été injustes envers lui.

« Mais en ce moment, moi-même je ne suis que Français, et, dans la crise où il se trouve, je me dois tout à fait à mon pays.

« Cette grande considération du salut de la France est sans doute la seule qui ait pu porter tant d'esprits sages à promulguer avec une telle précipitation les actes qui, depuis six jours, ont décidé du destin de la France. Tout était consommé, et, voyant l'anarchie prête à nous ressaisir et à nous dévorer, traînant à sa suite le despotisme et l'invasion étrangère, ils se seront dit :— Mettons-nous même au-dessus des lois et des principes, pour sauver la patrie.—De tels motifs ne pouvaient me trouver sourd à leur influence. C'est à eux seuls que je sacrifie tous les sentiments qui, depuis cinquante ans, m'attachaient à la vie. Ce sont eux qui, agissant sur moi avec une violence irrésistible, m'ouvrent la bouche pour prononcer le serment que l'on exige de moi. »

nécessité certaine, impérieuse, nous fûmes bien prompts à y croire et à la saisir. C'est l'un des plus grands mérites des institutions libres que les hommes, fortement trempés par leur longue pratique, ne subissent que difficilement le joug de la nécessité, et luttent longtemps avant de s'y résigner; en sorte que les réformes ou les révolutions ne s'accomplissent que lorsqu'elles sont réellement nécessaires et reconnues d'avance par le sentiment public bien éprouvé. Nous étions loin de cette ferme et obstinée sagesse : nous avions l'esprit plein de la révolution de 1688 en Angleterre, de son succès, du beau et libre gouvernement qu'elle a fondé, de la glorieuse prospérité qu'elle a value à la nation anglaise. Nous ressentions l'ambition et l'espérance d'accomplir une œuvre semblable, d'assurer la grandeur avec la liberté de notre patrie, et de grandir nous-mêmes dans la poursuite de ce dessein. Nous avions, dans notre prévoyance et dans notre force, trop de confiance; nous étions trop préoccupés des vues de notre esprit et trop peu de l'état réel des faits autour de nous. Il y avait en 1688, dans la constitution de la société et dans l'état des esprits en Angleterre, des moyens de gouvernement et des points d'arrêt sur la pente des révolutions que la société française ne possède pas aujourd'hui. Ce ne fut point d'ailleurs contre un acte soudain et isolé, comme les ordonnances de juillet, que se souleva la nation anglaise : à la fin du règne de Charles II et sous celui de Jacques II, elle avait connu tous les excès et souffert tous les maux d'une tyrannie longue, cruelle, variée. Tous les droits avaient été violés, tous les intérêts froissés, tous les partis frappés tour à tour ; et c'était sur le parti royaliste lui-même, sur les plus intimes confidents et les plus zélés serviteurs de la Couronne qu'avaient porté les derniers coups. Le besoin et l'esprit de la résistance étaient profonds et invétérés, répandus dans la société tout entière, plus forts que les souvenirs des anciennes luttes et les liens des anciens partis. Si bien que, lorsque la révolution de 1688 éclata, elle avait été préparée et fut acceptée par les hommes les plus divers, par beaucoup de torys comme par les whigs, par l'aristocratie comme par le peuple ; il lui vint des partisans et des défenseurs de tous les points de l'horizon politique et de tous les sentiments du pays. Nous n'avions, pour la révolution de 1830, ni des causes aussi profondes, ni d'aussi variés appuis. Nous ne nous délivrions pas d'une intolérable tyrannie. Toutes les classes de la nation n'étaient pas ralliées dans la résistance par une commune oppression. Nous tentions une entreprise bien plus grande avec des forces bien moindres et bien moins capables soit de la soutenir énergiquement, soit de la contenir dans les limites du droit et du bon sens.

Nous n'avions guère le sentiment du fardeau dont nous nous chargions, car nous prîmes plaisir à l'aggraver. Non contents d'avoir une royauté à fonder, nous voulûmes avoir aussi une constitution à faire et changer la Charte comme la dynastie. Il n'y avait ici, à coup sûr, point de nécessité. La Charte venait de traverser avec puissance et honneur les plus rudes épreuves. En dépit de toutes les entraves et de toutes les atteintes, elle avait suffi, pendant seize ans, à la défense des droits, des libertés, des intérêts du pays. Tour à tour invoquée, dans des vues diverses, par les divers partis, elles les avait tous protégés et contenus tour à tour. Le Roi, pour échapper à son empire, avait été contraint de la violer, et elle n'avait point péri sous cette violence; dans les rues comme dans les Chambres, elle avait été le drapeau de la résistance et de la victoire. Nous eûmes la fantaisie d'abattre et de déchirer nous-mêmes ce drapeau.

A vrai dire, et pour la plupart de ceux qui y mirent la main, ce n'était point pure fantaisie, et des instincts profonds se cachaient sous ce mouvement. Le goût et le péché révolutionnaire par excellence, c'est le goût et le péché de la destruction pour se donner l'orgueilleux plaisir de la création. Dans les temps atteints de cette maladie, l'homme considère tout ce qui existe sous ses yeux, les personnes et les choses, les droits et les faits, le passé et le présent, comme une matière inerte dont il dispose librement, et qu'il peut manier et remanier pour la façonner à son gré. Il se figure qu'il a dans l'esprit des idées complètes et parfaites, qui lui donnent sur toutes choses le pouvoir absolu, et au nom desdesquelles il peut, à tout risque et à tout prix, briser tout ce qui est pour le refaire à leur image. Telle avait été, en 1789, la faute capitale de la France. En 1830, nous essayâmes d'y retomber.

Je puis me permettre de changer ici de langage et de ne plus dire *nous*. Dès que cette tendance essentiellement révolutionnaire apparut, les hommes engagés dans le grand événement qui s'accomplissait reconnurent combien ils différaient entre eux, et ils se divisèrent. C'est de la révision de la Charte que date la politique de la résistance.

Bien des gens voulaient que cette révision fût lente, soumise à des débats solennels, et qu'il en sortît une Constitution toute nouvelle qu'on aurait appelée l'œuvre de la volonté nationale. Nous venions d'avoir un ridicule exemple de la susceptibilité obstinée et inintelligente de ces amateurs de créations révolutionnaires. Le duc d'Orléans, en acceptant le 31 juillet la lieutenance générale du royaume, avait terminé sa première proclamation par ces mots : « *La* Charte sera désormais une vérité. » Cette reconnaissance implicite de la Charte, même pour la réformer, déplut à quelques-uns des commissaires qui s'étaient rendus au Palais-Royal, et, je ne sais à quel moment précis ni par quels moyens, ils y firent substituer, dans *le Moniteur* du 2 août, cette absurde phrase : « *Une* Charte sera désormais une vérité; » altération que *le Moniteur* du lendemain 3 août démentit par un *erratum* formel. Et en même temps qu'on répudiait ainsi l'ancienne Charte, on voulait introduire dans la nouvelle de nombreux changements, tous favorables à la brusque extension des libertés populaires et à la domination exclusive de l'esprit démocratique.

Notre résistance à ces vues fut décidée, bien qu'in complète. Nous maintînmes la Charte comme la constitution préexistante et permanente du pays ; mais nous n'empêchâmes pas qu'on ne se donnât la puérile satisfaction de l'intituler *Charte de* 1830, comme si une constitution de seize ans avait besoin d'être rajeunie. Parmi les changements qui y furent introduits, quelques-uns, à l'épreuve, ont été trouvés plutôt nuisibles qu'utiles ; d'autres étaient prématurés ; deux ou trois seulement pouvaient être jugés nécessaires. La complète fixité de la Charte, proclamée le lendemain de la Révolution, eût certainement beaucoup mieux valu, pour les libertés comme pour le repos du pays. Mais personne n'eût osé la proposer ; pendant que nous délibérions, les passions et les prétentions révolutionnaires grondaient autour de nous, jusqu'à la porte de notre enceinte ; et en dehors, le gouvernement nouveau, encore incertain et presque inconnu, n'avait ni force, ni moyens d'action. Nous ne parvînmes pas à maintenir la Chambre des pairs sur ses bases constitutionnelles ; à grand'peine fîmes-nous ajourner, bien vainement, l'examen de la question. Grâce aux efforts de M. Dupin et de M. Villemain, l'inamovibilité de la magistrature fut sauvée. Sur un seul point, notre succès fut complet ; nous réussîmes à écarter toute lenteur, tout vain débat ; en deux séances, la Charte fut modifiée ; en huit jours, la Révolution fut close et le gouvernement établi. Et en luttant contre ces premières tempêtes, un parti de gouvernement commença à se former, encore mal uni, inexpérimenté, flottant, mais décidé à pratiquer sérieusement la monarchie constitutionnelle et à la défendre résolûment contre l'esprit de révolution.

Depuis cette époque, et surtout depuis 1848, une question a été souvent agitée : aurions-nous dû, quand la Charte eut été ainsi révisée et la couronne déférée par les Chambres à M. le duc d'Orléans, demander au peuple, sous une forme quelconque de suffrage universel, la sanction de ces actes et l'acceptation de la nouvelle Charte et du nouveau Roi?

Si je croyais que l'omission de cette formalité a été pour quelque chose dans la chute, en 1848, du gouvernement fondé en 1830, j'en ressentirais un profond regret. Je sais la valeur que peuvent avoir les apparences, et je regarderais comme un sot entêtement, non comme une juste fierté, la prétention de les dédaigner quand elles sont en effet puissantes. Mais plus j'y pense, plus je demeure convaincu que le défaut d'un vote des assemblées primaires n'a jamais été, pour la monarchie de juillet, pendant sa durée, une cause de faiblesse, et n'a eu aucune part dans ses derniers revers. L'adhésion de la France, en 1830, au gouvernement nouveau, fut parfaitement libre, générale et sincère [1]; elle était beaucoup plus pressée de le voir établi que jalouse de le

---

[1] Un témoin qui ne peut être suspect, M. de La Fayette, écrivait, le 26 novembre 1830, au comte de Survilliers (Joseph Bonaparte) : « Quant à l'assentiment général, ce ne sont pas seulement les Chambres et la population de Paris, 80,000 gardes nationaux et 300,000 spectateurs au Champ-de-Mars, ce sont toutes les députations des villes et villages de France que mes fonctions

voter expressément, et nous obéîmes à son véritable désir comme à son intérêt bien entendu en mettant, sans complication ni délai, une prompte fin à la Révolution et un pouvoir régulier à la tête du pays. Mais ce motif, bien que très-puissant, ne fut pas le seul qui nous détermina à ne point réclamer l'intervention populaire, et à clore le drame sans le soumettre au suffrage officiel et explicite du public.

C'était une monarchie que nous croyions nécessaire à la France, voulue de la France, et que nous entendions fonder. J'honore la République; elle a ses vices et ses périls propres et inévitables, comme toutes les institutions d'ici-bas; mais c'est une grande forme de gouvernement, qui répond à de grands côtés de la nature humaine, à de grands intérêts de la société humaine, et qui peut se trouver en harmonie avec la situation, les antécédents et les tendances de telle ou telle époque, de telle ou telle nation. J'aurais certainement été républicain aux États-Unis d'Amérique quand ils se séparèrent de l'Angleterre : la République fédérative était pour eux le gouvernement naturel et vrai, le seul qui convînt à leurs habitudes, à leurs besoins, à leurs sentiments. Je suis monarchique en France par les mêmes raisons et dans les mêmes intérêts; comme la République aux

---

me mettent à portée de recevoir en détail, c'est en un mot un faisceau d'adhésions non provoquées et indubitables qui nous confirment de plus en plus que ce que nous avons fait est conforme à la volonté actuelle d'une très-grande majorité du peuple français. » (*Mémoires du général La Fayette*, t. VI, p. 471.)

États-Unis en 1776, la monarchie est, de nos jours, en France, le gouvernement naturel et vrai, le plus favorable à la liberté comme à la paix publique, le plus propre à développer les forces légitimes et salutaires comme à réprimer les forces perverses et destructives de notre société.

Mais la monarchie est autre chose qu'un mot et une apparence. Il y avait autant de légèreté que de confusion dans les idées à parler sans cesse d'un trône entouré d'institutions républicaines comme de la meilleure des républiques. Des institutions libres ne sont point nécessairement des institutions républicaines. Quelle que soit, entre elles, l'analogie de certaines formes, la monarchie constitutionnelle et la République sont des gouvernements très-différents, et on les compromet autant qu'on les dénature quand on prétend les assimiler.

La monarchie que nous avions à fonder n'était pas plus une monarchie élective qu'une République. Amenés par la violence à rompre violemment avec la branche aînée de notre maison royale, nous en appelions à la branche cadette pour maintenir la monarchie en défendant nos libertés. Nous ne choisissions point un Roi; nous traitions avec un prince que nous trouvions à côté du trône et qui pouvait seul, en y montant, garantir notre droit public et nous garantir des révolutions. L'appel au suffrage populaire eût donné à la monarchie réformée précisément le caractère que nous avions à cœur d'en écarter; il eût mis l'élection à la place de la nécessité et du contrat. C'eût été le principe républicain profitant de l'échec que le principe monarchique venait de subir pour l'expulser complétement et prendre, encore sous un nom royal, possession du pays.

Entre les deux politiques qui apparurent alors l'une en face de l'autre, destinées à se combattre et à se balancer longtemps, mon choix ne fut pas incertain. Outre la situation générale, quelques faits particuliers, peu importants en apparence ou peu remarqués, me frappèrent, au moment même, comme une lumière d'en haut, et me décidèrent dès les premiers pas.

Pendant que, par nos actes et nos paroles comme députés, nous nous appliquions à maintenir la Charte en la modifiant, et à raffermir la monarchie ébranlée, les idées et les passions révolutionnaires se déployaient hardiment autour de nous et protestaient contre nous. Le 31 juillet, quelques heures après que la députation de la Chambre fut venue inviter M. le duc d'Orléans à prendre la lieutenance générale du royaume, les murs de Paris étaient couverts de ce placard :

« *Le comité central du XIIe arrondissement de Paris à ses concitoyens.* Une proclamation vient d'être répandue au nom du duc d'Orléans qui se présente comme lieutenant général du royaume, et qui, pour tout avantage, offre la Charte octroyée, sans amélioration ni garanties préliminaires. Le peuple français doit protester contre un acte attentatoire à ses véritables intérêts, et doit l'annuler. Ce peuple, qui a si énergiquement reconquis ses droits, n'a point été consulté pour le mode de gouvernement sous lequel il est appelé à vivre. Il n'a point été consulté, car la Chambre des députés et la Chambre des pairs, qui tenaient leurs pouvoirs du gouvernement de Charles X, sont tombées avec lui, et n'ont pu, en conséquence, représenter la nation. »

Au même moment, un autre comité, connu sous le nom de *Réunion Lointier*, et qui comptait dans son sein des hommes importants, quelques-uns députés, décidait « qu'une députation se rendrait auprès de M. le duc d'Orléans pour le prévenir que la nation ne le reconnaissait pas comme lieutenant général, que le Gouvernement provisoire seul devait être investi des pouvoirs nécessaires au maintien de la tranquillité publique et à la formation des assemblées populaires, et que la nation resterait en armes pour soutenir ses droits par la force, si on l'obligeait à y avoir recours. »

Même parmi les partisans décidés du duc d'Orléans, l'entraînement ou la routine de l'esprit révolutionnaire étaient tels que, dans les écrits qu'ils publiaient et faisaient afficher pour lui, on lisait ces paroles : « Dans ce moment, les députés et les pairs se rassemblent dans leurs chambres respectives pour proclamer le duc d'Orléans, *et lui imposer une charte au nom du peuple.* »

Ce même jour, aussitôt après avoir accepté la lieutenance générale du royaume, M. le duc d'Orléans monta à cheval pour se rendre à l'Hôtel-de-Ville, et donner ainsi, à la garde nationale et à son commandant M. de La Fayette, une marque de courtoisie déférente. Nous l'escortions tous à pied, à travers les barricades à peine ouvertes. C'était déjà une démarche peu fortifiante pour le pouvoir naissant que cet empressement à aller chercher une investiture plus populaire que celle qu'il tenait des députés du pays ; mais l'aspect de la population fut encore plus significatif que la démarche du pouvoir. Elle se pressait autour de nous, sans violence mais sans respect, et comme se sentant souveraine dans ces rues où se préparait pour elle un Roi. Nous étions obligés, pour nous préserver et pour préserver M. le duc d'Orléans de cette irruption populaire, de nous tenir fortement par la main, et de former ainsi, à sa droite et à sa gauche, deux haies mouvantes de députés. Comme nous arrivions sur le quai du Louvre, une bande de femmes et d'enfants se précipita sur nous, criant : *Vivent nos députés!* et ils nous entourèrent jusqu'à la place de Grève, dansant et chantant *la Marseillaise*. Des cris et des questions de toute sorte partaient à chaque instant de cette cohue; ils se montraient les uns aux autres le duc d'Orléans : « Qui est ce monsieur à cheval? Est-ce un général ? Est-ce un prince ? — J'espère, dit une femme à l'homme qui lui donnait le bras, que ce n'est pas encore un Bourbon. » Je fus infiniment plus frappé de notre situation au milieu de ce peuple et de son attitude que de la scène même qui eut lieu quelques moments après, à l'Hôtel-de-Ville, et des apostrophes du général Dubourg à M. le duc d'Orléans. Quels périls futurs se révélaient déjà pour cette monarchie naissante, seule capable de conjurer les périls présents du pays!

Dans les jours suivants, quand le gouvernement commença, j'allais fréquemment au Palais-Royal, d'abord à titre de commissaire, puis comme ministre de l'intérieur. Aux portes du palais et dans le vestibule, point de sentinelles, point de police, point de garanties d'ordre et de sécurité ; des hommes du peuple, surveillants volontaires ou placés là par je ne sais qui, assis ou étendus sur des bancs ou sur l'escalier, jouant aux cartes et recevant leurs camarades. Il n'y avait rien de grave à réprimer dans la conduite de ces gardes populaires, et si leur empire n'eût été qu'un accident momentané, je n'en aurais probablement conservé aucun souvenir ; mais leur physionomie, leurs manières, leurs paroles, tout indiquait que, même là, ils se croyaient encore les maîtres, et que leur humeur serait grande le jour où l'ordre, qu'ils maintenaient tant bien que mal, ne serait plus à leur discrétion.

Du 5 au 7 août, pendant que la Chambre s'occupait de la révision de la Charte, des groupes se formaient aux abords de la salle, dans la cour, dans le jardin, s'entretenant avec passion des questions débattues dans l'intérieur ; presque tous les assistans étaient des jeunes gens du barreau, ou des écoles, ou de la presse, point tumultueux, mais ardents et impérieux dans leurs idées et leurs volontés. Armand Carrel et Godefroy Cavaignac s'y rencontraient quelquefois. Parmi les députés, MM. de La Fayette et Dupont de l'Eure étaient leur drapeau. En entrant ou en sortant, je m'arrêtais au milieu de ces groupes dans lesquels

mes cours et mes écrits me valaient encore quelque
faveur. Nous causions de la royauté, des deux Chambres, du système électoral, de l'hérédité de la pairie, question à l'ordre du jour. Je vis là à quel
point les préjugés et les projets républicains étaient
enracinés dans cette génération élevée au sein des
sociétés secrètes et des conspirations. La monarchie
n'était pour eux qu'une concession nominale et temporaire, faite à contre-cœur, et qu'ils entendaient vendre très-chèrement. A aucun prix, ils n'admettaient
l'hérédité de la pairie, ni aucun élément étranger à la
démocratie pure. Ils étaient prêts à recommencer l'émeute plutôt que d'y consentir, et l'ajournement de cette
question leur fut à grand'peine arraché. Le seul pouvoir électif, émané du suffrage universel, et le recours
à l'insurrection dès que cette légitimité populaire leur
semblait violée, c'était là, qu'ils s'en rendissent compte
ou non, toute leur foi politique. C'était vouloir l'empire
continu de la force sous le prétexte du droit, et l'état
révolutionnaire en permanence au lieu de l'état social.

Je reçus, de cette maladie des esprits, une preuve
écrite que j'ai gardée, tant elle me frappa. Le 6 août,
comme je me rendais au Palais-Royal pour le Conseil,
l'un des plus distingués et des plus sincères entre ces
jeunes gens m'arrêta au bas de l'escalier, et me remit
un papier qu'il recommanda, d'un ton très-ému, à ma
plus sérieuse attention. Voici textuellement ce qu'il
contenait:

« On ne comprend pas l'état des choses.

« Il faut être national et fort, avant tout et tout de suite.

« Les discussions seront interminables et useront les plus forts.

« La Chambre des députés est mauvaise; on peut le voir déjà, et on le verra mieux tout à l'heure.

« Le Gouvernant, quel qu'il soit, doit agir au plus vite. On nous presse, et dans trois jours, dans deux peut-être, nous ne serons plus les maîtres d'arrêter ceux qui sont derrière nous et qui veulent marcher.

« Que le Lieutenant général propose à la *seule* Chambre des députés, ce soir ou demain, une Constitution républicaine sous forme royale, et une Déclaration des droits, pour être soumise à l'acceptation des communes, par *oui* ou par *non*, d'ici à six mois.

« Que, dans l'intervalle, le Lieutenant général soit Gouvernement provisoire *autorisé*.

« Que la Chambre soit, immédiatement après, dissoute.

« Qu'on flétrisse la Restauration, les hommes et les choses de la Restauration.

« Qu'on marche hardiment vers le Rhin; qu'on y porte la frontière, et qu'on y continue par la guerre le mouvement national; qu'on l'entretienne par ce qui l'a provoqué. Ce ne sera d'ailleurs rien faire que prendre l'initiative; ce sera rallier l'armée, la recruter, la retenir dans sa main, l'associer à la Révolution. Ce sera parler à l'Europe, l'avertir, l'entraîner. »

« Organiser la nation, s'appuyer sur elle est indispensable et ne présente aucun danger.

« Il n'y a pas de modification dans la propriété à réaliser actuellement; par conséquent, pas de discorde civile à craindre.

« Cela fait, tous les embarras ont disparu; la position est grande, solide et sans danger réel. Il ne faut que *vouloir* pour arriver là.

« A ce prix, nous républicains, nous engageons au service du Gouvernement nos personnes, nos capacités et nos forces, et *nous répondons de la tranquillité intérieure.* »

Ce texte n'a pas besoin de commentaire. C'était la République à la fois timide et hautaine, n'osant se proclamer sous son propre nom et s'imposer elle-même à la France, mais demandant arrogamment à la Monarchie de la prendre sous son manteau pour qu'elle y pût rêver et grandir à son aise. Que seraient devenues, en présence de telles dispositions, et si elles avaient prévalu, la société en France et la paix en Europe ? Ce n'est pas la République qui se serait établie : pas plus en 1830 qu'en 1848, elle n'était en harmonie avec la situation, les intérêts, les instincts naturels, les idées générales, les sentiments libres du pays; nous n'aurions eu, sous ce nom, que le chaos révolutionnaire, un mélange d'anarchie et de tyrannie, un cauchemar continu de mouvements turbulents et vains, projets sur projets, mensonges sur mensonges, mécomptes sur mécomptes, et toutes les angoisses, tous les périls éclatant coup sur coup, après l'explosion de toutes les chimères et l'étalage de toutes les prétentions.

Je ne dirai pas que je lus clairement et jusqu'au bout dans cet avenir; mais j'en entrevis assez pour me vouer, corps et âme, à la résistance, comme à un devoir d'homme sensé, d'homme civilisé, d'honnête homme et de citoyen. Et quand nous nous mîmes sérieusement à l'œuvre, le Gouvernement nouveau dans son ensemble et moi comme ministre de l'intérieur, le cours des événements et l'expérience des affaires me confirmèrent pleinement dans mes pressentiments et mes résolutions.

CHAPITRE X

MON MINISTÈRE DE L'INTÉRIEUR.

Ma principale préoccupation en entrant au ministère de l'intérieur.—Voyage et embarquement de Charles X.—Composition et incohérence du cabinet du 11 août 1830. — Ses divers éléments.—MM. Laffitte, Dupont de l'Eure, maréchal Gérard et Bignon. — MM. Casimir Périer, duc de Broglie, baron Louis, comte Molé, général Sébastiani, Dupin et moi.—Attitude du Roi dans ce Conseil.—Vastes attributions et mauvaise organisation du ministère de l'intérieur.—Mes travaux.—L'Opposition m'accuse de ne rien faire.—Mon Exposé de l'état du royaume en septembre 1830. — Mes relations avec les préfets.—Mes relations avec M. de La Fayette au sujet des gardes nationales. — Mon administration dans ses rapports avec les lettres, les sciences et les arts.—Ma participation aux affaires extérieures. — L'Europe veut le maintien de la paix. — Dispositions de l'Angleterre, — de la Russie et de l'empereur Nicolas, — de l'Autriche et de la Prusse. — Le parti révolutionnaire en France méconnaît complétement cette situation européenne. —Le roi Louis-Philippe la comprend et en profite.—Sentiment de la France à l'égard des révolutions étrangères.—M. de Talleyrand ambassadeur à Londres.—Pourquoi il convient à cette mission.—Est-il vrai que le roi Louis-Philippe ait seul fait ce choix ? — Notre politique envers la Belgique, le Piémont et l'Espagne. — Ma conduite envers les réfugiés espagnols. — Rapports du cabinet avec les Chambres. — La Chambre des députés se complète par des élections nouvelles.—M. Pasquier est nommé président de la Chambre des pairs. — Projets de lois présentés aux Chambres.—Propositions nées dans les Chambres. — Mes débuts à la tribune. — Fermentation des partis.—Débat sur les clubs.—Clôture des clubs.—La Chambre des députés accuse les ministres de Charles X.—Proposition de M. de Tracy et Adresse de la Chambre des députés pour

CHAPITRE X.

l'abolition de la peine de mort.—Émeutes révolutionnaires.—Elles se portent sur le château de Vincennes,—sur le Palais-Royal.—Dissolution du cabinet.—Ses causes.—Mon sentiment en sortant des affaires.—Lettre de M. Augustin Thierry.

(1er août—2 novembre 1830.)

Le 31 juillet, à la veille de se dissoudre, la Commission municipale, prenant, sous la vaniteuse influence de M. Mauguin, des airs de gouvernement provisoire, s'était donné le frivole plaisir de nommer aux divers départements ministériels des commissaires encore plus provisoires qu'elle, car ils n'exercèrent pas même un jour les fonctions qu'elle leur attribuait. Elle m'avait nommé commissaire provisoire à l'instruction publique. Le lendemain, 1er août, M. le duc d'Orléans, comme lieutenant général du royaume, m'appela, avec le même titre, au département de l'intérieur, et le 11 août, quand il eut accepté la couronne, j'entrai, comme ministre de ce département, dans le cabinet qu'il forma.

A ce moment, et malgré la multitude et l'urgence des affaires qui m'assaillaient, une affaire me préoccupait par-dessus toutes les autres. La Révolution était accomplie; elle ne rencontrait nulle part aucune résistance; Roi, Charte, Chambres, Cabinet, tous les pouvoirs nouveaux étaient debout et en action. Et le Roi Charles X était encore en France, évidemment hors d'état de s'y maintenir et ne faisant pas un mouvement pour s'en éloigner! En vain quatre commissaires, le maréchal Maison, le général Jacqueminot, MM. Odilon-

Barrot et de Schonen s'étaient rendus au château de Rambouillet pour le décider à partir et pour veiller à sa sûreté; ils étaient revenus à Paris sans succès. Le lendemain pourtant, 3 août, troublé à l'approche du chaos populaire qui se porta sur Rambouillet, où les commissaires étaient retournés, touché de quelques paroles gravement émues de M. Odilon-Barrot et des attestations plus opportunes qu'exactes du maréchal Maison sur le nombre des assaillants, Charles X se résolut à quitter sa dernière résidence royale et à se rendre sur un point de la côte pour s'embarquer. Mais il cheminait lentement, s'arrêtant çà et là, hésitant sur sa route, écartant les observations que lui adressaient quelquefois, pour régler ou presser sa marche, les commissaires qui l'accompagnaient, et ayant l'air d'attendre que quelque incident favorable vînt changer ses résolutions et son sort.

Nous aussi, à Paris, nous étions vivement préoccupés des incidents possibles, mais avec des impressions et dans une attente bien différentes. Aucune chance de soulèvement et de guerre civile en faveur de la royauté déchue ne se laissait entrevoir; ses plus dévoués serviteurs se tenaient dans le plus profond repos. M. de La Rochejaquelein écrivit à plusieurs journaux : « Vous avez été mal informé en mettant dans votre journal que le marquis et la marquise de La Rochejaquelein étaient arrivés dans la Vendée pour la soulever; ils sont fort tranquillement chez eux, près de Paris. » L'armée s'empressait, comme le pays, d'adhérer au gouvernement nouveau. Les régiments même qui, avec un noble sentiment de discipline et d'honneur, étaient restés autour de Charles X, recevaient de lui, comme une délivrance, l'ordre de rejoindre leurs quartiers. Nous redoutions bien plus les passions révolutionnaires que les tristesses royalistes. C'était une périlleuse entreprise que celle de conduire à pas lents, et pendant treize jours, le Roi détrôné à travers des populations nombreuses, partout en mouvement, en proie aux colères, aux méfiances, aux mauvais désirs de vengeance ou de précaution que soulevaient encore dans les cœurs la lutte de la veille et l'incertitude du lendemain. Pourtant l'honneur de la royauté nouvelle, de ses conseillers, de tous les honnêtes gens qui l'avaient adoptée, était engagé dans cette difficile épreuve. Il fallait que Charles X et la famille royale arrivassent au terme de leur amer voyage, non-seulement sans obstacle et sans insulte, mais au milieu du calme et des égards publics. J'étais assailli de rapports alarmants. Des rassemblements se formaient sur divers points de la route, menaçant tantôt d'arrêter Charles X, tantôt de précipiter violemment son départ. Les commissaires qui l'accompagnaient, le maréchal Maison, MM. Odilon-Barrot, de Schonen, de La Pommeraye, déployaient, pour les dissiper, une activité intelligente et généreuse ; mais y réussiraient-ils toujours ? Leur modération les rendait eux-mêmes quelquefois suspects ; on se plaignait qu'au milieu du cortége royal, ils ne portassent pas constamment leur cocarde et leur écharpe tricolore. Je leur écrivais de presser la marche, d'éviter tout prétexte d'irritation populaire, de tout faire pour que Charles X et sa famille fussent promptement à l'abri de tout péril. M. Odilon-Barrot me répondait le 9 août, au moment même où le roi Louis-Philippe acceptait solennellement la couronne et prêtait serment à la Charte : « Vous le savez, notre mission est toute de déférence et d'humanité ; les recommandations intimes du duc et de la duchesse d'Orléans ont rendu nos ménagements encore plus nécessaires. Un sentiment de respect et de convenance nous a empêchés de montrer avec ostentation, devant un vieillard malheureux et des femmes, des signes qui les blessent profondément ; mais en public, et devant la suite du Roi, nous n'avons jamais quitté nos couleurs. » Et M. de Schonen ajoutait : « Quant à la lenteur de ce convoi funèbre de la monarchie, ce n'est pas faute de représentations de notre part ; mais que voulez-vous répondre à un vieillard malheureux qui vous dit : « Je suis fatigué ? »

J'éprouvai le 17 août, en apprenant que Charles X s'était embarqué la veille à Cherbourg, sous les yeux d'une foule silencieuse et respectueuse, un véritable sentiment de délivrance ; et le billet que m'écrivit à l'instant même le roi Louis-Philippe commençait par cette phrase : « Enfin voici des dépêches de nos commissaires qui me soulagent le cœur. » Émotion vraie, quoi qu'en puissent penser les esprits vulgaires ; le roi Louis-Philippe, à ce moment, redoutait quelque tragique catastrophe bien plus qu'il ne craignait un rival.

Pendant que deux paquebots américains, escortés par deux bâtiments français, emportaient rapidement loin de la France le vieux Roi et sa famille, la France accourait à Paris. De toutes les parties du territoire arrivaient tous les jours des milliers de visiteurs, les uns pour assister de plus près à un grand spectacle, les autres pour satisfaire ce besoin de mouvement sans but que suscitent les grands événements, beaucoup pour venir chercher leur part dans les fruits d'une victoire qu'ils disaient la victoire de leur cause et de leur parti. C'est un étrange chaos que celui qui naît d'une révolution dans un pays où règne la centralisation; l'ébranlement se répand partout pour revenir se concentrer sur un seul point; il n'y a, dans toutes les familles et dans toutes les têtes, point de désirs ou d'espérances, point d'idées ou de plans qui ne se sentent provoqués et ne se croient autorisés à se produire. Et toutes ces prétentions, toutes ces rêveries de l'esprit ou de l'intérêt, de la vanité ou de l'avidité, se pressent autour du pouvoir nouveau, lui demandant leur pâture.

Le cabinet qui venait de se former était plus propre à accroître qu'à dissiper cette fermentation confuse. Composé de onze membres, sept ministres à portefeuille et quatre ministres consultants, il n'avait point d'autre unité que celle qu'exigeaient absolument ses premiers pas dans les premiers jours. Nous voulions tous sincèrement fonder la monarchie constitutionnelle qui sortait de la Révolution. Mais quand de cette intention générale il fallut passer à l'action précise et quotidienne, quand nous eûmes à déterminer ce que devait être le gouvernement de cette monarchie et à le mettre en pratique, les dissidences éclatèrent, sérieuses, vives, à chaque instant répétées. Non-seulement nous étions partagés entre les deux tendances qui s'étaient manifestées lors de la révision de la Charte, le mouvement et la résistance, l'ardeur des innovations et le respect des traditions et des lois ; mais, dans chacun de ces groupes séparés, l'unité manquait presque également, car des diversités graves s'y rencontraient qui faisaient pressentir, entre des hommes d'accord en apparence, des séparations, peut-être des luttes prochaines, et qui mettaient le pouvoir hors d'état d'échapper lui-même à la confusion des idées, des prétentions et des chances qui s'agitaient autour de lui.

Des onze ministres, gouvernants ou consultants, qui siégeaient alors dans le Conseil, huit sont morts : MM. Laffitte, Dupont de l'Eure, le maréchal Gérard, le baron Bignon, le comte Molé, le baron Louis, le maréchal Sébastiani et M. Casimir Périer. Trois seulement, le duc de Broglie, M. Dupin et moi, survivent aujourd'hui. Quand j'ai commencé à écrire ces Mémoires, je me suis demandé, non sans quelque perplexité, avec quelle mesure de liberté je parlerais des hommes, amis ou adversaires, que j'ai vus de près, soit dans l'exercice, soit dans les luttes du pouvoir. Les morts appartiennent à l'histoire ; ils ont droit à sa justice ; elle a droit, sur eux, à la liberté. J'en userai avec franchise. Les vivants se coudoyent encore en ce monde; ils se doivent des égards mutuels. C'est un devoir facile aujourd'hui.

Entre les quatre membres du Conseil de 1830 que le parti du mouvement comptait comme siens, l'importance comme l'ardeur politique étaient très-inégales. Vaillant soldat de la Révolution et de l'Empire, le maréchal Gérard restait fidèle aux instincts et aux amis de sa jeunesse sans prendre grand intérêt aux débats de principes ou aux luttes des partis. De ses habitudes militaires il avait appris à aimer l'ordre et à soutenir le pouvoir; mais il y compromettait plus volontiers sa personne que sa popularité. Esprit droit et même fin dans la pratique de la vie, mais peu actif et peu étendu, il lui déplaisait d'avoir à chercher, à travers des situations et des questions compliquées, ce que lui commandaient son devoir et son honneur; il écoutait peu les raisons qui contrariaient ses idées ou ses goûts, et discutait peu la politique qu'il servait, pourvu qu'elle ne l'écartât pas de son drapeau. M. Bignon, au contraire, mettait au service de son parti une abondante puissance de dissertation et d'argumentation; non pas dans l'intérieur du Conseil ou dans les conversations privées; il y était court et embarrassé, n'aimant pas à lutter en face contre les personnes, ni à s'engager, dans les questions spéciales, par des avis positifs. C'était dans le repos de son cabinet, en écrivant soit des pamphlets pour le public, soit des discours pour les Chambres, qu'il déployait les ressources d'une instruction plus spécieuse que solide, d'une expérience diplomatique un peu subalterne et d'un esprit sérieusement superficiel. Il se faisait ainsi, dans le gros des auditeurs et des lecteurs, un renom de savant politique, et les fournissait de faits et d'arguments, mais sans exercer une réelle influence. Ni le maréchal Gérard, ni M. Bignon n'étaient, dans le cabinet de 1830 et pour le parti du mouvement, des chefs actifs et efficaces.

MM. Dupont de l'Eure et Laffitte possédaient seuls, dans le parti, une vraie force et la méritaient réellement. J'ai vu de trop près les effronteries et les volte-faces de l'intérêt personnel pour ne pas faire cas de la sincérité et de la constance des convictions, même les plus opposées aux miennes. Depuis que nous étions ensemble dans les affaires, chaque incident, chaque question, chaque séance du Conseil m'apprenaient mieux combien nous différions, M. Dupont de l'Eure et moi. Qu'il s'en rendît compte ou non, les idées et les traditions de 1792 gouvernaient la conduite comme la pensée de M. Dupont. Il n'était, sciemment et d'intention, ni révolutionnaire, ni républicain ; mais il portait dans le Conseil naissant de la monarchie constitutionnelle les préjugés, les méfiances, les exigences, les antipathies d'une vulgaire opposition démocratique, et il ne trouvait pas en lui-même l'élévation d'esprit et de mœurs qui, dans sa situation nouvelle, aurait pu lui donner l'intelligence des conditions d'un gouvernement libre. Plus au contraire il avançait dans l'exercice du pouvoir, plus il se repliait, avec un certain orgueil rude, dans ses anciennes habitudes, car en même temps qu'il était dominé par de grossiers amis, il avait foi, une foi honnête et obstinée dans ses idées, les croyant conformes à la justice, bonnes pour le bien du peuple, et se sentant prêt à leur sacrifier les intérêts de son ambition ou de sa fortune. C'était assez pour être estimé du public et important dans son parti, quoique incapable de le diriger ou de le contenir.

M. Laffitte devait à de tout autres causes sa popularité et son influence. Il avait bien plus d'esprit, et un esprit plus libre, plus varié, moins commun que celui de M. Dupont de l'Eure. Homme d'affaires intelligent et hardi, causeur abondant et aimable, soigneux de plaire à tous ceux qui l'approchaient et bon pour tous ceux qui lui plaisaient, il était toujours prêt à comprendre et à obliger tout le monde. Quoique très-soumis, en définitive, aux influences révolutionnaires qui l'entouraient, il n'avait, pour son propre compte, point d'idées générales et arrêtées, point de parti-pris et obstiné ; ni aristocrate ni démocrate, ni monarchique ni républicain, aimant le mouvement par instinct et pour son plaisir plutôt que dans quelque profond dessein, cherchant l'importance par vanité plus que par ambition, mêlant la fatuité au laisser-aller et l'impertinence à la bonté, vrai financier de grande comédie, engagé dans la politique comme ses pareils de l'ancien régime l'étaient dans les goûts mondains et littéraires, voulant surtout être entouré, flatté, vanté, confiant dans son succès comme dans son mérite, auprès du Roi comme auprès du peuple, dans les révolutions comme dans les spéculations, et traitant toutes choses, les affaires d'État comme les affaires d'argent, avec une légèreté présomptueuse qui se croyait capable de tout concilier, ne s'inquiétait guère des obstacles et ne prévoyait jamais les revers. Il était, en 1830, au sommet de sa destinée, heureux et fier d'avoir vu faire, ou plutôt, pensait-il, d'avoir fait, dans sa maison, une révolution qui plaisait au pays et un roi qui lui plaisait à lui-même, et se promettant de rester puissant, populaire et riche, sans prendre grand' peine à gouverner.

Partisans de la politique de résistance, nous avions dans le Conseil, sur les patrons de la politique du mouvement, l'avantage du nombre. Mais le nombre n'est pas toujours la force. Sinon la désunion, du moins de grandes diversités de situation et de disposition existaient entre nous, et nous affaiblissaient dans une lutte de jour en jour plus vive. Très-décidés, au fond, contre l'esprit révolutionnaire, le général Sébastiani et M. Casimir Périer gardaient une certaine réserve; l'un pour être en mesure de rester, en tout cas, dans le cabinet, et d'y soutenir le Roi dont la confiance lui était déjà acquise; l'autre, avec une prévoyance plus hautaine, pensant qu'un jour viendrait où il serait chargé de combattre l'anarchie qu'il détestait, et ne voulant pas s'user avant le temps. Le baron Louis pratiquait résolûment, dans les finances, la politique d'ordre, et lui donnait son adhésion en toute autre matière, mais sans prendre grande part au combat, et en marchant toujours derrière M. Casimir Périer. M. Molé avait cet avantage que tous les membres du Conseil, qu'ils fussent partisans, au dedans, du mouvement ou de la résistance, étaient prononcés, au dehors, pour la politique de la paix, et lui savaient gré de la pratiquer avec dignité. M. Dupin se tenait un peu à l'écart et en observation, ami de l'ordre et du Roi, mais précautionné et mobile, soigneux de ne pas se compromettre au delà de l'absolue nécessité, et se décidant, dans chaque occasion, selon son appréciation des forces en présence ou son impression du moment, sans s'engager dans aucun système, ni avec aucun allié. J'étais, comme ministre de l'intérieur, appelé et obligé, plus que tout autre, à prendre à chaque instant parti entre les deux politiques rivales, et mon parti avait été pris dès le premier jour. Par instinct comme par réflexion, le désordre m'est antipathique; la lutte m'attire plus qu'elle ne m'inquiète, et mon esprit ne se résigne pas à l'inconséquence. Ce n'est pas que la politique de la résistance n'eût pour moi des embarras particuliers; j'avais servi la Restauration, et j'étais, à ce titre, déplaisant ou même suspect à la Révolution. M. Molé et M. Louis aussi avaient servi la Restauration, et plus ostensiblement que moi, puisqu'ils avaient été l'un et l'autre ministres de Louis XVIII. Mais on avait, contre eux, moins d'occasions de chercher dans leur passé un moyen d'attaque. Je devins bientôt le porte-drapeau de la résistance, et ce fut surtout à moi que ses ennemis adressèrent leurs coups. Le duc de Broglie me soutenait dans cette lutte difficile. Il avait été, sous la Restauration, étranger à toute fonction, et n'avait voulu occuper, en 1830, que le modeste département de l'instruction publique. Il avait, pour son propre compte, peu de combats à livrer. Mais il était plus libéral que démocrate, et d'une nature aussi délicate qu'élevée, la politique incohérente et révolutionnaire lui déplaisait autant qu'à moi. Quoique divers d'origine, de situation et aussi de caractère, nous étions unis, non-seulement par une amitié déjà ancienne, mais par une intime communauté de principes et de sentiments généraux, le plus puissant des liens quand il existe réellement, ce qui est rare. Seuls dans le cabinet de 1830, nous agissions toujours dans le même sens et de concert.

Au milieu d'un Conseil ainsi divisé et flottant, et par de telles causes, le rôle du roi Louis-Philippe était très-difficile. Non que personne songeât encore à s'inquiéter de l'influence qu'il y pouvait exercer et qu'il y exerçait en effet. La nécessité et le péril étaient trop présents et trop pressants pour laisser place à ces jalousies des temps tranquilles. Les plus ombrageux sentaient clairement que, plus compromis que personne, pour sa famille comme pour lui-même, pour son honneur comme pour sa sûreté, le prince qui venait de se lier au pays avait bien le droit d'intervenir dans les délibérations et les résolutions qui devaient décider de son propre sort comme de celui du pays. Le Roi présidait donc le Conseil et y discutait toutes choses aussi librement que ses ministres, dont il ne gênait en aucune façon la liberté. Mais il avait, dans sa situation personnelle et en lui-même, des causes de grave embarras. Les souvenirs révolutionnaires avaient tenu une grande place dans le mouvement qui l'avait appelé à la couronne, trop grande pour la mission de gouvernement que la couronne lui imposait. Il devait à ces souvenirs l'adhésion d'une foule d'hommes qui s'empressaient vers lui comme ses amis naturels, mais que leurs préjugés et leurs habitudes révolutionnaires devaient bientôt rendre pour lui des amis fâcheux et peut-être des ennemis dangereux. Beaucoup d'entre eux, sous l'Empire, avaient servi sans scrupule le pouvoir absolu; mais en rentrant dans un régime de liberté, ils reprenaient leurs idées et leurs passions de révolution, et le Roi les trouvait à la fois liés à sa cause et peu propres à la bien servir. La Révolution de 1789 lui avait laissé à lui-même des impressions contradictoires et pesantes. Jeune, il avait assisté avec sympathie à cette explosion de tant de belles espérances. Les grands principes de justice, d'humanité, de respect pour la dignité et le bonheur des hommes, qui font la gloire et la force de cette puissante époque, s'étaient établis dans son âme. Plus tard, le cours des événements, les vicissitudes de sa propre destinée, ses voyages à travers les deux mondes lui avaient fait reconnaître les erreurs qui, à tant de salutaires résultats, avaient mêlé tant de fautes, de crimes et de mécomptes. Mais en s'éclairant sur la Révolution, l'esprit du roi Louis-Philippe ne s'en était pas complétement affranchi; il l'avait vue d'abord si brillante et toujours si forte, par la parole ou par les armes, par l'anarchie ou par le despotisme, qu'elle lui apparaissait comme une puissance presque irrésistible et fatale. Il regardait à la fois comme nécessaire et comme infiniment difficile de lutter contre ses passions et ses exigences ; et convaincu qu'elles ne pouvaient s'accorder avec un gouvernement régulier et libre, il n'était pas sûr qu'un tel gouvernement pût leur être opposé avec succès. Entouré ainsi de partis discordants quoique favorables, et quelquefois troublé par les doutes de sa propre pensée, c'était son penchant de ne point s'engager, dès l'abord, dans une politique fortement décidée, de ménager ses divers amis, et tantôt de céder, tantôt de résister à la Révolution, dans l'espoir de gagner, en louvoyant ainsi, le temps et la force dont il avait besoin pour surmonter les obstacles que rencontrait le difficile gouvernement qu'il s'était chargé de fonder.

Ces complications de sa situation et ces incertitudes de son esprit perçaient dans l'attitude et les manières du Roi avec les conseillers très-divers dont il était entouré. C'était aux partisans de la politique populaire que s'adressaient surtout ses soins ; il traitait M. Laffitte, encore souffrant d'une entorse au pied qu'il s'était donnée au milieu des barricades, avec une familiarité amicale et presque empressée : son langage avec M. Dupont de l'Eure était plein de rondeur et de gaieté, comme pour apprivoiser le paysan du Danube. Il témoignait à M. Casimir Périer beaucoup d'égards, mêlés déjà de quelque inquiétude sur sa fierté ombrageuse. Avec le duc de Broglie, M. Molé et moi, ses manières étaient simples, ouvertes, empreintes d'estime et d'abandon, sans caresse. Évidemment sa confiance sérieuse et sa faveur extérieure ne se rencontraient pas toujours en parfaite harmonie. Des ennemis et des sots ont voulu voir là une fausseté préméditée : c'était simplement l'effet naturel d'une situation compliquée, encore obscure, et le travail d'un esprit encore inexpérimenté dans le gouvernement et qui cherchait avec quelque embarras sa route et ses amis.

Je trouve dans les lettres que, dès cette époque, le roi Louis-Philippe m'écrivait chaque jour à propos des affaires courantes, des traces évidentes de ces fluctuations intérieures qui le faisaient quelquefois hésiter, faute d'idée arrêtée ou de confiance dans le succès, à adopter des mesures qu'il jugeait bonnes ou même nécessaires. En me renvoyant, le 14 août 1830, un rapport de police sur les désordres qui troublaient Paris et qu'aucune force publique ne réprimait, il ajoutait : « Il est urgent d'avoir une troupe faisant ce service; mais c'est difficile et délicat. » Vers le milieu de septembre, je préparais pour les Chambres un Exposé de la situation du royaume et des changements déjà apportés dans l'administration ; le Roi m'écrivit le 13 : « Ne serait-il pas possible d'indiquer dans votre Exposé que, tandis que le gouvernement fait aussi largement la part des destitutions réclamées par le vœu public, cependant aucune persécution n'a lieu, que la liberté individuelle existe pour tous dans la plus grande étendue, ainsi que la circulation des voyageurs de toutes les classes, de toutes les opinions, de tous les partis, que les cabinets noirs n'existent plus, que le secret des lettres est scrupuleusement et consciencieusement respecté, que nul n'est inquiété pour ses opinions, quelles qu'elles aient été, quelles qu'elles puissent être encore? Je ne prétends pas à l'encens des compliments; mais cependant je crois qu'on peut dire à ceux qui méconnaissent ma conduite et ses motifs : — En auriez-vous fait autant envers nous? — Au reste, ce sera peut-être mieux de réserver cela pour des articles de journaux; il serait possible que le public le mésinterprétât, et je dis toujours : *Dans le doute, abstiens-toi.* D'ailleurs, il pourrait y avoir de l'embarras pour le concerter avec vos collègues, et il ne faudrait pas le faire sans leur assentiment. »

Le doute du Roi, dans cette occasion, était à coup sûr bien modeste, et je ne pense pas que, pour lui rendre une justice si méritée, le concert entre mes collègues et moi eût été difficile à établir. Mais c'était, surtout à cette époque, sa disposition générale de s'abstenir de toute initiative qui ne fût pas absolument nécessaire, d'éviter les moindres conflits, et de s'en tenir à cette politique réservée et un peu flottante que les divisions entre ses partisans et les inquiétudes de son propre esprit lui faisaient regarder comme seule sage et praticable.

Mais cette politique, possible pour le Roi, ne l'était pas du tout pour ses ministres. Un régime de discussion publique et de liberté oblige absolument les dépositaires responsables du pouvoir à la décision précise, à l'initiative prompte, à l'action efficace. Il faut qu'à chaque instant, dans chaque circonstance, ils prennent nettement et ouvertement leur parti entre les diverses solutions des questions, les idées et les prétentions diverses des hommes. Comme ministre de l'intérieur, j'étais appelé plus fréquemment qu'aucun autre, et dans des occasions plus graves ou plus délicates, à me prononcer de la sorte. Ce département réunissait alors les attributions les plus étendues et les plus variées; non-seulement l'administration générale, départementale et communale, les établissements d'ordre public ou de charité, la police du royaume, les gardes nationales, mais les travaux publics de tout genre, l'agriculture, l'industrie, le commerce, les sciences, les lettres, les arts, la plupart des grands intérêts matériels ou intellectuels du pays étaient sous la main du ministre de l'intérieur. Pas plus dans l'organisation du pouvoir central que dans ses rapports avec les pouvoirs locaux, le travail n'était bien divisé, ni les attributions convenablement réparties; de tous les départements ministériels, celui de l'intérieur était le plus chargé et le plus confus; et j'avais à en porter le poids en subissant la pression de toutes les prétentions, espérances, rancunes, offres, plaintes, rêveries qui, de tous les points de la France, amenaient par milliers à Paris et à mon ministère les solliciteurs, les dénonciateurs, les curieux, les faiseurs de projets, les affairés et les oisifs.

Je m'adonnai tout entier à cette rude mission. Je ne me permettais pas plus de quatre ou cinq heures de sommeil. Je donnais les audiences importunes de grand matin, afin de pouvoir consacrer la journée au Conseil, aux Chambres, à la correspondance politique, aux affaires véritables. Mes forces suffisaient à l'œuvre, mais en s'écoulant rapidement, comme les eaux d'une source dont on ouvre tous les canaux sans se soucier de l'épuiser. Ma fatigue devenait visible, et je me rappelle qu'un jour, au Conseil, M. Casimir Périer, qui me portait de l'amitié, dit au Roi en me regardant : « Sire, vous aurez besoin encore longtemps de M. Guizot; dites-lui de ne pas se tuer tout de suite à votre service. »

De vives plaintes s'élevaient pourtant contre l'inaction du ministère, et en particulier contre la mienne. A les en croire, aucun changement ne s'accomplissait dans l'administration; les fonctionnaires du régime tombé restaient partout en place; je ne faisais rien pour inculquer aux agents du régime nouveau un nouvel esprit, de nouvelles maximes; hommes et choses, tout continuait à se traîner dans l'ornière de la Restauration. Il faut avoir été contraint d'écouter et de discuter sérieusement ces clameurs pour savoir combien elles étaient menteuses et ridicules. C'était le tumulte des prétentions personnelles, des animosités locales, des importances vaniteuses, des impatiences aveugles qui n'avaient pas obtenu satisfaction; et dans les lieux publics, dans les réunions populaires, dans les journaux, dans les Chambres mêmes, les meneurs révolutionnaires s'emparaient de tous ces égoïsmes mécontents pour soulever, autour du pouvoir naissant, comme un orage d'humeur et de méfiance générale. Le cabinet ne voulut pas rester silencieux devant de telles attaques, et je fus chargé de rédiger un Exposé de la situation du royaume destiné à faire connaître tout ce qui avait déjà été fait pour mettre l'administration en harmonie avec le gouvernement. Présenté en effet aux Chambres le 13 septembre[1], cet Exposé embarrassa pour quelque temps les brouillons, et dissipa bien des préventions crédules; il en résultait évidemment que tout en se refusant « à mettre partout, selon l'expression de Mirabeau en 1790, dessous ce qui était dessus et dessus ce qui était dessous, » les ministres de 1830 avaient, bien plutôt avec précipitation qu'avec hésitation, largement renouvelé, dans les divers services publics et sur tous les points du territoire, les agents du pouvoir. J'avais pour mon compte, en un mois, changé 76 préfets sur 86, 196 sous-préfets sur 277, 53 secrétaires généraux sur 86, 127 conseillers de préfecture sur 315; et « en attendant la loi qui doit régénérer l'administration municipale, disait mon Exposé, 393 changements y ont déjà été prononcés, et une circulaire a ordonné aux préfets de faire sans retard tous ceux qu'ils jugeraient nécessaires. »

Je n'ai garde de prétendre que, dans ce brusque remaniement de tant de noms propres, en tant de lieux et en si peu de jours, je ne me sois pas quelquefois trompé.

---

[1] *Pièces historiques*, n° III.

Quand même l'expérience ne m'aurait pas fait spécialement reconnaître plus d'une erreur, je dirais, de l'imperfection inévitable de mon œuvre, comme M. Royer-Collard dans une autre circonstance : « Je ne le sais pas, mais je l'affirme. » Je retrouve, dans un billet du Roi, un exemple des méprises auxquelles, en pareil cas, le pouvoir est exposé. Il m'écrivait le 17 août : « Je suis fâché d'avoir à vous avertir que deux de nos nouveaux sous-préfets sont venus hier au Palais-Royal complétement ivres, et qu'ils y ont été bafoués par la garde nationale. Mes aides de camp vous diront leurs noms que j'oublie, et que vous tairez par égard pour leurs protecteurs. Nous ne nous vanterons pas de ces choix-là et nous les remplacerons. » A tout prendre cependant, et après dix-huit ans d'épreuve, j'ai la confiance que le renouvellement accompli à cette époque dans le personnel administratif ne subit guère le joug de l'esprit révolutionnaire, et que j'appelai aux fonctions publiques un grand nombre d'hommes modérés, impartiaux, capables, et qui se mirent sur-le-champ à l'œuvre pour relever le pouvoir. J'écrivais le 6 octobre 1830 au nouveau préfet du Morbihan, M. Lorois, aussi intelligent qu'énergique : « Il importe au parti national de bien comprendre qu'aujourd'hui sa situation est changée, et qu'il a un gouvernement à fonder. C'est à nous de prouver maintenant que nous sommes capables de manier le pouvoir et de maintenir l'ordre en développant la liberté. C'est à nous de démentir ces éternelles imputations de nos adversaires qui nous ont si longtemps accusés de n'être bons qu'à nous plaindre très-haut et capables que de détruire. » Je cherchais partout, pour leur confier l'administration et sans m'inquiéter des apparences, les hommes qui, depuis 1814, fonctionnaires ou opposants, avaient fait preuve de sincère attachement à la monarchie constitutionnelle, et bien compris ses conditions de force légale. La plupart de ceux que j'appelai à ce titre ont donné raison à mes pressentiments sur leur compte, car, tant que cette monarchie a duré, les cabinets successifs, malgré les diversités de leur politique, les ont jugés capables de bien servir l'État, et n'ont apporté, dans l'administration locale organisée en 1830, qu'un petit nombre de changements.

En appelant aux affaires, le lendemain d'une révolution, tant d'hommes nouveaux, j'aurais voulu les observer et les diriger efficacement dans leur mission. Je suis convaincu que, par les relations personnelles, par une correspondance un peu intime, en dehors du travail des bureaux, le ministre de l'intérieur peut exercer, sur ses représentants dans les départements, une puissante influence, et imprimer à l'administration cette confiance en elle-même, ce caractère de fermeté, d'ensemble et de suite qui lui donnent seuls, auprès des populations, la force morale et le crédit. Le temps me manqua pour une telle œuvre. A peine eus-je celui d'indiquer à quelques préfets, qui m'étaient depuis longtemps connus, l'esprit dont j'étais moi-même et dont je souhaitais qu'ils fussent animés. J'écrivais le 14 septembre 1830 à M. Amédée Thierry, préfet de la

Haute-Saône : « N'hésitez pas à changer les maires que la population repousse, et qui vous embarrassent au lieu de vous fortifier. Tout ce qui a un caractère de réaction servile et aveugle est d'un mauvais effet; tout ce qui atteste la ferme intention d'être bien servi et de bien servir le public donne force et crédit. Cherchez des hommes qui pensent et agissent par eux-mêmes. Le premier besoin de ce pays-ci, c'est qu'il s'y forme, sur tous les points, des opinions et des influences indépendantes. La centralisation des esprits est pire que celle des affaires. » Et le 16 octobre, à M. Chaper, préfet de Tarn-et-Garonne : « Je veux vous dire combien votre conduite et votre correspondance me paraissent bonnes. Vous n'êtes pas enfoncé dans l'ornière administrative. Vous n'agissez pas pour obéir à une circulaire. Vous n'écrivez pas pour avoir écrit. Vous allez au fait; vous y allez de vous-même, et pour réussir réellement. Je suis tenté de vous en remercier comme d'un service personnel. Entre nous, l'empire des formes et des habitudes me suffoque. J'ai un grand goût pour l'ordre, pour l'activité régulière et mesurée; mais cet ordre factice et conventionnel, cette activité indifférente, cette rhétorique, cette mécanique de l'administration qui n'émanent ni d'une pensée propre, ni d'une volonté vive, me sont souverainement antipathiques. Ne vous y laissez pas tomber, je vous prie; ne devenez pas ce que tant de gens appellent *un excellent préfet*, c'est-à-dire un homme qui ne laisse aucune pétition, aucune lettre sans réponse écrite, mais qui ne s'inquiète guère de savoir si ses réponses font vraiment marcher les affaires, et si ses écritures deviennent des réalités. »

Vers le même temps, les croix érigées, pendant la Restauration, en dehors des églises, avaient été, sur plusieurs points, l'objet d'attaques populaires, et le bruit s'était répandu que le Gouvernement, pour se soustraire à l'embarras de les protéger, avait donné l'ordre de les enlever. Plusieurs administrateurs m'écrivirent pour me demander s'il en était ainsi. Je répondis sur-le-champ : « Le Gouvernement n'a donné aucun ordre pour faire disparaître les croix. Dans quelques lieux, elles ont été l'objet d'une assez vive animadversion populaire; on a tenté de les abattre violemment. L'administration, d'après mes instructions et celles de M. le ministre des cultes, s'est opposée à toute tentative de ce genre. Elle a quelquefois engagé le clergé à transporter dans l'intérieur des églises ces monuments de son culte pour les soustraire à la profanation. Le clergé s'y est prêté en général, et la translation a eu lieu décemment, sans désordre ni insulte. Ailleurs, les croix sont debout et resteront debout, tant qu'elles ne seront pas l'objet d'attaques tumultueuses et soudaines. La liberté des cultes doit être entière, et sa première condition, c'est qu'aucun culte ne soit insulté. Il ne faut fournir à nos ennemis aucun prétexte de nous taxer d'indécence et de tyrannie. Je ne souffrirais pas que mon administration donnât lieu à un tel reproche, et je vous remercie de m'avoir mis en mesure de démentir sur-le-champ un bruit que démentent depuis deux mois les ordres que j'ai donnés en pareille occasion. »

Au milieu de l'effervescence du temps et souvent dénué de toute force publique, je ne réussissais pas toujours à protéger efficacement tantôt l'ordre, tantôt la liberté ; mais quand mes efforts étaient vains, je m'empressais de signaler moi-même mon impuissance, et de proclamer les principes qui condamnaient les agresseurs.

J'avais, dans l'intérieur même du gouvernement et de mon propre ministère, des embarras moins bruyants, mais non moins graves. Les gardes nationales, soit de Paris, soit des départements, leur organisation, leur administration, leur emploi, quand les circonstances le rendaient nécessaire, étaient dans mes attributions et sous ma responsabilité officielles ; mais je n'avais, à cet égard, aucun pouvoir réel. Non-seulement le 29 juillet, au milieu de la lutte, l'élan spontané de la garde nationale renaissante à Paris en avait déféré le commandement au général La Fayette ; mais quatre jours après, le 2 août, avant que les Chambres se fussent réunies et que M. le duc d'Orléans, comme lieutenant général du royaume, eût présidé à l'ouverture de leur session, M. de La Fayette avait annoncé, dans un ordre du jour à la garde nationale de Paris, que « d'accord avec la pensée du prince, il acceptait l'emploi de commandant général des gardes nationales de France. » Garderait-il cet emploi sous la monarchie constitutionnelle rétablie? Et, s'il le gardait, comment serait réglé ce pouvoir exceptionnel, excentrique? Quels seraient ses rapports avec la royauté, avec les ministres responsables, spécialement avec le ministre de l'intérieur? Le doute était grave. Le doute même écarté, la question d'organisation qui restait à résoudre était, pratiquement comme constitutionnellement, très-difficile et délicate ; elle courait risque de devenir une question, non-seulement d'amour-propre entre les personnes, mais de passion entre les partis ; elle excitait dans le gouvernement une sérieuse préoccupation, et autour du gouvernement une assez vive rumeur.

M. de La Fayette en était lui-même très-préoccupé et prenait ses précautions pour qu'elle fût résolue comme il lui convenait. Je reçus, non pas de lui-même, mais de son état-major, une note sans signature, ainsi conçue :

« Dans l'état où notre heureuse et dernière révolution nous a placés, lorsque des millions de citoyens sont en mouvement et s'organisent provisoirement en gardes nationales, lorsqu'il se prépare une organisation définitive d'après une nouvelle loi qui aura besoin d'ensemble et de confiance, et lorsque la malveillance, déclarée ou secrète, mais non douteuse, des Puissances étrangères exige qu'on leur montre une nation armée, palpitante de patriotisme, et ralliée non-seulement à la liberté, mais à la forme de gouvernement que nous avons choisie, convient-il ou ne convient-il pas de placer à la tête de ce grand mouvement un homme qui jouit de la confiance publique?

« La population de Paris et de la France l'a pensé. Ce fut aussi la première pensée du lieutenant général du royaume. C'est encore la pensée du Roi. Le général La Fayette lui-même le pense, puisqu'après s'être refusé avec obstination, en 1790, à ce vœu ardent de trois millions de gardes nationales, il vient de consentir à prendre le titre, et par conséquent les fonctions de commandant général des gardes nationales de France.

« Si le gouvernement du Roi pensait autrement, la chose est bien simple. Toutes les gardes nationales des départements, villes et villages, accourent à La Fayette. Il n'y a qu'à répondre aux lettres, aux députations, au mouvement général, que cette affaire ne le regarde plus et qu'ils sont invités à s'adresser au ministre de l'intérieur. Il est superflu de dire qu'il choisirait les termes les plus propres à diminuer le mauvais effet de cette réponse. Il y gagnerait personnellement, non-seulement du repos, mais une situation plus conforme à son goût, à la nature particulière de son existence patriotique, et on a vu, dans le moment de crise, qu'il ne perdait pas à rester tout seul. Mais il croit, nous croyons tous que cet état de choses nuirait au grand mouvement français, à notre situation intérieure et extérieure, et même au gouvernement du Roi.

« Cependant, aussi longtemps que le général La Fayette consentira à se charger de ce grand commandement, il ne faut pas que ce soit un titre sans fonctions, qui, au lieu de lui donner une influence utile, nuirait à celle qui lui est personnelle et complètement étrangère à tout autre appui que lui-même.

« La place de commandant général des gardes nationales de France a des inconvénients et des dangers. La Fayette les a signalés plus que personne. Y a-t-il plus d'inconvénients et de dangers à ce qu'il ne s'en charge pas? Voilà la question, moins pour lui que pour la chose publique et le gouvernement.

« Sans doute il serait plus commode à la division de l'intérieur de tout arranger par des commis. Mais tel n'est pas l'état des choses ; et les habitudes militaires sont tellement enracinées depuis trente ans que La Fayette est le seul homme en France qui puisse remettre à sa place l'autorité civile et municipale.

« Il y a un exemple qui simplifie tout : le maréchal Moncey commandait les gendarmeries de France. Il avait un chef d'état-major qui transmettait ses ordres. On l'appelait inspecteur général. Il avait des bureaux. On lui rendait compte. Et cela n'empêchait pas les corps, les compagnies, les brigades de gendarmerie, de communiquer avec le ministère de l'intérieur et les autorités civiles, jusques et compris les maires de village auxquels les gendarmes étaient soumis.

« Il faudrait donc un inspecteur général faisant les fonctions de chef d'état-major sous les ordres du général en chef, avec des sous-inspecteurs généraux, des bureaux, etc.... »

Il y avait, dans ce langage, un peu plus de personnalité vaniteuse qu'il ne convenait à une situation si forte et à une fierté si légitime. La fierté d'ailleurs ne manquait point d'adresse ; les auteurs de la note avaient eu soin de mettre le Roi hors de cause en affirmant qu'il pensait, comme roi, ce qu'il avait pensé comme lieutenant général du royaume. La question était posée uniquement entre M. de La Fayette et le ministre de l'intérieur, je pourrais dire les bureaux du ministère de l'intérieur, car c'était aux bureaux seuls, *aux commis*, que la note imputait les objections. La lutte n'eût été ni possible, ni même utile pour l'autorité des vrais principes du régime constitutionnel ; il y a des situations où le silence parle plus haut que toute discussion. Je m'en abstins complétement, et le 16 août, une ordonnance du Roi, proposée et contresignée par moi, nomma M. de La Fayette commandant général des gardes nationales du royaume, « en attendant la promulgation de la loi sur leur organisation. » Cette réserve d'avenir, que M. de La Fayette ne contestait point, fut ma seule marque de résistance. L'ordonnance parut le 18 août dans *le Moniteur*, et le lendemain je reçus de M. de La Fayette cette lettre : « Le hasard a fait, mon cher ami, que je n'ai pas lu hier *le Moniteur* ; ce n'est que le soir que j'ai reçu votre lettre officielle ; ce qui m'a fait manquer à deux devoirs, présenter mes respects au Roi et aller chez vous, ce que je réparerai aujourd'hui. J'ai aussi à demander au Roi et à son ministre la permission de leur désigner le général Dumas comme major-général des gardes nationales de France. C'est au général en chef à nommer son chef d'état-major. Mais cette fois l'armée est si nombreuse et la carrière si vaste que cela vaut bien la peine d'une présentation au Roi et au ministre. Au reste, c'était chose convenue d'avance, comme vous savez. Dumas est l'homme qu'il nous faut pour l'état-major de cette grande direction et pour nos rapports mutuels. Je vois avec grand plaisir que vous pressez l'organisation définitive, et je suis charmé de votre bonne pensée pour le choix du secrétaire de la commission. Mille amitiés. »

Tant que dura cette situation, prise des deux parts avec autant de convenance que de franchise, il n'y eut, entre M. de La Fayette et moi, aucun embarras. Il me demandait de bonne grâce mon concours quand l'action officielle d'un ministre responsable était évidemment nécessaire; et de mon côté, je me gardais soigneusement de m'immiscer dans l'exercice de l'autorité dont il portait le nom, ne voulant ni l'entraver par de mesquins débats, ni la consacrer en m'y associant. Le 29 août, le Roi, entouré de toute la famille royale et d'un brillant cortége, passa au Champ-de-Mars une revue solennelle de toute la garde nationale commandée par M. de La Fayette, et distribua aux bataillons leurs drapeaux. Je n'assistai point à cette solennité.

Au milieu des difficultés et des ennuis de ces questions d'organisation et de personnes politiques, je trouvais, dans d'autres attributions de mon département, un intérêt et un travail plus doux. Dès que je regardai aux rapports du gouvernement avec les sciences, les lettres et les arts, mon sentiment fut qu'il fallait sortir ici de l'ornière administrative et agir autrement que par des commis et des instructions. Pour traiter convenablement avec les lettrés et les artistes, ce n'est pas assez d'une sympathie générale et protectrice; il faut vivre avec eux dans des habitudes un peu intimes; il faut leur témoigner et leur inspirer une confiance sans prétention et sans apprêt. L'esprit est une puissance libre et fière, et qui ne donne sincèrement sa bienveillance que lorsqu'elle se sent respectée dans sa dignité et sa liberté. C'est aussi une puissance qui veut être comprise et aimée; elle attend de ses patrons autre chose que leurs faveurs; elle n'est satisfaite et reconnaissante que lorsqu'elle rencontre en eux une appréciation intelligente et vive de ses mérites et de ses œuvres. C'était mon goût naturel de donner à mes rapports avec le monde lettré ce caractère. Pour être sûr que, dans les détails quotidiens des affaires, il ne leur manquerait jamais, j'appelai auprès de moi comme chefs, l'un de la section des sciences et des lettres, l'autre de la section des beaux-arts, deux jeunes gens, M. Hippolyte Royer-Collard et M. Charles Lenormant, élevés tous deux dans la société la plus cultivée, formés de bonne heure à l'estime, au goût et à la pratique des travaux intellectuels, et doués l'un et l'autre d'un caractère aussi indépendant que leur esprit était distingué. J'avais la confiance que, dans leurs délicates attributions, ils ne seraient jamais de routiniers commis, et ils devinrent bientôt pour moi d'aussi utiles qu'affectueux collaborateurs. Ils m'aidèrent efficacement à repousser l'esprit de réaction qui voulait pénétrer dans le monde savant, et qui ne tient compte ni des droits, ni de la gloire. Nous l'aurions encore plus complétement écarté si, par routine bien plus que par passion, le gouvernement ne lui eût ouvert une porte en exigeant, des hommes attachés à certains établissements purement scientifiques ou littéraires, comme le Bureau des Longitudes, le Jardin des Plantes, le Collége de France, les Bibliothèques; etc..., le serment politique dont les grands corps savants, comme l'Institut, ont toujours été exempts. Cette exigence coûta à ces établissements deux hommes éminents, M. Augustin Cauchy et M. le docteur Récamier. Je n'ai pas, quant au serment, l'insouciance qu'on a quelquefois affichée; c'est, dans l'ordre politique, un lien moral qu'il est naturel d'imposer à tous ceux qui prennent part aux affaires publiques ; et rien ne prouve mieux son importance que ce désir général d'en être affranchis qui éclate parmi les hommes, quand ils l'ont, pendant quelque temps, scandaleusement méprisé. Mais prendre le salaire payé par l'État, et non la nature des fonctions, pour principe de l'obligation du serment politique, et, à ce titre, l'imposer à des astronomes, à des archéologues, à des botanistes, à des orientalistes, à des artistes, c'est, à coup sûr, l'une des plus grossières idées et des plus ridicules fantaisies dont les séides fanatiques ou les serviles adorateurs du pouvoir se soient jamais avisés.

Dans le mouvement intellectuel qui a honoré la Restauration, le réveil du goût pour les anciens monuments historiques de la France et l'étude des littératures étrangères avaient tenu une grande place. Quelques mesures avaient dès lors été tentées pour arrêter la ruine des chefs-d'œuvre de l'art français et pour faire connaître à la France moderne les chefs-d'œuvre des lettres européennes. Mais à l'une et à l'autre de ces tentatives il manquait un centre fixe et des moyens d'action assurés. Si on veut que les nobles aspirations de l'intelligence humaine ne soient pas des élans stériles et des éclairs passagers, il faut se hâter de leur donner l'appui d'institutions permanentes; et pour que les institutions durent et se fondent, il faut les remettre, dès leur début, aux mains d'hommes capables de les rendre promptement efficaces. J'eus cette fortune de trouver, dans mes relations intimes, les deux hommes les plus propres, l'un à poursuivre et à populariser la restauration des anciens monuments de la France, l'autre à répandre la connaissance et le sentiment des grandes productions littéraires du génie européen. Jeune encore, M. Vitet s'était déjà fait remarquer des plus difficiles juges par ce sentiment vif et ce goût pur du beau, par ces connaissances variées et précises dans l'histoire des arts, par cette finesse à la fois critique et sympathique dans l'appréciation de leurs œuvres qui, bien qu'il n'ait jamais pratiqué aucun art, ont fait de lui, dans l'opinion des artistes eux-mêmes, tout autre chose qu'un savant ou un amateur. Déjà arrivé au contraire à la dernière limite de l'âge mûr, et après avoir tenté avec indépendance toutes les carrières comme approfondi avec passion toutes les études, M. Fauriel, esprit étendu et délicat, érudit et critique sévère quoiqu'un peu fantasque, helléniste, orientaliste, philologue, philosophe, historien, s'était enfin arrêté dans l'histoire littéraire et comparée de l'Europe. Le Roi approuva, sur mon rapport [1], que M. Vitet fût nommé inspecteur général des monuments historiques, et le duc de Broglie, à ma demande, fit créer, pour M. Fauriel, dans la Faculté des lettres de Paris, une chaire de littérature étrangère. M. Vitet n'est plus inspecteur général. M. Fauriel est mort. Mais ils ont, l'un et l'autre, fondé l'œuvre à laquelle ils ont, les premiers, mis la main.

Mes collaborateurs ainsi choisis, quand je voulus agir au dehors et exercer, avec un peu de discernement et de dignité, quelque influence sur les travaux des lettres et des arts, des difficultés de toute sorte s'élevèrent. Les moyens me manquaient pour soutenir, au milieu du trouble général des affaires, les grandes entreprises scientifiques qui avaient besoin d'encouragement. J'eus quelque peine à mettre, par une forte souscription, M. Didot en état de commencer sa nouvelle édition du *Trésor de la langue grecque* d'Henri Étienne, dont il avait préparé les matériaux. Je me proposais de rétablir une censure dramatique sérieuse, décidée à défendre hautement l'honnêteté publique contre le cynisme et l'avidité des entrepreneurs de

---

[1] *Pièces historiques*, nº IV.

corruption. Les vanités littéraires, les assurances déclamatoires et les spéculations intéressées, secondées par l'imprévoyance et la faiblesse de nos mœurs, se mirent en travers avec tant de vivacité que je n'eus pas le temps de les vaincre et d'exécuter mon dessein. La politique pénétrait jusque dans la sphère des arts ; là comme ailleurs les passions populaires voulaient faire la loi, et l'esprit démocratique cherchait ses satisfactions; les hommes médiocres entendaient être traités comme les hommes éminents et les élèves comme les maîtres. Les choses avaient leurs embarras aussi bien que les personnes; il fallait terminer des monuments commencés, discontinués, repris sous des régimes divers, et qui avaient plus d'une fois changé de destination. La plupart de ces petits problèmes de prudence et de convenance ne me donnèrent pas grand'peine à résoudre. En même temps que je faisais reprendre les travaux de l'Arc de triomphe de l'Étoile, je pressai le sculpteur Lemaire de commencer sans retard le fronton de l'église de la Madeleine, que les amis du régime impérial prétendaient transformer de nouveau en temple de la Gloire et que je voulais conserver à la foi. Le palais de Versailles était menacé; on ne savait quel emploi lui donner ; les démocrates, qui détestaient ces splendeurs de Louis XIV, et les économes, qui redoutaient les frais d'entretien, parlaient de le démolir ou d'en faire de vastes casernes dont on débarrasserait Paris. Je proposai au Roi d'y établir un grand musée ethnographique où seraient recueillis les monuments et les débris des mœurs, des usages, de la vie civile et guerrière de la France d'abord, et aussi de toutes les nations du monde. Mais le Roi avait déjà, sur Versailles, son idée qui valait mieux que la mienne, et dont il commença aussitôt l'exécution en décidant que la statue équestre de Louis XIV serait placée dans la grande cour du château. Nous avions à régler la décoration intérieure de la salle des séances de la Chambre des députés. Il fut arrêté qu'elle se composerait de trois grands tableaux et de deux statues, placés au-dessus et sur les deux côtés du bureau. Au centre, *le Serment du Roi,* dans la séance du 9 août, où les Chambres lui avaient déféré la couronne. A droite, *l'Assemblée constituante,* après la séance royale du 23 juin 1789, et Mirabeau répondant à M. de Brézé : « Allez dire à ceux qui vous ont envoyé que nous sommes ici par la puissance du peuple et que nous n'en sortirons que par la force des baïonnettes. » A gauche, *la Convention nationale* au milieu de l'émeute du 1er prairial an III (20 mai 1795) et son président Boissy-d'Anglas saluant respectueusement la tête du représentant Féraud que les insurgés lui présentaient au bout d'une pique. Deux grands souvenirs, l'un de résistance au pouvoir, l'autre de résistance à l'anarchie. Les deux statues devaient être deux figures allégoriques, l'Ordre et la Liberté. L'exécution en fut confiée au statuaire Pradier. J'aurais voulu charger aussi des trois tableaux les maîtres de l'école, MM. Ingres, Gérard, Paul Delaroche; mais l'esprit démocratique s'y opposa et réclama impérieusement le concours : épreuve excellente à l'entrée des diverses carrières et pour mesurer les jeunes talents encore peu connus, détestable quand on voudrait avoir l'œuvre des talents célèbres, car ils ne s'y présentent pas. J'espérais apporter quelque remède aux inconvénients du concours en appelant les artistes les plus éminents à en juger les résultats avec leur indépendance et leur autorité; mais ce jury ne devait être nommé qu'au moment où les esquisses seraient prêtes. Quand le moment vint, j'étais sorti des affaires, et par un excès de fantaisie démocratique, les concurrents furent chargés de choisir eux-mêmes leurs juges. Un grand nombre d'esquisses étaient présentées : le prix pour le *Serment du Roi au 9 août* fut donné à celle de M. Court, dont le tableau a occupé la place assignée à ce sujet jusqu'à la révolution du 24 février 1848, qui l'en fit disparaître percé de balles. Cette toile mutilée a trouvé, dit-on, un refuge dans des magasins où le tableau de M. Hesse, représentant *l'Assemblée Constituante et Mirabeau dans la séance du 23 juin* 1789, est allé la rejoindre. *Le Boissy-d'Anglas, présidant la Convention nationale,* par M. Vinchon, a été envoyé en présent à la ville d'Annonay, patrie du courageux président; et je garde dans mon cabinet une esquisse très-fidèle du *Serment du Roi* que M. Couder avait envoyée au concours. Les images ont été dispersées comme les acteurs.

Parmi les monuments dont on reprit alors les travaux, un seul, le Panthéon, fut, pour moi, l'occasion d'une faute, et faillit amener d'assez graves embarras.

Qu'une nation honore avec éclat les grands hommes qui l'ont honorée, c'est un acte juste et un sentiment généreux; mais on n'honore pas dignement les morts si la religion n'est pas là pour accueillir et consacrer les hommages qu'on leur rend; c'est à elle qu'il appartient de perpétuer les souvenirs et de prendre sous sa garde les tombeaux. Les morts les plus illustres ont besoin de reposer dans les temples où l'immortalité est tous les jours proclamée, et leur culte est bien froid et bien précaire quand on le sépare du culte de Dieu. Ce fut, en 1791, une fausse et malheureuse idée d'enlever l'église de Sainte-Geneviève aux chrétiens pour la dédier aux grands hommes, et le nom païen de *Panthéon*, auquel vint bientôt s'accoler le nom odieux de Marat, fit tristement éclater le caractère de cette transformation. Elle était abolie en 1830; le grand esprit de l'empereur Napoléon en avait compris le vice, et en laissant les grands hommes dans l'église de Sainte-Geneviève, il avait décidé qu'elle serait rendue au culte chrétien. Le roi Louis XVIII avait poursuivi cette pensée de réparation intelligente et morale [1]. En fait, l'œuvre n'était qu'imparfaitement accomplie; mais, en principe, elle était décrétée. Nous rentrâmes dans la mauvaise voie. Le Panthéon fut rendu aux seuls grands hommes. Ce fut, au milieu de notre résistance générale aux prétentions révolutionnaires, un acte de complaisance pour une fantaisie élevée, mais déclamatoire, et qui méconnaissait les conditions du but auquel

---

[1] *Pièces historiques*, n° V.

elle aspirait. J'avais, en commettant cette faute, un secret sentiment de déplaisir, et pour en atténuer les conséquences, l'ordonnance porta « qu'une commission serait chargée de préparer un projet de loi pour déterminer à quelles conditions et dans quelles formes ce témoignage de la reconnaissance nationale serait décerné au nom de la patrie. » La commission, instituée pour gagner du temps, était composée de façon à faire espérer aux partisans de la mesure une prompte satisfaction de leur désir; M. de La Fayette et M. Béranger en étaient membres. Mais l'impatience populaire ne voulut pas attendre l'avis des hommes même les plus populaires : un rassemblement nombreux promena dans Paris les bustes du général Foy et de M. Manuel, annonçant l'intention de se porter vers le Panthéon et d'en forcer les portes pour les y installer sur-le-champ. M. Odilon Barrot, alors préfet de la Seine, eut grand'-peine à obtenir des meneurs de la foule qu'ils renonçassent à ce dessein, et que les deux bustes fussent déposés à l'Hôtel-de-Ville en attendant l'hommage légal qui leur était destiné. Peu de jours après ce tumulte bruyant et vain, M. Béranger, avec sa prudence accoutumée et sa prévoyante crainte du ridicule, se retira de la commission, où il fut aussitôt remplacé par M. Casimir Delavigne, mais qui ne poursuivit pas vivement la préparation du projet de loi remis à ses soins.

Lorsque, après de longues années, on recueille ses souvenirs, on est étonné des rapprochements qui s'opèrent dans la mémoire et qu'on n'avait pas remarqués au moment où s'accomplissaient les faits. A la même époque, peut-être le même jour où éclatèrent dans les rues de Paris, à la suite de la mesure prise sur le Panthéon, ces désordres dont une impression désagréable m'est restée, M. Lenormant m'amena à déjeuner M. Rossini, à qui la révolution de Juillet avait causé des déplaisirs que j'aurais voulu lui faire oublier. Le roi Charles X l'avait traité avec une juste faveur; il était inspecteur général du chant, recevait, outre ses droits d'auteur, un traitement de 7,000 fr., et quelques mois auparavant, après l'éclatant succès de *Guillaume Tell*, la liste civile avait signé avec lui un traité par lequel il s'engageait à écrire encore, pour la scène française, deux grands ouvrages. Je désirais que le pouvoir nouveau lui témoignât la même bienveillance, et qu'en retour il nous tînt ses promesses de chefs-d'œuvre. Nous causâmes avec abandon. Je fus frappé de son esprit animé, varié, ouvert à toutes choses, gai sans vulgarité et moqueur sans amertume. Il me quitta après une demi-heure de conversation agréable, mais qui n'eut point de suite, car je ne tardai pas à sortir des affaires. Je restai avec ma femme que la personne et la conversation de M. Rossini avaient intéressée. On amena dans le salon ma fille Henriette, petite enfant qui commençait à marcher et à jaser. Ma femme se mit à son piano, et joua quelques passages du maître qui venait de nous quitter, de *Tancrède*, entre autres. Nous étions seuls; je passai ainsi je ne sais quel temps, oubliant toute préoccupation extérieure, écoutant le piano, regardant ma fille qui s'essayait à courir, parfaitement tranquille et absorbé dans la présence de ces objets de mon affection. Il y a près de trente ans; il me semble que c'était hier. Je ne suis pas de l'avis de Dante :

> *Nessun maggior dolore*
> *Che ricordarsi del tempo felice*
> *Nella miseria.*

« Il n'y a point de douleur plus amère que de se souvenir du temps heureux quand on est dans le malheur. »

Un grand bonheur est au contraire, à mon sens, une lumière dont le reflet se prolonge sur les espaces même qu'elle n'éclaire plus; quand Dieu et le temps ont apaisé les violents soulèvements de l'âme contre le malheur, elle s'arrête et se complaît encore à contempler dans le passé les biens charmants qu'elle a perdus.

Comme ministre de l'intérieur, le rétablissement de l'ordre et d'une administration régulière était ma mission et ma préoccupation principale, mais non pas la seule; les affaires du dehors tenaient, dans le gouvernement du dedans, une place immense; côte à côte de l'esprit de révolution marchait l'esprit de guerre; la politique de résistance à l'anarchie était impossible et vaine sans la politique de la paix.

Peuples et rois, l'Europe, en en exceptant les fauteurs et les rêveurs de révolution, a offert en 1830 et dans les années qui suivirent de près, je pourrais dire de 1830 à 1848, un rare et grand spectacle; elle a eu la passion de la paix. Jamais tant de causes de guerre n'ont éclaté en si peu d'années : en France, une grande révolution et ses ébranlements prolongés; des révolutions accomplies sur toutes les frontières de la France, en Belgique, en Suisse, en Espagne; des révolutions tentées au centre et aux extrémités de l'Europe, en Allemagne, en Pologne, en Italie; toutes les questions et toutes les complications internationales que les révolutions soulèvent; d'autres questions, non révolutionnaires, mais politiquement grandes et difficiles; l'Empire ottoman de plus en plus chancelant; l'Asie de plus en plus partagée et disputée entre l'Angleterre et la Russie; la France conquérante en Afrique; dans le nouveau monde, la France et l'Angleterre, l'Angleterre et les États-Unis, les États-Unis et la France engagés dans de vifs débats de territoire, d'argent, d'influence, d'honneur. Jadis la guerre serait, je ne sais combien de fois ni pour combien de temps, sortie de ces questions; de nos jours, à peine quelques mouvements de guerre partiels et passagers; de toutes parts on s'est hâté de couper court aux événements; le monde est resté immobile au milieu des orages; la paix a résisté et survécu à tous les périls.

Est-ce progrès de la sagesse et de la vertu des hommes? Les questions de paix et de guerre seraient-elles, de nos jours, plus scrupuleusement pesées que jadis, et lentement décidées par des principes de droit ou par des considérations de justice et d'humanité?

Je ne suis point de ceux qui mettent leur orgueil, un sot orgueil, à ne pas croire à l'empire des idées morales; je suis convaincu que cet empire est réellement en progrès de nos jours dans les rapports des nations, et que les considérations de droit et de bonheur public exercent sur les questions de paix et de guerre bien plus d'influence que jadis. Mais elles n'y dominent point; nous avons passé une partie de notre vie à voir ces questions régies par de tout autres mobiles; et si les passions qui poussent à la guerre se réveillaient effectivement en Europe, je doute fort que les principes de justice et d'humanité fussent en état d'y opposer un suffisant obstacle.

Serait-ce que les révolutions, au milieu d'une civilisation brillante et douce, ont énervé les nations qui les ont subies, et l'amour de la paix aurait-il aujourd'hui sa source dans la mollesse des mœurs et dans le besoin de ces jouissances matérielles que la paix seule permet et procure?

A cette crainte, de glorieux exemples répondent : pas plus depuis 1814 qu'auparavant, la vigueur guerrière ne nous a manqué toutes les fois qu'elle nous a été demandée: Les Français en Algérie et en Crimée, comme les Anglais en Crimée et dans l'Inde, se sont chargés de prouver avec éclat que la civilisation n'énerve point les peuples, et que les douceurs de la vie civile ne sont point inconciliables avec les ardeurs de l'esprit militaire et les rudes épreuves de la vie des camps. Mais des faits encore plus décisifs et d'un sens plus politique tranchent cette question.

Deux États surtout, qui n'avaient point eu de révolution à subir et n'en ressentaient ni la lassitude ni les embarras, l'Angleterre et la Russie, auraient pu, de 1830 à 1848, troubler, par leur ambition, la paix de l'Europe. Ce sont précisément ceux où, durant cette époque, l'esprit pacifique a le plus fermement dominé.

En Angleterre, c'est la nation elle-même qui, de 1830 à 1853, a voulu énergiquement la paix : par bon sens et intelligence de ses vrais intérêts, par goût pour l'activité féconde de la vie pacifique, par esprit chrétien. Les croyances religieuses ne sont, chez ce peuple, ni de simples règles pour la vie privée, ni de pures satisfactions de la pensée et du cœur ; elles entrent dans la vie politique; elles pèsent sur la conduite de l'homme public comme sur la conscience du simple particulier. Ce sont en général les sectes dissidentes qui s'émeuvent passionnément les premières pour quelque but pratique commandé, à leurs yeux, par la religion, et qui commencent à le poursuivre. Le mouvement passe bientôt dans toute l'Église chrétienne du pays, puis dans la société civile elle-même, et le gouvernement, à son tour, ou bien s'y associe parce qu'il l'approuve, ou bien se résigne à le suivre. Ainsi ont été abolis la traite et l'esclavage des noirs; ainsi a dominé en Angleterre, jusqu'à ces dernières années, l'esprit de paix, puissant à la fois par la sagesse des intérêts matériels et par l'énergie des convictions religieuses, et imposé par la population même à son gouvernement qui, du reste, dans le cours de cette époque, ne s'est point défendu de ce sentiment public, et en a fait volontiers la règle de sa politique.

La nation russe est loin de jouer, dans ses affaires, le même rôle que la nation anglaise dans les siennes, et si elle y influait beaucoup, ce ne serait probablement pas dans le même sens. La Russie en est précisément à ce degré de civilisation où les peuples rudes, hardis, dévoués, peu réfléchis, peu prévoyants et profondément ignorants des faits compliqués et lointains, sont d'excellents instruments de guerre et de conquête, et suivent aveuglément les chefs qui les y conduisent. Mais, malgré le profond déplaisir que lui avait causé la révolution de Juillet et la malveillance qu'il portait au roi Louis-Philippe, l'empereur Nicolas voulait la paix. Gouverner fortement ses États, peser sur l'Europe dans l'intérêt de l'ordre et des rois, sans y jeter lui-même aucune complication nouvelle, pratiquer au dehors la politique traditionnelle de la Russie sans en presser par aucune grande entreprise la marche et les résultats, telle était la pensée dominante de ce prince vigilant, actif, très-préoccupé de la puissance de son empire et de son nom, mais au fond peu ambitieux, peu avide comme peu capable de renom militaire, et plus hautain que hardi dans l'exercice du pouvoir absolu. Il eût pu être tenté de profiter, par la guerre, des troubles de l'Europe ; il aima mieux les grands airs de la domination en Europe, au sein de la paix.

En présence de l'Angleterre et de la Russie ainsi décidées pour la politique pacifique, l'Autriche et la Prusse l'étaient aussi, et bien plus nécessairement. L'Autriche ne se préoccupe guère que de conserver et d'unir les

États hétérogènes qu'elle possède ; la Prusse, nation encore incertaine de son avenir, la seule peut-être aujourd'hui en Europe qui soit réellement travaillée d'un inquiet désir d'agrandissement, ne peut songer à élever, par elle-même et seule, aucune question européenne. Son gouvernement, d'ailleurs, assailli au dedans par les exigences libérales, est peu enclin à se hasarder dans de grands desseins, et ne fait au dehors que ce qu'il juge indispensable pour donner quelque satisfaction à l'orgueil national.

La paix donc, même achetée par d'assez pénibles sacrifices, était en 1830 dans le goût et la volonté des grands États européens. Le parti révolutionnaire en France méconnut complétement cette situation ; dominé par ses routines au moins autant que par ses passions, il crut la guerre inévitable pour la France comme nécessaire pour lui-même, et se portant l'aveugle héritier à la fois de la Convention et de l'Empire, il arbora le double drapeau de l'esprit de propagande et de l'esprit de conquête, se promettant cependant, quand il entrerait en action, de trouver en Europe des alliés.

De toutes ses chimères, celle-ci était peut-être la plus étrange. L'esprit révolutionnaire de nos jours n'admet aucun système régulier et stable de société ni de gouvernement ; il est la destruction universelle et l'anarchie continue ; il peut susciter des conspirations et des insurrections ; il peut, s'il triomphe un moment, faire, pour un moment aussi, des conquêtes ; il a partout, dans les populations, des adeptes, des complices et des dupes ;

mais il ne saurait avoir des gouvernements pour alliés, car, pour aucun gouvernement, il n'est lui-même un allié possible. On ne pouvait, en 1830 et 1831, entendre sans sourire les orateurs de ce parti, M. Mauguin entre autres, disposant, pour remanier de concert avec eux l'Europe, aujourd'hui du cabinet de Saint-Pétersbourg, demain de celui de Berlin, et dans leurs accès de badauderie diplomatique, contractant, selon leur fantaisie, des alliances avec ces mêmes gouvernements qu'ils injuriaient, menaçaient et minaient incessamment.

Non-seulement les révolutionnaires de 1830 et 1831 ne pouvaient avoir aucun gouvernement pour allié, mais c'était contre eux que s'alliaient tous les gouvernements. Ces faits si nouveaux qui avaient commencé en 1815 et qui se confirmaient en 1830 avec tant d'ensemble, cet accord permanent entre des puissances jadis si divisées, cette suspension des ambitions et des rivalités royales et nationales, cette passion européenne de la paix, c'était la crainte de l'esprit de propagande et de conquête révolutionnaire qui les avait suscités et qui les maintenait. La fatigue, bien que réelle, y avait moins de part que la prévoyance; on savait que toute grande guerre courrait le risque de devenir une guerre de révolution, et c'était un risque qu'on ne voulait pas courir. L'Europe se tenait immobile pour ne pas fournir à l'esprit révolutionnaire quelque occasion de tenter de nouveau le bouleversement universel.

Cette situation et cette disposition de l'Europe, que les révolutionnaires de 1830 ne surent pas ou ne voulurent pas reconnaître, le roi Louis-Philippe les comprit sur-le-champ. A peine roi, il vit clairement que la cause de l'ordre au dedans et celle de la paix au dehors étaient étroitement liées, et plus résolûment encore qu'il n'était entré dans la politique de la résistance, il se voua à la politique de la paix. C'était, de sa part, un courage sensé et nécessaire, mais difficile et méritoire, car en servant ainsi les vrais intérêts de la France, il blessait ses préjugés et ses passions d'habitude; en repoussant toute idée de guerre agressive, il se donnait la propagande révolutionnaire à combattre et les traités de 1815 à maintenir.

La France, qui ne veut plus de révolutions chez elle, même quand elle en laisse faire, les aime encore ailleurs. Ce mouvement suscité par ses exemples lui plaît, et elle se persuade que, dans tous ses imitateurs, elle trouvera des amis. On a d'ailleurs si follement mêlé, parmi nous, les idées de justice, de réforme, de liberté et de progrès social avec l'idée de révolution, que partout où une révolution éclate, notre premier instinct est de croire que le progrès commence, que la justice et la liberté vont s'établir, et nous nous faisons un honneur, et presque un devoir, d'en être de loin les patrons. Puis, quand les révolutions, par leurs excès ou par leurs échecs, ont trompé notre espoir, leurs proscrits et leurs réfugiés affluent chez nous; un vif intérêt s'attache à leurs souffrances, à leur dévouement, à leur courage. Les réactions qui succèdent aux révolutions font, dans leurs rigueurs, une confusion déplorable des honnêtes gens et des malhonnêtes gens, des esprits généreux et des brouillons incurables, des malheurs mérités et des malheurs injustes; le sentiment très-légitime qu'inspirent les uns s'étend sans discernement sur les autres; un jour, il se refroidira et s'éteindra peut-être au détriment de tous, sans plus de discernement ni d'équité; mais, en attendant, une sympathie aveugle blesse les principes du droit des gens et compromet la politique nationale au delà de ce qui est dû aux droits du malheur.

Que les amis de la paix et de la politique honnête y pensent sérieusement: il y a là une question grave, sur laquelle le droit public européen et la législation intérieure des pays civilisés sont vraiment dans l'enfance. Le droit d'asile est, pour les États indépendants, une noble et nécessaire prérogative; les États libres se font un juste honneur d'assurer, aux étrangers comme aux nationaux, la protection de leurs lois; en même temps qu'ils soulagent ainsi de grandes infortunes, ils viennent en aide à leurs voisins en facilitant ces bannissements volontaires qui, après les troubles politiques, émoussent les réactions et donnent aux périls comme aux haines le temps de s'apaiser. Mais si ce beau droit devenait un principe de déloyauté nationale et une source d'embarras intérieurs et extérieurs sans cesse renaissants, il succomberait tôt ou tard sous ses propres abus. Nos faibles et incohérentes idées à cet égard n'ont pas seulement aggravé pour nous, pendant plusieurs années après 1830, les difficultés de la paix; elles ont vicié la paix même et empêché qu'elle ne portât tous ses fruits.

J'en dirai autant des idées et des dispositions publiques quant aux traités de 1815. Personne ne proposait de méconnaître et de briser ces traités, car on voulait la paix; mais on voulait en même temps les respecter et les maudire, et menacer sans agir. Attitude aussi malhabile que peu digne, car on inspirait au dehors la méfiance par les paroles au moment même où l'on s'appliquait à la dissiper par la conduite, et tandis qu'on demandait au gouvernement de maintenir la paix, on lui imposait des démonstrations et un langage qui rendaient la paix et plus difficile et toujours précaire. En même temps que l'Europe souhaitait la paix, elle était décidée et prête, si son maintien devenait trop difficile, à nous faire de nouveau cette guerre de coalition générale à laquelle Napoléon avait succombé. Entre les quatre grandes puissances, la coalition subsistait toujours, et elles étaient bien résolues à maintenir, contre l'esprit de propagande révolutionnaire ou de conquête impériale, l'état territorial et l'ordre européen. Et les grands peuples eux-mêmes, les Anglais, les Allemands, les Espagnols, les Russes, auraient de nouveau passionnément secondé leurs gouvernements dans cette lutte, car l'esprit d'indépendance, de dignité et de rancune nationale était plus puissant, chez eux, que l'esprit de révolution. La France de son côté, malgré la vivacité des impressions et des démonstrations populaires, n'était ni en disposition, ni en mesure d'affronter de tels périls, car elle ne vivait plus sous l'impulsion des intérêts ambitieux et des passions jeunes qui l'y avaient jetée une première fois; l'esprit révolutionnaire déclamait encore et agitait les masses; mais il ne les enflammait plus d'une fièvre ardente et dévouée, et il n'avait plus de grande proie matérielle ni morale à leur offrir. Toute entreprise agressive, plus bruyante que nationale, eût abouti à des calamités déplorables, et peut-être à des mécomptes ridicules. Et pourquoi s'y engager? Quelle nécessité? Quel devoir? La France venait d'accomplir l'acte d'indépendance politique le plus éclatant qui se pût imaginer, et cet acte était partout accepté; elle modifiait ses institutions sans que personne, en Europe, lui suscitât le moindre obstacle. Tout ce qu'elle pouvait réclamer au nom du droit lui était assuré; elle était, sans effort, en possession des deux biens auxquels ont toujours le plus aspiré les peuples, la liberté et la paix. Si elle eût jeté au vent ces bienfaits du ciel pour reporter partout en Europe et rappeler sur elle-même les deux fléaux qui ont le plus dévasté les sociétés humaines, l'anarchie et la guerre, la France eût commis l'acte de démence le plus absurde et le plus coupable qui se fût jamais rencontré dans l'histoire.

Malgré la variété des idées et des tendances qui s'y rencontraient, le cabinet de 1830 était, à cet égard, unanime et parfaitement d'accord avec le Roi, dont la conviction et la résolution eussent, au besoin, affermi celles de ses conseillers. Dans l'abondance un peu précipitée de sa conversation, le roi Louis-Philippe ne présentait pas toujours ses idées sous la forme la plus propre à persuader; il en était si vivement préoccupé que souvent il ne choisissait ou ne mesurait pas bien ses termes, et n'en pressentait pas exactement l'effet sur ses auditeurs. Mais il tenait au fond de sa pensée avec une infatigable persévérance, et il reprenait, sans jamais se rebuter, son travail auprès des hommes dont le concours lui était nécessaire pour le succès. Son premier choix diplomatique, l'envoi de M. de Talleyrand comme ambassadeur à Londres, fit sur-le-champ entrevoir aux esprits intelligents combien ses vues, en fait de politique extérieure, étaient arrêtées, justes et sagaces.

On a dit que le Roi seul avait fait ce choix, et qu'il l'avait imposé à ses ministres. Il n'en est rien; jamais peut-être il ne prit plus de soin pour s'assurer leur adhésion; il discuta, d'avance et en particulier, avec la plupart d'entre eux, ses motifs et leurs objections. Je ne sais ce que lui dirent, dans ces entretiens confidentiels, ceux qui n'approuvaient pas ou ne voulaient pas avoir l'air d'approuver cette nomination, ni ce qu'ils en purent dire plus tard à d'autres qu'au Roi. Mais quand elle fut proposée dans le Conseil, quelques-uns exprimèrent à peine quelques doutes, plutôt, je crois, par précaution personnelle que par réelle opposition; personne ne contesta sérieusement. Pour mon compte, j'étais convaincu de la convenance du choix.

M. de Talleyrand avait, comme négociateur, deux

qualités précieuses et rares. Il savait à merveille démêler, dans la situation du gouvernement qu'il servait, le fait dominant à faire valoir, le but essentiel à poursuivre, et il s'y attachait exclusivement, dédaignant et sacrifiant, avec une insouciance à la fois calculée et naturelle, toutes les questions, même graves, qui auraient pu l'affaiblir dans la position à laquelle il tenait, ou le détourner du point qu'il voulait atteindre. Il excellait dans l'art de plaire, et de plaire sans s'abaisser, singulièrement soigneux, par tous les moyens, pour toutes les personnes dont il avait besoin, grands ou petits, et en même temps gardant toujours avec elles ses habitudes et ses libertés de grand seigneur, ce qui donnait, à ses flatteries comme à ses services, bien plus de charme et de prix. Quoique les circonstances fussent très-différentes, il y avait, entre ce qu'il avait fait à Vienne en 1814 et ce qu'il avait à faire à Londres en 1830, une certaine analogie. En 1830 aussi, et bien plus difficilement, il fallait remettre le gouvernement français en rapports confiants, et, au besoin, en action commune avec les grands gouvernements européens. C'était peu qu'ils vécussent en paix avec lui, il fallait qu'ils acceptassent, non-seulement son existence, mais son influence, et par son influence, les changements que jetait dans l'ordre européen son avénement. Le parti révolutionnaire a chez nous un vif et patriotique sentiment de la grandeur nationale; mais il ne garde dans ce sentiment ni justice, ni mesure, et il ne sait lui donner satisfaction que par la violence. Et pour ce parti, la violence n'est pas seulement la guerre entre les États; c'est la guerre portant au sein des États les révolutions, c'est-à-dire la force employée non-seulement à vaincre, mais à bouleverser. A ce prix, la grandeur même de la patrie n'est ni légitime, ni longtemps possible; les succès réels et durables veulent aujourd'hui plus de bon sens et de moralité. Le gouvernement du roi Louis-Philippe s'imposa, dès le premier jour, une tâche plus salutaire comme plus pure; il voulut maintenir la paix, et grandir la France en Europe, au sein de la paix. En donnant à l'ordre européen son appui, il entreprit de concilier à la politique française l'aveu tacite, quelquefois même le concours européen. Des rapports intimes et confiants avec l'Angleterre étaient indispensables pour une telle œuvre ; car en même temps que l'Angleterre aussi voulait fortement, comme nous, le maintien de la paix, elle seule pouvait et voulait, dans les difficiles questions que soulevait autour de nous la Révolution de Juillet, unir son action à la nôtre avec une sérieuse sympathie. Ce fut là, à Londres, la mission du prince de Talleyrand; et au milieu des représentants de la vieille Europe jalouse et inquiète, il était l'homme le plus propre à y réussir, car il y fallait précisément et il y portait un mélange d'intelligence libérale et d'habitudes aristocratiques, d'immobilité et de hardiesse, de patience froide et de tact rapide, et l'art de ménager et d'attendre avec une certaine hauteur.

Huit jours après cette nomination [1], le Roi m'écri-

[1] Le 13 septembre 1830.

vait : « Je viens de lire les papiers anglais qui sont tous, de toutes les nuances, en approbation du choix de Talleyrand. Ils regardent l'opposition de nos gazettes sur ce point comme le résultat de l'exagération de ce qu'ils appellent *l'ultra-libéralisme;* et le *plain good sense* de *John Bull* apprécie cette nomination comme ce qu'il y avait de plus sage et de plus heureux pour les deux pays. C'est aussi cette conviction qui m'y a déterminé ; c'est le sentiment de mon devoir comme chef de ma nation. Je ne me suis trompé que dans l'espoir que notre public serait plus judicieux que je ne l'ai trouvé. Il finira par me rendre justice sur ce point, comme il l'a déjà fait sur bien d'autres où il m'avait méconnu. »

Je ne trouve pas que, même aujourd'hui, les bons esprits eux-mêmes aient encore rendu à la politique, non-seulement de la France, mais de l'Europe, à cette époque, une suffisante justice. Les gouvernements étrangers firent preuve alors d'une modération, et le gouvernement français d'une loyauté, très-bien entendues sans doute et très-opportunes, mais très-rares dans l'histoire. De la part des premiers, point de mauvais orgueil, point de mesquine jalousie ; ils reconnurent sans hésitation des nécessités qui leur déplaisaient, et acceptèrent franchement ce qu'ils ne croyaient pas devoir ouvertement combattre, subordonnant ainsi leur passion à leur raison et leurs goûts personnels au droit public et au bien des peuples. Le gouvernement français à son tour ne joua point de double jeu, ne garda point de faible ou perfide ménagement ; il n'essaya point de rester en équilibre entre l'ordre et le désordre, entre l'esprit de conservation et l'esprit de révolution, ni d'obtenir tour à tour, auprès des partis divers, des faveurs contraires; il choisit résolûment, et une fois pour toutes, sa place et son drapeau. De part et d'autre, la politique fut sensée, conséquente et sincère. Les peuples sont grandement intéressés à donner dans leur estime, à cette politique, le rang auquel elle a droit.

Elle eut, dès l'origine, dans les délibérations du Conseil, ma complète adhésion. Je la jugeais seule propre à nous mettre en état de fonder chez nous un gouvernement libre, et à répandre au dehors l'influence française, au profit de la civilisation européenne. J'eus bientôt, comme ministre de l'intérieur, et dans des circonstances délicates, à lui prêter mon actif concours.

Trois États parmi nos voisins, la Belgique, le Piémont et l'Espagne, étaient ou déjà envahis, ou menacés par le mouvement de la révolution. La Belgique avait porté hardiment les premiers coups et rompu ses liens avec la Hollande. Les réfugiés que les secousses révolutionnaires du Piémont et de l'Espagne avaient jetés en France s'agitaient pour rentrer dans leur patrie, et pour y reprendre leurs attaques contre les régimes qui y dominaient.

Ces diverses entreprises des étrangers trouvaient en France des appuis très-divers. Quant à la Belgique, ce n'était pas pour la soutenir dans son élan vers l'indépendance, mais pour la conquérir de nouveau que nos meneurs ardents s'agitaient. L'esprit impérial et l'esprit révolutionnaire s'unissaient dans ce dessein. On envoyait à Bruxelles des émissaires chargés de s'entendre avec les partisans de la réunion à la France. La Société des Amis du peuple recrutait un bataillon de volontaires qui devaient se porter en Belgique pour y seconder un mouvement français. M. Mauguin et le général Lamarque étaient à la tête de ce travail, auquel les purs libéraux, M. de La Fayette entre autres, demeuraient étrangers. Pour ceux-ci, contents de l'indépendance de la Belgique et prêts à la soutenir au besoin, c'était surtout aux réfugiés piémontais et espagnols qu'ils voulaient porter secours ; là il s'agissait, non de conquêtes à faire, mais de gouvernements à renverser ou à contraindre, dans l'intérêt de la liberté.

Sur ces diverses questions, nous étions nous aussi, le roi Louis-Philippe et ses conseillers de 1830, dans des situations très-diverses.

Quant à la Belgique, notre politique était simple et très-arrêtée ; nous étions résolus à la soutenir dans son indépendance et à n'y prétendre rien de plus. Point de réunion territoriale, point de prince français sur le trône belge. La France avait là un grand et pressant intérêt de dignité comme de sûreté à satisfaire, la substitution d'un État neutre et inoffensif à ce royaume des Pays-Bas qui, en 1814, avait été fondé contre elle. Notre renoncement à toute autre ambition était à ce prix ; et au prix de ce renoncement nous nous assurions la bonne entente et l'action commune avec l'Angleterre dans presque toutes les affaires de l'Europe. Il eût fallu aussi peu d'intelligence que de courage pour hésiter à prendre cette position. Le roi Louis-Philippe, s'en entretenant un jour avec moi, m'en signala un autre avantage d'un ordre encore plus élevé, car il était plus général et plus permanent: « Les Pays-Bas, me dit-il, ont toujours été la pierre d'achoppement de la paix en Europe; aucune des grandes puissances ne peut, sans inquiétude et jalousie, les voir aux mains d'une autre. Qu'ils soient, du consentement général, un État indépendant et neutre, cet État deviendra la clef de voûte de l'ordre européen. » C'était peut-être se promettre beaucoup de l'avenir; il y a de l'orgueil et de la chimère dans les plus sages combinaisons humaines; celle-ci du moins provenait d'une grande idée en même temps que d'une politique prudente. De concert avec M. Molé, je pris des mesures pour déjouer les menées contraires; je fis publier partout qu'elles étaient désavouées par le gouvernement français; des Belges considérables, venus à Paris pour connaître sûrement ses intentions, reçurent la déclaration formelle qu'ils ne devaient compter ni sur la réunion de leur pays à la France, ni sur un fils du Roi pour leur trône. Les volontaires destinés à provoquer un mouvement en Belgique s'étaient promis qu'ils recevraient des fusils chez un négociant de Valenciennes; il lui fut interdit de les leur livrer. Il n'y a point de politique plus compromettante comme plus déloyale que celle qui, pour échapper aux difficultés du moment, laisse les peuples ou les partis s'engager dans des voies où elle est décidée à ne pas les suivre. Nous ne négligeâmes rien pour que, ni en Belgique, ni en France, ce reproche ne pût nous être adressé.

Nous n'eûmes, dans ces premiers temps, avec le Piémont, point d'embarras sérieux. Les réfugiés italiens ne formaient encore vers cette frontière point de forts groupes, militaires ni populaires. J'avais alors à Lyon et à Grenoble deux préfets capables et sûrs, M. Paulze d'Yvoi et M. de Gasparin, attentifs aux moindres symptômes. Ils m'avertirent qu'à Bourgoing, dans une réunion de gardes nationaux, quelques esprits ardents, qui avaient à Turin et à Chambéry des relations excitantes, avaient annoncé l'intention de proposer une Adresse au Roi pour provoquer le renvoi d'un ministère qui ne savait pas propager la liberté dans les pays les plus disposés à l'accueillir; mais l'annonce fut si mal reçue que la proposition ne fut pas même développée jusqu'au bout. Aucun rassemblement, aucun mouvement sur cette frontière, plus tard si troublée, n'inquiéta, à cette époque, la cour de Turin, et nos rapports avec elle furent, sinon confiants, du moins réguliers et tranquilles.

Avec l'Espagne notre situation était plus compliquée et plus difficile. Les réfugiés espagnols abondaient en France, chefs politiques et militaires, importants dans les diverses nuances du parti libéral, Martinez de la Rosa, Isturiz, Toreno, Calatrava, Mendizabal, Mina,

Valdez, etc..... Ils entretenaient dans leur patrie d'actives correspondances et y comptaient de nombreux adhérents. Plusieurs accouraient d'Espagne pour se concerter avec eux et faire éclater un mouvement depuis longtemps préparé. Ils avaient à Paris des patrons aussi zélés que considérables. M. de La Fayette, sans méconnaître absolument les exigences de sa situation officielle, continuait de conspirer pour eux et avec eux : « Jusqu'à notre dernière révolution, leur écrivait-il [1], j'étais libre de tous mes mouvements. Aujourd'hui, ma situation est différente; je me suis lié intimement au nouveau gouvernement français; il adopte le système de non-intervention, ne donnant pas plus la sienne qu'il ne souffrira celle des étrangers contre nos voisins. C'est un gouvernement loyal, et le Roi ne veut pas faire sous main ce qu'il déclarerait n'avoir pas fait. Nos vœux communs sont pour la liberté générale, mais il ne veut pas y contribuer par une diplomatie mensongère. Telle a été la résolution du Roi et de son Conseil. La mienne n'a pas été la même; quels que soient mes liens avec le gouvernement nouveau, il ne peut disposer ni de mes prévoyances, ni de mes sympathies, et nos conversations, bien antérieures à la grande semaine, ne peuvent changer ni de nature ni d'objet. Cependant je dois garder certaines mesures; car d'après mes rapports nécessaires avec le Roi des Français et le commandement qu'il m'a confié, je cours le risque des reproches de mon

[1] Les 4 et 12 octobre 1830. (*Mémoires du général La Fayette*, t. VI, p. 441, 446.)

pays si je donne trop de prise à ceux des puissances étrangères. » A propos de l'Espagne, les reproches étaient, de la part de la France, peu à redouter, car le public français ne portait à Ferdinand VII ni estime, ni intérêt; on l'avait vu sans courage dans la lutte, sans dignité dans les revers et avec ses vainqueurs, sans foi et sans pitié dans le succès et envers les vaincus; il passait même pour plus incapable et plus détesté de son peuple qu'il ne l'était effectivement. C'était la disposition générale de trouver la révolte contre lui naturelle, et de ne s'en point inquiéter, ni pour lui, ni pour l'ordre européen. De toutes les rigueurs de l'opinion publique envers les souverains, celles qui portent sur leur caractère personnel sont pour eux les plus dangereuses; et de nos jours, malgré la faiblesse de nos mœurs, il y a une part de considération dont le pouvoir ne saurait longtemps se passer.

Envers la France et le roi Louis-Philippe, Ferdinand VII s'était mis d'ailleurs dans une position fausse et peu loyale. Sans refuser expressément de reconnaître le gouvernement de Juillet, il ajournait l'acte de la reconnaissance [1], et en attendant il continuait de traiter l'ambassadeur de Charles X, le vicomte de Saint-Priest, comme le véritable ambassadeur français. Les légitimistes se rassemblaient et préparaient librement,

---

[1] Les lettres du roi d'Espagne, qui accréditaient le comte d'Ofalia comme son ambassadeur auprès du roi Louis-Philippe, ne portent que la date du 25 septembre 1830, et elles ne furent présentées par M. d'Ofalia que le 23 octobre suivant.

sur la frontière espagnole, leurs plans de soulèvement dans nos départements du midi; le maréchal Bourmont devait, disait-on, se mettre à la tête; on annonçait la prochaine arrivée de madame la duchesse de Berry en Espagne; et le ministre favori de Ferdinand VII, M. Calomarde, donnait de l'autorité à ces bruits et de la gravité à ces menées en adressant, aux magistrats et aux évêques de la Péninsule, une circulaire amèrement hostile pour la France et son nouveau gouvernement.

En présence de ces faits et pour obliger la cour de Madrid à y mettre un terme en lui en faisant sentir le péril, nous résolûmes de n'apporter, de notre côté, aux préparatifs des réfugiés espagnols aucun obstacle; nous ne les encourageâmes point dans leurs desseins; nous ne prîmes envers eux aucun engagement; le Roi se refusa expressément à leurs ouvertures pour le mariage de son fils, le duc de Nemours, avec la jeune reine de Portugal, Dona Maria, et pour l'union de toute la péninsule sous le même sceptre. Mais nous laissâmes un libre cours à leurs espérances, à leurs réunions, à leurs tentatives d'emprunt, à leurs approvisionnements d'armes et de munitions, et nous leur donnâmes des passe-ports pour la frontière d'Espagne, en accordant aux plus dénués d'entre eux les secours de route usités en faveur des voyageurs indigents. Nous ne voulions ni les tromper par des promesses ou des actes qui nous auraient liés à leur cause, ni les empêcher de faire pour son succès ce qu'ils pouvaient faire par eux-mêmes ou par leurs amis, et ce que le gouvernement espagnol, sur son territoire, laissait faire contre nous.

Cette menace défensive eut son plein effet : le gouvernement espagnol prit l'alarme, et en même temps qu'il se préparait à repousser l'invasion des réfugiés, il s'empressa de nous promettre sur sa frontière l'observation de toutes les règles du droit des gens entre États qui vivent en paix, si nous voulions lui donner, de notre part, la même sécurité. C'était notre désir comme notre devoir de rester ou de rentrer partout dans les rapports réguliers et loyaux des souverains et des nations. La mauvaise issue des tentatives armées des réfugiés espagnols, pour susciter dans leur patrie une insurrection, nous en fournit bientôt l'occasion naturelle. Battus et poursuivis par les troupes royales, Mina, Valdez et leurs compagnons n'eurent d'autre ressource que de se rejeter sur notre territoire, leur constant refuge. Ils y furent reçus dans des termes que je puis dire honorables et pour le pouvoir qui tenait un tel langage, et pour les malheureux proscrits à qui il l'adressait. J'écrivis à nos préfets sur la frontière d'Espagne : « J'approuve pleinement votre conduite envers les réfugiés espagnols qui sont rentrés sur notre territoire. Vous les avez engagés à s'éloigner de la frontière, et vous avez pris soin d'éviter envers eux toute mesure coercitive et dure. C'est bien là ce que vous imposaient d'une part le droit des gens, de l'autre le respect dû au malheur. La France est et désire rester en paix avec ses voisins, et notamment avec l'Espagne. Une exacte et sincère neutralité en est la condition. Vous l'avez observée. Mais en même temps il est naturel, il est juste de témoigner à de malheureux proscrits l'estime qu'inspire leur courage et la sympathie que commande leur infortune. J'ai mis sous les yeux du Roi, dans son Conseil, la lettre qu'ils lui ont adressée et que vous m'avez fait passer. Sa Majesté a résolu de prendre les mesures nécessaires pour leur assurer, dans l'intérieur de la France, une hospitalité tranquille et les secours dont ils ont besoin. Les départements où ils devront habiter seront désignés, et ils y recevront, eux et leurs familles, ce qu'aura réglé la bienveillance royale, à charge seulement de ne pas s'en éloigner sans l'aveu de l'autorité. Informez-les, Monsieur le préfet, de cette résolution qui sera incessamment exécutée. Le Roi désire que sa protection non-seulement les soulage, mais les console autant qu'il est en son pouvoir, et je m'estime heureux d'être chargé de leur en transmettre l'assurance. »

« Je n'admire point, dit Pascal, l'excès d'une vertu, par exemple de la valeur, si je ne vois en même temps l'excès de la vertu opposée, comme en Épaminondas qui avait l'extrême valeur et l'extrême bénignité. » Ce serait trop exiger des gouvernements que de prétendre qu'ils unissent au même degré, comme Épaminondas, les mérites contraires ; mais c'est, aujourd'hui plus que jamais, leur mission et leur nécessité d'être à la fois arrêtés et larges, fermes et doux dans leurs actes comme dans leurs vues, et de savoir rendre également justice et porter sympathie aux intérêts et aux sentiments divers qui se disputent l'empire dans l'âme et la société des hommes.

Je n'ai encore touché qu'aux moindres des difficultés avec lesquelles le gouvernement nouveau, et moi en particulier comme ministre de l'intérieur, nous étions alors aux prises. Ce n'était ni dans l'administration intérieure, ni dans les affaires étrangères que se rencontraient les plus graves. C'était dans les Chambres qu'elles venaient toutes aboutir et éclater, car c'était là que les partisans légaux du régime naissant engageaient déjà leurs luttes intestines, et que les révolutionnaires du dehors cherchaient et trouvaient de l'écho et de l'appui.

Ni l'une ni l'autre des deux Chambres ne possédaient alors toute leur force naturelle et nécessaire; elles étaient sorties, l'une et l'autre, de la Révolution, mutilées et affaiblies. Dans la Chambre des députés, sur 406 membres, 52 légitimistes avaient donné leur démission, et 18 élections avaient été annulées pour cause d'irrégularité ou de violence. La Chambre des pairs où siégeaient, la veille de la Révolution, 364 membres, n'en comptait plus que 189 le lendemain; 175 avaient été écartés, les uns par l'élimination prononcée, dans la révision de la Charte, contre tous les pairs nommés sous le règne de Charles X, les autres par leur démission volontaire ou leur refus de serment au régime nouveau. C'était avec l'aide de pouvoirs ainsi ébranlés eux-mêmes que nous avions à fonder un gouvernement.

Dans l'espoir de prolonger et d'exploiter cet ébranlement, les fauteurs de révolutions demandaient la dissolution immédiate de la Chambre des députés et une élection générale, selon quelque mode électoral ou de tradition révolutionnaire, ou d'invention nouvelle et populaire. Nous repoussâmes cette politique d'illégalités et d'aventures indéfinies. Le nouveau Roi était sur son trône. Les deux Chambres qui avaient traité avec lui siégeaient autour de lui. C'était à elles, de concert avec lui, à mettre sur-le-champ en pratique le régime légal qui faisait leur contrat. Les lois de la nature sont de bons modèles. A ceux qui ont créé il appartient d'élever. Parmi les grandes fautes politiques commises de notre temps, la plus grande a été celle de l'Assemblée constituante abandonnant à d'autres mains, en 1791, son œuvre à peine ébauchée. Nous n'eûmes garde d'y retomber. La Chambre des députés resta au Palais-Bourbon pour soutenir et diriger, à ses premiers pas, le gouvernement dont elle avait consacré la naissance. Mais, en la conservant, nous prîmes soin de la compléter et de la retremper. Trois lois lui furent immédiatement proposées : deux, pour faire remplir, par des élections nouvelles, tous les siéges vacants; la troisième, pour soumettre aux chances de la réélection les députés promus à des fonctions publiques. Les deux premières, tenant compte des vives réclamations qu'avait excitées le système électoral en vigueur, apportaient à ce système des modifications provisoires, en annonçant la loi définitive sur laquelle la Chambre complétée aurait à statuer. La dernière, en instituant, pour assurer l'influence du pays sur son gouvernement, une garantie depuis longtemps réclamée, soumettait à l'épreuve de l'opinion publique, dans trente-neuf colléges électoraux, quarante et un des principaux agents du pouvoir nouveau. La présentation, la discussion et l'exécution de ces trois lois étaient de mon ressort. Elles rencontrèrent dans les Chambres peu d'objections. En convoquant les colléges appelés à faire les cent treize élections attendues, je pris soin de bien marquer l'attitude que le Gouvernement voulait y garder[1]; et la Chambre des députés fut complétée avec un mouvement de faveur publique qui, en sanctionnant ce qu'elle avait déjà fait, lui promettait, pour ce qu'elle avait à faire, la force dont elle aurait besoin.

Nous ne pouvions, pour la Chambre des pairs, rien faire de semblable. Déjà mutilée dans sa composition, elle avait en perspective une mutilation encore plus grave; la question de l'hérédité de la pairie devait être débattue dans la session suivante; et tel était, sur cette question, l'instinct dominant que, le 19 août 1830, lorsqu'on discuta dans la Chambre des députés le serment à prêter par les membres des deux Chambres, personne, au premier moment, ne songea à faire, entre les pairs et les députés, aucune distinction, et qu'on fut sur le point de déclarer les pairs qui refuseraient le serment démissionnaires pour leurs descendants comme pour eux-mêmes, et leur pairie absolument éteinte. M. Ber-

---

[1] *Pièces historiques*, n° VI.

ryer et M. de Martignac réclamèrent; M. Dupin reconnut qu'il y avait là un droit perpétuel que l'acte d'un usufruitier passager ne pouvait abolir. J'insistai pour qu'il fût bien établi que, si l'hérédité de la pairie devait être plus tard mise en discussion, elle n'en était pas moins jusque-là l'état constitutionnel du pays comme le droit légal des familles; et un amendement, adopté sur ma proposition, décida en effet que le pair qui refuserait de prêter le serment serait *personnellement* déchu de son siége, sans que rien fût préjugé par là contre ses héritiers.

La Chambre des pairs dut au cabinet de 1830 une seule chose, le choix de son président. Les révolutions amènent, entre les noms propres, des rapprochements bizarres; ce fut M. Dupont de l'Eure qui contresigna, comme garde des sceaux, la nomination de M. Pasquier à ce grand poste. Elle fut, comme celle de M. de Talleyrand à l'ambassade de Londres, un de ces actes de clairvoyance et d'esprit politique que l'évidence et l'urgence de l'intérêt général arrachent, dans les premiers moments d'une grande crise, aux préjugés et aux passions de parti. Malgré d'anciens dissentiments, dont chaque jour nous apprenait à tenir moins de compte, nous regardions, mes amis et moi, M. Pasquier comme l'homme le plus propre à diriger, à travers les difficiles épreuves qui l'attendaient, le corps important et compromis à la tête duquel il allait être placé. Il y était bien plus propre encore que nous ne l'avions présumé. Pendant dix-huit ans, il a honoré la Chambre et la Cour des pairs, autant qu'il s'est honoré lui-même, par l'habileté, la dignité, l'équité, la fermeté prudente et le tact imperturbable qu'il a déployés en les présidant.

Les deux Chambres ainsi constituées, les travaux législatifs y abondèrent. Outre les trois projets de loi que je viens de rappeler, j'en présentai à la Chambre des députés six autres, les uns de circonstance, sur les récompenses nationales à accorder aux blessés et aux familles des morts dans la lutte de juillet, sur l'importation des grains, sur des travaux publics urgents, etc., les autres d'institution, sur la garde nationale, soit sédentaire, soit mobile. J'avais chargé une grande commission, présidée par M. de La Fayette, de préparer ces deux derniers projets que, de toutes parts, on réclamait avec ardeur. C'est le mérite et le péril de l'institution des gardes nationales de susciter les espérances les plus diverses; leur prompte organisation donnait satisfaction aux esprits inquiets pour l'indépendance et la dignité extérieure du pays; les amis de l'ordre se promettaient d'y trouver une force pour le maintenir, à défaut de l'armée, matériellement et moralement affaiblie; les libéraux se flattaient que, grâce à cette force toujours disponible, une grande armée permanente ne serait plus nécessaire; les démocrates voyaient avec joie le peuple armé et mis ainsi en état d'intervenir dans les affaires publiques. Les ministres de la guerre, de la justice et des finances présentèrent en même temps, sur les questions qui ressortissaient à leurs départements, neuf projets de loi, les uns indispensables pour les services publics, les autres depuis longtemps l'objet des instances parlementaires ou populaires. Et à côté de ces projets du gouvernement, préparés et présentés en moins de trois mois, vingt-deux propositions, émanées de l'initiative des Chambres elles-mêmes, sollicitèrent, sur l'administration municipale, la législation pénale, le régime de la presse, le système des impôts, le mode d'examen du budget, etc., des réformes qui soulevaient les questions les plus graves.

Au premier moment pourtant, et soit qu'elles vinssent du gouvernement ou des Chambres, ces propositions ne suscitèrent pas les vifs et longs débats qu'on en devait attendre. Quelques-unes, depuis longtemps réclamées, comme l'abolition de la loi du sacrilége et le rétablissement du jury pour le jugement des délits de la presse, furent admises presque sans contestation. D'autres, au contraire, parurent n'être, de la part de leurs auteurs, que des promesses acquittées ou des espérances ouvertes à leurs amis du dehors, sans grande impatience du résultat. M. Benjamin-Constant et M. Bavoux, par exemple, demandèrent, l'un la complète liberté de la profession d'imprimeur, l'autre un abaissement considérable dans le cautionnement et le droit de timbre imposés aux journaux; mais ils n'insistèrent pas pour un examen immédiat. Beaucoup de propositions furent ainsi ajournées. Il n'y avait encore dans les Chambres point d'opposition déclarée, organisée et irritée par de longs combats; nous venions de concourir tous à la même œuvre; sincèrement ou par convenance, nous n'y portions la main qu'avec égard. Des dissentiments et des mécontentements se laissaient entrevoir; mais, sauf M. Mauguin et quelques déclamateurs subalternes, les dissidents et les mécontents s'appliquaient à se contenir plutôt qu'ils ne s'empressaient d'éclater.

Le gouvernement, de son côté, n'avait garde de provoquer la lutte. J'étais, dans la Chambre des députés, son principal organe; et quoique, plus tard, on m'ait quelquefois taxé d'ardeur provoquante, je ne me souviens pas qu'alors on m'ait jamais adressé ce reproche, et je suis sûr que je ne le méritais nullement. Ma disposition dans les débats était au contraire, à cette époque, contenue et réservée, par précaution d'orateur au moins autant que par prudence de ministre. A vrai dire, je débutais à la tribune comme dans le gouvernement; j'étais, pour la première fois, en première ligne sur le champ de bataille et chargé de la responsabilité du pouvoir. L'habitude de la parole publique ne me manquait pas; je l'avais acquise à la Sorbonne; mais au Palais-Bourbon, un prompt instinct m'avertit que j'avais affaire à un théâtre et à un public tout différents. Comme le prédicateur dans l'église, le professeur parle, du haut de sa chaire, à des auditeurs modestes et dociles, réunis autour de lui par devoir ou par nécessité, qui ne songent pas à le contredire, admettent d'avance son autorité morale et sont disposés, pour peu que sa parole leur plaise, à lui porter confiance et respect. C'est un monologue en présence d'un auditoire favorable. L'orateur politique, au contraire, a devant lui des adversaires qui s'apprêtent à le combattre, et des alliés qui ne lui donneront leur appui que s'il leur assure la victoire. Il est en dialogue continu, d'une part avec des ennemis passionnés, de l'autre avec des amis exigeants qui siégent là comme des juges. Et ce n'est pas seulement à ses contradicteurs déclarés, à ses rivaux d'éloquence qu'il a affaire; il traite, en parlant, avec toute l'assemblée qui l'écoute et dont il faut qu'il entende et comprenne le silence. S'il ne démêle pas les mouvements rapides et confus qui s'y produisent, s'il ne lit pas les impressions sur les visages, s'il ne saisit pas, pour y répondre d'avance, les objections et les doutes qui traversent les esprits, il aura beau bien parler; sa parole sera tantôt froide et vaine, tantôt mal comprise, mal interprétée et retournée contre lui. Un obscur mais réel échange de sentiments et d'idées, une conversation sympathique, soudaine et incessante, entre l'orateur et l'assemblée, c'est la condition comme la difficulté suprême de l'éloquence politique; sa puissance est à ce prix. Je ne me rendais pas compte, en 1830, de cette situation, de ses exigences et de ses périls, aussi clairement que je l'ai fait plus tard; mais j'en avais un vif pressentiment; et loin de m'abandonner à l'ardeur de ma passion ou à la liberté de ma pensée, je ne marchais qu'avec précaution dans cette difficile arène, content de suffire aux nécessités naturelles de la lutte, et ne cherchant nullement à l'étendre ni à l'enflammer.

Ainsi la Chambre, livrée à elle-même, était et serait

probablement restée longtemps peu orageuse; mais l'orage grondait incessamment autour d'elle. Pendant que nous délibérions assez tranquillement, je pourrais dire assez froidement, sur les questions à l'ordre du jour, les mouvements populaires, les attroupements tumultueux, les fantaisies et les tentatives imprévues d'une multitude ardente et oisive se renouvelaient tous les jours au dehors. Des ouvriers se portaient en masse pour chasser les concurrents étrangers et pour détruire les machines qui leur enlevaient, disaient-ils, leur travail; plusieurs ateliers furent bouleversés, et le 3 septembre, le *Journal des Débats* ne put paraître. Des rassemblements analogues à ceux qui avaient voulu porter au Panthéon les bustes du général Foy et de M. Manuel se formèrent pour rendre au buste du maréchal Ney le même honneur. Un autre rassemblement, gravement passionné et solennellement annoncé d'avance, se réunit le 21 septembre sur la place de Grève, au même lieu et l'anniversaire du jour où, huit ans auparavant, les quatre sergents de la conspiration de La Rochelle, Bories et ses trois compagnons, avaient été exécutés; une estrade avait été élevée, un discours fut prononcé en hommage à leur mémoire, et le Panthéon fut promis, sinon à leurs images, du moins à leurs noms. En dehors de ces solennités sérieuses, suscitées par des desseins politiques ou des sentiments sincères, des promenades sans but comme sans frein, des chants et des cris de bravade ou d'amusement agitaient sans relâche les quartiers populeux, surtout les environs du

Palais-Royal, séjour du Roi et galerie du peuple; et dans les carrefours, au coin des rues très-fréquentées, des placards sans cesse renouvelés couvraient les murs, tristes ou menaçants, injurieux ou licencieux; et des curieux se groupaient à l'entour, empressés à les lire et s'en entretenant sur place, puis reportant dans leurs quartiers et dans leurs foyers les impressions qu'ils en recevaient.

Fâcheux pour la société dont ils retardaient le retour au repos et incommodes pour le pouvoir à qui les moyens de répression manquaient encore, ces désordres matériels n'auraient eu cependant rien de bien grave si, au delà et au-dessus des incidents de rue, d'autres désordres plus anciens et plus profonds n'avaient agité et égaré un grand nombre d'esprits. La Révolution de Juillet avait fait bien autre chose que renverser un trône et modifier une Charte; elle avait donné des prétentions et des espérances, non-seulement au parti politique qui voulait, pour le gouvernement de la France, une autre forme que la monarchie, mais à toutes les écoles, à toutes les sectes, à tous les groupes, plus ou moins bruyants ou obscurs, qui rêvaient, pour la société française, une autre organisation que celle qu'elle a reçue de ses origines, de sa foi chrétienne et de ses quatorze siècles de vie. En dehors des républicains, et empressés les uns de s'en distinguer, les autres de s'y réunir, les saint-simoniens, les fouriéristes, les socialistes, les communistes, très-divers de principes et très-inégaux en force comme en valeur intellectuelle, étaient tous en état d'effervescence ambitieuse. Les idées fondamentales de ces écoles n'étaient pas plus neuves que sensées; le monde, depuis qu'il existe, a vu, dans toutes ses grandes crises, éclater les mêmes chimères, les mêmes soulèvements de l'orgueil humain contre l'ordre providentiel, les mêmes fausses notions sur la nature humaine et sur la part de l'homme dans le gouvernement de l'humanité. Au milieu d'une société fortement constituée et sous un gouvernement bien établi, ces rêveries, qui couvent toujours sourdement, n'ont pas grande importance; elles ne font jamais qu'un nombre assez restreint de recrues ou de dupes, et on peut les laisser végéter dans leur étroite sphère sans se préoccuper de leurs progrès. Mais au sein d'une nation démocratique, raisonneuse, hardie, et livrée depuis cinquante ans à toutes sortes d'ambitions et d'expériences, tous ces petits groupes philosophiques, politiques, quelques-uns même affectant des airs semi-religieux, devenaient autant de petites puissances remuantes qui possédaient peu de force, mais répandaient beaucoup de venin. Les réformateurs ne prétendaient pas à s'emparer pleinement de la société française pour la reconstruire à leur gré; mais ils aspiraient à exercer sur ses institutions, sur ses lois, sur ses idées, sur ses maîtres, une large part d'influence, et ils apportaient tous leur contingent à la fermentation révolutionnaire qui bouillonnait autour du gouvernement qu'elle venait de se donner.

Par une combinaison singulière où se réunissaient

les traditions des temps les plus divers, cette fermentation avait les foyers les plus propres à la recueillir et à la répandre. Les sociétés secrètes de la Restauration s'étaient transformées en clubs de la Révolution, unissant ainsi les restes d'une discipline silencieuse aux emportements de la parole déchaînée. Là, dans des réunions journalières et publiques, tous les événements, toutes les questions, de principe ou de circonstance, étaient ardemment discutés ; tous les desseins, toutes les espérances, tous les rêves se produisaient audacieusement ; tout le gouvernement, la royauté, les Chambres, la magistrature, l'administration, étaient attaqués à outrance ; on allait jusqu'à provoquer sans détour leur renversement. Des ouvriers, des jeunes gens, des passants entraient dans ces réunions comme dans un spectacle, prenaient goût à cette licence arrogante ; et autour des meneurs des anciennes associations républicaines, bonapartistes, socialistes ou autres, se groupaient des forces populaires, prêtes à s'insurger contre les pouvoirs publics que, tous les jours, elles entendaient outrager et traiter en ennemis.

Les clubs, dans leur fougue subversive, oubliaient qu'ils étaient en présence, non pas seulement d'un pouvoir encore incertain et faible, mais d'un public libre et très-ému, en qui leur nom et leurs déclamations réveillaient les plus sinistres souvenirs. L'humeur et l'alarme se répandirent rapidement ; dans l'intérieur des familles, dans les magasins des marchands, dans les couloirs des salles de spectacle, dans les corps de garde de la garde nationale, on s'entretenait de ces associations factieuses; on rappelait leurs excès d'autrefois; on se racontait leurs menaces de la veille contre les pouvoirs les plus populaires comme les plus augustes; on s'en prenait à elles des langueurs du commerce, des troubles des rues, de l'indiscipline des ouvriers. Les magistrats ne manquèrent pas à leur devoir : des affiches préparées dans le principal de ces clubs, *la Société des Amis du peuple*, et qui provoquaient formellement le peuple à renverser la Chambre des députés, furent saisies et des poursuites entamées contre les meneurs de la réunion et le propriétaire du local où elle tenait ses séances. Pendant que cette instruction suivait son cours, une question déjà engagée sous la Restauration et étrangère, par son origine comme par son objet direct, aux événements du jour, était pendante devant la Cour de cassation; il s'agissait de savoir si des réunions purement religieuses, tenues par des protestants, étaient assujetties aux restrictions et aux conditions prescrites par les articles 291 et 294 du Code pénal [1]. M. Dupin, nommé naguère procureur

---

[1] « *Art.* 291. Nulle association de plus de vingt personnes, dont le but sera de se réunir tous les jours, ou à certains jours marqués, pour s'occuper d'objets religieux, littéraires, politiques ou autres, ne pourra se former qu'avec l'agrément du gouvernement, et sous les conditions qu'il plaira à l'autorité publique d'imposer à la société. »

« *Art.* 294. Tout individu qui, sans la permission de l'autorité municipale, aura accordé ou consenti l'usage de sa maison, en tout ou en partie, pour la réunion des membres d'une association, même autorisée, ou pour l'exercice d'un culte, sera puni d'une amende de 16 fr. à 200 fr. »

général, proclama et réclama nettement les droits de la liberté religieuse. Mais on était dans l'un de ces accès d'agitation et de précipitation inquiète où le danger général et actuel préoccupe seul les esprits, où les faits les plus divers comme les notions les plus distinctes se confondent, et où le public, dans son ardent égoïsme, veut être rassuré à tout prix. Sensible aux nécessités du gouvernement et dominée par la rigueur des textes légaux, la Cour de cassation déclara que les articles 291 et 294 du Code pénal étaient en pleine vigueur et s'appliquaient à toutes les réunions, quel qu'en fût l'objet. La liberté religieuse payait ainsi les frais de l'ordre politique. Encouragés par ces décisions des tribunaux, les citoyens tranquilles, les négociants, les chefs d'atelier, les habitants des quartiers où se tenaient les clubs en demandèrent vivement la répression ; des voix s'élevèrent de toutes parts, taxant le pouvoir de faiblesse ; et le 25 septembre, l'un des chefs les plus honorés de la garde nationale, le comte de Sussy, colonel de la XIe légion, écrivait à l'un de ses amis qu'il savait en rapports fréquents avec moi : « Pour donner plus de force aux démarches que vous faites de votre côté, je vous dirai que tous mes collègues et moi avons prié M. Laffitte de faire connaître au Roi que toute la garde national demandait avec instance qu'on prît sans retard les mesures nécessaires pour mettre un terme à toutes ces réunions qui viennent troubler la tranquillité publique et arrêter les opérations commerciales. M. Laffitte nous a assuré que le gouvernement allait s'occuper efficacement du vœu exprimé par tous les bons citoyens. Il est bon, je crois, que vous en informiez MM. de Broglie et Guizot. »

Je n'avais pas attendu cette information pour agir, dans la mesure et par les moyens qui me paraissaient adaptés à l'état des faits et des esprits. J'avais déjà entretenu le Conseil de quelques dispositions législatives qui avaient plutôt pour objet d'engager la question que de la résoudre, lorsque plusieurs députés de mes amis, entre autres, M. Benjamin Morel, grand négociant de Dunkerque, vinrent me dire qu'ils se croyaient en conscience obligés de signaler à la Chambre tout le mal que faisaient et préparaient les clubs, et de presser le gouvernement d'y porter remède. Loin de les en détourner, je les encourageai dans leur dessein, les assurant que le gouvernement ferait son devoir, comme ils voulaient faire le leur. Le surlendemain, en effet, prenant pour prétexte la détresse industrielle de son département, M. Benjamin Morel attaqua franchement les clubs et leur imputa la perturbation prolongée qui compromettait à la fois l'honneur du régime nouveau et la prospérité du pays. La Chambre l'écoutait en silence, embarrassée à la fois et favorable. Quelques voix s'élevèrent pour réclamer contre l'exagération de ces plaintes, au nom des principes de liberté que les associations politiques pouvaient invoquer, dit-on, comme les individus isolés. Je pris sur-le-champ la parole, non sans quelque embarras à mon tour, soit à cause de la disposition de la Chambre, soit dans le fond même de ma pensée. J'avais à ménager des esprits flottants, inquiets des clubs, mais encore tout émus de leurs luttes libérales sous la Restauration, et je ne voulais ni abolir d'avance et en principe des libertés possibles dans l'avenir pour mon pays, ni reconnaître aux libertés présentes le droit de couvrir et de servir l'anarchie. Je tins le langage le plus efficace, je crois, comme le plus sincère; je ne proclamai aucune maxime absolue et irrévocable; je laissai paraître mes perplexités intérieures et les considérations diverses, les perspectives lointaines dont je voulais tenir compte : « La France, dis-je, a fait une révolution; mais elle n'a pas entendu se mettre dans un état révolutionnaire permanent. Les caractères saillants de l'état révolutionnaire, c'est que toutes choses soient incessamment mises en question, que les prétentions soient indéfinies, que des appels continuels soient faits à la force, à la violence. Ces caractères existent tous dans les sociétés populaires actuelles, dans l'action qu'elles exercent, dans l'impulsion qu'elles s'efforcent d'imprimer à la France. Ce n'est pas là le mouvement, mais le désordre; c'est la fermentation sans but et non le progrès. Nous avons conquis, dans les quinze années qui viennent de s'écouler, plus de libertés qu'aucun pays n'en a jamais conquis en un siècle. Pourquoi? parce que la réforme a été lente, laborieuse, parce que nous avons été obligés à la prudence, à la patience, à la persévérance, à la mesure dans notre action. Ne sortons pas de cette voie. Je me hâte de le dire; l'article 291 du Code pénal ne doit pas figurer éternellement, longtemps si vous voulez, dans la législation d'un peuple libre ; le temps viendra où, n'étant plus motivé par l'état de notre société, il disparaîtra de notre Code. Mais il existe aujourd'hui ; c'est l'état légal de la France. Puisque le pouvoir est armé d'un moyen légal contre les dangers des sociétés populaires, non-seulement il ne doit pas l'abandonner, mais il doit s'en servir. Il l'a déjà fait, et il est décidé à le faire tant que l'exigeront le bon ordre dans le pays et le progrès régulier de ses libertés. » Dans la mesure de ce langage, le vote de la Chambre me donna pleine approbation.

Le jour même où ce débat avait lieu, la chambre des mises en accusation de la Cour royale de Paris renvoya les meneurs de la *Société des Amis du peuple* et le propriétaire du local de ses réunions devant le tribunal de police correctionnelle ; et le soir, la Société elle-même, réunie en séance, vit sa salle envahie par un grand nombre d'habitants du quartier, la plupart gardes nationaux, qui sifflèrent ses orateurs, mirent fin à ses délibérations, et accompagnèrent ses membres de leurs huées, à mesure qu'ils sortaient presque aussi effrayés qu'irrités de leur impopularité inattendue. Ils essayèrent le surlendemain de se réunir de nouveau ; mais la salle était fermée ; un peloton de garde nationale stationnait devant la porte et en interdisait absolument l'entrée. Quatre jours après, le tribunal de police correctionnelle condamna les prévenus à trois mois de prison, et prononça la dissolution du club, qui fut contraint de subir une seconde métamorphose et de redevenir société secrète.

La Chambre, les tribunaux, la garde nationale et le cabinet n'avaient fait, en étouffant de concert ces foyers d'anarchie subalterne, qu'un acte de bon sens évident et de facile courage. Mais par l'irritation qu'en ressentirent les vaincus et par la dissidence qui, sans éclater aussitôt, s'en éleva au sein du gouvernement, cet acte fut plus grave qu'en soi il ne méritait de l'être, et devint le point de départ de la lutte qui ne tarda pas à s'engager. A la Chambre, M. Dupin m'avait soutenu dans le débat; mais MM. de Tracy, Salverte, Benjamin-Constant, et non plus M. Mauguin seulement, m'avaient combattu, les uns par respect pour des maximes absolues, les autres par ménagement pour de violents et bruyants alliés. Dans le conseil, MM. de Broglie, Casimir Périer, Molé, Louis, Sébastiani m'approuvaient hautement; mais M. Dupont de l'Eure était triste et plein d'humeur, et sans sa confiante inconséquence, M. Laffitte eût été embarrassé. J'avais accepté un combat dans lequel mes collègues n'étaient pas tous décidés à me suivre. Aucun n'avait de goût pour les clubs; mais si les uns s'empressaient, les autres hésitaient à rompre sans retour avec eux. Ce n'était plus, comme à propos de la constitution de la pairie dans la révision de la Charte, des idées et des intentions réellement diverses qui se trouvaient en présence et aux prises; c'étaient des résolutions inégales qui ne pouvaient plus marcher du même pas dans la même route. La question se posait de jour en jour plus nettement entre la politique de résistance et la politique, non pas de mouvement, mais de laisser-aller, entre l'autorité effective des pouvoirs constitutionnels et la patience, non pas complice, mais complaisante du gouvernement devant les impressions et les entraînements populaires. Évidemment, à la première circonstance critique, et quoique les intentions définitives fussent, au fond, à peu près semblables, la diversité des caractères et des tendances devait amener la séparation.

Depuis les premiers jours de la révolution, cette circonstance se préparait : dans le gouvernement, dans les Chambres, dans le public, le procès des ministres de Charles X était l'objet de préoccupations très-diverses, mais générales et ardentes. J'étais, pour mon compte, résolu à faire les derniers efforts pour qu'après le combat nul sang ne vînt souiller la victoire. J'avais travaillé, sous la Restauration, à abattre l'échafaud politique; je me tenais pour engagé d'honneur à ce qu'il ne se relevât point. Il y a des occasions solennelles qu'un homme sérieux se doit à lui-même de saisir pour mettre en pratique les vérités qu'il a tenu à honneur de proclamer, car l'inconséquence serait honteuse, et révélerait autant de faiblesse d'esprit que de cœur. Plus je réfléchissais en 1830, plus je m'affermissais dans les convictions qui, en 1822, m'avaient fait chaudement réclamer contre la peine de mort en matière politique. A propos des ministres qui avaient contresigné les volontés de Charles X, comme à propos des conspirateurs qui avaient tenté de renverser le trône de Louis XVIII, j'étais certain qu'il n'y avait, ni dans leur âme la perversité morale sans laquelle la peine de mort est une odieuse iniquité, ni dans leur condamnation sanglante l'utilité sociale qui doit s'ajouter à la perversité de l'accusé pour que la peine de mort soit légitime. L'argument que les défenseurs des ministres puisaient, en leur faveur, dans le renversement de l'ordre constitutionnel et l'expulsion du Roi lui-même, n'avait pas une valeur légale décisive; mais comme considération morale, il était d'un grand poids; le châtiment le plus rigoureux eût été, à coup sûr, plus nécessaire et plus équitable contre les conseillers du Roi resté sur le trône que contre ceux du Roi banni. Et quant aux conséquences purement pratiques, il ne fallait pas une grande sagacité pour reconnaître que, loin d'apporter au gouvernement nouveau une sécurité de plus, le sang répandu sur l'échafaud eût aggravé ses difficultés et ses périls, en donnant aux passions révolutionnaires qui l'assaillaient ces satisfactions fiévreuses et empoisonnées qui les irritent au lieu de les apaiser.

Tout le Conseil et le roi Louis-Philippe en tête de son Conseil, et presque tous les hommes considérables qui l'entouraient étaient de ce sentiment; mais nous étions en présence d'un sentiment contraire très-répandu et très-vif. Dans la population qui avait pris part à la résistance devenue la révolution, et dans la garde nationale dont cette population remplissait les rangs, les cœurs frémissaient encore de la colère qu'avaient soulevée les ordonnances de Juillet, des périls qu'avait semés partout la lutte et des sacrifices douloureux qu'avait coûté la victoire. Le droit violé et le sang versé seraient-ils donc sans expiation ? Il y a, dans la nature humaine, un fond de barbarie qui regarde la loi du talion comme la vraie justice, et ressent, dans l'attente des châtiments sanglants, une soif aveugle. Les meneurs révolutionnaires, les fauteurs de troubles à toute fin s'emparaient de ce sentiment populaire, et s'appliquaient à l'échauffer pour entretenir ou ranimer des sentiments plus violents encore, compromettre le peuple par l'irritation des souvenirs, et ressaisir ainsi quelque chance du pouvoir qui leur échappait. Et jusque dans les rangs élevés et parmi les honnêtes gens du parti vainqueur, les esprits étroits et roides ne manquaient pas qui, s'enfermant dans une argumentation à la fois révolutionnaire et juridique, soutenaient la peine capitale comme la conséquence nécessaire et juste de la grande violation du droit national qui avait rendu la révolution juste et nécessaire.

Dès que la question s'éleva, ces deux sentiments et ces deux efforts éclatèrent et se déployèrent parallèlement. Le même jour où M. Eusèbe Salverte développa dans la Chambre des députés sa proposition pour la mise en accusation des ministres, M. de Tracy déposa sur le bureau la sienne pour l'abolition de la peine de mort : tous deux désintéressés et sincères ; l'un, puritain philosophe, dur sans colère et froidement fanatique ; l'autre, esprit et cœur généreux, toujours prêt à se mettre en avant pour ce qu'il croyait le droit ou le bien de l'humanité, et s'étonnant toujours des difficultés qu'il rencontrait à faire partager sa conviction et accepter son dessein. Le même rapporteur, M. Béranger de la Drôme, fut chargé de rendre compte à la Chambre de l'une et de l'autre propositions, et il s'en acquitta avec la même convenance, en magistrat grave et modéré, attentif à être juste envers toutes les opinions, plus que jaloux de marquer fortement la sienne. Son rapport sur l'abolition de la peine de mort ne fut lu à la Chambre que treize jours après celui dont l'accusation des ministres était l'objet; et dans cet intervalle, deux démarches inattendues vinrent appuyer avec éclat la proposition de M. de Tracy. Le 21 septembre, sur la place de Grève, au milieu de la solennité célébrée en mémoire des quatre sergents de La Rochelle, et comme sous la dictée de leurs ombres, une pétition fut signée pour l'abolition de la peine de mort; et deux jours après, les blessés des journées de juillet, encore malades dans les hôpitaux, adressèrent à la Chambre des députés l'expression du même vœu. Le public fit, avec justice, honneur à M. de La Fayette de ces manifestations généreuses. C'était pour lui une bonne fortune qu'il s'empressait de saisir, que de pouvoir donner aux grands instincts de son âme une forme et une voix populaires. Quand on commença à discuter sérieusement la proposition de M. de Tracy, l'impossibilité de l'adopter brusquement et complétement devint évidente; les magistrats, les militaires firent sentir le péril de bou-

leverser et d'énerver à ce point la législation pénale, et
la Chambre s'empressa d'accueillir un amendement de
M. de Kératry, qui proposa de transformer la proposition en une Adresse au Roi pour lui demander la présentation d'un projet de loi tendant à abolir la peine de
mort dans certains cas déterminés, spécialement en
matière politique. M. Dupont de l'Eure appuya l'amendement : « Pendant la prochaine prorogation des Chambres, dit-il, le gouvernement sera à même d'examiner
cette grave question, et de vous proposer, lorsque la
Chambre reprendra ses travaux, un projet de loi qui
concilie tous les intérêts. Je déclare, comme garde des
sceaux, que j'apporterai toute ma sollicitude pour remplir le vœu exprimé dans l'Adresse au Roi. » Ce même
jour, à huit heures du soir, dans une séance spéciale,
la commission qui avait été chargée de rédiger le projet d'Adresse revint le présenter à la Chambre, qui l'adopta presque à l'unanimité, quoique après un long
débat; et dès le lendemain, 9 octobre, le Roi entouré
de ses ministres, ayant à sa droite M. le duc d'Orléans
debout sur les marches du trône, reçut la députation
chargée de lui présenter l'Adresse, et à laquelle s'étaient joints un grand nombre de membres : « Le vœu
que vous y exprimez, répondit-il, était depuis bien
longtemps dans mon cœur. Témoin, dans mes jeunes
années, de l'épouvantable abus qui a été fait de la
peine de mort en matière politique, et de tous les maux
qui en sont résultés pour la France et pour l'humanité,
j'en ai constamment et bien vivement désiré l'abolition.

Le souvenir de ce temps de désastre, et les sentiments douloureux qui m'oppriment quand j'y reporte ma pensée, vous sont un sûr garant de l'empressement que je vais mettre à vous faire présenter un projet de loi qui soit conforme à votre vœu. »

De la part de tout le monde, Roi, Chambres, ministres, l'engagement était formel et solennel, et réduit à des termes raisonnablement exécutables. Personne ne se méprenait sur son origine et sa portée ; il avait pour but évident de mettre la tête des ministres de Charles X à l'abri de l'échafaud où les passions révolutionnaires et les ressentiments populaires voulaient les voir monter. Quand le gant fut ainsi jeté, bien des gens commencèrent à dire que c'était une faute, qu'on avait eu tort d'engager la lutte publiquement et d'avance, que la proposition de M. de Tracy était inopportune, qu'elle poussait aux violences extrêmes ceux qui ne l'acceptaient pas, qu'il eût mieux valu se taire et laisser le procès arriver sans bruit devant la Cour des pairs qui le jugerait certainement avec une indépendante modération. On tranchait, en tenant ce langage, une question plus générale et plus grande que celle de la conduite à tenir dans le procès des ministres; on donnait raison à la politique de laisser-aller contre la politique de résistance, et la politique de résistance était destinée en effet à succomber bientôt devant ses adversaires. Mais la bonne politique a cette vertu que, même en succombant, elle garde une grande part d'efficacité : si nous n'avions pas énergiquement résisté aux passions et aux calculs qui demandaient du sang pour nourrir la Révolution, si nous n'avions pas élevé, contre l'application de la peine de mort en pareille circonstance, une clameur forte et obstinée, l'esprit révolutionnaire se fût déployé à son aise et eût probablement accompli ce qu'il voulait. Mais tant et de si vives manifestations contre son dessein suscitèrent un sentiment public qui le frappa d'impuissance, même dans son triomphe ; et s'il put renverser les ministres qui le combattaient hautement, il n'en trouva point qui, même en le ménageant, voulussent réellement le servir.

Dès que l'Adresse de la Chambre des députés eut été présentée et reçue avec tant d'empressement, les menées et les manifestations ennemies s'empressèrent à leur tour d'éclater. Depuis quelques jours déjà, de honteux symptômes annonçaient cette sinistre explosion. Des pamphlets, des articles de journaux, des placards répandaient contre le Roi déchu, sa famille, sa cour, ses amis connus, les plus grossières injures et les plus infâmes calomnies; on étalait l'*Histoire scandaleuse, politique, anecdotique et bigote de Charles X* et les *Amours secrètes des Bourbons*; on affirmait que des poignards et des barils de poudre avaient été trouvés dans le palais de l'archevêque de Paris, et que la commission chargée de réparer les désastres causés par les journées de Juillet avait accordé à l'archevêque une indemnité de 200,000 fr. Les révolutionnaires excellent dans l'art d'avilir leurs adversaires pour irriter leurs instruments. Bientôt le feu des attaques se concentra sur les ministres accusés et sur les hommes qui réclamaient l'abolition de la peine de mort; les mots *Mort aux ministres!* étaient écrits partout dans les rues et jusque sur les murs de la prison du Luxembourg; les mêmes menaces s'adressaient aux juges et aux accusés : « Les ennemis de notre révolution, disait-on, ont cru que, sur cette question, elle était prête à fléchir. Elle ne fléchira pas. Un grand exemple doit être donné; il le sera...... L'exil pour ces ministres criminels! Gorgés d'or, pleins d'insolence et de mépris pour les peuples, ils ne songent qu'à atteindre les cours despotiques où ils seront reçus avec tous les honneurs dus à des tyrans, où ils prépareraient de nouveaux complots liberticides. Mais un fleuve de sang les entoure; le peuple en armes en garde les bords. Ils ne le franchiront jamais. »

Le 17 octobre, ce ne furent plus les pamphlets et les placards seuls qui parlèrent; deux bandes d'hommes, de femmes et d'enfants, appartenant presque tous à cette population oisive, corrompue et turbulente qui vit au fond de Paris, ardente à saisir les occasions de porter ses orgies à la surface, se promenèrent dans les rues et vinrent assaillir le Palais-Royal des cris : *Mort aux ministres! La tête de Polignac!* mêlant à leurs cris des paroles outrageantes contre le Roi et les Chambres. La garde dissipa les rassemblements, sans peine mais sans effet; ils reparurent le lendemain 18, vers midi, plus nombreux et portant un drapeau avec cette inscription : *Désir du peuple: Mort aux ministres!* On arrêta quelques-uns des plus bruyants; mais les autres se répandirent dans les faubourgs, s'y recrutèrent largement, et dans la soirée, une foule pressée envahit tumultueusement les cours, les galeries et le jardin du Palais-Royal, plus insultante et plus menaçante que jamais pour le roi Louis-Philippe comme pour les ministres de Charles X, pour la Chambre des députés comme pour la Chambre des pairs : cohue effrénée avec une idée fixe, prête à tout tenter contre les pouvoirs quelconques qui se refuseraient à ses féroces injonctions. La garde parvint, après de longs efforts, à faire évacuer les cours du palais et à fermer les grilles ; mais aussitôt un cri s'éleva au milieu de la place : *A Vincennes! à Vincennes!* Toutes les voix le répétèrent comme une espérance de victoire, et les flots de cette foule se précipitèrent dans la direction où ce cri les appelait.

Après avoir, dans la journée, tenu conseil chez le Roi, nous étions réunis, à ce moment, chez le garde des sceaux, inquiets de l'état de Paris et embarrassés les uns des autres ; M. Dupont de l'Eure et ses amis portaient impatiemment le poids de notre impopularité, et nous celui de leur mollesse. Nous avions une de ces conversations vaines à l'aide desquelles on consume le temps qu'on ne sait comment employer, quand le général Fabvier entra et nous annonça que l'émeute, refoulée hors du Palais-Royal, se disposait à se porter sur Vincennes avec les intentions et les démonstrations les plus menaçantes. Il fallait absolument prendre un parti ; nous en prîmes deux. J'insistai pour une prompte répression ; on réclama une concession au sentiment populaire. J'écrivis à l'instant, sur la table du Conseil, au général Pajol, commandant de la division militaire :

« Général, le Conseil vient d'apprendre, par M. le général Fabvier, qu'un certain nombre d'hommes turbulents ont résolu ce soir de se porter demain sur Vincennes, sous prétexte de s'assurer que les prisonniers s'y trouvent encore, mais probablement avec le dessein de se porter contre eux à quelque violence. Il me charge de vous inviter à prendre toutes les mesures nécessaires pour mettre en sûreté le château de Vincennes, et à dissiper tous les rassemblements qui prendraient cette direction. Il n'est pas moins important d'aviser aux moyens de faire cesser aussi, par la présence de la garde nationale, tous les rassemblements qui se forment dans Paris depuis quelques jours. Le Conseil est plein de confiance dans la sagesse des dispositions que vous prendrez pour rétablir le calme dans la capitale et veiller à la sûreté des citoyens, si gravement compromise. »

Cette lettre partie et séance tenante, je rédigeai pour *le Moniteur*, où il parut en effet le lendemain matin, un article qui, au milieu de fermes déclarations contre les fauteurs des troubles, contenait cette phrase : « Dans la circonstance même qui y donne lieu, aucun prétexte ne les autorise. Le gouvernement, qui pense que l'abolition universelle et immédiate de la peine de mort n'est pas possible, pense aussi, après un examen attentif, que pour la restreindre, dans notre Code, aux seuls cas où sa nécessité la rend légitime, il faut du temps et un long travail. » C'était ajourner indéfiniment, ou du moins bien au delà du procès des ministres, le projet de loi que la Chambre des députés avait instamment réclamé par son Adresse, et dont M. Dupont de l'Eure, comme le Roi, lui avaient promis la prochaine présentation. Après avoir adopté ces deux mesures, l'une pour réprimer l'émeute, l'autre pour lui complaire, le Conseil se sépara.

Deux heures à peine écoulées, le général Fabvier, qui commandait la place de Paris, reçut du général Daumesnil, gouverneur de Vincennes, ce laconique billet : « Mon général, un attroupement assez considérable s'est présenté devant la place que je commande, et s'est dissipé à mon approche. Je vous prie de m'envoyer de suite un ou deux bataillons de la garde nationale. » Vers onze heures du soir, en effet, l'émeute était arrivée devant Vincennes; réveillés par ses vociférations, les prisonniers qui en étaient l'objet l'avaient vue, par leurs étroites fenêtres, à la lueur des torches qu'elle portait, s'amonceler devant le château et en réclamer l'entrée. Le général Daumesnil fit ouvrir la porte, et se présentant seul à la foule : « Que voulez-vous? — Nous voulons les ministres. — Vous ne les aurez pas; ils n'appartiennent qu'à la loi; je ferai sauter le magasin à poudre plutôt que de vous les livrer. » Après quelques minutes d'hésitation et de pourparlers, la foule frappée et intimidée reprit la route de Paris en criant : « Vive la Jambe de bois! » et Vincennes rentra dans le repos.

Mais trois heures plus tard, encore en pleine nuit, la même foule reparut autour du Palais-Royal, exhalant les mêmes exigences et les mêmes colères. Un seul poste de garde était resté, faible et mal informé de ce qui se passait. Les émeutiers criaient : « Le Roi ! nous voulons voir le Roi ! » Quelques-uns avaient déjà pénétré dans l'intérieur et montaient le grand escalier, trouvant le palais du Roi plus facile à envahir que la prison des ministres de Charles X, lorsque quelques compagnies de gardes nationales, réunies à la hâte, accoururent sur la place, arrêtèrent les plus audacieux et dispersèrent enfin le rassemblement.

Le surlendemain, 20 octobre, le *Moniteur* était plein de félicitations mêlées de regrets, et d'exhortations royales et populaires. Le 19, dès neuf heures du matin, le Roi, accompagné de M. le duc d'Orléans, de M. de La Fayette et du maréchal Gérard, était descendu dans la cour du Palais-Royal et avait adressé, à la garde nationale et à la troupe de ligne qui venaient de repousser l'émeute, des remerciements affectueux et de fermes conseils. M. de La Fayette, dans un ordre du jour à la garde nationale, s'était exprimé, sur les troubles de la veille, avec une effusion toujours confiante et caressante, quoique un peu triste, conjurant le peuple « de ne pas déchoir du haut rang où la dernière révolution l'avait placé, et d'épargner cette douleur à un vieux serviteur de la cause populaire qui s'applaudissait d'avoir assez vécu pour en voir enfin le pur et glorieux triomphe. » Le journal officiel s'empressait de publier ces témoignages du retour à l'ordre et ces appels à l'ordre futur où la sagesse et l'honnêteté patriotiques se répandaient avec plus d'abandon que d'autorité. Une pièce manquait au *Moniteur* de ce jour, la proclamation adressée la veille par M. Odilon-Barrot, comme préfet de la Seine, à ses concitoyens. Plus explicite et plus vive qu'aucune autre contre les violences qui avaient menacé à la fois la sûreté des accusés et l'indépendance des juges, et empreinte d'une sincère émotion morale, cette proclamation contenait en même temps cette phrase : « Une démarche inopportune a pu faire supposer qu'il y avait concert pour interrompre le cours ordinaire de la justice à l'égard des anciens ministres. » C'était blâmer hautement et la Chambre qui avait voté l'Adresse sur la peine de mort, et le cabinet et le Roi qui non-seulement l'avaient, l'un soutenue, l'autre accueillie, mais qui lui avaient promis une prompte satisfaction. Le gouvernement qui avait ainsi parlé et agi ne pouvait, sans manquer complétement de conséquence et de dignité, donner, à ce langage de l'un de ses principaux agents, la moindre apparence d'adhésion. La question de système et de cabinet qui fermentait depuis longtemps venait ainsi d'éclater : en attendant qu'elle fût résolue, je demandai que la proclamation du préfet de la Seine ne fût pas insérée dans *le Moniteur* où elle ne parut point en effet.

Parmi les hommes qu'il a été dans ma destinée d'avoir souvent pour adversaires, M. Odilon-Barrot est peut-être celui dont il m'est le plus facile de parler sans aucun embarras. J'ai, à son sujet, une double conviction qui a survécu à toutes nos luttes et s'élève au-dessus de tous nos dissentiments. Je suis persuadé qu'au fond nos vœux politiques sont les mêmes, et qu'il a toujours, comme moi, voulu, pour notre patrie, la monarchie constitutionnelle, rien de moins, rien de plus. Je pense en même temps que, dans l'idée qu'il s'est faite des conditions de cette monarchie et de la politique propre à la fonder, il a toujours été sincère et conduit par des vues de bien public, non par des intérêts personnels. On est à l'aise pour dire ce qu'on pense quand on estime. En très-bons rapports sous la Restauration, nous ne tardâmes pourtant guère, en 1830, à différer beaucoup, M. Odilon-Barrot et moi. Il appartient à l'école des politiques confiants, qui comptent surtout, pour l'accomplissement du bien qu'ils souhaitent, sur le concours spontané et éclairé des peuples. École généreuse qui a plus d'une fois bien servi l'humanité en se livrant pour elle aux plus hautes espérances, mais école imprévoyante et périlleuse qui oublie dans quelles limites et par quels freins l'humanité a besoin d'être contenue pour que ses bons instincts l'emportent sur ses mauvais penchants. Les politiques de cette école n'ont ni cette prudence méfiante que laisse une longue expérience des affaires, ni cette intelligence à la fois sévère et tendre de la nature humaine que donne la foi chrétienne; ils ne sont ni des praticiens éprouvés, ni de profonds moralistes; ils s'exposent souvent à briser la machine sociale faute d'en bien ap-

précier les ressorts nécessaires, et en même temps
ils connaissent mal l'homme lui-même et ne savent
pas l'aimer sans le flatter. M. Odilon-Barrot a cru le
gouvernement constitutionnel plus facile et les hommes
plus sages qu'ils ne le sont en effet; il a trop attendu
de la vertu des institutions libres pour éclairer la nation
et des lumières de la nation pour pratiquer les institutions libres. C'était là le sentiment qui, dès 1830,
dominait dans sa conduite et dans ses paroles; ce fut là
aussi la vraie cause de notre séparation et de nos
premiers combats. Il n'avait point recherché le poste
important qu'il occupait; il m'écrivait les 12 et 15 août,
pendant qu'il accompagnait Charles X à Cherbourg :
« Je lis dans les journaux la nouvelle de ma nomination à la préfecture de la Seine; tout le monde m'en
fait compliment, et je n'ai rien reçu d'officiel, ni même
de confidentiel de votre part. Je me rattache très-cor-
dialement au gouvernement actuel, et je ne demande
pas mieux que de me vouer entièrement à sa défense,
parce que j'y vois la consécration de tous mes principes et cette alliance tant désirée par moi du pouvoir
et de la liberté; mais encore faut-il employer les hommes selon leur plus grande aptitude, et la carrière
administrative est bien nouvelle pour moi; je suis
effrayé des difficultés qu'offre le poste que vous m'as-
signez. » M. Odilon-Barrot n'était pas assez effrayé, non
pour lui-même, mais pour nous tous, pour le gouvernement et pour la France. Je n'ai jamais eu, comme
ministre de l'intérieur, à me plaindre qu'il manquât,

avec moi, de franchise ; il m'a non-seulement toujours fait connaître son opinion et sa tendance, mais il essayait quelquefois de m'y ramener, et quand notre dissentiment éclata, il m'offrit sur-le-champ sa démission. Il me trouvait trop soucieux, trop exigeant avec la Révolution, avec le pays, avec mes collègues, avec lui-même ; à son avis, nous prétendions, mes amis et moi, à trop d'unité, de conséquence et de force propre dans le gouvernement ; il nous eût voulus plus accommodants pour les dispositions et les impressions publiques, plus enclins à leur passer beaucoup et à nous promettre, de leur développement sans gêne, une heureuse issue. Je reprends les mots dont je me suis déjà servi, car ce sont les seuls qui expriment bien ma pensée ; c'était, au lendemain d'une révolution, la politique de laisser-aller en face de la politique de résistance.

Quoi qu'on pût penser de leurs mérites respectifs, les deux politiques ne pouvaient évidemment agir ensemble ; elles se condamnaient l'une l'autre à une inconséquence et à une impuissance ridicules. Le gouvernement y perdait toute force comme toute dignité. Dans les Chambres, au lieu d'un progrès vers l'organisation et la discipline des partis, la confusion croissait de jour en jour ; personne ne se formait soit à exercer régulièrement le pouvoir, soit à le rechercher par une opposition intelligente et légale. Hors des Chambres, le public s'étonnait et s'alarmait de voir les affaires aux mains d'une administration incohérente et que sa propre anarchie rendait incapable de lutter efficacement contre l'anarchie publique. Les amis de M. Dupont de l'Eure et les miens se montraient également impatientés et mécontents. C'était le sentiment général du cabinet, et du Roi comme du cabinet, qu'il fallait mettre fin à cette situation. Nous étions bien résolus, le duc de Broglie et moi, à n'en pas accepter plus longtemps la responsabilité. Le procès des ministres de Charles X était, pour se séparer, une occasion non-seulement convenable, mais favorable, car la séparation atténuait, au lieu de l'aggraver, le péril de cette crise attendue avec une anxiété générale. Nous savions que MM. Laffitte, Dupont de l'Eure et La Fayette portaient dans cette affaire le même sentiment que nous, et feraient, pour l'amener à une bonne issue, tous leurs efforts. Dégagés de notre alliance, ils étaient à la fois et plus obligés et plus capables d'y réussir. De leur part, la résistance n'était pas suspecte. La perspective de cette difficile épreuve détermina MM. Casimir Périer, Molé, Louis et Dupin à se retirer, comme le duc de Broglie et moi. MM. Laffitte et Dupont de l'Eure, l'un comme ministre des finances et président du Conseil, l'autre toujours comme garde des sceaux, devinrent le drapeau du nouveau cabinet. Des partisans de la politique de résistance, le général Sébastiani seul continua d'y siéger, indifférent et flexible dans ses relations avec les personnes autant que décidé et persévérant, au fond, dans sa ligne de conduite. Peu lui importaient les alliances et les apparences; il voulait rester le conseiller intime du Roi, et en mesure de le servir selon les nécessités et à travers les variations des temps.

Nous sortîmes des affaires, le duc de Broglie et moi, avec un sentiment de délivrance presque joyeuse dont je garde encore un vif souvenir. Nous échappions au déplaisir de nos vains efforts et à la responsabilité des fautes que nous combattions sans les empêcher. Dans le public de Paris et même au sein des Chambres, notre retraite ne surprit point et n'inquiéta pas beaucoup. Nous avions plus lutté que réussi; nous nous étions fait quelque honneur en défendant l'ordre et le gouvernement régulier; mais nous ne l'avions pas défendu avec assez de succès pour être considérés comme ses seuls et nécessaires représentants. On comptait sur nous dans l'avenir; nous étions dans le présent, même aux yeux d'une partie de nos amis, plus compromettants qu'efficaces. Loin de Paris, pour le public des départements, gouverné par des idées plus simples et moins mobiles, le changement de ministère parut un événement plus grave. Parmi les témoignages de l'opinion que je reçus à cette époque, je n'en citerai qu'un seul, provenant à la vérité d'un homme infiniment plus clairvoyant que la plupart des spectateurs; M. Augustin Thierry m'écrivait d'Hyères, le 9 novembre 1830 : « C'est au milieu d'une fièvre intermittente dont les accès reviennent toujours malgré les remèdes, que j'ai ressenti toutes les transes du changement que les journaux m'annoncent aujourd'hui. C'étaient de véritables transes, car vous pouvez croire que j'ai souffert également comme ami et comme patriote. Votre entrée dans un ministère qui, succédant à une révolution, avait tant d'exigences à contenter, tant d'ambitions à satisfaire et à froisser, était une rude tâche; on le saura bientôt. En attendant, ce que vous avez fait depuis trois mois ne périra point, et l'administration du pays restera, quoi qu'on fasse, dans le moule où vous l'avez jetée. Ce sera un grand plaisir pour vos amis de voir le peu qu'auront obtenu en définitive ceux qui vous ont poursuivi et calomnié avec tant d'acharnement et de mauvaise foi. Cette presse parisienne, qui a tout sauvé dans la dernière crise, semble aujourd'hui n'avoir d'autre but que de tout perdre. Je n'y comprends rien, et j'étais loin de m'y attendre. Mais, grâce à vous et à vos amis politiques, l'ordre est organisé en France; nous sommes reconnus à l'étranger et en paix au dedans; il ne tiendra pas à quelques écrivains brouillons de tout remettre en question, et le bon sens des provinces fera justice, au besoin, de la turbulence de Paris. »

Nous n'eûmes pas à attendre que le bon sens des provinces vînt faire justice; à peine nommé, le président du nouveau Conseil, M. Laffitte lui-même, s'en chargea.

CHAPITRE XI

LE PROCÈS DES MINISTRES DE CHARLES X ET LE SAC
DE SAINT-GERMAIN-L'AUXERROIS.

Dissentiments dans le cabinet de M. Laffitte.—Mort et obsèques de M. Benjamin Constant.—Procès des ministres de Charles X. —Mon discours contre l'application de la peine de mort.— Attitude de la Cour des pairs.—M. Sauzet et M. de Montalivet. —Embarras de M. de La Fayette après le procès des ministres. — Prétentions et espérances du parti démocratique. — La Chambre des députés abolit le commandement général des gardes nationales du royaume.—Négociations entre le Roi et M. de La Fayette à ce sujet.—Exigences et démission de M. de La Fayette.—Le comte de Lobau est nommé commandant supérieur de la garde nationale de Paris. — Conversations de M. Laffitte avec l'ambassadeur de France à ***. — M. Thiers sous-secrétaire d'État des finances.—État des affaires étrangères.—M. de Talleyrand et la conférence de Londres. — Sac de l'église de Saint-Germain-l'Auxerrois et de l'archevêché de Paris. — Scènes anarchiques sur divers points.— Suppression des fleurs de lis dans les armes de France. — Effet de ces scènes en Europe;—sur l'état des partis en France;—dans la Chambre des députés.—Mollesse et impuissance du cabinet. —Mon opposition.—Chute du cabinet.—Lutte intérieure pour son remplacement. — M. Casimir Périer forme un nouveau ministère.

(3 novembre 1830—13 mars 1831.)

Les 9 et 10 novembre 1830, à l'occasion d'une proposition de M. Bavoux qui réclamait une réduction considérable dans le cautionnement, le droit de timbre et les frais de poste imposés aux journaux, un débat ou plutôt une conversation s'éleva sur les causes qui avaient amené la dislocation de l'ancien cabinet et la formation du nouveau, et sur la différence de leurs politiques. M. Laffitte prit la parole : « Membre de l'ancienne et de la nouvelle administration, dit-il, nous avons aussi à nous expliquer sur nos intentions et notre conduite ; nous serons court et précis. Des dissentiments s'étaient élevés ; non point, comme vous pourriez le croire, l'un tendant à l'anarchie, l'autre à la conservation. Non, messieurs, il n'en est rien : tout le monde dans le Conseil savait et croyait que la liberté doit être accompagnée de l'ordre, que l'exécution continue des lois jusqu'à leur réformation est indispensable sous peine de confusion ; tout le monde était plein des expériences que la révolution de 1789 a léguées au monde ; tout le monde savait que la révolution de 1830 devait être maintenue dans une certaine mesure, qu'il fallait lui concilier l'Europe en joignant à la dignité une modération soutenue. Il y avait accord sur tous ces points, parce qu'il n'y avait dans le Conseil que des hommes de sens et de prudence. Mais il y avait dissentiment sur la manière d'apprécier et de diriger la révolution de 1830 ; tous ne croyaient pas également qu'elle dût sitôt dégénérer en anarchie, qu'il fallût sitôt se précautionner contre elle, lui montrer sitôt de la défiance et de l'hostilité : mais, sauf cette disposition générale, aucune dissidence fondamentale de système ne séparait les membres du dernier cabinet ;... d'accord sur le fond des choses, la différence ne consistait que dans la disposition plus ou moins confiante des uns ou des autres. Les uns ou les autres pouvaient donc saisir le pouvoir. On nous a dit, on nous a répété, on nous a obligés de croire que la confiance dans cette révolution était un meilleur titre, une meilleure condition pour la diriger. Peut-être avait-on raison ; peut-être valait-il mieux, pour bien comprendre la révolution et la bien maîtriser, ne pas la craindre, ne pas s'en effrayer ; peut-être les idées d'ordre, les vraies maximes de gouvernement pourraient-elles plus facilement devenir populaires avec certains noms qu'avec certains autres. Nous n'avons pas l'orgueil de croire que ce fût avec les nôtres ; mais on nous a obligés de le croire, puisqu'on nous a laissés au pouvoir. Nous avons regretté vivement que cela fût ainsi, et nous sommes restés auprès du Roi en sujets fidèles et dévoués. »

Ainsi, à peine entré au pouvoir, M. Laffitte sentait le besoin d'atténuer aux yeux du public les dissentiments qui avaient agité le précédent cabinet et de ranger sous le même drapeau et les ministres qui s'étaient retirés et leurs collègues devenus leurs successeurs. A la vérité, il ne se compromettait guère en prenant cette position dans les termes que je viens de rappeler : il y a des idées générales qui sont si vraies qu'elles en deviennent insignifiantes, et qu'on peut les attribuer à tout le monde sans que personne réclame, quoique l'adhésion commune n'indique nullement une union réelle. D'ailleurs, de la part de M. Laffitte, ce n'était point là pure tactique et adresse de langage : cet esprit ouvert, flexible, léger et superficiel pensait presque, dans chaque occasion, comme ceux avec qui il avait besoin de s'entendre, et croyait aisément qu'ils pensaient comme lui. Mais il avait pour collègues ou pour alliés des esprits plus conséquents et des caractères moins accommodants. Au même moment où il s'efforçait de représenter l'ancien et le nouveau cabinet comme animés des mêmes vues, M. Odilon-Barrot, pour justifier sa propre conduite, s'appliquait à mettre en lumière la profonde différence de leurs principes et des conséquences pratiques qui en résultaient. Pendant que M. Laffitte, dans sa sollicitude financière, défendait l'impôt du timbre sur les journaux, M. Odilon-Barrot l'attaquait au nom de la politique générale qui convenait seule, selon lui, à la révolution : « J'ai pensé, disait-il, que les cautionnements, que les timbres, que toutes les entraves à la liberté de la presse ne pouvaient être nécessaires que dans un temps où le pouvoir avait à se débattre contre des intérêts nationaux auxquels la liberté de la presse prêtait toute sa puissance ; mais que, dans le système actuel, dans le système d'un gouvernement qui a son principe et sa force dans les intérêts nationaux, il n'avait pas besoin de se garantir contre la liberté de la presse ; qu'au contraire il lui convenait de faire appel à cette liberté pour augmenter son énergie, et pour faire pénétrer dans toutes les classes de la société cette voix puissante de la raison que la liberté de la presse peut seule proclamer. » Et lorsqu'on en vint au vote sur cette question, à côté de M. Laffitte déclarant que le cabinet était unanime pour maintenir le droit de timbre, M. Dupont de l'Eure, mettant en pratique le principe proclamé par M. Odilon-Barrot, se leva ouvertement pour la réduction du droit.

Ainsi, huit jours après sa formation, la dissidence et l'incohérence se révélaient dans le nouveau cabinet plus manifestement encore que dans l'ancien; la politique de résistance et la politique de laisser-aller étaient encore aux prises. Seulement, la première, affaiblie et intimidée, s'efforçait de se dissimuler, même quand elle essayait de se maintenir; la seconde avait le verbe haut, et prétendait à dominer en empêchant de gouverner.

Hors des Chambres et de la vie officielle, dans les relations et les conversations intimes, les discordes intérieures du ministère et de son parti éclataient encore plus librement. Un ambassadeur que le Roi avait nommé naguère, et qui se rendait à son poste, crut devoir, avant de partir, prendre les instructions, ou du moins connaître les dispositions du nouveau président du Conseil. N'ayant pas trouvé M. Laffitte au ministère des finances, il le rencontra assis sur le boulevard, et s'assit à côté de lui. M. Laffitte l'entretint longuement, non de sa mission, mais du cabinet qu'il venait, lui, de former, et des difficultés d'une situation dont il ne se montrait toutefois ni inquiet, ni embarrassé. Il était, lui dit-il, du parti modéré, du même parti qui aurait souhaité que le ministère se formât sous la présidence de M. Casimir Périer; il avait les mêmes opinions, les mêmes intentions; lui aussi, il voulait la paix et la bonne intelligence avec les puissances étrangères, et se promettait bien de les maintenir. Il parla dédaigneusement de l'influence que prétendait exercer M. de La Fayette, de sa manie de popularité, des écervelés dont il s'entourait, de la propagande qu'il fomentait pour faire, dans toute l'Europe, des révolutions : « J'arrêterai tout ce travail ; je me fais fort de ramener à la raison mes propres amis républicains et libéraux chimériques. Au fond, nous sommes tous du même avis. »

Nous n'eûmes garde, mes amis et moi, de prendre avantage de ces dissensions entre nos successeurs pour leur rendre le pouvoir plus difficile et chercher à le ressaisir nous-mêmes. Rien n'est plus légitime que de combattre une politique qu'on croit pernicieuse, mais pourvu qu'on se propose une politique essentiellement différente et qu'on se sente en état de la mettre en pratique. Toute ambition qui ne s'impose pas elle-même ces deux lois est un acte de mauvaise personnalité qui décrie le gouvernement et rapetisse ceux qui s'y livrent. Nous étions sortis des affaires convaincus, d'une part, que M. Laffitte et ses amis étaient plus propres que nous à traverser le périlleux défilé du procès des ministres; de l'autre, qu'il fallait que la politique de laisser-aller fût mise à l'épreuve des faits, et condamnée, non par nos seuls raisonnements, mais par sa propre expérience. Je m'abstins scrupuleusement de toute opposition, de toute prétention ambitieuse. Je viens de rentrer, pour y rechercher mes propres traces, dans cette vieille arène, maintenant couverte de débris; j'ai parcouru les monuments de mes luttes de cette époque avec MM. Odilon-Barrot, Benjamin Constant, Mauguin, Salverte; elles ont été fréquentes et vives; mais elles portent, si je ne me trompe, un évident caractère de sincère désintéressement. J'avais à cœur de mettre en lumière ma pensée sur le vrai caractère et la vraie mission de la révolution de 1830; je soutenais avec ardeur, dans l'intérêt de la liberté comme de la prospérité publique, la nécessité et la légitimité de la résistance aux anciens exemples et aux nouvelles tendances révolutionnaires; mais je ne cherchais là point d'arme destructive, point de machine de guerre contre le cabinet. J'étais préoccupé de la situation du pays, non de la mienne propre, et de l'avenir bien plus que du présent. Je faisais de la politique générale et lointaine, non de la polémique personnelle et impatiente.

J'étais par là en complète harmonie avec les Chambres comme avec le Roi. Ni au Palais-Royal, ni au Palais-Bourbon, ni au Luxembourg, on n'avait confiance dans la politique de laisser-aller et dans ses chefs; mais on ne méditait point, et l'on eût eu peur de les renverser; on les ménageait comme une frêle, mais unique digue contre les flots de l'océan démagogique; on ne leur voyait pas de meilleurs successeurs. On saisissait toutes les occasions de se donner, contre leurs entraînements et leurs faiblesses, quelques garanties de plus : la Chambre des députés, en choisissant M. Casimir Périer pour son président et M. Dupin pour l'un de ses vice-présidents, témoignait hautement sa faveur pour la politique de résistance. Quand le maréchal Maison quitta le portefeuille des affaires étrangères pour l'ambassade de Vienne, le Roi se hâta de le remplacer par le général Sébastiani; et l'entrée du maréchal Soult au ministère de la guerre, et du comte d'Argout à celui de la marine, donna, dans le Conseil, à MM. Laffitte et Dupont de l'Eure, des surveillants bien plus que des collègues. C'était autant de sûretés prises contre un parti qu'on redoutait, mais qu'on caressait en le redoutant; il était maître de la place; on essayait de l'y contenir, non de l'en expulser.

Ce parti perdit, à cette époque, non pas son plus puissant, mais son plus spirituel organe. M. Benjamin Constant mourut le 8 décembre 1830. Homme d'un esprit infiniment varié, facile, étendu, clair, piquant, supérieur dans la conversation et dans le pamphlet, mais sophiste sceptique et moqueur, sans conviction, sans considération, se livrant par ennui à des passions éteintes, et uniquement préoccupé de trouver encore, pour une âme blasée et une vie usée, quelque amusement et quelque intérêt. Il avait reçu, du gouvernement nouveau, des emplois, des honneurs et des faveurs. Il avait été nommé, sur le rapport du duc de Broglie, président du comité de législation du Conseil d'État, avec un traitement considérable. Le roi Louis-Philippe lui avait fait don, sur sa cassette, d'une somme de deux cent mille francs, croyant mettre fin par là à la détresse de sa situation. M. Benjamin Constant ne s'en était pas moins engagé de plus en plus dans l'opposition, et dans la moins digne des oppositions, dans la flatterie subtile des passions révolutionnaires et populaires. Il avait fait à la presse, sous toutes ses formes et à tous ses degrés, une cour assidue ; il avait pris à tâche de repousser incessamment vers les vaincus de 1830 toutes les alarmes et toutes les colères du pays pour décharger de toute responsabilité les vainqueurs ; il s'était élevé contre toutes les précautions et les exigences légales, jusqu'à ne pas vouloir qu'on demandât aux instituteurs primaires un certificat de moralité. Il n'avait réussi à relever ni sa fortune, ni son âme ; sous le ministère de M. Laffitte comme sous le précédent, il était ruiné et triste, et il portait sa tristesse à la tribune, disant d'un air de découragement patriotique : « Cette tristesse, messieurs, beaucoup la comprennent, beaucoup la partagent ; je ne me permettrai pas de vous l'expliquer. »

Il avait subi, la veille même du jour où il tenait ce langage, un échec qui lui avait été très-sensible. C'était depuis longtemps son vif désir d'entrer dans l'Académie française, à laquelle son brillant esprit et son talent d'écrivain, à la fois élégant et populaire, lui donnaient d'incontestables titres. Impatient et malade, il aurait voulu que, sous prétexte de réparer l'acte de violence commis en 1816 par M. de Vaublanc, alors ministre de l'intérieur, qui avait éliminé onze académiciens, j'amenasse dans le sein de l'Académie, par un acte analogue, des vacances et des nominations nombreuses qui lui en assurassent immédiatement l'entrée. Je me refusai absolument à cette réaction ; j'étais bien résolu à ne faire, dans aucune académie, ni éliminations, ni nominations par ordonnance ; et le 24 octobre 1830, M. Benjamin Constant m'écrivit, avec une humeur mal déguisée sous des apparences amicales : « Le parti que vous avez pris écarte, pour des années, de l'Académie Cousin et moi. Il afflige l'Académie presque entière. J'en excepte ce méchant et imbécile Arnault. Et il vous nuit à vous-même ; car vous appartenez essentiellement, et dans un avenir très-peu éloigné, à cette Académie que vous blessez aujourd'hui : par le système qui n'admet les sept éliminés restants qu'à une réélection partielle, d'après les vacances, vous vous fermez, à vous et à vos amis, la porte pour bien longtemps, aussi bien qu'à nous. Ne pourriez-vous revenir là-dessus ? Je vous devrais ma nomination, et j'aimerais à vous la devoir. » Je ne revins point sur ma décision ; et M. Benjamin Constant, réduit à courir les chances d'une élection ordinaire, se présenta à l'Académie pour le siège vacant par la mort de M. de Ségur. Mais l'Académie, qui n'ignorait pas les projets de mesure violente qu'avait suggérés M. Benjamin Constant, était peu disposée à lui ouvrir volontairement ses portes, et le 18 novembre 1830, ce fut son concurrent, M. Viennet, qui fut élu.

Trois semaines après, quand on apprit que M. Benjamin Constant était mort, le parti populaire se mit en mouvement et voulut lui faire décerner de grands honneurs. Une couronne civique fut déposée sur le banc de la Chambre où il siégeait habituellement. On demanda que la Chambre entière assistât, en costume, à ses funérailles, et qu'un crêpe noir fût attaché, pendant quelques jours, au drapeau placé dans la salle, au-dessus du fauteuil du président. On exigea, du ministre de l'intérieur, qu'un projet de loi, qui fut en effet présenté peu de temps après, rangeât immédiatement le nouveau mort parmi les grands hommes du Panthéon. La plupart de ces velléités d'un enthousiasme faux demeurèrent sans résultat. Le cortége qui se rendit aux obsèques de M. Benjamin Constant fut nombreux et pompeux, mais froid et sec, à l'image du mort lui-même. Rien n'est plus beau que les hommages à la mémoire des hommes qui ont honoré leur temps; mais il y faut une juste mesure, jointe à une émotion et à un respect vrais. Ces sentiments manquèrent aux démonstrations étalées en l'honneur de M. Benjamin Constant. Échec mérité pour la mémoire de l'homme, et triste symptôme pour le parti qui le célébrait. Je me sentis mal à l'aise et choqué en y assistant.

Un événement plus grave, le procès des ministres approchait. A peine sorti des affaires, je m'étais empressé de prendre, à ce sujet, une position très-décidée. Dans la séance du 9 novembre 1830, quelques phrases de M. Odilon-Barrot, sur l'adresse de la

Chambre des députés contre la peine de mort en matière politique, m'en avaient fourni l'occasion naturelle. En allant à la tribune, comme je passais devant M. Casimir Périer : « Vous ferez d'inutiles efforts, me dit-il à voix basse; vous ne sauverez pas la tête de M. de Polignac. » J'espérais mieux du sentiment public, et j'exprimai le mien en quelques paroles : « Je ne porte aucun intérêt aux ministres tombés ; je n'ai avec aucun d'eux aucune relation ; mais j'ai la profonde conviction qu'il est de l'honneur de la nation, de son honneur historique, de ne pas verser leur sang. Après avoir changé le gouvernement et renouvelé la face du pays, c'est une chose misérable de venir poursuivre une justice mesquine à côté de cette justice immense qui a frappé, non pas quatre hommes, mais un gouvernement tout entier, toute une dynastie. En fait de sang, la France ne veut rien d'inutile. Toutes les révolutions ont versé le sang par colère, non par nécessité ; trois mois, six mois après, le sang versé a tourné contre elles. Ne rentrons pas aujourd'hui dans l'ornière où nous n'avons pas marché, même pendant le combat. » La Chambre était visiblement émue et en sympathie. Comme je retournais à ma place, M. Royer-Collard m'arrêta, et me serrant fortement la main : « Vous ferez de plus grands discours ; vous ne vous ferez jamais, à vous-même, plus d'honneur. » M. de Martignac vint s'asseoir à côté de moi et me remercia avec effusion : « C'est grand dommage, me dit-il, que cette cause ne se juge pas ici et en ce moment ; elle serait gagnée. »

Pour celui qui parle, et même pour ceux qui écoutent, les impressions de la tribune sont si vives qu'on est tenté de les croire décisives. Les faits ne tardent pas à dissiper cette illusion. En présence des grandes questions de gouvernement, la parole est à la fois puissante et très-insuffisante; elle prépare et n'achève pas; il faut s'en servir sans s'y confier. Nos débats, dans la Chambre des députés, avaient certainement mis en lumière la vraie justice politique, et jeté dans beaucoup d'esprits un sentiment favorable. Mais quand vint le procès même, la difficulté et le péril restaient immenses; et pendant huit jours, le cabinet avec tout son pouvoir, M. de La Fayette avec toute sa popularité, le roi Louis-Philippe avec son habile et humain savoir-faire, la Cour des pairs avec sa courageuse sagesse, se consumèrent en efforts, toujours près d'échouer, pour contenir les menées révolutionnaires et les colères imprévoyantes qui cherchaient, dans la condamnation à mort des accusés, celles-ci leur satisfaction, celles-là leur succès. Pendant ce temps d'action, la Chambre des députés, qui n'avait point à agir, s'abstint de parler.

Une seule fois, au plus fort de la crise, la veille du jour où la Cour des pairs devait prononcer son arrêt, le cabinet crut avoir besoin de l'appui explicite de la Chambre des députés. Sur une interpellation de M. de Kératry, M. Laffitte exposa en bons termes les périls de la situation, les inquiétudes publiques, qualifia sans ménagement les divers ennemis de l'ordre, et promit que le gouvernement ferait son devoir, tout son devoir, en témoignant la confiance qu'autour de lui tout le monde en ferait autant. M. Odilon Barrot, malgré quelques expressions malheureuses, empruntées à la routine des vieux partis plutôt qu'à ses propres sentiments, et que peu après il s'empressa de désavouer, tint le même langage. Nous répondîmes à cet appel, M. Dupin et moi, par une franche adhésion ; toute question, toute critique, toute parole blessante, tout conseil importun furent écartés ; nous nous déclarâmes engagés avec le cabinet dans une responsabilité commune, et résolus à le soutenir de tout notre pouvoir dans la lutte qu'il soutenait pour l'honneur de tous.

C'était le caractère particulier de cette lutte que les embarras et les périls du pouvoir lui venaient bien plus de ses instruments que de ses ennemis. Les fauteurs actifs du désordre, les membres des clubs, des sociétés secrètes, la populace oisive et turbulente étaient, à vrai dire, peu redoutables. Mais il fallait les réprimer à l'aide d'une garde nationale incertaine, troublée, pleine d'humeur et même de colère contre les hommes qu'on lui donnait à protéger autant que contre ceux qu'elle avait à combattre. Et cette garde nationale était sous les ordres d'un chef animé, dans la question spéciale du procès des ministres, des intentions les plus franches, mais mécontent de la politique générale du gouvernement et aspirant à la dominer pour la changer. M. de La Fayette d'ailleurs ne savait guère exercer le commandement que par les compliments, les prières et les exhortations affectueuses, moyens d'influence qui ne manquent pas de noblesse morale et ont leur valeur dans un moment donné, mais qui n'obtiennent que des résultats incomplets et s'usent très-vite quand il faut faire agir les hommes contre leurs propres penchants.

Heureusement, et grâce surtout à la fermeté habile du président de la Cour des pairs et de la Cour elle-même, l'épreuve fut courte et dégagée de tout ce qui aurait pu l'aggraver. La liberté de la défense fut entière sans que le tribunal pût être un moment taxé de faiblesse. Ces mêmes événements, ces mêmes actes à peine refroidis qui, hors de la salle, dans la cour du palais, dans les rues de la ville, faisaient bouillonner les esprits et jetaient l'effervescence jusque dans les bataillons chargés de défendre l'ordre public, étaient au même moment, dans l'enceinte de la Cour, rappelés, commentés, discutés avec une hardiesse pleine de convenance. Juges, accusés et défenseurs gardèrent dans ces débats une égale dignité, un même sentiment de leurs devoirs et de leurs droits. Rien ne se passa au dedans qui pût accroître au dehors la fermentation et le trouble; rien de ce qui se passait au dehors n'altéra au dedans le cours régulier du procès. Je ne crois pas que les annales judiciaires du monde civilisé offrent un plus grand exemple de la justice rendue avec une indépendance et une sérénité imperturbables au milieu des plus violents orages de la politique. C'est la gloire de la Cour des pairs d'avoir, sous des régimes divers, constamment offert ce beau spectacle; entre ses mains, la balance de la justice n'a jamais fléchi, quels que fussent autour d'elle le déchaînement des passions publiques et l'ébranlement de l'État.

Deux hommes jusque-là inconnus, mais qui devaient prendre bientôt une part active aux affaires du pays, parurent alors pour la première fois sur la scène. Parmi les avocats chargés de la défense des ministres accusés, et à côté de M. de Martignac, M. Sauzet, défenseur de M. de Chantelauze, frappa la Cour et le public par une éloquence élevée, abondante, pleine d'idées, d'émotions et d'images, et qui révélait dans l'orateur beaucoup d'intelligence et d'équité politique, à travers le luxe un peu flottant de sa pensée et de son langage. M. de Montalivet, entré dans le cabinet le 2 novembre comme ministre de l'intérieur, s'était d'abord défendu d'une si prompte élévation, se trouvant lui-même trop jeune et craignant de se perdre, avant le temps, sous un tel fardeau : « Vous ne voulez donc pas m'aider à sauver la vie des ministres? » lui dit vivement le roi Louis-Philippe; M. de Montalivet se rendit à l'instant, et répondant à l'attente du Roi, il fit, de la sûreté personnelle des accusés, dans tout le cours du procès, sa propre et assidue mission. Ce fut lui qui, le 21 décembre, quelques heures avant le moment où l'arrêt devait être prononcé, prenant sur lui la responsabilité de toutes les difficultés imprévues, tira MM. de Polignac, de Chantelauze, de Peyronnet et de Guernon-Ranville de la prison de Luxembourg, et à cheval à côté de leur voiture entourée d'une escorte de gardes nationaux et de chasseurs, les conduisit rapidement à Vincennes dont le canon annonça qu'ils étaient rentrés sous la garde éprouvée du général Daumesnil.

Le défilé était franchi. Au premier moment, quand l'arrêt fut connu, la fermentation redoubla au lieu de tomber. Les colères sincères et les espérances factieuses étaient également déçues. Pendant deux jours, les mesures d'ordre aussi durent redoubler. Tout le gouvernement s'y porta avec ardeur. Les princes donnèrent l'exemple ; M. le duc de Nemours, à peine âgé de seize ans, fit des patrouilles de nuit avec la garde nationale à cheval. Mais l'effervescence cessa bientôt ; toutes les grandes autorités, M. de La Fayette, les ministres de l'intérieur et de la guerre, le préfet de la Seine, le préfet de police firent des ordres du jour et des proclamations pour féliciter la garde nationale, la troupe de ligne, la population, de leur conduite et de leur succès. Le Roi monta à cheval et parcourut tous les quartiers de Paris, promenant partout sa joie reconnaissante. La satisfaction devint promptement générale ; le péril était passé et l'amour-propre satisfait ; on ne craignait plus rien et on s'était fait honneur. La question qui, depuis six semaines, remplissait tous les cœurs d'irritation ou d'inquiétude, et condamnait tant de citoyens à tant de fatigues et d'ennuis, était enfin vidée ; le sentiment public était celui de la délivrance.

M. de La Fayette seul et ses amis n'étaient pas délivrés. Ils avaient loyalement et utilement agi ; une grande part du succès et de l'honneur leur revenait, mais une nouvelle épreuve commençait pour eux. Pour contenir les esprits ardents et la jeunesse impatiente qui se pressaient autour d'eux, pour obtenir même leur secours contre les violences des rues, ils avaient accueilli beaucoup d'espérances et fait beaucoup de promesses : des espérances et des promesses vagues, les conséquences de la révolution de Juillet, le programme de l'Hôtel de ville, les institutions républicaines autour d'un trône populaire, toutes ces aspirations confuses vers la Constitution des États-Unis d'Amérique au lieu de la Charte, et pourtant sous le nom de la monarchie. Le moment était venu d'acquitter ces dettes; en s'employant, dans les derniers jours du procès des ministres, à réprimer toute perturbation matérielle, un certain nombre de jeunes gens appartenant aux Écoles polytechnique, de droit et de médecine, avaient publiquement annoncé le prix qu'ils attendaient de leur zèle; des proclamations affichées dans leurs quartiers disaient : « Sans le prompt rétablissement de l'ordre, la liberté est perdue. Avec le rétablissement de l'ordre, la certitude nous est donnée de la prospérité publique; le Roi, notre élu, La Fayette, Dupont (de l'Eure), Odilon Barrot, nos amis et les vôtres, se sont engagés sur l'honneur à l'organisation complète de la liberté qu'on nous marchande, et qu'en Juillet nous avons payée comptant..... De l'ordre, et alors on demandera une base plus républicaine pour nos institutions. » On demandait à grands cris cette base nouvelle. En vain, *le Moniteur*, parlant au nom du gouvernement, déclarait qu'il n'avait fait aucune promesse ; en vain M. Laffitte confirmait, à la tribune de la Chambre des députés, l'assertion du *Moniteur*, et essayait de donner satisfaction aux jeunes gens des Écoles en faisant voter pour eux, par la Chambre des députés, les mêmes remerciements que pour la garde nationale et l'armée. Les jeunes gens repoussaient avec un arrogant dédain les remerciements de cette Chambre, précisément l'un des pouvoirs qu'ils entendaient réformer. C'était de M. de La Fayette et de ses amis politiques qu'ils attendaient leurs satisfactions véritables et l'accomplissement des promesses qu'on leur avait faites en réclamant leur concours pour le respect de la justice légale et le maintien de l'ordre public.

Au même moment où éclataient ces nouveaux tumultes, la Chambre des députés discutait le projet de loi sur l'organisation des gardes nationales. A l'occasion de ce projet, la situation de M. de La Fayette était naturellement en question. Comme je l'ai déjà rappelé, l'ordonnance du 16 août 1830 ne l'avait nommé commandant général des gardes nationales du royaume « qu'en attendant la promulgation de la loi sur leur organisation. » Un article proposé par la commission interdisait, même pour un seul département ou arrondissement, tout commandement central de ce genre, et rendait aux gardes nationales leur caractère municipal en les replaçant sous l'autorité et la responsabilité du ministre de l'intérieur. Après un long débat, et malgré les efforts de quelques membres pour qu'une exception temporaire mît M. de La Fayette en dehors de cette disposition, la Chambre adopta l'article, et les fonctions de commandant général des gardes nationales du royaume se trouvèrent légalement supprimées.

Avec des formes simples, M. de La Fayette était fin et fier. Ainsi congédié par la Chambre des députés, au nom des principes du régime constitutionnel, et sans doute avec l'assentiment du Roi et du Cabinet, car M. Laffitte avait appuyé l'article de la commission, il vit clairement qu'il n'avait qu'une arme pour se défendre avec quelque chance de succès. Sans rien attendre de plus, il envoya au Roi sa démission, aussi bien comme commandant spécial de la garde nationale de Paris que comme commandant général des gardes nationales du royaume. Si son importance, sa popularité, le service qu'il venait de rendre dans Paris, intimidaient le Roi et le faisaient hésiter devant cette retraite soudaine, si quelque vive manifestation du sentiment public venait aggraver l'hésitation du Roi, M. de La Fayette était alors en mesure de faire ses conditions et d'obtenir pour ses amis politiques ce qu'il leur avait fait ou laissé espérer. Si sa démission était acceptée du Roi sans crainte et du public sans bruit, la dignité de M. de La Fayette était intacte, et il restait, dans le parti populaire, un grand citoyen maltraité et mécontent.

Le Roi fut, je crois, peu surpris de la démission de M. de La Fayette et était décidé à l'accepter. Mais il redoutait l'apparence d'un tort envers un homme considérable, persévérant dans son dévouement à ses principes et qui venait de lui rendre un grand service. Quoiqu'il fût capable de résolutions spontanées et soudaines, le roi Louis-Philippe ne les aimait pas; il tenait à n'avoir, dans ses propres actes, que la part de responsabilité inévitable, et à paraître, en toute occasion, déterminé par la nécessité. Il répondit à M. de La Fayette en termes vagues et en lui témoignant l'espérance que, dans une prochaine entrevue, il le ferait revenir de son projet de retraite. L'entrevue eut lieu au Palais-Royal, le soir même, et laissa toutes choses indécises. Ni le Roi, ni M. de La Fayette ne voulaient avoir l'air d'avoir un parti pris et de se l'imposer l'un à l'autre. Le lendemain, le Roi chargea M. Laffitte et M. de Montalivet d'aller trouver de sa part M. de La Fayette et de l'engager à conserver le titre de commandant général honoraire des gardes nationales du royaume avec le commandement effectif de celle de Paris. Après une longue conversation, réservée de la part de M. de La Fayette, expansive et diffuse de la part de M. Laffitte, les interlocuteurs se séparèrent sans résultat certain ni clair. M. de La Fayette avait maintenu sa démission avec des commentaires qui semblaient la rendre conditionnelle, et M. Laffitte se disait convaincu qu'en dernière analyse M. de La Fayette accepterait ce que lui offrait le Roi. M. de Montalivet, en sortant, exprima des doutes et insista auprès de M. Laffitte sur la nécessité d'une explication péremptoire pour arriver à une conclusion positive : « Bah! lui dit M. Laffitte, laissez là vos défiances incurables et vos rigueurs mathématiques ; l'affaire s'arrangera. » Le Roi, qui ne la trouvait pas arrangée, renvoya le soir même à l'état-major de la garde nationale M. de Montalivet seul pour arriver enfin à un résultat. Cette fois, les questions et les réponses furent précises et nettes : « Quoique la loi sur la garde nationale n'ait pas encore l'adhésion du troisième pouvoir, dit M. de La Fayette, pour moi, elle a prononcé ; il n'y a plus de commandant général des gardes nationales du royaume. Quant au commandement de la garde nationale de Paris, je prendrais, en l'acceptant aujourd'hui, ma part de responsabilité dans l'inexécution du programme de l'Hôtel de ville. Je n'y puis consentir. La seule politique qui pût avoir mon concours se résume dans ces trois points : une Chambre des pairs choisie par le Roi parmi des candidats élus par le peuple, une Chambre des députés élue sous l'empire d'une nouvelle loi électorale et avec une large extension du droit de suffrage, un ministère pris entièrement dans la gauche. »

La situation devenait claire. M. de Montalivet se retira. M. de La Fayette écrivit au Roi « qu'il se regardait comme ayant donné sa démission. » Le Roi lui répondit aussitôt « qu'en le regrettant bien vivement, il allait prendre des mesures pour remplir le vide qu'il aurait voulu prévenir. » Il était plus de minuit ; M. de Montalivet convoqua au Palais-Royal les colonels des légions de la garde nationale, leur raconta les exigences et la retraite définitive de M. de La Fayette, et assuré de leur adhésion, il se rendit sur-le-champ chez l'un des plus vaillants et plus honorés chefs de l'armée, le général comte de Lobau, pour lui annoncer l'intention du Roi de lui confier le commandement supérieur de la garde nationale de Paris : « Laissez-moi tranquille, lui dit le vieux soldat aussi modeste que brave, je n'entends rien aux gardes nationaux.—Comment! vous n'y entendez rien quand il s'agit, dès ce matin peut-être, de bataille et de péril?—Ah! si c'est de cela qu'il s'agit, à la bonne heure; il en arrivera ce qui pourra; j'accepte. » Le général sortit de son lit, se rendit au Palais-Royal et prit sur l'heure son nouveau commandement.

On vit alors éclater un des innombrables exemples de cette crédulité empressée et opiniâtre qui s'empare si aisément des partis, quelquefois même de leurs chefs éminents, et qui leur fait admettre, contre leurs adversaires, les imputations les plus absurdes ou les plus excessives, fermant leurs yeux aux explications naturelles et vraies des faits qui leur ont suscité de vives alarmes, ou des échecs graves, ou d'amers déplaisirs. Pendant deux ans, à la tribune, dans les journaux, dans les pamphlets, dans les correspondances, M. de La Fayette fut accusé d'avoir voulu faire violence au Roi et le contraindre, par des combinaisons factieuses ou des mouvements populaires, à donner enfin à la France ces institutions républicaines que le programme de l'Hôtel de ville lui avait promises, et qu'elle attendait encore. A leur tour, les amis de M. de La Fayette accusaient le Roi d'avoir ourdi contre lui, dans la Chambre des députés, une perfide intrigue, et tendu

ensuite, dans une négociation obscure, toute sorte de
piéges pour lui faire perdre le commandement général
des gardes nationales du royaume sans le lui ôter, et
pour l'écarter du commandement de la garde nationale
de Paris en ayant l'air de vouloir l'y conserver. En
vain le Roi et M. de La Fayette faisaient donner ou donnaient eux-mêmes à ces imputations les démentis les
plus formels; on s'obstinait, de part et d'autre, à voir
ou à représenter sous ce jour leurs intentions et leurs
actes; et il est resté établi, dans un grand nombre d'esprits et d'écrits, qu'en décembre 1830, après le procès
des ministres de Charles X, M. de La Fayette fut un
conspirateur factieux et le roi Louis-Philippe un fourbe
ingrat.

Ils n'avaient été, ni l'un si révolutionnaire, ni l'autre
si machiavélique. M. de La Fayette avait poussé jusqu'à
leur extrême limite ses moyens d'influence pour faire
adopter par le gouvernement une très-mauvaise politique que repoussaient également le vœu de la France
et le bon sens du Roi; mais les manifestations de ses
amis, même les plus inconvenantes, n'étaient point
allées jusqu'à la sédition; et quant à lui-même, il était
bien le maître de chercher dans la perspective de sa
démission une chance de succès, et de se retirer
plutôt que de prêter à une politique qu'il désapprouvait
l'apparence de son adhésion. Il avait en cela usé largement, mais sans les dépasser, des droits de son importance et de sa liberté. Et l'on ne saurait dire qu'une
combinaison factieuse ait accompagné sa résolution,

car si l'un de ses deux principaux amis politiques, M. Dupont de l'Eure, donna avec lui sa démission, l'autre, M. Odilon Barrot, ne fut point d'avis de cette retraite, et conserva, en disant hautement pourquoi, le poste qu'il occupait. Le roi Louis-Philippe, à son tour, eut parfaitement raison de se saisir de l'appui que lui offraient très-volontairement les Chambres pour se soustraire à des exigences qu'avec raison aussi il jugeait dangereuses, et pour établir dans son gouvernement un peu d'harmonie et de suite au lieu du trouble et de la lutte qu'y entretenaient M. de La Fayette et ses amis. Il n'y eut d'un côté point de violence, et de l'autre point de perfidie. Seulement le roi Louis-Philippe, dans ses démonstrations parlées ou écrites, donnait, à la comédie qui se joue toujours un peu entre les acteurs politiques, plus de place que n'en exigeait son rôle; et M. de La Fayette, au milieu de ses velléités républicaines, était plus téméraire en idée que hardi dans l'action, et se laissait pousser à entreprendre beaucoup plus qu'il ne pouvait ou n'osait exécuter.

La crise se termina sans bruit : le commandement de la garde nationale de Paris passa paisiblement des mains de M. de La Fayette dans celles du comte de Lobau. Ni le public, ni la garde nationale elle-même ne parurent se préoccuper du changement. Les Chambres se félicitaient d'avoir écarté une influence turbulente, et rétabli dans cette branche de l'administration l'ordre constitutionnel. M. de La Fayette s'était trompé sur son importance personnelle comme il se trompait dans ses plans de politique générale. Le roi Louis-Philippe seul grandit dans cette épreuve; il s'était montré adroit et résolu, patient et prompt. Il n'avait plus à côté de lui un allié souvent compromettant et toujours incommode, ni dans son Conseil un garde des sceaux bourru et dévoué à la politique de l'opposition. M. Mérilhou avait remplacé M. Dupont de l'Eure au ministère de la justice, et M. Barthe M. Mérilhou dans celui de l'instruction publique : tous deux issus du parti populaire, opposants conspirateurs sous la Restauration, mais tous deux disposés à regarder leur but comme atteint par la fondation du gouvernement nouveau et à le soutenir contre ses divers ennemis. Le cabinet devenait plus homogène et l'influence du Roi y était plus grande. Il avait gagné et dans l'opinion publique et pour son propre pouvoir.

M. Laffitte était presque aussi satisfait que le Roi. Il lui avait prêté son concours dans tout ce qui venait de se passer, et restait président d'un Conseil où il n'avait plus de lutte à soutenir. Le même ambassadeur qui, au mois de novembre 1830, avait eu avec lui sur le boulevard une conversation que j'ai rappelée, en eut, dans les premiers jours de janvier 1831, une seconde dont il a recueilli les souvenirs, et que je reproduis textuellement, car toute altération lui ferait perdre quelque chose de sa frappante vérité. « J'étais revenu à Paris pour le procès des ministres, et en repartant pour mon poste je demandai à M. Laffitte le jour et l'heure où je pourrais prendre congé de lui et recevoir ses instructions. Il était fort occupé, et me donna rendez-vous, non pas au ministère des finances où il n'habitait point, mais chez lui, et il m'indiqua huit heures du soir. Je m'y rendis exactement. Il était encore à table et il avait du monde à dîner. Je lui fis dire que je l'attendrais dans le salon. Il quitta la salle à manger et ses convives, et vint causer avec moi. J'avais peu de chose à lui dire ; ce qui m'importait, c'était de savoir quel était l'esprit du gouvernement, quel jugement il portait de la situation et quelle marche il se proposait de suivre. M. Laffitte me donna toute satisfaction. Il était encore plus content et plus assuré que lors de notre conversation du mois de novembre. Le procès des ministres venait de finir, où il s'était comporté en honnête homme, et avait fait preuve de discernement et de courage. Son parti semblait avoir renoncé aux traditions et aux emportements révolutionnaires. M. Laffitte était donc en plein optimisme ; toutes les circonstances lui semblaient favorables. Il se félicitait des bonnes relations que la France avait de plus en plus avec les puissances étrangères ; il espérait qu'elles ne seraient pas troublées par les révolutions que souhaitaient si imprudemment ses amis républicains. Il désavouait hautement toute influence du gouvernement français sur les révolutionnaires italiens et leurs sociétés secrètes. Pendant qu'il parlait ainsi, ses convives, après le dîner fini, arrivaient dans le salon ; il n'y prenait pas garde et continuait à me parler de la politique intérieure et extérieure sans s'apercevoir de la physionomie un peu étonnée de ses amis. Il leur causa encore plus de surprise quand il vint au chapitre de l'Angleterre; il n'était pas bien informé et jugeait assez mal de la situation du ministère de lord Grey, qui, depuis quelques semaines, avait succédé au duc de Wellington. Il ne croyait pas que le nouveau cabinet réussît à avoir la majorité dans le Parlement et à faire passer le bill de réforme parlementaire. Ce pronostic ne semblait ni le chagriner ni l'inquiéter. Il disait que le duc de Wellington était parfaitement raisonnable, qu'il avait reconnu sans hésitation et avec sincérité l'avénement du roi Louis-Philippe, et qu'on aurait sans doute avec lui de très-bonnes relations. Peut-être faudrait-il reconnaître don Miguel pour roi de Portugal; mais cela serait sans inconvénient pour la France. Ce langage tenu si ouvertement devant de tels auditeurs était d'autant plus étrange qu'en ce moment l'opinion publique était justement animée contre don Miguel; le pavillon français avait été insulté à Lisbonne; plusieurs Français avaient été arbitrairement emprisonnés, maltraités ou déportés en Afrique, et le gouvernement du Roi s'occupait d'envoyer une escadre dans le Tage pour tirer vengeance de cet affront. Lorsque M. Laffitte eut mis fin à cette conversation, je me retirai, et je n'ai jamais su si ses amis lui avaient demandé compte de tout ce qu'ils venaient d'entendre. J'en doute, car ils me parurent plus ébahis qu'irrités. »

Autres que celles de M. de La Fayette, les illusions de M. Laffitte n'étaient pas moindres. Quoiqu'il se fût un moment séparé de M. Dupont de l'Eure et des amateurs de la monarchie républicaine, il n'avait pas conquis, dans les Chambres ni dans le public, les amis de la politique de résistance. Les partis ne donnent sérieusement leur adhésion qu'à deux conditions, des principes certains et des talents éclatants ; ils veulent être sûrs et fiers de leurs chefs. M. Laffitte ne présentait aux adversaires du mouvement révolutionnaire ni l'une ni l'autre de ces satisfactions. Parleur spirituel et agréable dans la conversation, il n'avait à la tribune ni originalité, ni abondance, ni puissance. Quoique ses idées en matière de finances et d'administration fussent en général saines et pratiques, il n'inspirait, même sous ce rapport, point de solide confiance. Dans son ministère spécial, et soit pour les travaux intérieurs, soit pour les débats parlementaires qui s'y rapportaient, il s'en remettait à M. Thiers, qui avait accepté, dans ce département, le poste de sous-secrétaire d'État, où il déployait une activité et une habileté qui firent bientôt de lui le vrai ministre. Plusieurs projets de loi sur les plus importantes questions administratives du temps, sur le régime des contributions directes, l'amortissement, le budget, les dépenses extraordinaires, la liste civile et la dotation de la Couronne, furent, par ses soins, préparés, présentés aux Chambres et discutés avec cette curieuse étude des faits et cette verve intelligente, féconde et brillante autant que naturelle, qui dès lors rendaient sa parole à la fois si agréable et si efficace. Sur toutes ces matières, il prenait assidûment les conseils du baron Louis dont, à juste titre, il esti-

mait très haut les vues générales comme l'expérience.
M. Thiers travaillait souvent directement avec le Roi,
sans que M. Laffitte, à qui il épargnait ainsi l'épreuve
et l'ennui du travail, en prît aucun ombrage. Mais en
dehors des questions administratives et spéciales,
M. Thiers, à cette époque, avec une réserve évidemment
préméditée, s'abstenait complétement : jeune encore
et nouveau dans la Chambre, et trop clairvoyant pour
ne pas reconnaître les faiblesses de situation et de conduite du cabinet, il ne voulait pas s'engager tout entier
à la suite de M. Laffitte, ni compromettre, dès ses premiers pas, son avenir, en donnant hautement à une
politique si chancelante son adhésion et son appui.
Ainsi dans les Chambres, et quand les questions de
politique générale s'élevaient, M. Laffitte n'avait le
concours ni d'aucun grand parti, ni d'aucun grand
orateur, et restait à peu près seul chargé de la responsabilité du gouvernement avec sa légèreté, son imprévoyance, son inconséquence, sa complaisance, ses
fluctuations et sa présomption.

L'état des affaires extérieures rendait de jour en jour
sa tâche plus compliquée et plus difficile. L'ébranlement imprimé à l'Europe par la révolution de Juillet
éclatait successivement partout, en Allemagne, en
Suisse, en Italie, en Pologne comme en Belgique; et
partout, à chaque secousse, les regards des gouvernements et des peuples se portaient vers la France. La
Belgique offrait son trône; l'Italie et la Pologne réclamaient l'appui de la France, ses armées, ou du moins

ses généraux. Partout se reproduisaient les questions de l'intervention ou de la non-intervention, de la protection morale ou matérielle, du maintien ou du rejet des traités de 1815, et au bout de toutes ces questions, la question suprême de la guerre ou de la paix européenne, alternative formidable sans cesse posée devant le gouvernement français. Et chaque fois que, par quelque événement nouveau, toutes ces questions venaient à renaître, d'ardents débats recommençaient dans la Chambre des députés, remettant aux prises les partis, et obligeant le gouvernement, non-seulement à se décider nettement dans sa politique, mais à venir et revenir la proclamer et la défendre publiquement, sous le coup de complications imprévues. Et pendant que le cabinet du roi Louis-Philippe avait ainsi à s'expliquer et à lutter sans relâche au dedans pour faire comprendre et accepter sa politique par la France, il siégeait en conférence à Londres avec les grandes puissances européennes, appelé là aussi à faire comprendre et accepter les nécessités de sa situation, et toujours à la veille de voir rompre, par quelque crise intérieure ou extérieure, cette délibération commune et pacifique, seul moyen de soustraire la France et l'Europe aux périls de la guerre dans le chaos.

Un jour en effet la Conférence de Londres faillit disparaître. M. de Talleyrand, dont la position et l'influence y étaient promptement devenues grandes, apprit que l'idée était venue à quelques personnes dans les Chambres, et même dans le cabinet français, de demander qu'elle fût transportée à Paris. Il chargea sur-le-champ l'un de ses plus intelligents secrétaires de s'y rendre, d'expliquer en son nom, au Roi et à ses ministres, les inconvénients d'une pareille tentative, l'invraisemblance du succès, et de déclarer en outre que, pour lui, si la Conférence ne se tenait plus à Londres, il n'y resterait pas comme ambassadeur, car il n'y aurait plus rien à faire. L'envoyé s'acquitta bien de sa mission, et cette velléité étourdie fut abandonnée. Pendant qu'il s'en entretenait avec le Roi, un attroupement tumultueux avait lieu sur la place du Palais-Royal, poussant des cris et réclamant du Roi je ne sais quelle complaisance : « Croyez-vous, Sire, lui dit-il, que la Conférence se tînt longtemps au milieu de pareilles scènes? »

M. Laffitte et son cabinet s'affaissaient de jour en jour sous le poids de cette situation. En vain, pour les affaires extérieures, l'influence du Roi prévalait, en définitive, dans le Conseil; en vain le général Sébastiani et M. de Montalivet s'efforçaient de pratiquer la politique d'ordre et de résistance; c'était toujours dans les rangs de la politique de mouvement ou de laisser-aller que M. Laffitte avait ses habitudes et ses amis. Par indécision, par indiscrétion, par mobilité, par faiblesse, il se livrait à eux, même quand il n'agissait pas selon leur avis et leur désir. Aussi l'unité, l'esprit de suite, l'autorité, l'efficacité manquaient absolument au cabinet. Les Chambres inquiètes le traitaient tantôt avec ces ménagements, tantôt avec ce mécontentement dédaigneux qu'inspire un pouvoir hors d'état de suffire à sa mission, et qu'on n'a nul goût à soutenir quoiqu'on hésite à le renverser. Et le public ne portait à l'administration de M. Laffitte pas plus de confiance que les Chambres, les hommes d'affaires pas plus que les diplomates; les intérêts privés en souffraient autant que les intérêts publics; la propriété s'inquiétait; le commerce et l'industrie étaient en proie à la perturbation et à la langueur; le désordre envahissait les finances comme les rues; la sécurité et l'avenir manquaient aux simples citoyens comme à l'État.

On sait quel incident amena la chute de ce cabinet en mettant au grand jour le vice radical de son origine et de sa politique. Les scènes de violence populaire effrénée qui suivirent le service religieux célébré le 14 février 1831, dans l'église de Saint-Germain l'Auxerrois, en l'honneur de M. le duc de Berry assassiné onze ans auparavant par Louvel, sont présentes à ma mémoire aussi vivement que si elles étaient encore devant mes yeux. J'ai vu, comme tout le monde, flotter sur la rivière et traîner dans les rues les objets du culte, les vêtements ecclésiastiques, les meubles, les tableaux, les livres de la bibliothèque épiscopale; j'ai vu tomber les croix; j'ai visité le palais, ou plutôt la place du palais de l'archevêque, la maison du curé de Saint-Germain-l'Auxerrois et l'église même, cette vieille paroisse des rois, après leur dévastation. Ces ruines soudaines, cette nudité désolée des lieux saints étaient un spectacle hideux : moins hideux pourtant que la joie brutale des destructeurs et l'indifférence moqueuse d'une foule de spectateurs. De toutes les orgies, celles de l'impiété populaire sont les pires, car c'est là qu'éclate la révolte des âmes contre leur vrai souverain; et je ne sais en vérité lesquels sont les plus insensés de ceux qui s'y livrent avec fureur ou de ceux qui sourient en les regardant.

Dans les ouvrages écrits depuis cette époque comme dans les Chambres et les journaux du temps, on a beaucoup discuté la question de savoir jusqu'à quel point les manifestations légitimistes qui eurent lieu à l'occasion de ce service, dans l'église même de Saint-Germain-l'Auxerrois, avaient motivé et presque justifié l'emportement du peuple et l'attitude du Cabinet. Je trouve cette discussion peu digne d'hommes sensés. On ne prétendait pas sans doute que le parti légitimiste eût abdiqué et fût sorti de France avec Charles X, ni que, vivant encore, il ne saisît pas les occasions naturelles de manifester son existence et ses sentiments. Il venait de le faire quelques jours auparavant, le 21 janvier, par des services célébrés dans plusieurs églises en l'honneur de Louis XVI, et personne n'avait osé s'y opposer ou s'en montrer offensé. Avoir le parti légitimiste sur le sol de la France, et le voir persistant dans ses principes et jouissant de toutes les libertés assurées par la Charte à tous les Français, c'était la condition innée et inévitable du gouvernement de Juillet. Qu'on invoquât contre ce parti, s'il en encourait l'application, les lois destinées à protéger la sûreté de l'État et des pouvoirs publics; qu'on en fît de nouvelles si les anciennes étaient insuffisantes, rien de plus simple et de plus autorisé par la bonne politique: mais la tentative de supprimer tout témoignage, toute manifestation extérieure de l'existence et des sentiments des légitimistes eût été insensée, car elle eût exigé la plus odieuse comme la plus impraticable tyrannie. Il y a des ennemis et des périls avec lesquels les gouvernements libres sont tenus de vivre en paix, et qu'ils doivent, pour ainsi dire, passer sous silence, tant qu'il n'y a pas nécessité absolue d'invoquer contre eux la rigueur des lois. Et de toutes les démonstrations auxquelles peut se mêler l'hostilité, les religieuses sont les plus dignes de ménagement, car c'est à celles-là que se rattachent les sentiments les plus respectables, les plus répandus parmi les honnêtes gens, et la plus sacrée des libertés publiques. Les manifestations légitimistes de Saint-Germain-l'Auxerrois étaient, à coup sûr, moins dangereuses pour le pays et pour le pouvoir que les processions et les exigences républicaines du Panthéon, que M. Laffitte et ses amis traitaient avec tant d'égards.

Le cabinet savait d'avance qu'un service religieux était prémédité pour le 14 février, en mémoire de M. le duc de Berry. Il n'avait, dans cette attente, que deux partis à prendre : s'il croyait la paix publique gravement menacée par cette cérémonie, il fallait en empêcher décidément la célébration, soit en traitant avec l'autorité ecclésiastique, soit par un acte de gouvernement publiquement motivé. S'il ne jugeait pas le péril assez grand pour exiger une telle mesure d'exception, le pouvoir devait prendre lui-même en main la cause de la liberté religieuse, et laisser la cérémonie s'accomplir sous sa protection, sauf à poursuivre ensuite devant les tribunaux les actes séditieux qui auraient pu s'y mêler. Dans la première hypothèse, il y a lieu de croire que le Gouvernement, avec un peu de prévoyance et d'insistance, eût réussi à tout prévenir : le service devait d'abord avoir lieu dans l'église de Saint-Roch : sur les représentations des ministres de l'intérieur et des cultes, l'archevêque de Paris et le curé de Saint-Roch refusèrent de l'y autoriser. Pourquoi n'employa-t-on pas, pour l'église de Saint-Germain-l'Auxerrois, le même moyen ? L'autorité eclésiastique n'eût pas été sans doute plus aveugle ou plus intraitable dans une paroisse que dans l'autre. Et si le gouvernement se fût décidé à n'apporter à la cérémonie aucun obstacle, je ne puis croire que la force publique n'eût pas été en état de protéger efficacement la liberté religieuse, en surveillant les écarts de la passion politique, avec l'intention déclarée de les réprimer selon les lois.

Au lieu d'adopter nettement l'une ou l'autre de ces résolutions, le pouvoir n'en prit aucune. On laissa aller d'abord les légitimistes, puis les anarchistes. On ne prévint pas les causes de trouble ; on ne protégea pas les droits de la liberté. Les partis seuls furent acteurs ; le gouvernement resta spectateur.

Nulle contagion ne se propage aussi rapidement que celle de l'anarchie : dans les huit jours qui suivirent le sac de Saint-Germain l'Auxerrois et de l'archevêché de Paris, à Lille, à Dijon, à Perpignan, à Arles, à Nîmes, à Angoulême, des scènes semblables éclatèrent, avec ce même mélange de haines politiques et de passions impies. C'était ici la statue du duc de Berry renversée et mise en pièces par la foule ; là, le buste de Louis XVIII tiré du magasin où on l'avait enfoui, et traîné avec insulte dans les rues ; ailleurs, le séminaire pillé et incendié ; ailleurs encore l'évêque se croyant obligé d'accorder, à des groupes tumultueux, la révocation d'un desservant. Au sein même des grandes villes, parmi les autorités municipales chargées de réprimer le désordre, il s'en trouvait d'assez livrées aux passions démagogiques pour écrire au ministre de l'intérieur : « A peine établi, le Gouvernement qui devait tout au peuple a semblé renier son origine. La retraite de La Fayette et de Dupont de l'Eure a confirmé ce que n'apprenaient que trop la loi sur la garde nationale et le refus constant de la loi électorale. En s'appuyant sur une Chambre sans pouvoirs et objet de l'animadversion générale, le gouvernement devait faire rejaillir sur lui la haine et le mépris dont cette Chambre est entourée. »

Au milieu de ces emportements anarchiques, et malgré les efforts du Roi et de ses plus affidés conseillers pour en arrêter le cours, le gouvernement en ressentait lui-même la contagion ; sa propre attitude, son propre langage portaient quelque empreinte des mauvaises traditions et des dangereuses tendances qu'il combattait, et la physionomie du pouvoir était quelquefois révolutionnaire quand, au fond, il était aux prises avec les fauteurs de révolutions. Deux jours après le sac de Saint-Germain-l'Auxerrois, un acte officiel mit ce mal en évidence : dans un de ses accès de déférence envers les passions démagogiques, M. Laffitte vint demander au Roi de changer les armes de France et d'en bannir les fleurs de lis, ces armes de sa maison. Le Roi céda, ne se jugeant pas en état de résister. Dans ces commencements de son règne et sous l'empire des souvenirs de sa jeunesse, c'était la disposition du Roi Louis-Philippe de croire l'esprit révolutionnaire plus fort qu'il ne l'était réellement, et de se croire à lui-même, pour une telle lutte, moins de force qu'il n'en possédait. Il avait de plus, dans les crises imprévues, des impressions très-vives qui pouvaient lui faire prendre des résolutions soudaines, fort au delà de la nécessité. Plus tard, je me suis permis plus d'une fois de lui dire : «Que le Roi ne se fie jamais à sa première impression; soit en espérance, soit en alarme, elle est presque toujours excessive; pour voir les choses exactement comme elles sont et ne leur accorder que ce qui leur est dû, l'esprit du Roi a besoin d'y regarder deux fois. » Je crois que, dans cette triste circonstance, il se trompa, et qu'à cette tyrannique prétention de l'esprit révolutionnaire il eût pu dire *non*, avec quelque péril sans doute, mais sans péril suprême. Ce fut, au moment même, le sentiment de beaucoup d'hommes de bien et de sens, amis sincères du Roi, et le 19 février, à la tribune de la Chambre des députés, M. de Kératry se fit honneur en l'exprimant hautement.

Sans parler de leur déplorable retentissement en Europe, ces scènes, ces faiblesses produisirent en France dans le parti naissant de l'ordre, un très-fâcheux effet: de bons et honnêtes esprits en contractèrent, envers le gouvernement nouveau, un sentiment de méfiance et d'éloignement; ils l'avaient accueilli comme le seul rempart contre l'anarchie, et ils voyaient l'anarchie près de renaître, et le pouvoir lui-même avait l'air faible ou complaisant pour ses fauteurs ou pour ses précurseurs. Ils rentrèrent dans leur disposition malveillante pour la monarchie issue de la Révolution; et ils y rentrèrent d'autant plus aisément qu'ils ne ressentaient plus cet immense effroi dont la Révolution les avait d'abord frappés. Au fond, ils étaient sauvés; ils savaient bien que le gouvernement les défendait et les défendrait contre les grands périls; ils étaient encore inquiets, mais non plus vraiment menacés, et ils s'irritaient librement de leurs inquiétudes prolongées sans savoir gré au pouvoir de leur salut. Ainsi disparaissait, entre les honnêtes gens, cette unanimité qu'avaient produite, dans les premiers jours, l'imminence du danger et la vue claire de la nécessité; ainsi renaissaient rapidement les anciens partis, leurs inimitiés et leurs espérances.

Mais en même temps que, hors des Chambres et dans le pays, les troubles du 14 février 1831 divisèrent et affaiblirent le parti de l'ordre, ils produisirent dans la Chambre des députés un effet contraire; ce parti s'y rallia fortement et se décida à prendre lui-même l'initiative pour relever et raffermir le pouvoir. La patience de la Chambre était à bout. Tant qu'avait duré le procès des ministres de Charles X, elle avait fermement soutenu le cabinet, convaincue qu'il était nécessaire et le plus propre à surmonter cette épreuve. Le procès fini, elle s'abstint de toute attaque contre M. Laffitte et ses collègues, par esprit monarchique et n'ayant nulle fantaisie de faire étalage de sa force pour défaire ou faire des ministres. Mais quand elle vit le gouvernement toujours désuni au dedans, impuissant au dehors, flottant au gré des vents populaires et dépérissant de fluctuation en fluctuation, la Chambre sentit sa responsabilité et son honneur compromis aussi bien que la sûreté de l'État; et déterminée par un honnête bon sens, non par aucune préméditation de parti, elle entra ouvertement en lutte contre l'anarchie. Le 17 février, M. Benjamin Delessert demanda raison au cabinet des troubles de Paris, du déchaînement des factions, des églises dévastées, des croix abattues, du déplorable état général des affaires, de l'imprévoyance et de la faiblesse du pouvoir. Député opposant vers la fin de la Restauration, associé à tous les actes de la Chambre pendant les journées de Juillet, M. Delessert ne pouvait être soupçonné de malveillance, ou seulement d'indifférence envers le régime nouveau. Protestant, il avait bonne grâce à défendre les croix et les évêques. Homme important et honoré dans la banque, le commerce et l'industrie, il avait titre pour parler de leurs souffrances et de leurs inquiétudes. Sa démarche était aussi autorisée que significative et opportune.

La discussion se répandit d'abord en explications et en récriminations personnelles. Quand MM. Mauguin,

Dupin et Salverte l'eurent ramenée vers la politique générale et que je la vis près de son terme, j'y entrai à mon tour, en prenant soin de faire remarquer que c'était mon premier acte d'opposition au ministère. La nécessité seule, une impérieuse nécessité m'y décidait. Ce que nous nous étions promis de la révolution de Juillet, ce qu'en attendait la France, c'était le gouvernement constitutionnel, un vrai gouvernement, capable de concilier et de protéger à la fois l'ordre et la liberté. Ce gouvernement nous manquait absolument. Les faits le disaient bien haut ; ni l'ordre, ni la liberté n'étaient efficacement protégés. Pourquoi ? Parce que les conditions essentielles du gouvernement étaient méconnues et absentes. Point d'unité au sein du cabinet, ni entre le cabinet et ses agents. Point d'entente sérieuse et soutenue entre le cabinet et la majorité des Chambres. Point d'efficacité dans le pouvoir. Il ne gouvernait pas parce qu'il se laissait gouverner, cherchant la faveur populaire, non l'exercice sérieux de l'autorité légale : « Si on persiste dans cette voie, si c'est à la popularité qu'on demande le gouvernement, on n'aura pas de gouvernement; pas plus, toujours moins qu'on n'en a aujourd'hui. L'ordre y perdra sa force, la liberté son avenir, les hommes leur popularité, et nous n'en serons pas plus avancés après. Je ne crois pas qu'il soit possible de rester dans cette situation. »

Quand nous aurions dû être, mes amis et moi, les successeurs du cabinet, je n'aurais pas hésité à tenir ce langage : dans un régime libre, le désir de prévaloir par le gouvernement est le droit des convictions sincères, et l'honneur consiste à avoir cette ambition-là, et point d'autre. Mais, en 1831, le vulgaire embarras de cette position m'était épargné; nous n'avions, mes amis et moi, aucune prétention ni aucune chance de pouvoir ; ce n'était pas nous qu'y poussait alors la réaction contre l'anarchie; nous pouvions servir dans l'armée de l'ordre, non la commander. M. Laffitte avait un héritier naturel et clairement désigné. Président de la Chambre des députés, M. Casimir Périer était le président nécessaire du prochain cabinet. Dévoué à la politique de résistance et homme d'affaires supérieur, constamment dans l'opposition jusqu'en 1830 et aussi décidé dans l'action, pendant les journées de Juillet, que modéré dans le dessein, à la fois impétueux et prudent, passionné et discret, dominant et point impatient de saisir le pouvoir, il était admirablement propre, par tempérament comme par position, et aux luttes futures que le nouveau cabinet aurait à soutenir, et à la lutte immédiate que nous engagions pour le former.

Ce fut une lutte en effet que le travail de cette formation. Malgré sa faiblesse déclarée, M. Laffitte ne voulait pas sortir du pouvoir, et M. Casimir Périer n'y voulait entrer qu'avec toutes les forces et toutes les sûretés dont il avait besoin. L'un pressentait que sa chute serait sa ruine, et s'obstinait à ne pas descendre ; l'autre hésitait à risquer un échec et exigeait beaucoup pour consentir à monter. Autour de M. Laffitte, on faisait de grands efforts pour conserver le pouvoir, sinon à lui, du moins au parti qui dominait sous son nom. On ramenait M. Dupont de l'Eure sur la scène; on lui associait M. Odilon Barrot, M. Eusèbe Salverte, le général Lamarque, M. de Tracy, même le général Demarçay. A ces tentatives pour former un cabinet pris tout entier dans le côté gauche, les partisans de la résistance dans le cabinet encore debout opposaient des actes qui attestaient leur travail et leur progrès vers un but contraire; M. de Montalivet donna sa démission pour obtenir que M. Odilon Barrot fût remplacé dans la préfecture de la Seine par M. de Bondy, et M. Odilon Barrot fut en effet relégué dans le Conseil d'État. Le garde des sceaux, M. Mérilhou, s'était refusé à la révocation de son ami, M. Charles Comte, procureur du roi à Paris, courageux homme de bien dans l'opposition, embarrassé et inhabile dans le pouvoir; M. Comte n'en fut pas moins écarté, et M. Mérilhou lui-même quitta le ministère de la justice dont *l'interim* fut confié à M. d'Argout. Pourtant le Roi d'une part et M. Casimir Périer de l'autre hésitaient encore. Il en coûtait au Roi de rompre avec M. Laffitte, ministre commode et naguère utile. La politique de résistance déclarée lui semblait d'ailleurs presque aussi périlleuse que nécessaire; ne pouvait-on pas attendre encore un peu que la nécessité de plus en plus évidente surmontât décidément le péril? Le caractère altier et susceptible de M. Casimir Périer lui inspirait, pour leurs rapports mutuels, quelque inquiétude. M. Casimir Périer, de son côté, insistait chaque jour plus péremptoirement sur les conditions de son entrée au pouvoir : aux curieux qui venaient le presser, à ses amis, au Roi surtout, il développait avec une passion forte et triste les difficultés de l'entreprise, et la nécessité absolue, et probablement insuffisante, des moyens qu'il demandait. Il voulait gouverner dans le Conseil comme dans le pays. Il lui fallait le baron Louis au ministère des finances, et dans tous les départements des collègues sûrs, bien résolus à marcher avec lui; point de dissidents ni de rivaux. Le 12 mars au soir, dans une de leurs dernières conférences, le maréchal Soult témoigna quelque hésitation à accepter M. Casimir Périer comme président du Conseil : « Monsieur le maréchal, lui dit Casimir Périer, veuillez vous décider; sinon, j'écrirai ce soir à M. le maréchal Jourdan; j'ai sa parole. » Le maréchal Soult se décida. Le baron Louis prit les finances; son neveu, l'amiral Rigny, fut ministre de la marine; M. de Montalivet céda le ministère de l'intérieur à M. Périer et passa au département de l'instruction publique. Les instances répétées des Chambres, le flot toujours montant de l'anarchie, les noms périlleux que mettait en avant le parti populaire, avaient mis fin, dans l'esprit du Roi, à toute incertitude : « Savez-vous, dit-il plus tard à M. d'Haubersaert, alors chef du cabinet de l'intérieur, que, si je n'avais pas trouvé M. Périer au 13 mars, j'en étais réduit à avaler Salverte et Dupont tout crus! » Il accepta les périls, les difficultés, peut-être les ennuis de la politique de résistance et de son chef, et le 13 mars, M. Casimir Périer devint officiellement ce qu'il devait être effectivement, premier ministre.

CHAPITRE XII.

M. CASIMIR PÉRIER ET L'ANARCHIE.

Rapports de M. Casimir Périer avec ses collègues;—avec le Roi Louis-Philippe;— avec les Chambres; — avec ses agents. — Action personnelle du Roi dans le gouvernement. — Prétendues scènes entre le Roi et M. Casimir Périer.—Anarchie dans Paris et dans les départements.—Efforts des partis politiques pour exploiter l'anarchie.—Parti républicain.—Parti légitimiste.—Parti bonapartiste.—Leurs complots.—Faiblesse de la répression judiciaire. — Écoles et sectes anarchiques.— Les saint-simoniens.—Les fouriéristes.—Insurrection des ouvriers de Lyon. — Sédition à Grenoble. — Désordres sur divers autres points du territoire. — Grande émeute à Paris sur la nouvelle de la chute de Varsovie.—M. Casimir Périer et le général Sébastiani sur la place Vendôme.—M. Casimir Périer réorganise la police.—M. Gisquet préfet de police.—Le Roi Louis Philippe vient habiter les Tuileries.—Travaux dans le jardin des Tuileries et leur motif.—M. Casimir Périer aussi modéré qu'énergique dans l'exercice du pouvoir.—Il se refuse à toute loi d'exception.—La Reine Hortense à Paris.—Conduite du Roi Louis-Philippe et de son gouvernement envers la mémoire et la famille de l'Empereur Napoléon.—Débats législatifs.—Liste civile.—Abolition de l'hérédité de la pairie.—Proposition pour l'abrogation de la loi du 19 janvier 1815 et du deuil officiel pour la mort de Louis XVI.—Discours du duc de Broglie sur cette proposition.—Mon attitude et mon langage dans les Chambres.—Ce qu'en pensent le Roi Louis-Philippe, M. Casimir Périer et les Chambres, — Débat sur l'emploi du mot *sujets*.—État de la société dans Paris. —La politique tue les anciennes mœurs sociales.—Décadence des salons.—Ce qui en reste et mes relations dans le monde. —M. Bertin de Veaux et le *Journal des Débats*.

(12 mars 1831—16 mai 1832.)

Dès que le cabinet fut formé et que M. Casimir Périer entra en rapports habituels avec ses collègues, le premier ministre se fit sentir. Il avait témoigné d'abord l'intention de ne prendre que la présidence du Conseil, sans aucun département spécial, ne voulant pas que les soins de l'administration pussent le distraire des soucis du gouvernement; à la réflexion, il reconnut aisément que, pour gouverner, il faut tenir sous sa main les grands ressorts du pouvoir; et convaincu en même temps que, malgré nos complications avec l'Europe, c'était au dedans que se déciderait le sort de la France, il prit le ministère de l'intérieur, en le réduisant aux attributions supérieures et vraiment politiques. Les affaires purement administratives formèrent, sous le nom de ministère du commerce et des travaux publics, un département séparé qui fut confié au comte d'Argout, agent laborieux, intelligent, courageux et docile. Dans le travail quotidien, M. Casimir Périer se servait de lui comme d'un sous-secrétaire d'État infatigable; et dans les Chambres, il l'envoyait à la tribune ou l'en rappelait selon sa propre convenance, ne s'inquiétant ni de l'user à force de l'employer, ni de le blesser par la brusque explosion de son autorité. Je l'ai entendu s'écrier un jour, impatienté que M. d'Argout se mît en mouvement, mal à propos selon lui, pour prendre la parole : « Ici, d'Argout! » et M. d'Argout revenait, non sans humeur, mais sans la montrer.

La première fois que M. Casimir Périer monta à la tribune de la Chambre des députés pour y exposer en termes clairs et fermes sa pensée et son dessein général, il y fit monter immédiatement après lui les ministres de la guerre, des finances et de la justice, pour qu'ils témoignassent expressément de leur adhésion à la politique que le chef du cabinet venait de déclarer.

Quelques jours après, ayant adressé aux préfets une circulaire à l'occasion d'une grande association dite *nationale* que l'opposition travaillait à former en méfiance du cabinet, M. Casimir Périer la terminait par ces paroles : « Le Roi a ordonné, de l'avis de son Conseil, que l'improbation de toute participation des fonctionnaires civils ou militaires à cette association fût officiellement prononcée ; » et il fit écrire par tous ses collègues des circulaires qui transmettaient la sienne à tous leurs agents en en prescrivant la stricte observation.

C'était surtout le maréchal Soult qu'il avait à cœur de lier et de compromettre ainsi publiquement dans sa politique. Il n'oubliait pas que le maréchal avait eu quelque répugnance à l'accepter comme président du Conseil, et tout en disant comme le Roi : « Il me faut cette grande épée, » il n'en attendait pas avec une entière sécurité tout le concours qu'il en exigeait. Le maréchal, de son côté, tout en subissant l'ascendant de M. Périer, sentait sa propre importance et ne se livrait pas sans réserve, même quand il servait sans objection. Quoiqu'ils se reconnussent l'un et l'autre nécessaires, il y avait entre ces deux hommes peu de confiance et point de goût mutuel.

Le baron Louis et le général Sébastiani étaient, dans le Conseil, les alliés et les confidents intimes de M. Périer. Une ancienne et familière amitié le liait au premier. Il avait appris, dans les rangs de l'opposition avant 1830, à connaître le second, et, depuis qu'il le voyait dans le gouvernement, il en faisait tous les jours plus de cas. Le général Sébastiani gagnait beaucoup à cette épreuve : il avait l'esprit lent et peu fécond, la parole sans facilité et sans éclat, des manières souvent empesées et prétentieuses; mais il portait dans les grandes affaires un jugement libre et ferme, une sagacité froide, une prudence hardie et un courage tranquille qui faisaient de lui un très-utile et sûr conseiller. Il savait traiter à demi-mot et sans bruit avec les intérêts ou les faiblesses des hommes, et il excellait à pressentir les conséquences possibles et lointaines d'un événement, d'une démarche, d'une parole. Dans les Chambres, en défendant avec plus de fermeté que d'habileté de langage la politique du cabinet, il se compromettait quelquefois gravement; on sait quelles colères suscita contre lui cette fameuse et malheureuse phrase prononcée en parlant des désastres de la Pologne : « Aux dernières nouvelles, la tranquillité régnait dans Varsovie. » Dans cette occasion comme en toute autre, M. Périer soutint énergiquement le général Sébastiani contre toutes les attaques; non-seulement pour ne pas laisser faire brèche à son ministère, mais par une juste et imperturbable appréciation des rares qualités du général. En vrai chef de gouvernement, M. Périer, au moment même d'une faute ou d'un malheur, se souvenait de ce que vaut un homme, et ne consentait pas, pour atténuer quelques minutes son propre ennui, à jeter en pâture à l'ennemi un brave et fidèle allié.

Il ne tarda pas à prendre aussi une grande confiance dans M. de Montalivet qui le secondait et le servait loyalement dans sa politique générale et dans ses rapports avec le Roi. Dominant, et à bon droit, dans son cabinet, M. Casimir Périer craignait que le Roi ne voulût dominer aussi, et il était fermement résolu, non-seulement à assurer, mais à mettre en plein jour, comme ministre et premier ministre responsable, son indépendance et son autorité. Alors commença sourdement cette question qui depuis a fait tant de bruit, la question de l'action du Roi lui-même dans son gouvernement et des jalousies de pouvoir entre la Couronne et ses conseillers.

En 1846, dans un moment où cette question jetait parmi nous des dissentiments aussi puérils et faux en eux-mêmes que graves par leurs conséquences, appelé à dire avec précision comment je comprenais le rôle que jouent dans la monarchie constitutionnelle, d'une part le Roi, de l'autre ses conseillers, je m'en expliquai en ces termes : « Un trône n'est pas un fauteuil vide, auquel on a mis une clef pour que nul ne puisse être tenté de s'y asseoir. Une personne intelligente et libre, qui a ses idées, ses sentiments, ses désirs, ses volontés, comme tous les êtres réels et vivants, siége dans ce fauteuil. Le devoir de cette personne, car il y a des devoirs pour tous, également sacrés pour tous, son devoir, dis-je, et la nécessité de sa situation, c'est de ne gouverner que d'accord avec les grands pouvoirs publics institués par la Charte, avec leur aveu, leur adhésion, leur appui. A leur tour, le devoir des conseillers de la personne royale, c'est de faire prévaloir auprès d'elle les mêmes idées, les mêmes mesures, la même politique qu'ils se croient obligés et capables de soutenir dans les Chambres. Je me regarde, à titre de conseiller de la Couronne, comme chargé d'établir l'accord entre les grands pouvoirs publics, non pas d'assurer la prépondérance de tel ou tel de ces pouvoirs sur les autres. Non, ce n'est pas le devoir d'un conseiller de la Couronne de faire prévaloir la Couronne sur les Chambres, ni les Chambres sur la Couronne ; amener ces pouvoirs divers à une pensée et à une conduite communes, à l'unité par l'harmonie, voilà la mission des ministres du Roi dans un pays libre ; voilà le gouvernement constitutionnel : non-seulement le seul vrai, le seul légal, mais aussi le seul digne ; car il faut que nous ayons tous pour la couronne ce respect de nous souvenir qu'elle repose sur la tête d'un être intelligent et libre, avec lequel nous traitons, et qu'elle n'est pas une simple et inerte machine, uniquement destinée à occuper une place que les ambitieux voudraient prendre si elle n'y était pas. »

Je suis persuadé que si, en 1831, on avait demandé au roi Louis-Philippe et à M. Casimir Périer ce qu'ils pensaient de ce résumé de leur situation et de leurs rapports constitutionnels, ils y auraient sincèrement et sans réserve donné l'un et l'autre leur assentiment. M. Casimir Périer était trop sérieusement monarchique et sensé pour poser en principe, comme base de la monarchie constitutionnelle, que le Roi règne et ne gouverne pas; et le roi Louis-Philippe, de son côté, avait trop d'intelligence et de modération politique pour prétendre à gouverner contre l'avis des conseillers qui procuraient à son pouvoir le concours des Chambres et du pays. Il me dit un jour, à ce sujet : « Le mal, c'est que tout le monde veut être chef d'orchestre, tandis que, dans notre constitution, il faut que chacun fasse sa partie et s'en contente. Je fais ma partie de roi; que mes ministres fassent la leur comme ministres; si nous savons jouer, nous nous mettrons d'accord. » Au fond, M. Casimir Périer n'en prétendait pas davantage, et s'il eût été convaincu que le Roi n'avait nul dessein d'empêcher ses ministres de jouer leur rôle dans la mesure de leur importance, il se fût tenu pour satisfait. Mais les plus sages hommes n'appliquent pas à leur propre conduite toute leur sagesse; les idées préconçues, les passions cachées au fond du cœur, les susceptibilités, les méfiances, les fantaisies du moment exercent souvent, sur leurs actions et leurs relations, une influence contraire à leur vraie et générale pensée. Homme de gouvernement par nature, mais arrivant au pouvoir après une longue carrière d'opposition et par un vent de révolution, M. Casimir Périer y portait quelquefois des impatiences moins monarchiques que ses sentiments et ses desseins. De son côté, le roi Louis-Philippe, bien que pénétré des idées de 1789, avait passé la plus grande partie de sa vie, d'abord dans les habitudes de l'ancien régime, puis sous le coup des bouleversements révolutionnaires, et il lui en était resté des velléités et des inquiétudes quelquefois peu d'accord avec ses intentions constitutionnelles. Il était difficile que deux hommes, nés et formés dans des atmosphères si diverses, se fissent l'un à l'autre, dès leurs premiers rapports, leur juste part dans le gouvernement, nouveau pour tous deux, qu'ils étaient chargés de conduire en commun.

En entrant au pouvoir, M. Périer mit un grand soin à établir que le Conseil des ministres se réunît habituellement chez lui, hors de la présence du Roi, et à constater hautement ce fait. Pendant quelque temps, il le fit annoncer chaque fois dans le *Moniteur*. Il avait raison d'y attacher de l'importance, car ce fut, aux yeux du public, une éclatante démonstration de sa forte volonté et de son pouvoir. Le Roi n'objecta point; il savait s'accommoder aux caractères quand il reconnaissait la grandeur des services. Pourtant il était offusqué, et laissait quelquefois percer son déplaisir, trop peut-être, dans l'intérêt même de son autorité. Rien ne sert mieux les rois que d'accepter sans discussion et de bonne grâce les nécessités qu'ils sont contraints de subir.

Au même moment, M. Périer témoigna une autre exigence. On a dit qu'il avait demandé que M. le duc d'Orléans cessât d'assister, comme il l'avait fait jusque-là, aux conseils du Roi. Vraie au fond, l'assertion n'est pas exacte dans toutes ses circonstances. Sous le ministère précédent, M. le duc d'Orléans n'assistait point habituellement au Conseil; il n'y avait paru que rarement et par exception; il était resté entre autres tout à fait étranger aux Conseils qui avaient précédé et suivi le procès des ministres et les scènes de Saint-Germain-l'Auxerrois. Le Roi souhaitait qu'il y assistât toujours, pour se former au gouvernement, et s'engager peu à peu, par sa présence, dans la bonne politique, n'en approuvât-il pas toutes les mesures. Il exprima son désir à M. Casimir Périer, qui s'y refusa nettement. Dans le travail de formation du cabinet du 13 mars, le prince n'avait pas aidé à l'avénement de M. Périer, et s'était montré plus favorable à M. Laffitte et à ses amis. On le croyait en général imbu des idées et sympathique aux ardeurs du parti populaire. Sa présence dans le Conseil pouvait en altérer l'unité ou la discrétion ; et M. Casimir Périer ne voulait pas que l'héritier du trône pût lui susciter quelque obstacle, ni qu'on pût croire qu'il exerçait dans les affaires quelque influence. Le Roi n'insista point, et j'incline à croire que M. le duc d'Orléans ne regretta pas cette résolution.

Dans la pratique quotidienne des affaires, M. Périer n'était pas moins exigeant ni moins susceptible. Il prenait connaissance de toutes les dépêches télégraphiques avant qu'elles fussent envoyées au Roi, et le directeur du *Moniteur* avait ordre de n'insérer aucun article, aucune note émanée du cabinet du Roi, sans les avoir communiqués au président du Conseil et s'être assuré de son assentiment.

On a beaucoup dit que les exigences et les ombrages de M. Casimir Périer avaient amené, entre le Roi et lui, non-seulement de graves difficultés, mais de grandes violences; on a raconté des scènes de lutte obstinée et d'emportement étrange. Exagérations vulgaires où le vrai caractère des hommes est défiguré, et l'histoire transformée en grossier mélodrame. Ni le roi Louis-Philippe, malgré la vivacité de ses déplaisirs, ni M. Casimir Périer, malgré l'ardeur de son tempérament, ne se laissaient aller, l'un envers l'autre, à de telles extrémités. Ils avaient l'un et l'autre trop d'esprit et un sentiment trop juste de la nécessité ou de la convenance pour ne pas s'arrêter à temps dans leurs dissidences; et, au moment même où elles semblaient le plus vives, ils savaient se faire mutuellement et sans bruit les concessions qui devaient y mettre un terme. Un petit fait donnera en ce genre la vraie mesure de leurs caractères et de leurs rapports.

Vers la fin de 1831, le général Sébastiani était malade, et M. Casimir Périer faisait l'intérim des affaires étrangères. C'était surtout avec les conseils et par les soins du comte de Rayneval qu'il dirigeait la correspondance de ce département, et il lui avait promis, pour s'acquitter envers lui, l'ambassade d'Espagne qu'occupait alors le comte Eugène d'Harcourt. Il résolut un jour d'accomplir sur-le-champ sa promesse, et il chargea M. d'Haubersaert, son chef de cabinet, de rédiger, pour cette nomination, un projet d'ordonnance, d'aller en son nom en demander au Roi la signature, et de l'envoyer au rédacteur du *Moniteur* avec ordre de le publier dès le lendemain. M. d'Haubersaert, qui avait et qui méritait, par son esprit, son courage et la sûreté de son caractère, toute la confiance de M. Périer, était accoutumé à de telles missions; il servait habituellement d'intermédiaire entre le Roi et son ministre, et prenait soin d'atténuer, autant qu'il était en lui, les aspérités de leurs rapports. En arrivant aux Tuileries, il trouva le Roi retiré dans son cabinet, en robe de chambre et près de se coucher. Ne doutant pas que la nomination de M. de Rayneval ne fût une affaire convenue, il lui présenta le projet d'ordonnance en le priant de le signer : « Mais non, dit le Roi; il n'y a rien de convenu à ce sujet avec M. Périer; il a été entendu que Rayneval n'irait à Madrid que lorsqu'on aurait pourvu à la situation de M. d'Harcourt. — En ce cas, Sire, dit M. d'Haubersaert en reprenant le papier, je vais rapporter à M. le président du Conseil ce projet d'ordonnance, et lui dire que le Roi n'a pas voulu le signer. — Je ne dis pas cela, reprit le Roi; tenez, je vais signer; mais vous prierez, de ma part, M. Périer de ne pas envoyer l'ordonnance au *Moniteur* avant que j'en aie causé avec lui, » et il signa en effet. Il était tard quand M. d'Haubersaert rentra au ministère de l'intérieur; il trouva M. Casimir Périer couché, le fit éveiller et lui rendit compte de sa mission : « Que le Roi me laisse tranquille, lui dit vivement M. Périer; envoyez l'ordonnance au *Moniteur*. — Monsieur le président, reprit M. d'Haubersaert en posant sur le lit du ministre l'ordonnance signée, permettez-moi de vous dire que vous avez tort, et veuillez charger un autre que moi de l'envoi au *Moniteur*, » et il sortit sans attendre la réponse.

M. Casimir Périer n'appela personne; l'ordonnance ne parut point le lendemain dans le *Moniteur;* le Roi et son ministre se mirent d'accord; M. de Rayneval ne reçut qu'un peu plus tard l'ambassade de Madrid; et M. Périer, sans reparler à M. d'Haubersaert de cet incident, le traita avec un redoublement de confiance. Il avait l'esprit trop droit pour ne pas reconnaître la vérité, et l'âme trop haute pour ne pas honorer la franchise.

A mesure qu'il avança dans la pratique du gouvernement, il en apprécia mieux toutes les conditions, et devint moins impatient sans cesser d'être aussi fier. Il comprit qu'au lendemain d'une révolution et dans le difficile travail de la fondation d'un régime libre, ce n'est pas trop du concours de tous les éléments d'ordre et de pouvoir; que, dans la monarchie constitutionnelle, la personne royale est une grande force avec laquelle il faut savoir également compter et résister, et qu'il y a plus de dignité comme plus d'utilité à débattre franchement avec le monarque les affaires publiques, qu'à élever la prétention ou à se donner les airs de l'annuler dans ses propres conseils. Il revint même, dans une certaine mesure, de ses préventions contre M. le duc d'Orléans; et au mois de novembre 1831, lorsque la grande insurrection de Lyon lui fournit une occasion naturelle de satisfaire, en l'employant, l'activité du prince, il s'empressa de la saisir, l'appela au Conseil, discuta devant lui et avec lui toutes les exigences de l'événement, et l'unit officiellement au maréchal Soult dans cette importante mission. Lorsque le prince et le maréchal revinrent de Lyon où l'ordre matériel du moins était rétabli, M. Casimir Périer, non-seulement dans son langage public, mais dans ses conversations intimes, rendit toute justice à la fermeté pleine de tact qu'avait déployée le prince, et en témoigna hautement sa satisfaction. Il persista cependant à le tenir éloigné du Conseil.

Je ne pense pas qu'avec le Roi ses rapports soient jamais devenus très-confiants ni très-faciles; entre leurs caractères et leurs esprits, la différence était trop profonde. Mais ils acquirent l'un et l'autre la conviction qu'au dedans comme au dehors leur politique était la même, et qu'ils avaient besoin l'un de l'autre pour la faire triompher. Ils s'unissaient donc sans se plaire, et se supportaient mutuellement dans le sentiment d'une même intention et d'une commune nécessité. Dans ce singulier mélange d'accord et de lutte, c'était le Roi qui cédait le plus souvent, et qui pourtant gagnait peu à peu du terrain, comme le plus calme et le plus patient. Il parvint à acquérir sur son puissant ministre une véritable influence, dont, plus tard, il s'applaudissait en disant : « Périer m'a donné du mal, mais j'avais fini par le bien équiter. » Expression plus piquante que prudente, que le Roi, en tout cas, aurait mieux fait de ne jamais employer, et dont il fit bien de ne se servir qu'après la mort de M. Casimir Périer, car elle l'eût blessé si elle fût parvenue à ses oreilles, ce qui probablement n'eût pas manqué.

Avec les Chambres, M. Casimir Périer n'était pas moins

fier ni moins exigeant qu'avec le Roi. Avant de consentir à se charger des affaires, il avait fait minutieusement constater et mettre sous leurs yeux le mauvais état de l'administration et la détresse du Trésor. A peine entré en fonctions, il demanda, par trois projets de lois, tous les moyens financiers dont il pouvait avoir besoin : une addition de 55 centimes à la contribution foncière et de 50 centimes aux patentes pour l'année 1831, un crédit éventuel de 100 millions dans l'intervalle des sessions de cette même année, réalisable soit par une contribution extraordinaire, soit par un emprunt en rentes, un crédit extraordinaire de 1,500,000 francs pour dépenses secrètes. Il voulait non-seulement être en mesure de faire face aux événements qui se laissaient entrevoir, mais relever promptement, en se montrant bien armé, la confiance et le crédit public. Il proposa en même temps un projet de loi pour la répression efficace des attroupements. Et de ces diverses propositions il faisait nettement des questions de cabinet, sans déclamation, sans étalage d'alarmes, témoignant autant d'espérance patriotique que de sollicitude politique, mais voulant que les amis de l'ordre sentissent bien le mal qu'ils lui demandaient de guérir, et établissant en toute occasion qu'il n'accepterait la responsabilité du gouvernement que si on lui en donnait la force, et qu'il se retirerait dès qu'il ne trouverait pas dans les grands pouvoirs publics un ferme et suffisant appui.

On vit bientôt que ce n'était point là, de sa part, une menace de comédie. A la fin de juillet 1831, les plus graves périls semblaient dissipés et les plus pressantes difficultés surmontées. La Chambre des députés qui avait accompli la révolution de 1830 avait été dissoute. En vertu d'une nouvelle loi électorale qui avait élargi, pour les députés comme pour les électeurs, le cercle de la capacité politique, une nouvelle Chambre venait d'être élue et réunie. Elle avait à élire son président. Pressé de savoir à quoi s'en tenir sur ses dispositions, M. Casimir Périer fit de cette élection une question ministérielle; et son candidat, M. Girod de l'Ain, n'ayant obtenu contre M. Laffitte, candidat de l'opposition, qu'une majorité de quatre voix, il déclara que ce n'était pas là, pour gouverner, une majorité suffisante, et donna sa démission. L'alarme fut générale : Roi, Chambres, pays, à peine échappés de l'anarchie, se sentaient près d'y retomber. On fit, auprès de M. Casimir Périer, de vains efforts pour le décider à garder le pouvoir. Il répondait à toutes les instances qu'il ne redonnerait pas le spectacle d'un prétendu gouvernement essayant de se tenir debout et toujours près de tomber. La nouvelle arriva tout à coup que le roi de Hollande, rompant l'armistice, avait fait entrer son armée en Belgique et entreprenait de la reconquérir. C'était l'honneur et la sûreté de la France à défendre en sauvant la Belgique, peut-être au risque de la guerre européenne. Le péril peut donner la force. M. Périer en accepta la chance et reprit le pouvoir en envoyant sur-le-champ l'armée française au secours de la Belgique. Et personne ne crut que ce fût là, pour lui, un prétexte ; amis ou adversaires, tous savaient déjà qu'actions ou paroles, tout en lui était réel et sérieux.

Sa physionomie, sa démarche, son attitude, son regard, son accent, toute sa personne donnaient de lui cette conviction. Sa gravité n'était ni celle de l'austérité morale, ni celle de la méditation intellectuelle, mais celle d'un esprit solide et ferme, pénétré d'une idée et d'une passion forte, et incessamment préoccupé d'un but qu'il jugeait à la fois très-difficile et indispensable d'atteindre. Ardent et inquiet, il avait toujours l'air de défier ses adversaires et de mettre à ses amis le marché à la main. Il recevait un jour des députés, membres de la majorité, qui venaient lui présenter des objections contre je ne sais plus quelle mesure, et lui faire pressentir, à ce sujet, l'abandon d'une partie de ses amis. Pour toute réponse, il s'écria en les regardant d'un œil de feu : « Je me moque bien de mes amis quand j'ai raison ! c'est quand j'ai tort qu'il faut qu'ils me soutiennent ; » et il rentra dans son cabinet. Dans les conversations particulières, il écoutait froidement, discutait peu, et se montrait presque toujours décidé d'avance. A la tribune, il n'était ni souvent éloquent, ni toujours adroit, mais toujours efficace et puissant. Il inspirait confiance à ses partisans, malgré leurs doutes, et il en imposait à ses adversaires au milieu de leur irritation. C'était la puissance de l'homme, bien supérieure à celle de l'orateur.

Avec ses agents et dans toute l'administration, il établit, dès le début, l'unité de vues et d'action comme une règle de politique et un devoir de probité. Plusieurs circulaires, les unes de principe général, les autres motivées par des incidents particuliers, inculquèrent fortement ce devoir aux fonctionnaires des divers ordres, en les prévenant que le cabinet n'en tolérerait pas l'oubli. Et en effet, quand des hommes considérables persistèrent, malgré leurs fonctions, à rester membres de l'*Association nationale*, que le ministère avait expressément improuvée, ils furent tous révoqués. M. Odilon Barrot sortit du Conseil d'État, M. Alexandre de Laborde cessa d'être aide de camp du Roi, M. le général Lamarque fut mis en disponibilité. Il fut évident que le cabinet voulait fermement ce qu'il avait dit et que partout il pouvait ce qu'il voulait.

Il était sévère à exiger des fonctionnaires l'exacte observation de leurs devoirs, même quand aucun intérêt spécial et pressant ne semblait en question. *Le Moniteur* contint un jour[1] cet article : « Un préfet s'étant présenté hier chez M. le ministre de l'intérieur, sans avoir préalablement demandé la permission de se rendre à Paris, n'a pu obtenir audience. A cette occasion, le ministre a décidé que tout préfet qui s'absenterait de son département sans congé se mettrait dans le cas d'être révoqué. Tous les fonctionnaires comprendront que, dans la situation actuelle des affaires, c'est pour eux un devoir impérieux de rester à leur poste. »

A cette attentive surveillance de ses agents, à ce ma-

[1] 30 mars 1831.

niement énergique de tous les instruments de pouvoir placés sous sa main, M. Casimir Périer joignait un autre soin : il se préoccupait de l'état d'esprit du public, et se servait fréquemment du *Moniteur* pour communiquer avec lui et lui faire connaître et comprendre son gouvernement. Là aussi il se manifestait avec autorité, démentant les faux bruits, redressant les idées fausses, expliquant et présentant sous leur vrai jour les actes du cabinet. Ce n'était point de la polémique, mais le monologue assidu d'un pouvoir sensé et ferme parlant tout haut devant le pays. Et quand l'aveugle ou intraitable hostilité des partis ennemis et de leurs journaux jetait M. Périer dans un doute triste sur l'efficacité de ses commentaires officiels, il disait à ses amis : « Après tout, que m'importe? j'ai *le Moniteur* pour enregistrer mes actes, la tribune des Chambres pour les expliquer, et l'avenir pour les juger. »

C'était beaucoup qu'une volonté si forte, maîtresse d'un pouvoir si concentré et si reconnu dès ses premiers pas. Mais, dans l'état de la France et pour l'œuvre à accomplir, ce n'était pas assez. De toutes les maladies, la pire c'est de ne pas connaître tout son mal. M. Casimir Périer entreprenait, avec un bon sens et un courage admirables, de lutter contre l'anarchie : l'anarchie était plus générale et plus profonde que ne le pensaient et le parti qui se rangeait autour de lui pour la combattre, et le pays qu'il se chargeait de lui arracher.

Dans les rues de Paris, au moment où il prit le pouvoir, l'émeute était flagrante et continue. Du mois de mars au mois de juillet 1831, la place Vendôme, la place du Châtelet, le Panthéon, les faubourgs Saint-Denis, Saint-Martin, Saint-Antoine et Saint-Marceau, la rue Saint-Honoré, tous les grands carrefours des quais et des boulevards furent le théâtre de rassemblements populaires, quelquefois oisifs et bruyants, bientôt ardents et séditieux. Les motifs les plus divers, sérieux ou frivoles, un anniversaire révolutionnaire, un bruit de journaux, un arbre de la liberté à planter, une prétention de marchands populaires, une querelle devant la porte d'un café suffisaient pour amasser et passionner la foule; et elle trouvait partout des points de réunion, des foyers d'irritation, des moyens de divertissement. Plus de vingt mille petits étalagistes, venus de toutes les parties de la France, obstruaient les quais, les ponts, les places, les boulevards, les quartiers populeux et les passages fréquentés : « Nous sommes libres, disaient-ils ; le pavé appartient à tout le monde ; nous voulons nous établir où nous pouvons vendre et vendre ce qui nous convient. » Les manifestations les plus factieuses, les intentions les plus menaçantes se produisaient au milieu de ces attroupements inopinés ou prémédités. Les cris *Vivent les Polonais! Mort aux tyrans! A bas les Russes!* retentissaient autour de l'ambassade de Russie. Dans un banquet fameux réuni le 9 mai aux *Vendanges de Bourgogne*, l'un des convives se leva et s'écria en brandissant un poignard : *A Louis-Philippe!* Des bandes se promenaient jour et nuit dans la ville en criant : *Vive la République!* Quand la répression de ces désordres commençait, elle rencontrait presque toujours une résistance dans laquelle l'autorité municipale et la garde nationale n'étaient guère plus respectées que les agents de police et les soldats; et quand, un jour ou sur un point, l'émeute avait été réprimée, elle se portait ailleurs, ou recommençait le lendemain.

Comment aurait-elle reconnu sa faute ou sa défaite ? Elle était incessamment provoquée, encouragée, ranimée par de hardis patrons. Les sociétés populaires, légalement interdites comme clubs, n'en étaient pas moins actives ni moins influentes; soit de concert, soit par instinct, elles s'étaient divisées et multipliées pour ne pas courir toutes ensemble le même péril; mais sous leurs noms divers, les *Amis du peuple*, les *Amis de la patrie*, les *Réclamants de Juillet*, les *Francs régénérés*, la *Société des condamnés politiques*, la *Société des droits de l'homme*, la *Société Gauloise*, la *Société de la liberté, de l'ordre et du progrès*, n'étaient en réalité qu'une seule et même armée, animée du même esprit et marchant, sous la même impulsion, au même but. Deux modes d'action plaisent aux hommes et s'emparent d'eux avec puissance, le secret et la publicité, le silence et le bruit : les sociétés populaires exerçaient, sur leurs membres et sur leur peuple, cette double séduction; tantôt elles s'entouraient de précaution et de mystère, agissant par des messagers obscurs, des rencontres nocturnes, des signes convenus ; tantôt elles se produisaient avec audace, par des pétitions, des réunions accidentelles, des promenades publiques, des pamphlets partout répandus ; et elles avaient dans la presse périodique, soit des organes dévoués à leur dessein spécial, soit des alliés engagés dans leur cause générale. L'avénement de M. Casimir Périer amena, dans la plupart des journaux de l'opposition, un redoublement de fureur et d'injures dont on serait tenté de s'étonner si l'expérience ne nous avait appris avec quelle rapidité, dans ce genre de guerre, l'injure devient une routine et la fureur une habitude. J'ai connu, jeune encore, Armand Carrel, homme d'un esprit rare et de nobles penchants, malgré des habitudes et des entraînements inférieurs à sa nature, et j'ai peine à croire qu'il ne sourît pas lui-même avec dédain s'il relisait aujourd'hui ces articles où *le National* et *la Tribune* de 1831 comparaient M. Casimir Périer à M. de Polignac, et traitaient le ministère du 13 mars de nouveau cabinet du 8 août qui préparait de nouvelles ordonnances de juillet, et contre lequel la France, pour sauver ses libertés, n'avait plus qu'à attendre l'occasion de prendre les armes.

Les émeutes et les sociétés populaires de 1831 étaient autre chose encore que de l'anarchie ; elles couvaient et préparaient la guerre civile. Sous cette effervescence révolutionnaire, trois grands partis politiques, les républicains, les légitimistes et les bonapartistes, étaient à l'œuvre, ardents à renverser le gouvernement naissant, pour élever ou relever sur ses ruines leur propre gouvernement.

Je dis trois grands partis, et je tiens ces trois-là pour grands en effet, bien qu'inégalement. C'est la manie des pouvoirs établis tantôt de grandir, tantôt d'abaisser outre mesure leurs rivaux, cédant tour à tour au besoin d'alarmer ou de rassurer leurs partisans. On était loin de se dissimuler en 1831 l'importance du parti républicain ; elle faisait la principale inquiétude du public tranquille, et le parti la proclamait lui-même avec quelque emphase, parlant de la monarchie comme de la dernière ombre du passé, et s'appropriant l'avenir, un avenir prochain, comme son domaine. Pourtant on entendait beaucoup dire : « La république est une chimère, le rêve de quelques honnêtes fous et des perturbateurs déclarés. » Et quant aux partis légitimiste et bonapartiste, on les tenait sinon pour morts, du moins pour impuissants, l'un comme l'armée décimée d'un vieux régime suspect à la France, l'autre comme l'héritier d'un grand souvenir, mais n'ayant plus, pour la sûreté des intérêts nationaux, rien à offrir à la France satisfaite, et ne lui apportant que les perspectives de la guerre européenne.

En 1831 comme aujourd'hui et aujourd'hui comme en 1831, malgré ses fautes et ses revers, et tout en persistant à ne croire ni à son droit, ni à son succès, je tiens le parti républicain pour un grand parti. La république a, de nos jours, cette force qu'elle promet tout ce que désirent les peuples, et cette faiblesse qu'elle ne saurait le donner. C'est le gouvernement des grandes espérances et des grands mécomptes. Liberté, égalité, ascendant du mérite personnel, progrès, économie, satisfaction des bonnes et des mauvaises passions, des désirs désintéressés et des instincts égoïstes, le régime républicain contient toutes ces séductions, et il les place toutes sous la garantie d'un prétendu principe bien séduisant lui-même, le droit égal de tous les hommes à prendre part au gouvernement du pays. Aux yeux de la raison sévère comme du bon sens pratique, le principe républicain ne supporte pas un examen sérieux, et sa valeur, comme celle de toutes les formes de gouvernement, dépend des lieux, des temps, de l'organisation sociale, de l'état des esprits, d'une multitude de circonstances accidentelles et variables. Mais par les vérités, les intérêts et les sentiments auxquels il se rattache, ce principe est de nature à inspirer des convictions profondes et passionnées. Le parti républicain a une foi : une foi que la philosophie n'avoue point, que, parmi nous, l'expérience a cruellement démentie, mais qui n'en reste pas moins fervente dans les adeptes et qui peut être puissante un moment sur les masses populaires. La France serait bien aveugle si elle permettait de nouveau que le parti républicain disposât de ses destinées; mais tout gouvernement serait bien aveugle à son tour qui ne comprendrait pas l'importance de ce parti, et ne prendrait pas soin, pour lui résister ou pour l'éclairer, de compter sérieusement avec lui.

Le parti légitimiste aussi a une foi, un principe dont il lui est souvent arrivé de dénaturer superstitieusement l'origine et la portée, mais auquel il croit fermement et sincèrement. Il a de plus un sentiment affectueux et dévoué pour un nom propre, pour des personnes réelles et vivantes. Et de plus encore une situation sociale considérable, qui fait de lui l'allié naturel, le défenseur efficace de l'ordre et du pouvoir. Ce sont là d'incontestables et respectables forces. Le nombre peut manquer à ce parti, et la sagesse, et la faveur publique; il peut se rendre, par ses prétentions ou ses fautes, inutile à sa patrie et nuisible à lui-même. Il n'en reste pas moins un grand parti qui, soit qu'il agisse, soit qu'il s'abstienne, se fait sentir, comme un grand poids ou comme un grand vide, dans la société et dans le gouvernement.

L'expérience a révélé la force du parti bonapartiste, ou, pour dire plus vrai, du nom de Napoléon. C'est beaucoup d'être à la fois une gloire nationale, une garantie révolutionnaire, et un principe d'autorité. Il y a là de quoi survivre à de grandes fautes et à de longs revers.

L'anarchie de 1831 offrait aux conspirateurs de ces trois partis des moyens d'action et des chances de succès. Ils s'en saisirent avidement. Dans l'espace d'une année, et sans parler des tentatives insignifiantes, quatre complots républicains, deux complots légitimistes et un complot bonapartiste assaillirent le gouvernement du roi Louis-Philippe. J'ai dit sans réserve ce que je pensais des complots contre la Restauration; je parlerai de ceux-ci avec la même liberté. Ils étaient parfaitement illégitimes. Ils tentaient de renverser un gouvernement accueilli et accepté avec satisfaction par l'immense majorité de la France; un gouvernement modéré et libéral, qui avait tiré le pays d'un grand péril, et qui, loin de les restreindre, étendait les libertés publiques, et se renfermait scrupuleusement dans les limites de la loi commune. Et, au terme de ces efforts de renversement, en leur supposant un moment de succès, point de résultat clair, facile ni assuré; rien qu'un redoublement de discordes civiles, des perplexités et des obscurités de plus dans les destinées de la France. J'admets que des sentiments généreux, des idées de devoir envers le passé ou envers l'avenir, se mêlaient à ces complots; ils n'en étaient pas moins dénués de justice et de vrai patriotisme, autant que d'esprit politique et de bon sens.

Je ne suis pas de ceux qui, lorsqu'une faute, un malheur ou un crime sont des conséquences naturelles et faciles à prévoir des intérêts ou des passions des hommes, s'y résignent comme au tremblement de terre ou à la tempête, et ne s'inquiètent que de les décrire ou de les expliquer. Je ne renonce pas ainsi à l'intelligence et à la moralité humaines, et je suis décidé à ne pas considérer les âmes comme des forces brutes de la nature. Qu'ils agissent pour leur pays, ou pour leur parti, ou pour leur propre compte, les hommes ont une part de résolution et d'action libre dans les destinées dont ils se mêlent, et ils en répondent devant l'histoire, en attendant qu'ils en répondent devant Dieu. Que les républicains, les légitimistes, les bonapartistes, blâmant son origine ou n'ayant nulle foi dans sa durée, ne voulussent pas servir ni soutenir le gouvernement du roi Louis-Philippe, qu'ils se tinssent à l'écart en spectateurs méfiants et critiques, je le comprends ; je puis admettre en pareil cas l'abstention systématique et l'opposition légale ; mais ni la probité politique, ni le patriotisme ne permettent, pour de telles causes, la conspiration ou l'insurrection. Je sais le peu de fond qu'il faut faire sur les raisons de moralité ou de sagesse pour contenir dans les limites du droit les passions des hommes ; mais ce n'est là qu'un motif de plus pour s'affranchir à leur égard de toute complaisance ; si on ne peut se flatter de les gouverner, au moins faut-il se donner la satisfaction de les juger.

Dans un régime de légalité et de liberté, la répression judiciaire est seule efficace contre les complots ; il faut que les conspirateurs redoutent la loi et ses interprètes. En 1831, la répression judiciaire fut faible, incertaine, insuffisante. Du 5 avril au 15 juin, dans cinq poursuites devant la Cour d'assises de Paris pour complot, insurrection ou émeute, les accusés qui, loin de contester les faits, les justifiaient par les intentions, ou même s'en vantaient, furent tous acquittés par le jury intimidé ou favorable. Les magistrats, réduits à l'impuissance par les déclarations du jury, ou troublés eux-mêmes par la grandeur du désordre qu'ils étaient chargés de réprimer, laissaient quelquefois percer une hésitation inquiète. Et lorsqu'ils essayaient de protéger, contre des outrages flagrants, la dignité de la justice, ils voyaient éclater autour d'eux des violences inouïes, et des accusés sortaient en s'écriant : « Nous avons encore des balles dans nos cartouches! »

Hors de l'arène où se passaient ces scènes tumultueuses, et au delà des partis politiques qui se disputaient dans le présent le gouvernement de la France, d'autres luttes encore étaient engagées; d'autres réformateurs réclamaient l'empire de l'avenir. Ce fut en 1831 que le saint-simonisme et le fouriérisme, depuis longtemps en travail, firent leur plus bruyante apparition. Le journal *le Globe*, sorti depuis quelque temps des mains des doctrinaires, se transforma alors en chaire de l'école saint-simonienne, qui essayait de devenir une église; et un habile officier du génie, M. Victor Considérant, commença, vers la même époque, à Metz, ses conférences publiques pour répandre et mettre en pratique les idées de Fourier. Si je n'avais connu quelques-uns des hommes les plus distingués de ces deux écoles, et si je n'avais vu, par leur exemple après bien d'autres, quelle infiniment petite dose de vérité suffit pour conquérir des esprits rares, et pour leur faire accepter les plus monstrueuses erreurs, j'aurais quelque peine à parler sérieusement de tels rêves, et probablement je n'en parlerais pas du tout. Au fond, le saint-simonisme et le fouriérisme n'ont été que des phases naturelles de la grande crise morale, sociale et politique, qui depuis le siècle dernier travaille la France et le monde, de courts météores dans cette longue tempête. Frappés de quelques-unes des erreurs de notre temps, surtout en matière d'institutions politiques, et comprenant mieux que l'école radicale l'importance des principes d'autorité, de discipline et de hiérarchie, Saint-Simon et Fourier se crurent appelés à la fois à redresser la Révolution française et à la porter jusqu'à ses dernières et définitives limites. Mais, avec des prétentions à l'esprit d'organisation, ils étaient possédés de l'esprit de révolution ; et sous le manteau de quelques idées plus saines dans l'ordre politique, ils jetaient dans l'ordre moral et social les plus fausses comme les plus funestes doctrines. En même temps qu'ils défendaient le pouvoir, ils déchaînaient l'homme et ruinaient dans ses fondements la société humaine. Et, comme il arrive en pareil cas, c'était par leur côté révolutionnaire qu'ils acquéraient quelque puissance ; leurs plus habiles adeptes faisaient profession de mépris pour les maximes anarchiques dans le gouvernement ; mais leurs doctrines et leurs tendances générales ne faisaient qu'aggraver, dans les masses populaires, la perturbation anarchique, en y fomentant les instincts qui livrent l'homme à la soif jalouse du bien-être matériel et à l'égoïsme de ses passions.

Un triste événement fit bientôt voir dans quel sens et avec quels effets se déployait leur influence. En novembre 1831, la langueur des affaires industrielles, les souffrances des ouvriers et les fausses mesures d'une administration locale sans fermeté et sans lumières, quoiqu'elle ne manquât ni d'esprit, ni de courage, amenèrent à Lyon une insurrection formidable de la population ouvrière, demandant que l'autorité réglât ses rapports avec les fabricants et lui assurât des salaires plus élevés et plus fixes. Après deux jours d'une lutte sanglante, les troupes furent obligées d'évacuer la ville, qui resta pendant dix jours au pouvoir d'une multitude étonnée, embarrassée, effrayée de son triomphe, et qui cherchait d'elle-même à rentrer dans l'ordre, ne sachant que faire de l'anarchie où elle régnait. Tous les partis politiques, tous les novateurs sociaux, toutes les passions, toutes les idées, tous les rêves révolutionnaires, apparurent dans cette anarchie ; quelques-uns des chefs saint-simoniens ou fouriéristes étaient, peu auparavant, venus en mission à Lyon pour y prêcher leurs doctrines, au nom desquelles s'étaient déjà formées, dans ce grand foyer industriel, diverses associations populaires. Des meneurs républicains, des agents légitimistes, les sociétés secrètes et les conspirateurs de profession essayèrent de détourner à leur profit ce redoutable mouvement. La plupart des ouvriers se défendaient de ce travail des factions, et voulaient contenir leur insurrection dans les limites de leur propre et local intérêt. Ils écrivirent au principal journal de Lyon, *le Précurseur :* « Monsieur le rédacteur, nous devons expliquer que, dans les événements qui viennent d'avoir lieu à Lyon, des insinuations politiques et séditieuses n'ont eu aucune influence. Nous sommes entièrement dévoués à Louis-Philippe, roi des Français, et à la Charte-constitutionnelle; nous sommes animés des sentiments les plus purs, les plus fervents, pour la liberté publique, la prospérité de la France, et nous détestons toutes les factions qui tenteraient de leur porter atteinte. » Mais, de l'une et de l'autre part, les efforts furent vains : les ouvriers ne réussirent pas à empêcher que les conspirateurs politiques n'imprimassent à l'insurrection un caractère de révolte révolutionnaire, et les conspirateurs échouèrent à lancer violemment les ouvriers vers une révolution. L'anarchie, avec ses principes et ses acteurs divers, prévalut seule à Lyon, à la fois maîtresse et impuissante.

Trois mois après, sous des prétextes bien plus frivoles, pour des scènes de carnaval, Grenoble fut le théâtre de violents désordres. L'autorité administrative fut méconnue et insultée. L'intervention de la force armée aggrava le mal au lieu de le réprimer. Le parti républicain, assez nombreux à Grenoble, s'arma aussitôt et entra en scène. Des rencontres sanglantes eurent lieu entre les soldats et les citoyens; et sur l'ordre même des chefs militaires, troublés par le soulèvement de la population exaspérée, le 35ᵉ régiment d'infanterie de ligne, qui avait soutenu la lutte, fut renvoyé de la ville, humilié sans avoir été vaincu.

Sur un grand nombre d'autres points du territoire, et pour des causes le plus souvent puériles, à Strasbourg, à Tours, à Toulouse, à Montpellier, à Carcassonne, à Nîmes, à Marseille, des troubles semblables éclatèrent. Et ce n'était pas seulement parmi le peuple que régnait l'esprit de désordre, il pénétrait jusque dans l'armée. A Tarascon, des soldats refusaient d'obéir à l'autorité municipale qui voulait empêcher la plantation tumultueuse d'un arbre de la liberté, et un de leurs officiers déclarait que, malgré l'ordre du magistrat, il ne ferait pas sortir de prison des détenus qui devaient être interrogés. Quand le moment vint de distribuer la décoration instituée par la loi du 13 décembre 1830, sous le nom de *croix de Juillet,* en mémoire de la lutte des trois journées, la plupart de ceux à qui la commission de Paris l'avait décernée refusèrent de la recevoir avec la légende : *Donnée par le roi des Français,* et en prêtant au Roi serment de fidélité. Dans l'école de cavalerie de Saumur, un sous-lieutenant prit la décoration sans en avoir reçu de ses chefs l'autorisation, et en soutenant qu'il n'en avait nul besoin. D'autres la portèrent sans avoir prêté serment. L'un d'entre eux fut poursuivi à ce titre et acquitté par le jury. L'autorité renonça à toute poursuite semblable. Et pendant que les vainqueurs de Juillet bravaient ainsi arrogamment les droits et les ordres du gouvernement issu de leur victoire, les vaincus préparaient, dans le Midi et dans l'Ouest, une grande insurrection légitimiste, n'attendant que l'arrivée de madame la duchesse de Berry pour éclater.

Je résume et rapproche ici tous les éléments d'anarchie avec lesquels M. Casimir Périer était aux prises. Ils ne se présentaient pas ainsi à lui tous ensemble et avec tous leurs périls. Il n'en avait pas moins un instinct profond de la grandeur de la lutte, et il s'y engageait avec plus de fermeté que de confiance. Il n'y a point de plus beau ni de plus rare courage que celui qui se déploie et persiste sans compter sur le succès. Hardi avec doute, et presque avec tristesse, c'était la disposition de M. Casimir Périer d'espérer peu en entreprenant beaucoup. Il suppléait à l'espérance par la passion et par une inébranlable conviction de l'absolue nécessité du combat. Rétablir l'ordre dans les rues, dans l'État, dans le gouvernement, dans les finances, au dedans et au dehors, c'était là pour lui une idée simple et fixe dont il poursuivait l'accomplissement avec une persévérance ardente et pressée, comme on travaille contre l'inondation ou l'incendie. L'émeute, sans cesse renaissante autour de lui, l'indignait sans le lasser. Il employait pour la combattre toutes les forces permanentes ou accidentelles, organisées ou spontanées, que la société chancelante pouvait lui fournir, la troupe de ligne, la garde municipale, la garde nationale, les agents de police, les ouvriers honnêtes que le désordre des rues irritait en les troublant dans leur travail. Et quand il avait mis en avant ces auxiliaires divers, il les soutenait énergiquement contre les colères ou les plaintes ennemies, n'ignorant pas qu'en servant bien le zèle fait des fautes, et n'hésitant jamais à en accepter la responsabilité.

Un jour, dans l'une des plus violentes émotions populaires de ce temps, suscitée par la nouvelle de la chute de Varsovie, il se trouva tout à coup, de sa personne, en face des séditieux. Il sortait, avec le général Sébastiani, de l'hôtel des Affaires étrangères : la foule entoura la voiture, en l'assaillant de cris menaçants;

M. Casimir Périer mit la tête à la portière, et, en adressant aux plus rapprochés quelques paroles, ordonna au cocher d'avancer. La voiture arriva, non sans peine, sur la place Vendôme, près de l'hôtel de la Chancellerie ; là, il fut impossible d'aller plus loin ; la foule avait arrêté les chevaux. Les deux ministres ouvrent la portière, descendent et s'avancent à pied vers la foule qui se replie et recule un peu à leur aspect. Le général Sébastiani, l'air tranquille et froid, montre de la main aux émeutiers l'hôtel voisin de l'état-major de la garnison et les soldats du poste qui prennent les armes pour accourir. M. Casimir Périer marche sur les plus animés : — « Que voulez-vous ? — Vive la Pologne ! Nous voulons nos libertés ! — Vous les avez ; qu'en faites-vous ? Vous venez ici m'insulter et me menacer, moi, le représentant de la loi qui vous protége tous ! » Son fier aspect, ses fermes paroles, suspendirent un moment les cris ; le poste arriva, et les deux ministres entrèrent à l'hôtel de la Chancellerie, laissant la multitude troublée dans son irritation.

C'était peu de réprimer de tels désordres quand ils avaient éclaté ; il fallait absolument les prévenir ; à cette condition seule la société pouvait retrouver la confiance dans le repos. M. Périer se désespérait de l'insuffisance de ses moyens et de ses agents. Il avait dans sa clientèle commerciale un homme remarquablement intelligent et hardi, longtemps employé, ensuite associé dans sa maison de banque, et naguère mêlé à des affaires administratives, quoique étranger à la politique. Il fit venir M. Gisquet : « Je suis mal secondé ; mes intentions sont mal comprises, mes ordres ne sont pas exécutés avec la promptitude et la précision sans lesquelles des ordres ne signifient rien. Tout le monde se mêle de faire de la police ; on en fait au château, on en fait dans les ministères, on en fait dans les états-majors ; on en fait partout. C'est intolérable ; il faut que toutes ces polices cessent et que la mienne soit efficace. M. Vivien a de bonnes qualités ; mais j'ai besoin d'un préfet de police qui s'associe avec plus de conviction et plus d'affection à ma politique. M. Vivien rentre au Conseil d'État. Je l'ai remplacé par M. Saulnier. Je désire que vous acceptiez les fonctions de secrétaire général. J'ai prévenu M. Saulnier que c'était sur vous que je comptais pour les affaires politiques. C'est vous qui êtes mon homme. Voyez de quels pouvoirs vous avez besoin pour me bien seconder ; je vous les donnerai. » M. Gisquet accepta ; et trois mois après il était préfet de police en titre, et servait M. Casimir Périer avec un énergique dévouement.

Dès les premiers jours de son ministère, M. Casimir Périer s'était vivement préoccupé d'une autre mesure qu'il jugeait indispensable pour la dignité extérieure et quotidienne du pouvoir. Le 20 mars, *le Moniteur* annonça que le Roi irait habiter les Tuileries. Tant que le palais des rois restait vide, il semblait appartenir à ses anciens maîtres, ou à la Révolution qui les en avait chassés. Il fallait que la royauté nouvelle vînt prendre la place de ces deux souvenirs. Le Palais-Royal d'ailleurs était le quartier général de la multitude et de l'émeute ; la sûreté manquait souvent à cette demeure de la royauté, et la convenance toujours. M. Casimir Périer demanda formellement que le Roi s'établît aux Tuileries. On a dit que le Roi avait résisté, hésité du moins. Je ne le pense pas. Des sentiments divers se mêlèrent sans doute à cette résolution. Le roi Louis-Philippe, très-sensible aux affections et aux habitudes domestiques, mettait du prix aux souvenirs de sa jeunesse et de ses pères; il lui en coûtait de quitter leur maison. Il n'entrait pas non plus sans une émotion triste dans ce palais où les aînés de sa famille avaient si longtemps régné et si douloureusement succombé. Il était d'un cœur aisément remué et très-accessible aux impressions confuses que suscitaient naturellement en lui les complications de sa destinée. Mais il avait l'esprit trop sensé et trop ferme pour ne pas admettre la nécessité de la démarche que lui demandait son cabinet. Ce fut M. Casimir Périer qui en prit l'initiative ; le roi Louis-Philippe ne pouvait s'en défendre sérieusement.

Elle devint bientôt pour lui l'occasion d'un embarras qui fit quelque bruit. A peine établi aux Tuileries, le Roi s'aperçut que, sinon l'émeute, du moins l'insulte venait encore l'y chercher. En traversant le jardin, surtout le soir, à la faveur de l'obscurité, de grossiers passants, sous les fenêtres des appartements du Roi, de la reine et des princesses, poussaient des cris injurieux, chantaient des chansons infâmes. Pour y mettre efficacement obstacle, il eût fallu que des sentinelles se promenassent incessamment le long du château et fissent sous ses murs des arrestations. Le Roi ordonna qu'en laissant libre le passage du Pont-Royal à la rue de Rivoli, on réservât, en l'entourant d'un fossé planté de lilas, une bande de terrain qui éloignât les passants des fenêtres mêmes du château. Les journaux ennemis se répandirent en clameurs accueillies de tous les mécontents ; on fortifiait les Tuileries, on enlevait le jardin au public. Le public, si aisément crédule, semblait disposé à prendre de l'humeur. M. Périer m'en témoigna quelque inquiétude. Comme j'allais un soir faire ma cour à la reine, le Roi m'en parla vivement : « Je n'enlève rien à personne ; tout le monde traverse les Tuileries comme auparavant ; je ne défigure ni le château, ni le jardin ; ceci n'est point, de ma part, une fantaisie ; mais, je ne puis souffrir que des bandits viennent, sous mes fenêtres, assaillir ma femme et mes filles de leurs indignes propos. J'ai bien le droit d'éloigner de ma famille ces outrages. » M. Périer n'eut pas besoin d'y penser deux fois pour être de l'avis du Roi ; il le soutint hautement de son approbation, et l'innocent travail entrepris le long du château s'acheva sans obstacle, laissant pourtant, parmi les badauds, quelque prévention, et, dans le cœur du Roi, un déplaisant souvenir.

Dans les départements, M. Casimir Périer déployait la même fermeté qu'à Paris, non-seulement pour réprimer partout la sédition et le désordre, mais pour protéger efficacement les intérêts publics ou privés que le désordre mettait en souffrance. Lorsqu'en novembre 1831, sur la première nouvelle de la grande insurrection des ouvriers, il envoya M. le duc d'Orléans et le maréchal Soult à Lyon, il les chargea, non-seulement de reprendre possession de la ville et du pouvoir envahis par les insurgés, mais aussi de rétablir, entre les fabricants, les chefs d'atelier et les ouvriers, l'entière liberté des transactions, condition absolue, aussi bien pour le travail que pour le capital, de la sûreté comme de la prospérité, dans la mesure que permettent les misères naturelles de la vie et de la société humaines. En mars 1832, quand la faiblesse de l'autorité militaire eut consenti, au milieu d'une sédition, à faire sortir de Grenoble le régiment qui l'avait combattue, M. Périer, après avoir fait révoquer les commandants qui avaient faibli, exigea que ce régiment rentrât dans la ville, musique et enseignes déployées, et une proclamation du ministre de la guerre rendit aux troupes pleine justice, et à la force publique son ascendant. Nul administrateur, nul chef civil ou militaire ne put être impunément faible ou indiscipliné; la présence réelle et la volonté sérieuse du pouvoir se faisaient incessamment sentir à ses agents, comme par ses agents aux populations. *Le Moniteur* s'empressait d'exprimer le jugement et d'expliquer la conduite du cabinet dans les divers incidents qui avaient appelé son action. Et quand ces incidents amenaient dans les Chambres de grands débats, M. Casimir Périer soutenait avec une indomptable énergie ses actes et ses agents, repoussant tout assentiment équivoque de ses amis, toute critique voilée de ses adversaires, et s'écriant avec une colère douloureuse, quand l'opposition parlait d'indulgence : « Je n'accepte pas votre indulgence; je ne demande que justice et l'estime de mon pays. »

Par un rare et beau contraste, en même temps qu'il y portait cette passion ardente, M. Casimir Périer était plein de modération et de prudence dans l'exercice du pouvoir. Ce ministre si bouillant et si altier s'imposait une légalité rigoureuse; il faisait plus, il n'usait des lois mêmes qu'avec réserve et ne voulait pas pousser leur force à l'extrême. Lorsqu'au mois de mai 1831, il envoya dans les départements de l'ouest, où des troubles commençaient, le lieutenant général Bonnet avec le titre de commissaire extraordinaire, il se garda bien de lui donner aucun pouvoir exceptionnel, et prit soin d'expliquer, dans son *Rapport au Roi*, la nature parfaitement légale de cette mission, qui n'avait d'autre but que de concentrer dans une seule main le commandement des forces publiques pour assurer l'unité et la promptitude de leur action. Quelques mois plus tard, de nouveaux désordres s'étaient produits dans ces départements; les campagnes s'agitaient, les villes s'alarmaient; les députés du pays, en entretenant la Chambre de ces agitations et de ces alarmes, réclamaient des lois d'exception, des mesures de rigueur; M. Casimir Périer s'y refusa péremptoirement : « Je résiste à ces provocations, dit-il, convaincu, comme je le suis, que, dans le régime actuel, la loi commune doit suffire à tout. Paris aussi a vu des troubles interrompre sa tranquillité; qui donc aurait songé à provoquer un état de siége? Il n'en est pas besoin davantage dans ces provinces. L'ordre en Vendée par le maintien des lois, la paix en Europe par le respect de la foi jurée, voilà de quoi répondre à beaucoup de reproches, calmer beaucoup d'inquiétudes, rallier beaucoup de convictions. »

En avril 1831, peu de semaines après l'avénement de M. Casimir Périer au pouvoir, et pendant que l'émeute roulait et grondait dans les rues comme le tonnerre dans un long orage, la reine Hortense arriva tout à coup à Paris avec son fils, le prince Louis Bonaparte. Elle fuyait d'Italie où elle venait de perdre l'aîné de ses enfants et d'où elle avait emmené, à grand'peine, le second encore malade. Dès son arrivée, elle s'adressa au comte d'Houdetot, aide de camp du Roi, qu'elle connaissait depuis longtemps, en le priant d'informer le Roi de sa situation et des circonstances qui l'avaient amenée à Paris. Le Roi la reçut secrètement au Palais-Royal, dans la petite chambre qu'occupait le comte d'Houdetot, et où la Reine et madame Adélaïde, appelées l'une après l'autre par ordre du Roi, vinrent également la voir. L'entrevue fut longue, quoique peu commode; il n'y avait dans la chambre qu'un lit, une table et deux chaises; la Reine et la reine Hortense étaient assises sur le lit; le Roi et madame Adélaïde sur les deux chaises; le comte d'Houdetot était appuyé contre la porte, pour empêcher toute entrée indiscrète. Le Roi et la Reine témoignèrent à la reine Hortense le plus bienveillant intérêt. Elle désirait être autorisée à rentrer en

France, à venir du moins aux eaux de Vichy : « Vichy, oui, lui dit le Roi, pour votre santé ; on le trouvera tout naturel ; et puis vous prolongerez votre séjour, ou vous reviendrez ; on s'accoutume vite à tout dans ce pays-ci ; on oublie vite tout. » Elle demandait aussi à suivre, auprès du gouvernement, des réclamations pécuniaires. Le Roi lui promit tout l'appui qui serait en son pouvoir : « Mais je suis un roi constitutionnel ; il faut que j'informe mon ministre de votre arrivée et de vos désirs. » Il s'en entretint en effet avec M. Casimir Périer, avec lui seul dans le ministère, et l'envoya ensuite à la reine Hortense, qui ne le reçut pas sans inquiétude : « Je sais, Monsieur, lui dit-elle en le voyant entrer, que j'ai violé une loi ; vous avez le droit de me faire arrêter ; ce serait juste. — Légal, oui, madame ; juste, non, » lui répondit M. Périer, et après s'être entretenu quelques moments avec elle, il lui offrit les secours dont elle pourrait avoir besoin, et qu'elle refusa. Cependant les émeutes continuaient et se rapprochaient de la rue de la Paix, où était logée la reine fugitive ; le 5 mai, la colonne de la place Vendôme en devint le centre ; des cris de *Vive l'Empereur!* retentirent ; le bruit courut que le prince Louis avait été vu sur la place. M. Casimir Périer vint dire à la reine Hortense que son séjour ne pouvait se prolonger. Elle partit avec son fils pour l'Angleterre, ignorée du public et toujours protégée du roi que ses amis travaillaient à renverser. Elle reçut plus tard, par l'entremise de M. de Talleyrand, des passe-ports pour traverser la France et se rendre, par cette voie, en Suisse, où elle voulait s'établir.

Quelques jours avant cet incident, le 8 avril 1831, le Roi, sur la proposition de M. Casimir Périer, avait ordonné que la statue de l'empereur Napoléon fût rétablie sur la colonne de la place Vendôme; et peu de mois après, le 13 septembre, la Chambre des députés renvoya au président du Conseil des pétitions qui demandaient que les cendres de l'Empereur fussent réclamées de l'Angleterre et placées sous la colonne. Un jeune et ardent opposant sous la Restauration, M. Charles Comte, et un vétéran libéral de l'Assemblée constituante, M. Charles de Lameth, appuyèrent presque seuls l'ordre du jour que proposait la commission : « Il est vrai, dit M. de Lameth, que Napoléon a comprimé l'anarchie; mais il ne serait pas nécessaire que ses cendres vinssent l'augmenter aujourd'hui. » Le cabinet ne prit aucune part à la discussion et accepta silencieusement le renvoi.

Ainsi commença, sous le ministère de M. Casimir Périer, cette série d'actes par lesquels le roi Louis-Philippe et son gouvernement ont, pendant dix-huit ans et en dépit des complots, témoigné pour le nom, la mémoire et la famille de l'empereur Napoléon, tant d'égards et de soins. Beaucoup de bons esprits sont convaincus que ce fut là, de leur part, une faute grave, du moins une grande imprudence. J'incline moi-même à penser qu'une complaisance si éclatante du gouvernement constitutionnel de 1830 pour un souvenir national et un sentiment populaire peu en harmonie avec sa libérale et pacifique politique allait au delà de la nécessité, je dirai presque de la convenance; et si je croyais que cette complaisance a exercé sur les destinées de ce régime une grande influence, je n'hésiterais pas, même aujourd'hui, à en exprimer mon blâme et mon regret. Mais je ne pense pas que ni la statue de Napoléon à la place Vendôme, ni ses restes aux Invalides aient fait la chute du roi Louis-Philippe et de la Charte : de bien autres causes, les unes bien plus directes, les autres bien plus profondes, ont déterminé les événements de 1848. Et aujourd'hui je prends plaisir à retrouver, dans les actes du gouvernement de 1830, cette générosité de sentiments, cette largeur de vues qui lui persuadaient qu'il pouvait sans péril rendre hommage à toute notre histoire, ancienne ou contemporaine, et relever indistinctement dans nos rues, sur nos places, aux Invalides comme à Versailles, toutes les gloires de la France, en même temps qu'il fondait ses libertés. Il y a là aussi une gloire que le roi Louis-Philippe et son gouvernement ont noblement acquise, et qui leur reste dans leurs revers.

Aux violents débats que suscitaient ces divers incidents se joignaient les discussions plus prévues et plus tranquilles qu'amenaient, soit les propositions nées au sein des Chambres, soit les projets de loi présentés par le gouvernement; sur soixante et dix-huit projets de loi que présenta, dans sa courte durée, le cabinet du 13 mars 1831, seize avaient pour objet l'accomplissement de quelques-unes des promesses de la Charte, ou d'importantes réformes politiques ou administratives. M. Casimir Périer prenait en général, à la préparation et à la discussion de ces projets, moins de part qu'aux débats sur les événements et la politique de circonstance : homme d'action surtout et formé par la lutte bien plus que par l'étude, il avait l'esprit peu exercé à l'examen des questions de principe et au travail de la législation; il pressentait avec un grand instinct la valeur pratique d'une idée générale dans l'intérêt de l'ordre social et du gouvernement; mais, lorsqu'il fallait la rattacher à son principe et la suivre dans ses développements historiques ou logiques, il laissait à d'autres ce rôle, ne s'y sentant pas lui-même très-propre. C'est ce qui arriva en particulier dans deux des plus grandes questions que le cabinet du 13 mars eût à résoudre, la liste civile et l'hérédité de la pairie : l'acte de gouvernement, c'est-à-dire la résolution adoptée dans ces deux circonstances par le cabinet, fut bien le fait de M. Casimir Périer et le résultat de son jugement sur ce qui était pratiquement convenable et possible; mais il ne chercha à tenir et ne tint en effet que peu de place dans le débat.

A propos de la liste civile, le débat fut médiocre et nullement au niveau de la grandeur de la question et de la situation au milieu de laquelle elle se traitait. L'indépendance et l'intelligence politiques y manquèrent presque également. Je n'ai guère rencontré dans l'histoire de fausseté comparable à celle des suppositions et des imputations, sérieuses ou frivoles, habiles ou grossières, dont, à cette occasion et en dehors des Chambres, le roi Louis-Philippe fut l'objet. Pas plus en fait d'argent qu'en fait de pouvoir, ce prince n'avait des prétentions excessives ni des besoins déréglés; accoutumé à vivre dans des habitudes d'ordre et de prévoyance, il ne s'étonnait point des mœurs bourgeoises de son temps, et n'avait nulle envie de les choquer par son luxe et sa prodigalité : « Je n'ai, me disait-il un jour, ni maîtresse, ni favori; je n'aime ni la guerre, ni le jeu, ni la chasse; on dit que j'ai trop de goût pour les constructions, mais le Trésor n'en souffre pas plus que la morale. » Son seul tort, si, après la révolution du 24 février 1848 et les décrets du 23 janvier 1852, il est permis d'appeler cela un tort, c'était d'être trop inquiet de l'avenir de ses enfants et de le témoigner trop vivement. Il s'inquiétait aussi outre mesure de toutes les exigences qui assiègent la royauté et de l'impossibilité où il serait d'y suffire, en même temps qu'il était bien décidé à s'en acquitter. Mais ses inquiétudes, manifestées avec abandon dans ses entretiens, n'étaient point la règle de ses prétentions. La liste civile, présentée le 4 octobre 1831 par son cabinet, était plutôt modeste qu'ambitieuse; la Couronne y renonçait à plusieurs des domaines qu'elle avait possédés jusque-là; le chiffre de la somme annuelle qui lui devait être allouée avait été laissé en blanc, évidemment destiné à rester au-dessous de celui que, peu de mois auparavant, M. Laffitte avait proposé. Qu'on discutât les propositions nouvelles, quoique les plus modérées qui eussent jamais été faites en pareille matière, rien de plus simple; mais, à coup sûr, il n'y avait pas de quoi se récrier. De son côté, l'immense majorité de la Chambre des députés n'avait, envers le roi Louis-Philippe et son établissement monarchique, aucune disposition malveillante; on voulait sincèrement au contraire le bien traiter, le fortifier, l'affermir. On désirait que la royauté fût hospitalière, généreuse, qu'elle eût de l'éclat. Et pourtant on disputa, on marchanda avec elle comme avec un entrepreneur avide et rusé dont les demandes sont suspectes et dont on s'applique à réduire les bénéfices. Et ce ne fut pas là l'attitude de la seule opposition, mais aussi celle de la plupart des amis du gouvernement, des hommes mêmes qui se disaient et se croyaient bien résolus à donner à la royauté tout ce qu'exigeait sa mission. A leur insu, ils étaient troublés par les assertions et intimidés par les attaques du dehors; ils avaient peur d'être taxés de prodigalité ou de faiblesse. Et le cabinet lui-même avait quelquefois l'air embarrassé, comme s'il eût demandé plus qu'il n'avait droit ou chance d'obtenir.

C'est que, dans tout le cours de ce débat, la vraie, la grande question, je ne dis pas seulement de principe, mais de circonstance, la question politique fut oubliée et disparut sous la question économique qui préoccupa seule les esprits. L'idée du gouvernement à bon marché était l'idée dominante, souveraine. On agissait, on parlait comme si l'on eût été en présence d'une royauté ancienne, puissante et riche, qu'il fût nécessaire et difficile de faire rentrer dans les voies de l'ordre et de l'économie ; ou bien comme si l'on n'eût eu à pourvoir qu'à la situation fugitive du premier magistrat d'une république, sorti hier de la vie commune et destiné à y rentrer demain. On avait un bien autre problème à résoudre; on voulait une monarchie, et on la voulait parce qu'elle était nécessaire aux libertés du pays comme à son repos. Elle s'élevait au milieu des ruines. L'intérêt impérieux, pressant, c'était de la fonder; et pour la fonder, il fallait lui donner, dès l'abord, tous les moyens, tous les gages possibles de stabilité. La perpétuité de la dotation immobilière de la Couronne, la forte et assurée constitution de la famille royale, la démonstration éclatante de la confiance du pays dans son œuvre et de sa ferme résolution de la léguer aux générations futures, c'étaient là les idées, les intentions qui devaient dominer les législateurs et régler leurs actes comme leur langage. Ils s'en préoccupèrent peu, et au moment même où ils prétendaient fonder une monarchie, ils lui contestèrent les éléments comme les signes de la solide et longue durée. La dotation immobilière de la Couronne devint viagère, comme la liste civile proprement dite. Les apanages furent abolis. Des dotations ne furent promises aux princes de la famille royale qu'éventuellement et dans le cas où il serait prouvé que le domaine privé du Roi ne pouvait suffire à leur sort. Deux discours, l'un de M. Casimir Périer, l'autre de M. de Montalivet, ne réussirent pas à modifier l'état des esprits et le caractère de la discussion. La loi de la liste civile fut examinée et votée à peu près comme si nous n'avions eu qu'à débattre et à régler le prix d'une machine destinée à devenir, pour quelque temps, le gouvernement. J'incline à croire que cette loi pourvoyait suffisamment aux besoins matériels de la royauté ; il n'en est pas moins certain que la royauté sortit affaiblie du débat.

L'hérédité de la pairie était une question perdue avant d'être discutée. La clameur démocratique la repoussait absolument ; et parmi les nouveaux conservateurs eux-mêmes, la plupart s'associaient à cette répulsion, par conviction réelle, ou par entraînement, ou par faiblesse. Le parti monarchique bourgeois, qui venait de triompher en juillet 1830, avait là une occasion éclatante de consolider et d'élever sa victoire en rompant décidément avec les traditions révolutionnaires et en pacifiant les classes supérieures du pays. Que, dans une monarchie représentative, une chambre héréditaire soit une garantie à la fois de stabilité et de liberté, une école de gouvernement légal et d'opposition tempérée, c'est une vérité que la raison pressent, que l'expérience démontre, qu'admettaient, avant 1830, presque tous les amis éclairés de la monarchie constitutionnelle, et dont les partisans de la république démocratique ont seuls le droit de ne tenir nul compte, puisqu'ils ne veulent pas de la monarchie. Les grands pouvoirs politiques ne naissent qu'à deux sources, l'élection ou l'hérédité ; hors de là, il n'y a que des magistratures. La monarchie représentative peut combiner et faire agir ensemble ces deux principes : c'est surtout par là, et à ce prix, qu'elle est un gouvernement excellent, qui donne à tous les intérêts sociaux, aux intérêts civils comme aux intérêts politiques, à la famille comme à l'État, à la liberté comme au pouvoir, les meilleurs gages de force et de sécurité.

L'aversion du principe de l'hérédité est l'un des sentiments les plus vifs des fauteurs, sincères ou pervers, de révolutions. Aversion bien naturelle, car le changement et le nivellement étant les deux passions permanentes de l'esprit révolutionnaire, l'hérédité, partout où il la rencontre, est le premier obstacle qu'il ait à renverser. Mais pour se satisfaire à ce prix, l'esprit révolutionnaire méconnaît et viole la règle fondamentale de toute bonne organisation politique, qui est de mettre les lois que font les hommes en harmonie avec les lois providentielles que Dieu a établies sur les sociétés humaines, et d'assurer, à chacun des grands principes qui gouvernent le monde, sa part dans le gouvernement des nations. Or l'hérédité est évidemment l'un de ces principes; elle joue, dans la vie sociale de l'humanité, un rôle si important que tout État qui ne sait pas, sous telle ou telle forme, par telle ou telle institution, en tenir suffisamment compte, demeure incomplètement constitué, et porte dans son sein des germes de désordre et de fragilité qui ne manquent jamais de se développer.

A part même les considérations générales d'organisation politique, la France avait, dans cette question, un intérêt de circonstance impérieux et pressant. Partout, et notamment dans les classes naturellement appelées à l'activité politique, notre société a surtout besoin aujourd'hui de pacification et d'accord. Tant que l'ancienne noblesse française et la bourgeoisie française s'obstineront à demeurer jalouses et désunies, au lieu de se résigner à être puissantes ensemble, nous aurons la révolution en permanence, c'est-à-dire l'anarchie et le despotisme tour à tour, au lieu de la stabilité et de la liberté à la fois. Or cette pacification des classes longtemps rivales ne peut se faire que dans la vie publique commune et au sein du gouvernement ; il faut qu'elles se rencontrent là tous les jours, qu'elles y exercent les mêmes droits et y défendent les mêmes intérêts, sous le poids de la même responsabilité devant le pays. Que les anciennes et les nouvelles influences sociales, que des gentilshommes et des bourgeois se mêlent dans la Chambre héréditaire comme dans la Chambre élective, un peu plus tôt ou un peu plus tard la paix s'y fera entre eux, et la paix entre eux, c'est la fin de la révolution. En 1814 la Charte avait commencé cette œuvre ; en 1830, le nouveau parti monarchique, vainqueur dans la lutte, pouvait l'accomplir ; il pouvait, avec dignité et sans péril, offrir à l'ancien parti monarchique, dans la Chambre héréditaire, une situation que, dignement aussi, celui-ci pouvait accepter. Ils auraient grandi l'un et l'autre dans ce rapprochement pratique et progressif, fait sans condition et sans bruit.

L'esprit révolutionnaire et l'esprit démocratique n'ont pas souffert ce beau résultat ; ils ont étouffé, au sein des classes moyennes victorieuses en 1830, ces grands instincts d'ordre et de gouvernement qui, dans les grandes circonstances politiques, sont le bon sens pratique et efficace ; et au moment même où la pacification des deux éléments du parti monarchique pouvait faire un pas décisif, la séparation et l'irritation se sont aggravées entre eux.

Un fait mérite peut-être d'être remarqué. Nous siégions dans la Chambre des députés, M. Royer-Collard, M. Thiers et moi, tous trois représentants, avec des principes et à des degrés divers, du régime monarchique constitutionnel, et tous trois bourgeois. Nous soutînmes tous trois l'hérédité de la pairie, également convaincus tous trois de son importance pour le succès du gouvernement que nous tentions de fonder.

Pouvait-elle être sauvée ? J'en doute. Non que le courant démocratique fût insurmontable ; il était bien moins fort en réalité qu'en apparence ; mais les moyens d'y résister étaient très-faibles. La discussion fut favorable à l'hérédité. Au moment du vote sur l'amendement qui proposait de la maintenir, le général Bugeaud me dit : « C'est dommage que ceci finisse sitôt; vous n'aviez pas vingt voix au commencement de ce débat ; vous en aurez davantage. » Le principe de l'hérédité eut quatre-vingt-six voix contre deux cent six, et celle du général Bugeaud en était une.

La situation de M. Casimir Périer dans cette question fut amère : il était partisan de l'hérédité de la pairie ; il le proclamait hautement, et il en proposait l'abolition. Personne n'est en droit de le lui reprocher, car personne n'osa lui conseiller d'agir autrement. Nous étions à l'aise, mes amis et moi, pour soutenir l'hérédité dans la discussion; nous n'étions pas chargés de résoudre la question; mais nul d'entre nous ne se hasarda à nier la nécessité que M. Casimir Périer consentait à subir. Ce fut, au milieu de ses succès contre l'anarchie, la part de mauvaise fortune de ce grand citoyen qu'emporté par l'urgence de la résistance matérielle, il fut en même temps entraîné, en matière d'institutions et de lois politiques, à de fâcheuses concessions. Il en éprouvait un profond chagrin, car son esprit, qui s'élevait de jour en jour au-dessus même de sa situation, sentait fortement la nécessité d'une politique conséquente, qui rétablît l'ordre par les institutions permanentes de l'État comme par les actes quotidiens du pouvoir; et, ne suffisant pas aussi bien à l'une qu'à l'autre tâche, il se plaignait quelquefois de ses amis et de son sort, aussi triste que s'il n'eût pas réussi à refouler le flot de l'anarchie, ce qui était sa mission propre et son glorieux dessein. Tristesse digne d'une grande âme.

Rien ne fit plus ressortir la pénible situation de M. Casimir Périer dans cette affaire que la mesure à laquelle il fut contraint de recourir pour assurer, dans la Chambre des pairs, cette abolition de l'hérédité qu'il déplorait. Une ordonnance du Roi envoya dans cette Chambre trente-six nouveaux membres appelés et résignés à mutiler de leurs propres mains le corps dans lequel ils entraient. Et, pour ajouter encore à l'étrange contradiction de la mesure, la puissance du principe et du sentiment de l'hérédité y fut solennellement reconnue et acceptée. Deux jeunes gens encore mineurs, et sans autre titre que leur nom, les fils du maréchal Ney et du général Foy, furent du nombre des nouveaux pairs. Noble et juste hommage rendu à la mémoire de leurs pères, à la gloire militaire de l'un, à la gloire militaire et politique de l'autre; et en même temps protestation éclatante en faveur de cette hérédité naturelle des situations ainsi consacrée dans l'acte même destiné à l'abolir.

Dans une autre circonstance moins grave et pourtant pénétrante, M. Casimir Périer eut le regret, non pas d'agir contre son propre sentiment, mais de ne pas le manifester. Un député dont les opinions convenaient mal à son nom, M. Auguste Portalis, proposa l'entière abolition de la loi du 19 janvier 1816, qui avait institué, pour l'anniversaire du 21 janvier, un deuil national et légal, ainsi que l'érection d'un monument en expiation de la mort de Louis XVI. Cette proposition devint, entre les deux Chambres, l'occasion d'un conflit obstiné. En abrogeant plusieurs des dispositions de la loi du 19 janvier 1816, la Chambre des pairs voulait que le 21 janvier restât un jour férié et de deuil; la Chambre des députés persistait à voter la complète abrogation de la loi. Dans ce long débat, et au sein de l'une comme de l'autre Chambre, le cabinet garda un absolu silence. Ce fut au duc de Broglie qu'appartint l'honneur de manifester, dans leur difficile harmonie, les sentiments divers qu'une telle question devait inspirer; et il le fit avec cette fermeté scrupuleuse et délicate qui caractérise son talent comme son âme : « Qu'exige ici, dit-il, le bien de la paix? Qu'exige cet esprit de sagesse, de modération, de prudence, qui doit présider à tout gouvernement régulier, cet esprit de conciliation qui termine les révolutions et qui doit être le bon génie de la Révolution de juillet?

« Qu'on ne place pas chaque année, à jour fixe, sur tous les points de la France, les partis en présence les uns des autres, autour du catafalque solennel; qu'on n'excite pas chaque année, à jour fixe, les citoyens à se montrer au doigt les uns les autres, selon qu'ils obéissent ou résistent à l'injonction de se vêtir d'une couleur déterminée; qu'on aille même au devant de toute chance de désordre en prévenant, par la continuité non interrompue des transactions de la vie civile, l'oisiveté dangereuse d'un jour férié politique.

« Mais après avoir ainsi fait aux motifs raisonnables, aux motifs honnêtes, légitimes, qui sans doute ont inspiré dans l'autre Chambre la résolution qui nous occupe, et lui ont valu le suffrage de la majorité, une part large et suffisante, restent cependant, de la loi du 19 janvier ainsi épurée, des dispositions capitales.

« Reste d'abord la déclaration publique, authentique, solennelle, que le 21 janvier est un jour de deuil pour la France; non de ce deuil extérieur qui dégénère promptement en puérile simagrée, mais de ce deuil moral qui réside au fond du cœur; un de ces jours que les anciens appelaient néfastes, un jour de recueillement et de méditation, fécond en enseignements douloureux.

« Reste en second lieu l'obligation imposée à la justice indignement outragée, odieusement profanée, horriblement parodiée il y a quarante ans, de voiler sa face à pareil jour et de fermer son sanctuaire.

« Qui nous demande le sacrifice de ces dispositions ?

« Est-ce l'honneur national qui nous demande de déclarer que le 21 janvier est un jour comme un autre, un jour que rien ne distingue de la série des jours ordinaires, que rien ne recommande au souvenir de la génération qui finit, au souvenir de la génération qui s'élève, à celui des générations qui leur succéderont?

« Est-ce l'honneur national qui nous demande de déclarer que le procès de Louis XVI est un procès comme un autre, l'une de ces causes soi-disant célèbres qui amusent huit jours durant la curiosité des oisifs, et qui s'ensevelissent ensuite dans les in-folio des jurisconsultes?

« Je ne sais, messieurs, mais tout ce que j'ai de sang français dans le cœur se soulève à cette pensée..... Plus j'y réfléchis, plus je demeure convaincu que ce sacrifice, si nous le faisons, nous ne le ferons ni à l'honneur national, ni au repos public, ni à l'intérêt de notre gouvernement ; nous le ferons à une influence extraparlementaire qui s'efforce, mais qui s'efforcera vainement, je l'espère, de l'imposer aux pouvoirs publics….. Il faut s'entendre sur le mot *oubli :* autre chose est l'oubli des personnes, l'oubli des votes, l'oubli des opinions, l'oubli des erreurs ; autre l'oubli des grands événements de l'histoire et des grandes leçons qui s'y rattachent. L'Évangile, qui est la loi des lois et la Charte du genre humain, nous prescrit indulgence, tendresse même pour les êtres faibles et pécheurs ; mais il nous prescrit en même temps l'horreur du mal en lui-même. C'est un précepte qui s'applique à la politique comme à toutes choses. Pour les hommes qui ont pris part au malheureux événement qui nous occupe, paix, charité, respect même; il y en eut de très-sincères; d'ailleurs les temps étaient horribles; les esprits étaient dans un étrange état. Qui de nous, hormis ceux-là qui firent glorieusement leurs preuves, qui de nous oserait répondre qu'il fût sorti de l'épreuve à son honneur ? Mais, quant au 21 janvier lui-même, point de molle complaisance, point de sophisme, point d'oubli non plus. Au temps où nous vivons, lorsque l'ouragan des révolutions gronde sur la tête des peuples et des rois, il importe à la France, il importe au monde de n'en pas perdre la mémoire. »

Je prends plaisir à reproduire ici ces belles et judicieuses paroles, qui honorent également et celui qui les a prononcées, et l'assemblée dont il était l'interprète, et ce temps de liberté où la vérité apparaissait toujours, pure et brillante, dans quelque coin de l'horizon chargé de nuages et d'orages. « Le duc de Broglie est bien heureux, me dit le lendemain M. Casimir Périer, avec un sentiment d'approbation très-sincère, quoique un peu triste : il a pu dire ce que pensent tous les honnêtes gens. »

Nous n'avions, avec M. Casimir Périer, mes amis et moi, point d'autre dissidence que ces nuances de conduite ou de langage que faisait apparaître la diversité des situations, non celle des sentiments. Pendant toute la durée de son cabinet, et d'autant plus librement que j'étais tout à fait en dehors du pouvoir, je lui donnai mon plus actif concours : non-seulement pour soutenir, dans les débats des Chambres, les actes de sa politique passionnément attaquée, mais pour la rattacher à des principes rationnels et lui conquérir les âmes aussi bien que les suffrages. C'est la grandeur de notre pays (je ne veux pas dire c'était) que le succès purement matériel et actuel n'y suffit pas, et que les esprits ont besoin d'être satisfaits en même temps que les intérêts. Ce n'était pas assez, en 1831, de résister en fait; il fallait aussi résister en principe, car la question était d'ordre moral autant que d'ordre politique, et il n'y avait pas moins d'anarchie à combattre dans les têtes que dans les rues. Une révolution venait de s'accomplir ; des forces très-diverses y avaient concouru, le bon droit et les mauvaises passions, l'esprit de légalité et l'esprit d'insurrection : il fallait dégager ce grand événement des éléments révolutionnaires qui s'y étaient mêlés et dans lesquels tant de gens s'efforçaient de le retenir, ou même de l'enfoncer plus avant. Le peuple, ou, pour parler plus vrai, ce chaos d'hommes qu'on appelle le peuple, investi du droit souverain et permanent de faire et de défaire son gouvernement, au nom de sa seule volonté, et l'élection populaire donnée, au nom de cette même souveraineté, comme seule base légitime de la nouvelle monarchie, c'étaient là les deux idées dont, en 1831, les esprits étaient infectés : idées aussi fausses que vaines, qui tournent au service du mal le peu de vérité qu'elles contiennent, et qui énervent, en attendant qu'elles le renversent, le gouvernement qu'elles prétendent fonder. Quoi de plus choquant que de faire, du pouvoir appelé à présider aux destinées d'une nation, un serviteur qu'elle peut congédier quand il lui plaît? Et quel mensonge que la prétention d'élire un roi au moment même où l'on invoque la monarchie comme l'ancre de salut! J'étais toujours tenté de sourire quand j'entendais dire, du roi Louis-Philippe, *le Roi de notre choix*, comme si, en 1830, nous avions eu à choisir, et si M. le duc d'Orléans n'avait pas été l'homme unique et nécessaire. J'attaquai hautement ces illusions d'une badauderie vaniteuse et ces sophismes de la force matérielle qui veut se satisfaire et n'ose s'avouer. Je niai la souveraineté du peuple, c'està-dire du nombre, et le droit permanent d'insurrection. Je montrai, dans M. le duc d'Orléans, ce qu'il était en effet, un prince du sang royal heureusement trouvé près du trône brisé, et que la nécessité avait fait roi. La France avait traité avec lui comme on traite, pour se sauver, avec le seul qui puisse vous sauver. En présence de l'anarchie imminente, un tel contrat peut devenir une bonne base de gouvernement, et de gouvernement libre, car il a lieu entre des forces réellement distinctes l'une de l'autre, et il admet des droits et des devoirs mutuels sans que, ni à l'un ni à l'autre des contractants, il suppose ou confère la souveraineté. Il ne faut jamais se lasser de le répéter, pour rabattre et retenir à son juste niveau l'orgueil humain : Dieu seul est souverain, et personne ici-bas n'est Dieu, pas plus les peuples que les rois. Et la volonté des peuples ne suffit pas à faire des rois ; il faut que celui qui devient roi porte en lui-même et apporte en dot, au pays qui l'épouse, quelques-uns des caractères naturels et indépendants de la royauté.

Ce n'était pas sur ce terrain que se plaçait, quand il se défendait lui-même, M. Casimir Périer, peu familier avec la méditation philosophique et d'un esprit plus ferme que fécond ; mais il comprenait à merveille la valeur pratique de ces idées, et il me savait beaucoup de gré de les produire à son profit et sous son drapeau : « Je suis, me disait-il, un homme de circonstance et de lutte ; la discussion parlementaire n'est pas mon fait ; vous reviendrez un jour ici, à ma place, quand le duc de Broglie ou le duc de Mortemart ira aux affaires étrangères. »

Le roi Louis-Philippe n'avait pas plus de penchant que M. Casimir Périer pour la philosophie politique, et il avait été dans sa jeunesse bien plus imbu que lui des doctrines de la révolution. Mais il était doué d'un esprit d'observation admirable et singulièrement prompt à saisir les enseignements de l'expérience; sinon pour en tirer les vérités générales qu'elle contient, du moins pour reconnaître, dans chaque occasion, ce qui est praticable, utile et sage. Il avait, dans le cours de son aventureuse vie, senti la fausseté et secoué le joug de bien des préjugés de son temps, et chaque jour, à mesure qu'il régnait, son esprit s'élevait au-dessus de son passé. Il démêla sur-le-champ que ma façon de comprendre et de présenter la Révolution qui venait de le mettre sur le trône était la plus monarchique et la plus propre à fonder un gouvernement. Il ne l'adopta point ouvertement ni pleinement; il avait, pour agir ainsi, trop de gens à ménager; mais il me témoignait son estime, et me donnait clairement à entendre que nous nous entendions. Plus tard, et quand j'eus vécu longtemps auprès de lui, il me répétait sans cesse : « Vous avez mille fois raison; c'est au fond des esprits qu'il faut combattre l'esprit révolutionnaire, car c'est là qu'il règne; mais, pour chasser les démons, il faudrait un prophète. »

Au sein des Chambres et dans le public qui soutenait le gouvernement, ma défense systématique de la politique de résistance rencontrait beaucoup d'approbation, mais une approbation souvent contenue au fond des âmes, et plus honorable pour moi qu'efficace pour notre cause. Quand venait le jour de quelque épreuve difficile, on me trouvait trop absolu ou trop téméraire; et, soit incertitude d'esprit, soit faiblesse de cœur, on cédait, en me louant de les combattre, aux tendances qu'on redoutait. Je n'en veux citer qu'un exemple.

En janvier 1832, dans la discussion du projet de loi sur la liste civile, M. de Montalivet parla des *sujets* du Roi. Un violent orage éclata soudain : « C'est nous qui avons fait le Roi ! il n'y a plus de sujets ! le peuple souverain ne peut être composé de sujets ! c'est une contre-révolution qu'on tente ! » M. de Montalivet s'expliqua avec mesure; le garde des sceaux, M. Barthe, dit que le Roi était l'image vivante et en même temps le premier sujet de la loi; on essaya, mais en vain, des interprétations les plus calmantes. Le tumulte était aussi absurde au fond qu'inconvenant dans la forme; le mot *sujets* n'avait absolument rien à démêler ni avec le régime féodal, ni avec le pouvoir absolu; dans les républiques comme dans les monarchies, au sein des villes libres et commerçantes aussi bien que dans les châteaux des seigneurs terriens, ce mot exprimait simplement la relation du citoyen ou de l'habitant avec le pouvoir suprême de l'État. Henri Dandolo à Venise, Jean de Witt à Amsterdam, lord Chatham dans le parlement d'Angleterre, étaient et se disaient sujets du gouvernement, populaire ou royal, de leur patrie, aussi bien que Sully était sujet de Henri IV et le duc de Saint-Simon de Louis XIV. Et il faut bien qu'indépendamment des diverses formes de gouvernement et des divers degrés de liberté, il y ait un mot qui marque l'obéissance, la déférence et le respect dus par tous les membres de la société au pouvoir qui la représente et la gouverne. Il serait choquant que ce pouvoir ne fût traité par ses subordonnés qu'avec la simple politesse que se témoignent entre eux des égaux ; la vérité comme le bon ordre veulent autre chose, et ni la fierté, ni la liberté de l'honnête homme n'ont à en souffrir. Cent soixante-cinq députés en jugèrent autrement, et protestèrent contre une expression « inconciliable, dirent-ils, avec le principe de la souveraineté nationale, et qui tendait à dénaturer le nouveau droit public français. » J'étais d'un sentiment si contraire que j'aurais cru manquer à un devoir politique, comme à une convenance morale, si j'avais cessé de témoigner mon respect au Roi de mon pays, dans la forme consacrée par le droit et l'usage de presque tous les États, constitutionnels ou non. Je continuai donc publiquement, dans mes rapports officiels ou privés avec le Roi, à me dire son fidèle sujet. La Chambre des députés, si je ne me trompe, m'en a toujours approuvé, car elle était au fond de mon avis, et le 5 janvier 1832, elle mit fin, par un ordre du jour pur et simple, au débat soulevé à cet égard. Mais son énergie monarchique n'alla pas plus loin ; elle céda en fait après avoir refusé de céder en principe, et le mot *sujet* disparut presque complétement du langage de la monarchie.

Pendant que nous étions absorbés dans ces débats, le monde où j'avais longtemps vécu, cette société polie, bienveillante et lettrée qui s'était ralliée sous l'Empire et brillamment développée sous la Restauration, disparaissait de jour en jour. Ses plus éminents caractères, le goût des jouissances de l'esprit et de la sympathie sociale, la tolérance libérale pour la diversité des origines, des situations et des idées, cédaient à l'empire des intérêts et des passions politiques. La discorde s'était mise dans les salons; entre les classes cultivées et influentes qui s'y rencontraient, les rivalités amères et les séparations haineuses avaient recommencé. Les émeutes prolongées, le trouble des affaires, les inquiétudes de l'avenir, ces bruyants et menaçants retours des temps révolutionnaires convenaient peu à des réunions où l'on ne venait chercher que des relations douces et de généreux plaisirs. Plusieurs des hommes distingués qui y portaient naguère le mouvement et l'éclat s'étaient jetés corps et âme dans la vie publique. Parmi les femmes supérieures ou charmantes qui en avaient été le centre et le lien, les unes, madame de Staël, Madame de Rémusat, la duchesse de Duras ne vivaient plus; d'autres avaient quitté Paris, à la suite de leurs maris ou de leurs parents appelés par des fonctions diplomatiques à l'étranger; M. de Talleyrand et la duchesse de Dino sa nièce étaient à Londres; M. et madame de Sainte-Aulaire, à Rome; M. et madame de Barante, à Turin. Rebuté par les désordres matériels ou par les obscurités de la politique, le grand monde européen ne venait plus guère chercher à Paris ses plaisirs. La société française voyait ses plus brillants éléments dispersés en même temps que la violence des événements enlevait à ses mœurs et à ses goûts leur ancienne et douce domination.

Quand je recherche dans mes souvenirs de 1831, je n'y retrouve que trois personnes autour desquelles la société vînt encore se réunir sans autre but que de s'y plaire. Imperturbable dans ses habitudes comme dans ses sentiments à travers les révolutions, madame de Rumford réunissait toujours dans son salon des Français et des étrangers, des savants, des lettrés et des gens du monde, et leur assurait toujours, tantôt, autour de sa table, l'intérêt d'une excellente conversation, tantôt, dans des réunions plus nombreuses, le plaisir de la musique la plus choisie[1]. Avec moins d'appareil mondain et par l'agrément de son esprit à la fois sensé et fin, réservé et libre, la comtesse de Boigne attirait dès lors un petit cercle d'habitués choisis et fidèles; élevée au milieu de la meilleure compagnie de la France et de l'Europe, elle avait tenu pendant plusieurs années la maison de son père, le marquis d'Osmond, successivement ambassadeur à Turin et à Londres; sans être le moins du monde ce qu'on appelle une femme politique, elle prenait aux conversations politiques un intérêt aussi intelligent que discret; on venait causer de toutes choses avec elle et autour d'elle sans gêne et sans bruit. Douée, depuis son entrée dans le monde, du don d'attirer les hommes les plus distingués de son temps et de les

---

[1] Cinq ans après la mort de madame de Rumford, et sur le vœu de sa famille, je recueillis mes souvenirs sur sa personne, sa vie et son salon dans un petit écrit, dont quelques extraits ont été insérés dans la *Biographie universelle* de MM. Michaud, mais qui n'a été imprimé que pour ses amis et connu en entier que d'eux seuls. Je le joins aux *Pièces historiques* placées à la fin de ce volume; il n'est peut-être pas sans intérêt comme esquisse des mœurs de ce temps. (*Pièces historiques*, n° VII.)

retenir tous auprès d'elle, se disputant les préférences de son amitié, madame Récamier continuait à jouir de ses diverses et fidèles intimités, fidèle elle-même aux plus modestes comme aux plus illustres, aussi sûre dans ses sentiments que charmante dans le commerce habituel de la vie, et possédant le rare privilége de ne jamais perdre un ami autrement que par la mort. De ces trois personnes justement considérées et recherchées, madame de Rumford était, en 1831, la seule chez qui j'allasse habituellement; je connaissais assez peu, à cette époque, madame de Boigne; et la violence de M. de Chateaubriand contre le gouvernement de 1830 ne me permettait pas la société intime de madame Récamier, quoique mes relations affectueuses avec sa nièce, madame Lenormant, m'en donnassent l'occasion et le motif.

Je n'allais donc guère dans le monde, et le monde n'offrait plus, à moi ni à personne, le même attrait. Ses salons n'étaient plus le foyer de la vie sociale; on n'y retrouvait plus cette variété et cette aménité de relations, ce mouvement vif et pourtant contenu, ces conversations intéressantes sans but et animées sans combat qui ont fait si longtemps le caractère original et l'agrément de la société française. Les partis se déployaient avec toute leur rudesse; les coteries se resserraient dans leurs étroites limites. La liberté politique, surtout quand l'esprit démocratique y domine, a des conditions dures et des biens sévères. Je ne connais que la vie domestique qui donne alors, après les violences et les fatigues de la vie publique, un vrai délassement et le bonheur dans le repos.

Nous avions pourtant à cette époque, mes amis et moi, un grand privilége; nous trouvions, dans notre cercle propre et intime, ce charme social que le monde parisien ne possédait plus. C'était surtout chez le duc de Broglie que nous nous réunissions. Quand elle n'aurait pas eu l'attrait de tous les souvenirs attachés à son nom, la duchesse de Broglie aurait suffi, par elle-même et à elle seule, pour attirer et fixer autour d'elle la société la plus exigeante et la plus choisie. Grande et charmante nature, en qui s'unissaient, par le plus facile accord, la vertu et la grâce, la dignité et l'abandon, l'élégante richesse de l'esprit et la parfaite simplicité de l'âme, les plus beaux dons de Dieu reçus et possédés avec autant de scrupule et de modestie que si elle eût toujours été au moment de lui rendre compte de l'usage qu'elle en avait fait. Quand je sortais de mon propre intérieur, c'était dans sa société que j'allais chercher ces jouissances du libre mouvement des idées et de la sympathie morale qui reposent l'âme des travaux et des tristesses de la vie, sans mollesse ni mauvaise distraction. J'ai hésité à me donner le triste plaisir de quelques paroles de tendre respect à sa mémoire; mais à ne rien dire d'une personne si rare et qui tenait tant de place dans le cœur et la vie de ses amis, je me sentirais comme coupable de mensonge, quoique bien sûr de ne pas me satisfaire en en parlant.

Je n'avais jusques-là connu que de loin, et par des

rapports assez peu bienveillants, le *Journal des Débats* et ses propriétaires, MM. Bertin. En entrant en 1830 dans la Chambre des députés, j'y avais trouvé l'un des deux frères, M. Bertin de Veaux, et nous avions pensé et voté ensemble. Depuis la Révolution de Juillet, il soutenait avec la plus intelligente fermeté la politique de résistance, et pendant mon ministère de l'intérieur il m'avait prêté son constant appui. M. Casimir Périer trouva également en lui un allié aussi sûr qu'efficace, et j'entrai alors avec lui en habituelle relation. C'était un esprit singulièrement juste, sagace, prompt, fécond, varié, plein de verve et d'agrément quand il n'avait qu'à causer, d'invention hardie et de savoir-faire quand il fallait agir, et en même temps un caractère éminemment sociable, facile quoique dominateur, exempt de toute jalousie, toujours prêt à accueillir et à servir, sans aucune susceptibilité d'amour-propre, les hommes engagés avec lui dans la même cause et pour qui il se prenait d'amitié. Il aimait, pour son propre compte, la vie politique, mais plutôt en épicurien qu'en ambitieux, voulant l'influence libre, non le pouvoir responsable, et décidé à ne jamais compromettre, pour aucune satisfaction extérieure, l'importance que son journal lui assurait. Il avait tenté une fois, mais sans succès, dans la Chambre des députés, de prendre place parmi les orateurs : « Avant de monter à la tribune, » me dit-il en me racontant son échec, « j'avais une foule « d'excellentes choses à dire, et pas la moindre peur de « ceux à qui j'allais les dire ; quand j'ai été là, ma gorge

« s'est serrée, ma vue s'est troublée; je n'ai à peu près
« rien dit de ce que j'avais pensé, et je suis revenu à
« mon banc, bien résolu à ne jamais recommencer. »
Après la Révolution de Juillet, vers la fin de septembre
1830, il accepta la mission de ministre du Roi en
Hollande; mais bientôt las des petits devoirs de son
rang et surtout de son éloignement de Paris, il renonça
à la diplomatie comme à la tribune, et vint reprendre
sa place à la Chambre des députés et dans le cabinet
d'où il dirigeait son journal. C'était-là que le soir, et
souvent très avant dans la nuit, il recevait ses amis, et
que, tout en parcourant l'épreuve de la feuille qui devait paraître le lendemain, il causait avec eux de toutes
choses, questionnant, avertissant, conseillant, critiquant, conjecturant, toujours l'esprit dégagé et sans
humeur, et sincèrement zélé pour le succès de la politique que soutenait le *Journal des Débats*. Nous venions
quelquefois, M. Casimir Périer, le comte de Saint-Cricq,
l'un de ses amis particuliers, et moi, faire avec lui une
partie de whist; c'était le moment des conversations
intimes sur l'état des affaires, les questions de conduite,
les perspectives de l'avenir; et nous nous retirions,
M. Périer content de se sentir bien soutenu dans la
presse comme à la tribune, M. Bertin de Veaux satisfait
de l'importance de son journal et de la sienne propre,
M. de Saint-Cricq charmé d'avoir passé familièrement
sa soirée avec le président du Conseil, et moi l'esprit
préoccupé des débats du lendemain, mais sans impatience de reprendre ma part dans le pouvoir comme je

l'avais dans la lutte, et toujours pressé de rentrer chez moi pour y retrouver un bonheur que je me flattais de garder, quelles que fussent les vicissitudes et les épreuves de ma vie publique. Confiance imprévoyante : le bonheur de l'homme est encore plus fragile que le sort des États.

CHAPITRE XIII

M. CASIMIR PÉRIER ET LA PAIX.

Caractère général de la politique extérieure de la France, de 1792 à 1814;—de 1814 à 1830.—Le congrès de Vienne.—La Sainte-Alliance.—Caractère général de la politique extérieure du gouvernement de 1830;—de la politique extérieure de l'opposition après 1830.—De l'alliance anglaise.—Question belge.—Le roi Louis-Philippe, le roi Léopold et M. de Talleyrand dans la question belge.—Rapports de M. Casimir Périer et de M. de Talleyrand.—Question polonaise.—Vitalité de la Pologne.—On n'a jamais tenté sérieusement de la rétablir. —Ce qu'auraient pu faire les Polonais en 1830.—Le général Chlopicki et sa lettre à l'empereur Nicolas.—Que le gouvernement du roi Louis-Philippe n'a jamais donné de fausses espérances aux Polonais. — Comment et par qui ils ont été induits en illusion.—Question italienne. — Le Piémont et Naples, de 1830 à 1832.—Insurrection dans les petits États italiens gouvernés par des princes de la maison d'Autriche et dans les États romains.—Première occupation des Légations par les Autrichiens.—Ils les évacuent.—Le prince de Metternich et M. Casimir Périer sur les affaires d'Italie.— Le comte de Sainte-Aulaire, ambassadeur de France à Rome. —Démarche des grandes puissances auprès du pape pour lui conseiller des réformes. — Édits du pape.— Nouvelle insurrection.—Seconde occupation des Autrichiens.—Expédition d'Ancône. — L'amiral Roussin devant Lisbonne.— Grande situation de M. Casimir Périer en Europe.—Pourtant son succès est incomplet et précaire.—Son propre sentiment à ce sujet. — Explosion du choléra à Paris.—Mon sentiment sur la conduite du gouvernement et du peuple de Paris pendant le choléra.—Visite du duc d'Orléans et de M. Casimir Périer à l'Hôtel-Dieu.—Mort de M. Cuvier.— Maladie, mort et obsèques de M. Casimir Périer.

(13 mars 1831—16 mai 1832.)

Tous les moralistes, prédicateurs religieux ou observateurs philosophes, s'accordent à dire que rien n'est plus difficile à l'homme que de sortir de la mauvaise voie quand il y a longtemps marché. Et les moralistes chrétiens, qui sont les plus profonds de tous, affirment que la volonté humaine ne suffit pas seule à une telle œuvre, et qu'un secours surhumain, l'action de Dieu sur l'âme, est nécessaire pour que le repentir, devenu efficace, amène dans l'homme la régénération.

Les politiques, chrétiens ou non, pourraient tenir sur les nations le même langage. Il leur est bien plus difficile de se réformer qu'elles ne le pensent. Quand elles ont vécu longtemps sous l'empire d'une passion, quand elles ont tenu longtemps, par leur propre impulsion ou par celle de leurs chefs, une certaine conduite, il faut bien du temps et de bien grands efforts pour que l'intérêt même et la nécessité surmontent la routine, et les décident à entrer franchement et de bonne grâce dans de nouvelles voies.

C'est peut-être en matière de politique extérieure, et quand il s'agit d'introduire dans les rapports des peuples la justice et le bon sens, que l'œuvre de la réforme est le plus laborieuse et lente : « Telle est, dit Adam Smith, l'insolence naturelle du cœur de l'homme que, pour atteindre au but de ses désirs, il ne consent à employer les bons moyens qu'après avoir épuisé les mauvais. » Plus naturellement encore que l'individu isolé, les peuples débutent, dans leurs relations au dehors, par l'insolence et la violence. Que la puissance, le progrès, la grandeur, la gloire soient leur passion, je n'ai garde de m'en étonner ni de m'en plaindre; s'ils ne ressentaient pas cette passion, c'est qu'ils seraient tombés ou bien près de tomber dans le pire des égoïsmes, celui de l'apathie. Comme les individus, les nations sont faites pour vivre entre elles en société, et la société, c'est le mouvement, l'émulation, le développement, tantôt par le concert, tantôt par la lutte des idées, des intérêts et des forces. Ainsi s'est fondée, ainsi a vécu depuis dix-neuf siècles la Chrétienté, le plus vaste et le plus bel exemple de la société entre des peuples et des États divers. Mais quand je dis que cet exemple est beau, je me contente à bon marché, et je ne pense qu'au fait général de la grande société chrétienne sans considérer la conduite qu'y ont tenue entre eux les gouvernements et les peuples. Quoique moralement supérieure à celle de toutes les autres sociétés de l'histoire, la politique des États chrétiens les uns envers les autres n'en a pas moins été jusqu'ici voisine de la barbarie. Barbarie des spectateurs comme des acteurs, des gouvernés comme des gouvernants. C'est surtout au delà de leurs frontières qu'à travers l'éclat des guerres et l'habileté des négociations se sont déployées les passions grossières et ignorantes des princes et des peuples. L'imperfection des gouvernements a toujours été grande, mais bien plus grande dans les affaires du dehors que dans celles du dedans. La politique extérieure a été le théâtre favori de la violence brutale ou habile, de la fraude et de la badauderie, de l'égoïsme imprévoyant et de la crédulité emphatique. Dans aucune autre de leurs fonctions, les gouvernements n'ont été si indifférents au bien ou au mal, si légers ou si pervers, ou si chimériques ; sur aucun autre sujet, les peuples ne se sont montrés si ignorants de leurs droits et de leurs intérêts véritables, si prompts à n'être que des instruments et des dupes.

La Révolution française s'était promis et avait promis au monde la réforme de ce mal comme de tous les autres. Quand elle disait : « Plus de guerres, plus de conquêtes, » quand elle posait en principe que la justice et la morale devaient régler les rapports des États entre eux comme comme ceux des citoyens dans chaque État, elle était sincère et croyait vraiment marcher au but qu'elle proclamait. C'était sa destinée de faire éclater à la fois les plus nobles ambitions et les plus mauvaises passions de l'humanité, et d'expier son orgueil dans les démentis et les mécomptes. Elle a suscité la plus violente et la plus inique politique extérieure que le monde eût encore connue, la politique de propagande armée et de conquête indéfinie, le bouleversement par la guerre de toutes les sociétés européennes, pour en faire sortir, aujourd'hui la république partout, demain la monarchie universelle. C'est dans cette ornière que de 1792 à 1814, au mépris du bon sens comme du droit, la politique extérieure de la France a marché.

Comment et par qui commença la lutte ? De qui vint la provocation ? Quels furent, au premier moment, les torts mutuels de la France et de l'Europe ? Quelles nécessités, réelles ou imaginaires, justifient ou du moins expliquent, de l'une et de l'autre part, l'agression et la résistance? Je ne regarde pas à ces questions; je me borne à marquer le fait dominant, le caractère essentiel des relations de la France avec l'Europe, de 1792 à 1814 : ce fut la guerre, la guerre de révolution et de conquête, l'atteinte incessante à la vie des gouvernements et à l'indépendance des nations.

En 1814, la France et l'Europe sortirent de cette détestable voie ; d'autres maximes prévalurent dans la politique extérieure des États. Il ne fut plus question ni d'une domination unique en Europe, ni de la propagande des idées ou des institutions par les armes. Des États très-diversement constitués et gouvernés, des monarchies absolues, des monarchies constitutionnelles, de petites républiques prirent ou reprirent tranquillement leur place dans la société européenne. La guerre cessa d'être le régime habituel des gouvernements et des peuples. On ne vit plus les territoires et les nations changer tous les deux ou trois ans de nom et de maître. Avec la paix et le respect des traditions, le droit reprit dans la politique extérieure de l'Europe quelque empire.

On a beaucoup attaqué les deux puissances qui, de 1814 à 1830, ont le plus influé sur cette politique, le congrès de Vienne d'abord, puis la Sainte-Alliance; on a violemment critiqué l'organisation que le congrès de Vienne donna à l'Europe, et l'empire que la Sainte-Alliance y prétendit exercer. Je n'examine et ne conteste point ces critiques : il est vrai, le congrès de Vienne a plus d'une fois disposé arbitrairement des territoires et de leurs habitants sans grand égard pour leurs droits, leurs intérêts et leurs vœux; l'égoïsme des grandes puissances naguère victorieuses a tenu dans ses délibérations plus de place qu'une vue haute et libre des besoins de l'ordre européen; ses combinaisons géographiques et diplomatiques n'ont pas toujours été justes ni heureuses. La Sainte-Alliance avait grand effroi du progrès de la vie et de la liberté politique en Europe; elle a fait grand abus, surtout grand étalage, du droit d'intervention dans les États étrangers, posant en principe général et permanent ce qui ne peut être qu'une exception momentanée, un accident justifié par quelque grand, direct et clair intérêt. Je ne me fais l'apologiste ni de la Sainte-Alliance, ni du congrès de Vienne; mais je relève deux faits méconnus ou passés sous silence par leurs ennemis. Tous les reproches qu'on leur adresse, les gouvernements qui, dans les époques précédentes, de 1792 à 1814, dominaient en Europe, les avaient encore plus mérités. Bien plus violemment et plus continûment que le congrès de Vienne, la Convention et l'empereur Napoléon Ier avaient disposé du sort et du partage des États, terres et âmes. Ils étaient bien plus violemment intervenus dans les affaires des peuples étrangers, tantôt détrônant leurs rois, tantôt leur en imposant de nouveaux, et changeant leurs lois ou leurs alliances aussi bien que leur sort politique. L'empereur Napoléon Ier n'avait-il pas porté son droit d'intervention jusqu'à vouloir régler la législation commerciale de tout le continent européen, et trouver, dans les entraves imposées à la nourriture ou au vêtement de toutes les familles chez tous les peuples, des armes pour sa lutte contre l'Angleterre? Je sais tout ce qui se peut dire pour défendre, pour expliquer du moins les erreurs et les violences de cette orageuse époque; je sais aussi les services qu'à travers ce qu'elle lui a coûté elle a rendus à la France, et le bien qui est resté de ses œuvres, même après ses revers. Mais les faits que je viens de mettre en lumière n'en sont pas moins certains; le bon sens comme la justice veulent qu'on applique à toutes les époques ou la même indulgence, ou la même sévérité; et à tout prendre, il y avait en Europe, après le travail du congrès de Vienne et sous la domination de la Sainte-Alliance, plus de liberté et de respect du droit que sous le régime de la Convention ou de l'empereur Napoléon Ier.

En 1830, après la Révolution de juillet, le mouvement qui éclata, en fait de politique extérieure, n'était qu'un retour routinier vers les pratiques de l'époque révolutionnaire et impériale, une rechute dans la guerre de propagande et de conquête; rechute d'autant plus inopportune et périlleuse qu'elle était dénuée de tout grand et spécieux motif. La France venait de faire, envers l'étranger, acte de la plus complète et de la plus fière indépendance; et cet acte, loin de lui attirer aucune agression, aucune menace, était reconnu et accepté de toutes les puissances européennes avec un empressement qui marquait, sinon leur bon vouloir, du moins leur prudence et leur désir d'éviter avec nous tout grand conflit. Jamais politique ne fut moins originale, plus empruntée à d'anciennes impressions, plus dépourvue de l'intelligence des temps que celle où M. Mauguin, le général Lamarque et leurs amis s'efforcèrent alors d'entraîner le pays et son gouvernement nouveau. Rien, ni dans sa situation, ni dans ses relations avec l'Europe, n'appelait la France dans une telle voie, et la plupart de ceux qui l'y poussaient n'étaient poussés eux-mêmes que par des réminiscences de vieillard ou des alarmes d'enfant.

Une seule idée, un seul sentiment, au milieu des déclamations de cette époque, avaient quelque ombre de grandeur : c'était le vœu qu'indépendamment de tout intérêt direct et actuel, pour remplir une mission de civilisation et de liberté, la France se fît partout en Europe le redresseur des torts, le protecteur des faibles, le patron des bonnes causes impuissantes à triompher par elles-mêmes. Je ne suis pas de ceux qui sourient dédaigneusement à cette prétention et la traitent de pure folie. Tel est maintenant dans le monde l'état des esprits, tels sont, en dehors des circonscriptions territoriales, les liens intimes, les rapports rapides et continus des peuples, qu'il y a, dans ce désir d'une action lointaine exercée pour les droits et les intérêts des portions diverses de la grande société humaine, une certaine mesure de vérité et de puissance qui exige qu'on en tienne sérieusement compte. Les grands politiques du XVIe siècle comprirent le rôle des sentiments religieux, et leur firent une large part de respect et d'empire; de nos jours, les sentiments sympathiques et libéraux des peuples les uns envers les autres ont droit, de la part d'une politique éclairée, à la même attention et aux mêmes ménagements.

Mais les avocats de cet apostolat général de la France au service de l'humanité oublient un grand devoir et un grand fait dont une politique sensée et morale doit constamment se préoccuper. Le devoir, c'est que les premiers devoirs d'un gouvernement sont envers sa propre nation, et qu'il lui doit le bon état intérieur, la justice, la prospérité, le respect de ses droits, de ses vœux et de son sang, avant de rien devoir aux peuples étrangers. Le fait, c'est que l'intervention, par les armes, dans les affaires d'une nation étrangère n'y tourne presque jamais au profit de la justice et de la liberté. Tantôt cette intervention donne à un parti une domination factice et passagère, faisant au sein d'un même peuple des vainqueurs et des vaincus par l'étranger; tantôt elle ranime les susceptibilités nationales, les élève au-dessus des querelles intérieures, et rallie contre l'étranger les vainqueurs et les vaincus qu'il a faits. Et en définitive, la puissance intervenante se trouve presque toujours obligée ou de se retirer impuissante devant l'obstination du mal auquel elle voulait mettre un terme, ou d'opprimer elle-même le peuple qu'elle était venue secourir.

C'est que l'indépendance nationale est, chez les peuples, un sentiment si naturel, si puissant, si vivace, qu'il faut se garder avec grand soin de le blesser, même quand les apparences du moment semblent inviter l'intervention étrangère et lui promettre un facile succès. M. Dupin a exprimé ce sentiment d'une façon excessive quand il a dit : « Chacun chez soi, chacun pour soi ; » les nations ne sauraient être à ce point isolées et indifférentes les unes aux autres ; mais malgré la brutalité de l'expression, il y a, dans l'idée même, un grand fond de vérité. Quand un peuple a vécu à travers les siècles, il devient une personne dont l'égoïsme historique est légitime et respectable ; c'est une famille à qui il faut laisser faire elle-même, et comme elle l'entend, ses propres affaires ; c'est une maison où nul étranger n'a le droit d'entrer de force, même pour y porter la justice ou la liberté.

La force et la guerre, d'ailleurs, sont de mauvais moyens pour rétablir ou propager la justice et la liberté. C'est par les influences morales et avec le concours du temps que de tels progrès s'accomplissent réellement et sûrement. L'aspect et l'exemple d'un pays bien gouverné sont plus puissants que les armées pour répandre les idées et les désirs de bon gouvernement. Ce sont des germes qu'il faut semer et confier au vent, laissant au sol où ils iront tomber et à ses propriétaires le soin de les faire croître et de les cultiver comme il leur conviendra.

La Révolution française et l'empereur Napoléon Ier ont jeté un certain nombre d'esprits, et quelques-uns des plus distingués, dans une excitation fiévreuse qui devient une véritable maladie morale, j'allais dire mentale. Il leur faut des événements immenses, soudains, étranges; ils sont incessamment occupés à défaire et à refaire des gouvernements, des nations, des religions, la société, l'Europe, le monde. Peu leur importe à quel prix; la grandeur de leur dessein les enivre et les rend indifférents aux moyens d'action, aveugles aux chances de succès. A les entendre, on dirait qu'ils disposent des éléments et des siècles; et selon qu'à l'aspect de leur ardent travail on serait saisi d'effroi ou d'espérance, on pourrait se croire aux derniers jours du monde ou aux premiers jours de la création.

Je l'ai dit ailleurs et je tiens à le redire ici : au milieu de cette récrudescence révolutionnaire et de ces effervescences chimériques, ce sera la gloire du roi Louis-Philippe d'avoir compris et pratiqué une politique sensée, mesurée, patiente, régulière, pacifique. On en attribue souvent tout le mérite à sa prudence et à un habile calcul d'intérêt personnel. On se trompe : quand on a fait la part, même large, de l'intérêt et de la prudence, on n'a pas tout expliqué ni tout dit. L'idée de la paix, dans sa moralité et sa grandeur, avait pénétré très avant dans l'esprit et dans le cœur du roi Louis-Philippe; les iniquités et les souffrances que la guerre inflige aux hommes, souvent par des motifs si légers ou pour des combinaisons si vaines, révoltaient son humanité et son bon sens. Parmi les grandes espérances sociales, je ne veux pas dire les belles chimères, dont son époque et son éducation avaient bercé sa jeunesse, celle de la paix l'avait frappé plus que toute autre, et demeurait puissante sur son âme. C'était, à ses yeux, la vraie conquête de la civilisation, un devoir d'homme et de roi; il mettait à remplir ce devoir son plaisir et son honneur, plus encore qu'il n'y voyait sa sûreté.

Pour être modéré et prudent, il ne s'enfermait pas d'ailleurs dans une sphère étroite et oisive. En même temps qu'il maintenait pour la France la paix et refusait pour sa famille des trônes, il portait son action hors de nos frontières et soutenait là aussi les intérêts légitimes de la politique française. A côté du principe du respect des traités, il en posait et pratiquait un autre, le respect de l'indépendance des États limitrophes de la France et qui forment comme sa ceinture, la Belgique, la Suisse, le Piémont, l'Espagne. M. Molé déclarait au baron de Werther que, si des soldats prussiens entraient en Belgique, les soldats français y entreraient en même temps. M. de Rumigny portait en Suisse, et M. de Barante à Turin, des paroles analogues. La Belgique prenait en effet, péniblement mais sans obstacle étranger, sa place parmi les États européens. La Suisse accomplissait librement, dans ses constitutions intérieures, les réformes qu'à tort ou à raison elle jugeait nécessaires. Le Piémont, bien éloigné alors des innovations politiques, se serrait contre l'Autriche, mais sans tomber sous sa dépendance, et en ménageant avec soin la France dont il redoutait l'hostilité et pouvait un jour désirer l'appui. L'époque se laissait déjà pressentir où l'Espagne aurait besoin que la France reconnût et soutînt son nouveau régime politique. Partout autour de notre territoire le gouvernement du roi Louis-Philippe exerçait son action, écartant toute intervention étrangère, protecteur sans ambition, mais efficace, de l'indépendance de ses voisins et de l'influence comme de la sûreté de la France dans son orbite naturelle : « Il faut, disait-il souvent, peser les intérêts et mesurer les distances; loin de nous, rien ne nous oblige à engager la France; nous pouvons agir ou ne pas agir, selon la prudence et l'intérêt français; autour de nous, à nos portes, nous sommes engagés d'avance; nous ne pouvons souffrir que les affaires de nos voisins soient réglées par d'autres que par eux-mêmes et sans nous. »

A cette politique honnête et judicieuse, mais laborieuse et difficile, il fallait en Europe un point d'appui. Elle y rencontrait, même chez les puissances qui l'approuvaient hautement, des dissidences et des méfiances toujours près de devenir des dangers. Elle avait besoin d'avoir aussi des adhésions sincères et actives. Elle les trouva en Angleterre. Non au prix d'aucune concession à tel ou tel intérêt anglais, ni en vertu d'aucun engagement spécial et formel, mais par le plus naturel et le plus efficace des liens, par la conformité des politiques. Pour assurer la paix et le tranquille développement de ses libertés, la France acceptait, tel qu'il existait, l'ordre européen. Pour garder l'ordre européen et la paix, l'Angleterre acceptait non-seulement le nouveau régime français, mais ses principales conséquences en Europe, la chute du royaume des Pays-Bas, l'indépendance de la Belgique, la dislocation prochaine de la coalition européenne jusque-là en garde contre la

France. Les deux gouvernements prenaient l'un et l'autre le même intérêt général et supérieur pour règle de leur conduite. Ils avaient l'un et l'autre le régime constitutionnel pour drapeau. Malgré l'ancienne rivalité et les luttes récentes des deux pays, l'entente leur était facile et presque commandée par leur nouvelle situation. Le cabinet tory, le duc de Wellington et lord Aberdeen, en reconnaissant promptement le roi Louis-Philippe, avaient ouvert cette voie et auraient sans doute continué de la suivre. Le cabinet whig, lord Grey et lord Palmerston, y marchèrent avec empressement et de bonne grâce. L'Angleterre, animée pour la France d'une vive sympathie, y poussait ses ministres; la France, bien qu'un peu surprise, y suivait son Roi.

Ainsi se forma en 1830 et telle était, en se formant, l'alliance anglaise. Mot impropre et qui exprime mal la relation des deux gouvernements : plus tard, ils s'allièrent en effet dans certains moments et pour des questions spéciales, en 1832 pour les affaires de Belgique, en 1834 pour celles de Portugal; mais ils n'avaient point d'alliance générale et permanente; ils n'étaient liés l'un à l'autre par aucun engagement; ils agissaient le plus souvent de concert, mais en pleine liberté et par ce seul motif qu'ils étaient du même avis. Et il faut que, de nos jours, cette politique soit, pour la France, bien naturelle et bien conforme à l'intérêt national, car elle a survécu à toutes les révolutions et surmonté les plus divers obstacles; elle a été la politique de la République éphémère de 1848; elle est encore aujourd'hui celle du nouvel Empire. Comme le gouvernement du roi Louis-Philippe, ces deux gouvernements ont voulu la paix et accepté l'ordre européen; et comme lui, c'est dans la bonne entente avec l'Angleterre qu'ils ont cherché le gage de la paix et un point d'appui pour agir efficacement dans les questions européennes.

Avant que M. Casimir Périer arrivât au pouvoir, du mois d'août 1830 au mois de mars 1831, tous ces principes de la politique extérieure du régime nouveau avaient été pressentis et mis en pratique. Ils avaient dicté ses résolutions et ses actes décisifs. Dans l'intérieur du gouvernement, le roi Louis-Philippe employait toute son influence et sa persévérante adresse à les faire accepter et suivre par ses plus divers conseillers. Dans les Chambres, ils avaient été défendus contre les déclamations révolutionnaires ou belliqueuses de M. Mauguin et du général Lamarque, et contre les intempérances libérales de M. de La Fayette. Pourtant ils étaient encore un peu confus, obscurs et flottants. Ils n'avaient été que superficiellement discutés. Le public n'en démêlait pas nettement toutes les conditions ni toutes les conséquences. Surtout ils n'avaient pas encore subi l'épreuve des grandes explosions et des grandes luttes européennes. Ce fut sous le ministère de M. Casimir Périer, en 1831 et 1832, que la politique de la paix fut vraiment mise en face de la guerre et contrainte d'en surmonter toutes les tentations; ce fut alors que la question belge, la question polonaise et la question italienne, arrivées à leur crise, amenèrent les principes qui dirigeaient au dehors la conduite du gouvernement de 1830 à apparaître dans tout leur jour et à déployer toute leur vertu.

Dans la question belge, M. Casimir Périer avait une bonne fortune rare ; il était en complet accord avec les trois hommes qui devaient y exercer le plus d'influence, le roi Louis-Philippe à Paris, le roi Léopold à Bruxelles, et M. de Talleyrand à Londres. Et ces trois hommes, par le tour de leur caractère et de leur esprit, convenaient parfaitement à la politique que M. Casimir Périer s'était chargé de faire triompher. C'est la disposition de notre temps, même parmi les gens d'esprit, de faire peu de cas de l'action des personnes, et de ne voir dans les grands événements que l'effet de causes générales qui en règlent le cours sans que les individus dont le nom s'y mêle y soient rien de plus que des nageurs emportés par le torrent, soit qu'ils s'y livrent, soit qu'ils essayent de lui résister. On dirait que nous assistons à un drame tout composé d'avance, et que nous mettons notre vanité à en traiter dédaigneusement les acteurs, comme s'ils ne faisaient que réciter leur rôle. Une expérience intelligente dément cette fausse appréciation des forces qui président aux destinées des peuples ; l'influence des individus, de leur pensée propre et de leur libre volonté, y est infiniment plus grande que ne le suppose aujourd'hui l'impertinence philosophique de quelques-uns de leurs critiques. L'histoire n'est point un drame arrêté dès qu'il commence, et les personnages qui y paraissent font eux-mêmes en grande partie le rôle qu'ils jouent et le dénoûment vers lequel ils marchent.

Je me trouvais au Palais-Royal le 17 février 1831, au moment où les députés du Congrès belge vinrent présenter au roi Louis-Philippe la délibération de cette assemblée qui avait élu son fils, le duc de Nemours, roi des Belges. J'ai assisté à l'audience que leur donna et à la réponse que leur fit le Roi[1]. Je ne dirai pas toutes les hésitations, car il n'avait pas hésité, mais toutes les velléités, tous les sentiments qui avaient agité, à ce sujet, l'esprit du Roi, se révélaient dans cette réponse : l'amour-propre satisfait du souverain à qui le vœu d'un peuple déférait une nouvelle couronne; le regret étouffé du père qui la refusait pour son fils; le judicieux instinct des vrais intérêts de la France, soutenu par le secret plaisir de comparer son refus aux efforts de ses plus illustres devanciers, de Louis XIV et de Napoléon, pour conquérir les provinces qui venaient d'elles-mêmes s'offrir à lui; une bienveillance expansive envers la Belgique à qui il promettait de garantir son indépendance après avoir refusé son trône. Et au-dessus de ces pensées diverses, de ces agitations intérieures, la sincère et profonde conviction que le devoir comme la prudence, le patriotisme comme l'affection paternelle, lui prescrivaient la conduite qu'il tenait et déclarait solennellement. Plus encore peut-être que sa démarche même, ce langage du Roi, tout empreint de ses idées et de ses sentiments personnels, caractérisait fortement

[1] *Pièces historiques*, n° VIII.

dès lors sa politique, et devait faire pressentir à ses ministres comme aux députés belges, à l'Europe comme à la France, la persévérance qu'il mettrait à la pratiquer.

Le prince que ce refus fit monter sur le trône de Belgique, le roi Léopold, était merveilleusement propre à la difficile situation qu'il acceptait. Consentant plutôt qu'empressé à devenir roi, et portant dans l'ambition même une modération patiente qui semblait aller jusqu'à l'indifférence, observateur sagace des dispositions des peuples, et connaissant parfaitement l'Europe, ses souverains, leurs conseillers, le caractère des hommes et les relations des États, il excellait dans l'art de ménager les intérêts divers ou contraires, et savait attendre l'occasion du succès aussi bien que la saisir. A peine roi, et pendant qu'on discutait encore les limites de son royaume, il en affermit sur-le-champ les fondements. Allemand par l'origine et Anglais par l'adoption, il se fit Français par l'alliance en épousant la princesse Louise, fille aînée du roi Louis-Philippe : il se trouva ainsi, dès ses premiers pas, en bons rapports naturels et légitimes avec tous ses puissants voisins, et armé de motifs sérieux ou spécieux, tantôt pour se refuser, tantôt pour accéder à ce que, chacun dans son intérêt, ils pouvaient lui demander. Des esprits superficiels affectent de mépriser ces liens de famille entre les souverains, et de les tenir pour vains entre les États. Étrange marque d'ignorance! de tels liens ne sont sans doute ni infailliblement décisifs, ni toujours salutaires;

mais toute l'histoire ancienne et moderne et notre propre histoire sont là pour démontrer leur importance et le parti qu'une politique habile en peut tirer.

M. de Talleyrand, à Londres, soutenait de son adhésion personnelle, et avec un sincère désir de réussir, la politique qu'il avait été chargé d'y porter. Elle convenait à sa situation et à ses goûts, car c'était une politique à la fois française et européenne. Quelque adonné qu'il fût à son ambition et à sa fortune, M. de Talleyrand n'a jamais été indifférent aux intérêts de la France, de sa sûreté et de sa grandeur. Il y avait en lui du patriotisme à côté de l'égoïsme, et il cherchait volontiers, dans le succès de la politique nationale, son propre succès. C'était avec plaisir et zèle qu'il travaillait à défaire, dans la Conférence de Londres, ce royaume des Pays-Bas qu'en 1814 la coalition européenne avait fait contre la France. Et il avait en même temps la satisfaction de servir, dans ce travail, l'ordre européen, et de s'y livrer, avec le concours, contraint et triste, mais sérieusement résigné, des mêmes puissances qui, à Vienne, en 1815, avaient consacré cette organisation de l'Europe à laquelle il fallait faire brèche. Les diplomates de profession forment, dans la société européenne, une société à part, qui a ses maximes, ses mœurs, ses lumières, ses désirs propres, et qui conserve, au milieu des dissentiments ou même des conflits des États qu'elle représente, une tranquille et permanente unité. Les intérêts des nations sont là en présence, mais non leurs préjugés ou leurs passions du moment; et il peut arriver que l'intérêt général de la grande société européenne soit, dans ce petit monde diplomatique, assez clairement reconnu et assez fortement senti pour triompher de toutes les dissidences, et faire sincèrement poursuivre le succès d'une même politique par des hommes qui ont longtemps soutenu des politiques très-diverses, mais ne se sont jamais brouillés entre eux, et ont presque toujours vécu ensemble, dans la même atmosphère et au même niveau de l'horizon.

Telle était, en 1830 et 1831, la Conférence de Londres, et M. de Talleyrand y avait pris sa place avec une grande liberté d'allure et de langage, pour son propre compte presque autant que pour celui de son souverain, comme on entre chez soi et dans sa société habituelle. Il ne fallait rien moins qu'une telle disposition des esprits et cette intimité froide, mais réelle, de la diplomatie européenne, pour résoudre pacifiquement la question belge et dissiper les nuages qui, des points les plus divers, venaient à chaque instant l'obscurcir et menacer d'y jeter la guerre. C'étaient tantôt les émeutes de Paris et les accès belliqueux de l'opposition dans nos Chambres, tantôt les prétentions et les bravades inconsidérées des Belges, tantôt l'obstination intraitable du roi de Hollande, qui portaient au sein de la Conférence, non-seulement l'inquiétude, mais le doute et l'hésitation dans son œuvre. Un de mes amis, et des plus judicieux, attaché à notre ambassade à Londres, m'écrivait : « Nous sommes ici personnellement bien placés, et nous continuerons à l'être bien aussi officiellement si le bon ordre se maintient en France. On est très-bien disposé pour le Roi et pour son gouvernement; mais il n'y a pas moyen d'effacer de leur esprit que la propagande révolutionnaire qui les menace tous est permanente chez nous, et qu'elle n'y est pas suffisamment réprimée... Nous faisons tout ce qui est au pouvoir du zèle et de l'expérience pour simplifier la question extérieure; en général elle est peu connue et peu comprise en France; nos journaux parlent en ignorants du possible et de l'impossible, et les confondent trop souvent. Ils n'ont bien apprécié, à propos de la Belgique, ni les difficultés, ni les avantages d'abord de l'armistice, puis de l'indépendance; nous verrons bientôt ce qu'ils diront de la neutralité si péniblement obtenue et si combattue par la Prusse. Les hommes d'État d'ici, à quelque parti qu'ils appartiennent, la regardent comme ce qui doit le plus satisfaire la France raisonnable; cette neutralité abat treize forteresses qui nous étaient opposées, rend la guerre plus difficile à nous faire, et nous ôte, à nous, un prétexte de la déclarer. Nos fiers-à-bras des boulevards en auront de l'humeur, mais les bons esprits en seront contents. Ces derniers sont malheureusement en trop petit nombre. Aussi, quand on fait de la politique, ne faut-il travailler que pour l'histoire. »

Je ne sais si M. de Talleyrand ne pensait qu'à l'histoire en traitant, à Londres, la question belge; mais il y déploya une judicieuse et ferme habileté. C'était, je l'ai déjà dit, sa disposition naturelle de démêler nettement, dans les affaires dont il était chargé, le but essentiel à poursuivre, et de s'y attacher exclusivement, dédaignant et sacrifiant toutes les questions, même graves, qui pouvaient l'affaiblir dans la position à laquelle il tenait, ou le détourner du point qu'il voulait atteindre. De 1830 à 1832, il fit à Londres largement usage de cette méthode : représentant d'un pays et d'un gouvernement sur qui pesaient, à cette époque, une foule de grandes questions, il ne vit dans les affaires de France que la question belge, et dans la question belge qu'un seul intérêt, l'indépendance et la neutralité de la Belgique. Il faisait bon marché des autres problèmes et événements du temps, Pologne, Italie, Espagne, Suisse; tantôt gardant, à leur sujet, le silence; tantôt disant librement ce qu'il en pensait, et, en tout cas, n'engageant, avec les autres diplomates ses collègues, point de controverse inutile. Au fond et dans l'intérêt français, il avait raison d'agir ainsi; la Belgique était, en ce moment, à la fois la grande et la bonne affaire de la France, le point sur lequel elle pouvait arriver à un résultat certain, prochain, pas trop chèrement acheté, et important pour sa force comme pour sa sécurité en Europe. En concentrant sur la question belge tous ses efforts, M. de Talleyrand jugeait bien de l'état général des affaires et servait bien son pays.

En rétablissant l'ordre et en relevant le pouvoir à l'intérieur, M. Casimir Périer faisait de la politique extérieure, et la plus efficace qui se pût faire. Il était d'ailleurs, et sur l'importance de l'alliance anglaise, et sur la question belge en particulier comme sur les affaires générales de l'Europe, non-seulement en accord, mais en confiance avec M. de Talleyrand, et ils avaient soin l'un et l'autre d'entretenir et d'accroître cette confiance en s'en donnant mutuellement d'éclatantes marques. M. Périer, qui écrivait très-rarement, faisait beaucoup valoir, dans ses conversations à Paris, les services de M. de Talleyrand, et se servait de son fils aîné, alors secrétaire d'ambassade à Londres, quand il avait besoin de lui bien expliquer les exigences de la situation intérieure, ou de se concerter intimement avec lui. M. de Talleyrand, de son côté, élevait très-haut, auprès des représentants de l'Europe, l'énergie, l'esprit politique, tous les mérites de M. Casimir Périer, et ne laissait échapper aucune occasion de lui témoigner, avec son habileté consommée dans l'art de plaire, la haute estime qu'il lui portait.

Quand l'armée française, en août 1831, entra soudainement en Belgique pour en chasser les Hollandais victorieux, l'émotion fut vive à Londres parmi les diplomates, et M. de Talleyrand eut quelque peine à calmer la méfiance et à contenir l'humeur. En informant M. Casimir Périer qu'il y avait réussi, il terminait sa lettre par ces mots : « J'espère, monsieur, que vous serez content de moi. » Je me rappelle le petit mouvement d'orgueilleux plaisir avec lequel M. Casimir Périer me montra cette lettre, et à d'autres aussi sans doute. Il apportait d'ailleurs, dans ses relations indirectes avec M. de Talleyrand, beaucoup de réserve, attentif à ne pas blesser le général Sébastiani, en qui il avait confiance et qui le secondait loyalement.

A la fin d'avril 1832, après dix-huit mois de discussions dans la Conférence de Londres et de négociations entre les sept puissances qui y étaient ou représentées ou intéressées, après de patients atermoiements et des tentatives répétées pour amener, entre les prétentions des Belges et l'opiniâtreté du roi de Hollande, une conciliation volontaire, la question belge était enfin résolue pour l'Europe. Le cabinet de Bruxelles avait accepté les vingt-quatre articles adoptés le 15 octobre 1831 par la Conférence pour régler la séparation de la Belgique et de la Hollande. Les cabinets de Paris et de Londres, de plus en plus unis, avaient ratifié pour leur compte ces articles, sans attendre l'adhésion finale des trois puissances du Nord. Le comte Orloff, envoyé à La Haye par l'empereur Nicolas pour déterminer le roi de Hollande à céder enfin, avait échoué dans ses efforts, et était reparti pour Pétersbourg, en remettant au roi Guillaume la déclaration que l'empereur son beau-frère laisserait désormais la Hollande supporter seule les conséquences de son obstination, et n'apporterait nul obstacle aux mesures que la Conférence de Londres pourrait employer pour la contraindre. C'était, de la part de l'empereur Nicolas, un éclatant sacrifice des liens de famille et de ses propres sentiments politiques à la paix européenne. A la suite de cette déclaration, l'Autriche, la Prusse et la Russie avaient, comme la France et l'Angleterre, et sauf quelques réserves de convenance, ratifié le traité des vingt-quatre articles. On ne pouvait pas encore dire que l'œuvre fût accomplie, car le roi de Hollande persistait à repousser ce traité, et tout faisait pressentir que la force seule lui arracherait son consentement ; mais le succès de la France était assuré ; son gouvernement, c'est-à-dire le roi Louis-Philippe et M. Casimir Périer, pensant et agissant de concert, quelles que fussent leurs petites dissidences domestiques, avaient fait reconnaître et accepter par l'Europe l'indépendance et les nouvelles institutions de la Belgique comme les siennes propres. Et c'était sans trouble général, sans guerre, par le seul empire de la justice et du bon sens reconnus en commun, que ce profond changement dans l'ordre européen avait été accompli. Exemple et spectacle plus grands encore que le résultat même ainsi obtenu.

C'eût été pour l'Europe un grand bonheur et un grand honneur que la question polonaise pût être traitée et réglée en 1831 comme le fut la question belge. Il y a eu et il y a encore, dans la destinée de la Pologne, un remarquable et particulier caractère. Les conquêtes, les démembrements d'États ont abondé en Europe ; des provinces, des royaumes ont bien souvent changé de maître et de nom. Des traités sont intervenus après les guerres ; le temps a passé sur les traités ; les changements territoriaux et nationaux, en dépit de leur amertume première, ont été consacrés par la paix et le temps, et acceptés non-seulement par les spectateurs indifférents, mais par les populations mêmes qui les avaient subis. Rien de semblable n'est arrivé pour la Pologne; bientôt un siècle se sera écoulé depuis le premier partage de ce malheureux pays; je ne sais combien d'actes diplomatiques ont reconnu ses nouveaux maîtres; d'immenses événements ont bouleversé le sort et absorbé l'intérêt de l'Europe. Au milieu de tant d'iniquités et de calamités nouvelles, le sort de la Pologne n'a pas cessé d'être senti comme une iniquité et une calamité européenne. Ce fut le meurtre d'une nation, ont dit avec une vérité terrible ses amis. En vain on a répondu que les fautes de la Pologne elle-même, ses détestables institutions, ses dissensions aveugles, son incurable anarchie avaient amené son malheur, et que le suicide national avait provoqué le meurtre étranger. Les explications de l'histoire ne sont pas les arrêts de la justice, et les raisonnements ne peuvent rien contre les impressions de la conscience publique. Depuis plus de soixante ans, la Pologne ne figure plus parmi les nations, et toutes les fois que les nations européennes s'agitent, la Pologne aussi se remue. Est-ce un fantôme? Est-ce un peuple? Je ne sais : il se peut que la Pologne soit morte, mais elle n'est pas oubliée.

A côté de ce fait si frappant, j'en remarque un autre qui ne l'est pas moins. Depuis que la conscience européenne est troublée du sort de la Pologne, bien des remaniements de l'Europe ont été accomplis; bien des maîtres puissants et divers ont disposé des peuples. Monarchie ou république, conquérant ou congrès, aucun d'eux n'a sérieusement tenté de rappeler la Pologne du tombeau, de guérir cette plaie européenne. Au moment où le meurtre fut commis, ni la vieille France, ni la vieille Angleterre, ne firent rien pour l'empêcher; la France et l'Angleterre nouvelles n'ont pas été plus efficaces; ni la Révolution française, ni l'empereur Napoléon n'ont fait entrer le rétablissement de la Pologne dans leurs réels et énergiques desseins. On a prononcé des paroles; on a entr'ouvert des perspectives; on a exploité des dévouements en provoquant des espérances; rien de plus. L'extrême malheur a pu seul puiser quelques illusions dans de tels mensonges. Tout le monde s'est servi de la Pologne; personne ne l'a jamais servie.

C'est que, dans l'histoire si pleine des malheurs des peuples, il n'y a point eu d'exemple d'une telle conquête, ni d'une telle situation après la conquête. Ce n'est pas seulement un vaincu en présence de son vainqueur; il y a en Pologne un vaincu et trois vainqueurs. Trois vainqueurs comptés parmi les plus puissants États de l'Europe, et toujours unis, par un même et permanent intérêt, dans la défense de leur conquête, commune encore quoique partagée. Le vaincu est situé à l'extrémité de l'Europe, ne rencontrant de sympathie et ne pouvant trouver d'appui qu'à d'immenses distances, à travers les possessions de ses vainqueurs. Et pour le plus redoutable des trois vainqueurs, pour la Russie, la conservation de sa part de la Pologne n'est pas seulement une question de gouvernement, un intérêt de souverain; c'est une passion nationale : le peuple russe est encore plus ardent que l'empereur à ne pas souffrir que la Pologne échappe à l'empire. Entre les nations malheureuses, la Pologne a ce malheur particulier qu'elle a été trop grande, et qu'encore aujourd'hui, dans sa ruine, son sort reste trop grand. Que des réfugiés goths dans les montagnes des Asturies, que des peuplades grecques en Epire, dans le Péloponèse ou en Thessalie, aient lutté pendant des siècles contre les Arabes et les Turcs, leur résistance, quoique douloureuse et glorieuse, était simple; ces débris de nation n'aspiraient qu'à maintenir, dans quelque coin de leur patrie, un reste de nationalité et d'indépendance locale. La Providence a récompensé leur courage en agrandissant enfin leur destinée; mais ces modestes héros ont longtemps combattu et souffert sans prétention pareille, uniquement pour la défense de leur foi et de leurs obscurs foyers. Les Polonais soulèvent et ne peuvent pas ne pas soulever, dès qu'ils s'agitent, une grande lutte nationale et européenne. Il s'agit de reconquérir et de reconstituer un grand royaume. La question polonaise remet en question la paix et l'organisation de l'Europe entière.

Je ne m'étonne pas que tous les gouvernements qui ont déploré le sort de la Pologne, et lui ont témoigné de la sympathie, n'en aient pas moins regardé son rétablissement comme impossible, et ne l'aient jamais sérieusement tenté. Ils auraient eu, pour leur propre compte et aux dépens de leur propre nation, trop de forces à engager et trop d'intérêts à compromettre dans une telle entreprise.

Les Polonais avaient, en 1830, une chance dont ils auraient pu tirer grand parti s'ils avaient mieux jugé de leur situation et plus sensément réglé leur ambition sur leur force. Pendant et après le congrès de Vienne, l'empereur Alexandre, avec ce mélange de grandeur morale, d'ambition russe et d'esprit chimérique qui le caractérisait, leur avait assuré une existence nationale, des institutions, des libertés, des droits. Des droits reconnus non-seulement dans leur patrie et par leur souverain, mais en Europe, et par les puissances garantes de l'ordre européen. Que ces institutions, ces libertés, bornées à la seule Pologne russe, ne satisfissent pas le patriotisme polonais; que, là même où elles avaient été proclamées, elles eussent été, depuis 1815, souvent oubliées ou violées par le gouvernement russe; que la Pologne eût des griefs constitutionnels à élever en même temps que des regrets nationaux à ressentir; je ne conteste pas, je n'examine pas, je ne touche pas à ces questions; je m'attache à un seul fait : une grande partie de la nation polonaise avait une charte, point de départ et d'appui dans ses essais de la vie publique et libre. Qu'elle s'y fût attachée comme à son ancre; qu'elle l'eût exploitée et défendue comme son champ; qu'elle eût déployé, pour conserver, pratiquer, reprendre ou étendre ses droits légaux, l'énergie et le dévouement qu'elle a dépensés à tenter, dans les plus mauvaises conditions possibles, les succès révolutionnaires; je ne sais quels efforts elle eût eu à faire et quelles souffrances à subir, ni à combien d'années de luttes et d'attente elle eût dû se résigner; mais, à coup sûr, elle eût exercé plus d'action sur son propre souverain ; elle eût trouvé en Europe des sympathies, probablement même des appuis plus efficaces que les émeutes des rues de Paris, et elle eût eu infiniment plus de chances de ressaisir son rang parmi les nations.

Ce n'est point là, et après l'événement, le rêve d'un étranger ; ce fut, en novembre 1830, au moment où éclata l'insurrection polonaise, non-seulement l'avis, mais la conduite du premier chef qu'elle se choisit elle-même, et dont, trois semaines après, à l'unanimité moins une voix, la diète polonaise fit un dictateur. Tout jeune encore, Joseph Chlopicki avait combattu pour l'indépendance de sa patrie, et le héros patriote de la Pologne, Kosciusko, touché de sa bravoure, l'avait embrassé avec effusion en passant devant le front de l'armée. Quand il n'y eut plus de Pologne, Chlopicki, décidé à ne pas servir ses nouveaux maîtres, avait passé en France, et, de grade en grade, il était devenu un officier général très-distingué dans la grande armée de Napoléon. Rentré dans sa patrie après la paix de 1814, il y fut traité par l'empereur Alexandre avec une faveur marquée; mais, trop fier pour se plier au gouvernement du vice-roi de Pologne, le grand-duc Constantin, il donna sa démission du service, et il vivait dans la retraite quand le vœu, d'abord de l'armée et du peuple soulevés, puis de la diète nationale, lui déféra le pouvoir suprême. Il l'accepta sans hésiter, et s'en servit sur-le-champ pour réprimer le mouvement démagogique, tout en soutenant le mouvement national ; il ferma les clubs de Varsovie, maintint l'ordre dans la ville, la discipline dans l'armée, et écrivit à l'empereur Nicolas, lui exposant avec une ferme franchise les vœux comme les griefs de la Pologne russe, et demandant pour elle justice et espérance : « En ma qualité d'ancien soldat et de bon Polonais, j'ose, sire, vous faire entendre la vérité : par un concours inouï de circonstances, se trouvant dans une position peut-être trop hardie, la nation n'en est pas moins prête à tout sacrifier pour la plus belle des causes, pour son indépendance nationale et sa liberté modérée. Que notre destinée s'accomplisse ! Et vous, sire, remplissant à notre égard les promesses de votre prédécesseur, prouvez-nous, par de nouveaux bienfaits, que votre règne n'est qu'une suite non interrompue du règne de celui qui a rendu l'existence à une partie de l'ancienne Pologne. Vous tenez, sire, dans votre main, les destinées de toute une nation ; d'un seul mot, vous pouvez la mettre au comble du bonheur ; d'un seul mot, la précipiter dans un abîme de maux. »

Je n'ai rien à dire des événements qui suivirent cette lettre ; je n'écris pas l'histoire du temps ; je ne rappelle que la part que j'y ai prise et ce que j'ai pensé et senti en y assistant. Neuf mois plus tard, quand l'imprévoyance révolutionnaire l'eut emporté en Pologne, quand le dictateur Chlopicki, trop sensé pour se soumettre aux clubs de Varsovie, se fut démis de tout pouvoir, quand le général Skrzynecki, moins judicieux en politique, mais son digne successeur dans le commandement de l'armée polonaise, eut succombé dans une lutte impossible, après les massacres commis dans Varsovie par la démagogie déchaînée la veille de sa ruine, quand Varsovie et la Pologne furent retombées au pouvoir des Russes, pendant que Chlopicki, grièvement blessé dans la bataille de Grochow où il avait combattu comme simple soldat, vivait modestement à Cracovie où il s'était retiré, M. Mauguin, dans l'un de nos débats à la Chambre des députés sur les affaires étrangères, parla des généraux Chlopicki et Skrzynecki comme des chefs d'un parti timide et flottant, qui avait lutté contre le parti national, et qui eût volontiers accepté la pure restauration du despotisme russe ; je me récriai contre ce langage : « C'est une injure, dis-je, que de qualifier de la sorte ces deux braves généraux ; la lutte n'était pas entre eux et le parti national, mais entre eux et les clubs de Varsovie. Ils ne voulaient pas une restauration russe ; mais ils avaient le bon sens de comprendre qu'entre la Pologne et la Russie la lutte était peut-être inégale, et que, dans cette énorme inégalité, il eût été peut-être utile à leur patrie de se réserver une chance et quelques moyens de traiter. »

Je n'avais et n'ai jamais eu, avec ces deux vaillants chefs polonais, aucune relation ; mais leur cause, comme leurs sentiments, avaient ma sympathie, et je prends plaisir à me rappeler aujourd'hui que je n'ai pas manqué l'occasion de la leur témoigner.

On a dit que le gouvernement de 1830 avait trompé les Polonais en leur laissant espérer un appui qu'il ne leur a jamais donné, ni voulu donner. Les faits démentent absolument ce reproche. Dès les premiers jours de l'insurrection, le consul de France à Varsovie, M. Raymond Durand, déclara à plusieurs membres de la diète qu'ils ne devaient attendre de son gouvernement ni encouragement, ni secours. Six semaines après, vers la fin de janvier 1831, le duc de Mortemart, nommé ambassadeur extraordinaire à Pétersbourg, se rendait à son poste : « A Berlin, dit M. de Nouvion [1], il apprit que la diète polonaise était saisie d'une proposition de déchéance de l'empereur Nicolas et de la famille des Romanow; à quelque distance au delà de cette capitale, il rencontra, au milieu d'une forêt, des agents du nouveau gouvernement de Varsovie qui s'étaient portés sur son passage, afin de l'interroger sur les dispositions de la France. C'était la nuit, par un froid rigoureux. La conférence, commencée dans la neige, s'acheva, sur la route même, dans la voiture de l'ambassadeur, dont les lanternes éclairaient seules

---

[1] *Histoire du règne de Louis-Philippe Ier*, par Victor de Nouvion, t. II, p. 189-192; ouvrage aussi recommandable par l'exactitude des recherches historiques que par la probité des sentiments politiques. M. le duc de Mortemart m'a donné l'assurance que les détails contenus dans le récit de M. de Nouvion étaient parfaitement exacts.

cette scène bizarre : « Mes instructions, dit M. de Mortemart, ne m'autorisent à agir qu'en faveur du royaume de Pologne, tel qu'il a été constitué par le congrès de Vienne ; si les Polonais allaient au delà, ils n'auraient pas à compter sur l'appui de la France. » Il établit ensuite comment la France ne pouvait, pour soutenir, au mépris des principes par elle-même proclamés, les prétentions de la Pologne, provoquer l'Europe à une guerre désespérée, et il pressa les diplomates polonais de retourner au plus tôt à Varsovie pour y déconseiller toute résolution violente. Mais ceux-ci, loin de se rendre à son avis, se montrèrent pleins de confiance dans le concours qu'ils attendaient de la France : « La démocratie française, dirent-ils, sera maîtresse des événements, et la démocratie française soutiendra la Pologne ; votre Roi et vos Chambres seront forcés par l'opinion publique de nous venir en aide ; » et ils prononcèrent le nom de M. de La Fayette comme étant le pivot sur lequel reposaient leurs espérances. M. de Mortemart s'efforça vainement de les désabuser en leur représentant que M. de La Fayette ne disposait pas de la France, et que le gouvernement français, en eût-il le désir, serait dans l'impossibilité de leur envoyer une armée. Comme il insistait pour qu'ils engageassent leurs compatriotes à la modération, il n'en obtint que cette réponse : « Le sort en est jeté ; ce sera tout ou rien. — Eh ! bien, reprit M. de Mortemart, je vous le dis avec douleur, mais avec une profonde conviction ; ce sera rien. »

Quelques mois plus tard, en juillet 1831, quand la

Pologne, après des efforts héroïques, était près de succomber dans cette lutte dont elle avait fait elle-même une guerre à mort, le cabinet français, pour arrêter l'effusion du sang, pour donner aux Polonais un témoignage de sympathie et au sentiment de la France quelque satisfaction, fit à Pétersbourg une tentative de médiation, en en informant le gouvernement de Varsovie et en l'engageant à tenir, dans son langage et dans la conduite de la guerre, quelque compte de cette chance. Sur l'invitation formelle de M. Casimir Périer, M. de Talleyrand fit en même temps à Londres un effort, probablement sans en espérer grand'chose, pour déterminer le cabinet anglais à se joindre à la démarche du cabinet français. Mais en parlant à la Chambre des députés de cette tentative, M. Casimir Périer prit soin d'en bien déterminer la portée, et de ne pas laisser croire que le gouvernement du Roi voulût s'engager plus loin : « Avant le 13 mars, dit-il, aucune médiation n'avait encore été offerte pour la Pologne. Nous avons conseillé au Roi d'offrir le premier la sienne. Ses alliés ont été pressés de s'unir à lui pour arrêter le combat, pour assurer à la Pologne des conditions de nationalité mieux garanties. Ces négociations se continuent; nous les suivons avec anxiété, car le sang coule, le péril presse, et la victoire n'est pas toujours fidèle. A quel autre moyen pouvions-nous recourir, messieurs? Fallait-il, comme nous l'avons entendu dire, reconnaître la Pologne? Même en supposant que la foi des traités, que le respect de nos relations nous eussent donné le droit de faire cette reconnaissance, elle eût été illusoire si des effets ne l'eussent suivie, et alors c'était la guerre. J'en appelle à la raison de cette Chambre, car ici ce n'est pas l'émotion et l'enthousiasme qui doivent prononcer, c'est la raison; la France doit-elle chercher la guerre? Doit-elle recommencer la campagne gigantesque où se perdit la fortune de Napoléon? Cette guerre qu'on nous demande, y pense-t-on? C'est la guerre à travers toute la largeur du continent européen; c'est la guerre universelle, objet de tant d'ambitions délirantes, de tant de chimériques passions. Si du moins on nous prouvait que cette croisade héroïque eût sauvé la Pologne! mais non, messieurs : si la France fût sortie de sa neutralité, c'en était fait de la neutralité qu'observent d'autres puissances, et quatre jours de marche seulement séparent leurs armées de cette capitale qui se défend à quatre cents lieues de nous. En présence de tels faits, qui donc ose demander la guerre, non pour sauver la Pologne, mais pour la perdre? »

A peine ces paroles étaient prononcées, que le cabinet anglais, alléguant avec une rude franchise l'intérêt de la paix, la politique générale de l'Angleterre et la vanité de toute intervention officielle à Pétersbourg, refusait de joindre ses offres de médiation à celles du cabinet français. Huit jours après, Varsovie tombait entre les mains de ses démagogues, trois semaines après entre celles des Russes. Les événements allaient plus vite que les dépêches. Les Polonais ne pouvaient se plaindre de n'avoir pas été soutenus par le gouvernement du roi Louis-Philippe; il ne leur avait donné aucun droit de compter sur son appui.

Pourtant je comprends qu'ils s'y soient trompés, et que les plus formelles déclarations du gouvernement Français et de ses agents n'aient pas réussi à les détromper. Les journaux et les émeutes de Paris, les discours et les correspondances de la plupart des chefs de l'opposition devaient les jeter dans de grandes illusions. Même convaincus que le roi Louis-Philippe et son cabinet ne leur viendraient pas en aide par la guerre, ils pouvaient croire, comme ils le disaient au duc de Mortemart, que ce cabinet serait renversé, et que l'opposition arrivée au pouvoir agirait efficacement pour eux. Les apparences et les probabilités superficielles devaient soutenir, échauffer même leurs passions et leurs espérances. Les gens qui crient dans les Chambres et dans les rues s'inquiètent peu des conséquences du bruit qu'ils font, et du sens qu'y attacheront à l'autre extrémité de l'Europe les gens qui souffrent. Il y avait d'ailleurs, dans les manifestations publiques en France pour la Pologne, autre chose que des apparences et du bruit; le sentiment national était sincèrement et vivement excité; un de mes amis, homme d'un esprit rare et qui soutenait avec zèle M. Casimir Périer, m'écrivait du fond de son département le 29 juin 1831, précisément au moment où, après la mort du maréchal Diebitsch et du grand-duc Constantin, le maréchal Paskéwitch prenait le commandement de l'armée russe et préparait l'assaut de Varsovie : « L'état général des esprits me préoccupe; je les ai vus s'altérer, se gâter rapidement depuis un mois. Ce pays-ci est devenu méconnaissable si je le compare à ce qu'il m'a paru au commencement de mai. Il y avait alors de l'amélioration, non pas sur le mois d'octobre dernier, mais sur ce que le pays avait dû être de février en avril. Aujourd'hui c'est un mélange d'irritation et de découragement, de crainte et de besoin de mouvement; c'est une maladie d'imagination qui ne peut ni se motiver, ni se traduire, mais qui me paraît grave. Les esprits me semblent tout à fait à l'état révolutionnaire, en ce sens qu'ils aspirent à un changement, à une crise, qu'ils l'attendent, qu'ils l'appellent, sans qu'aucun puisse dire pourquoi. Il faut que, pour votre compte, vous cherchiez et que vous répétiez au gouvernement de chercher les moyens de guérir un tel mal. Paris me semble rallié dans un sentiment énergique de résistance; mais les départements n'en sont point là. Je ne puis trop vous prier de réfléchir que nous ne sommes pas dans un moment de raison, où les moyens tout raisonnés du système représentatif suffisent. Ne comptez pas trop sur l'autorité de la Chambre, fût-elle bonne, et cherchez ailleurs. Je suis persuadé qu'une guerre serait utile, bien entendu si l'on parvenait à la limiter. Je serais disposé à la risquer en exigeant beaucoup pour la Pologne. C'est bien plus populaire que la Belgique. Pourquoi? parce que c'est plus dramatique. La France est, pour le moment, dans le genre sentimental bien plus que dans le genre rationnel. »

C'était là toucher à un mal réel et en bien marquer le caractère; mais loin de le guérir, le remède proposé n'eût fait que l'aggraver. A ce vague état révolutionnaire des esprits, à ce besoin confus de mouvement, la guerre, surtout une guerre à propos de la Pologne, eût substitué l'état révolutionnaire positif, actif, avec toutes ses exigences et toutes ses conséquences. La guerre peut être, dans certains moments, un dérivatif utile à l'humeur agitée des peuples; mais ce dérivatif qui, même lorsqu'il réussit, finit toujours par être bien chèrement payé, n'est pas toujours applicable : sur aucune des questions que la Révolution de 1830 avait soulevées en Europe, la France ne pouvait avoir en 1831 une guerre ordinaire et limitée. Et une guerre qui aurait pris bientôt le caractère révolutionnaire eût été d'autant plus dangereuse, que la France ne l'aurait pas longtemps soutenue avec ardeur et confiance : aucune nécessité véritable et claire, aucun intérêt national et permanent ne l'y poussaient; l'impression du moment et le plaisir du drame auraient bientôt disparu devant la souffrance des intérêts et la lumière du bon sens. Il faut que les peuples qui veulent être bien gouvernés renoncent à faire, de leurs impressions et de leurs goûts dramatiques, la règle de leur gouvernement. Ils ont quelquefois, comme les individus, ce que la médecine appelle des maux de nerfs, des vapeurs; sous des institutions libres, ces dispositions se manifestent bruyamment, et une politique intelligente en tient compte, mais dans la mesure de ce qu'elles valent et en sachant bien qu'elles ne sont nullement propres à une forte et longue action. C'est presque toujours, pour les nations comme pour les individus, un mal à traiter par le seul remède qui lui convienne, un bon régime soutenu et le temps. Ce fut le mérite de M. Casimir Périer de ne point céder à ces fantaisies qui n'étaient pas de vraies passions, et de persister à faire les affaires de la France selon le droit public et l'intérêt bien entendu, comme un homme sérieux fait les affaires d'un peuple sérieux.

Quoiqu'elle ait donné lieu de sa part à l'acte le plus hardi de la politique française au dehors après 1830, la question italienne était, en 1831, bien moins périlleuse pour le cabinet que la question belge ou la question polonaise, et bien moins brûlante dans le public. Les deux idées, ou plutôt les deux passions qui dominent et enflamment aujourd'hui cette question, l'expulsion de l'Autriche et l'unité de l'Italie, n'avaient pas éclaté à cette époque; elles étaient bien au fond des cœurs et se manifestaient dans le langage ou le travail caché des conspirateurs italiens; mais ils ne les déclaraient pas encore hautement, comme leur prétention absolue et leur but avoué. J'ajourne ce que j'ai à cœur de dire sur l'état général de l'Italie et la question italienne en Europe au moment où cette question s'est manifestée dans toute sa grandeur, pendant ma propre administration, de 1846 à 1848; je ne veux parler ici que de la situation des affaires d'Italie en 1831 et 1832, de ce qu'en pensait alors le cabinet français, de ce qu'il y fit, et de la part que je pris moi-même aux débats dont elle fut l'objet.

Il n'y avait, à cette époque, aux deux extrémités de l'Italie et dans les deux États les plus liés à la France, soit par la contiguïté des territoires, soit par la parenté des souverains, dans le Piémont et à Naples, point d'insurrection flagrante ni d'explosion évidemment prochaine. Le roi de Naples, Ferdinand II, monté sur le trône depuis la Révolution de Juillet et en rapports affectueux avec le roi Louis-Philippe et la reine Marie-Amélie, son oncle et sa tante, semblait disposé à suivre leurs conseils et à introduire dans son gouvernement des réformes. Le roi de Sardaigne, Charles-Félix, avait vu les événements de 1830 en France avec grande inquiétude, mais sans mauvais vouloir pour le nouveau roi; les deux souverains se connaissaient personnellement; la reine Marie-Amélie était en correspondance habituelle avec la reine Marie-Christine, sa sœur. Quand le nouvel ambassadeur de France, M. de Barante, arriva à Turin, il y trouva beaucoup de crainte des mouvements révolutionnaires, mais point de méfiance du gouvernement français; on ne le croyait nullement disposé à susciter ou à soutenir en Italie des troubles. Tout en s'appuyant sur l'Autriche, le cabinet piémontais conservait envers elle son attitude comme son sentiment d'indépendance et de réserve; il avait reçu froidement, sans les repousser absolument, les offres de secours que le prince de Metternich s'était empressé de lui faire contre les révolutions; il était sincèrement résolu à vivre en bons termes avec la France de 1830 et son gouvernement. De leur côté, les libéraux piémontais, même les *carbonari*, accoutumés, depuis leur échec de 1821, à la précaution et au silence, ne tentaient aucun mouvement; ils se rapprochaient de M. de Barante, plutôt par curiosité que dans l'espoir ou même avec le dessein de l'attirer dans leurs vues; un projet de proclamation fut imprimé en épreuve et lui fut montré, bien plus pour savoir ce qu'il dirait que pour lui donner officieusement une information. Nous étions en correspondance intime, et il m'écrivit le 8 février 1831, avec une sagacité que les événements se sont chargés de prouver : « Ce pays-ci est calme; le gouvernement est inquiet, mais ne se trouve aucun parti à prendre; les chances d'un mouvement jacobin et carbonaro semblent s'éloigner; les chances d'un progrès rapide dans l'opinion générale en deviennent plus grandes. Tous les yeux sont fixés sur nous. Le parti absolutiste, celui qui voudrait lutter et qui se fait des chimères, se compte par individus. Les hommes des hauts emplois, la noblesse passé cinquante ans, le Roi lui-même ne demandent que le *statu quo* gouverné sagement et avec égards pour tous. L'aristocratie plus jeune dit qu'il faut que la révolution vienne d'en haut, pour ne pas arriver d'en bas, et songe à de grandes réformes. D'autres, dans cette classe, vont même beaucoup plus loin et voudraient marcher presque du même pas que nous. On n'en est pas encore ici à compter pour beaucoup l'opinion du Tiers-État qui a pourtant à peu près autant de valeur qu'en France; on le ménage tous les jours de plus en plus, mais on ne l'admet pas, et on l'ignore. C'est là, ce me semble, ce qui est le gage le plus vraisemblable d'une révolution. Il y a une réforme sociale à faire, et elles ne s'opèrent guère par ordonnances des rois. »

La mort du roi Charles-Félix, survenue le 27 avril 1831, et l'avénement du roi Charles-Albert, son successeur, ne changèrent rien alors, en Piémont, à cet état du gouvernement et du pays. De 1830 à 1832, la portion de l'Italie que gouvernaient des princes de la maison de Bourbon fut tranquille et en bons rapports avec la France de 1830 et son nouveau roi.

Ce fut dans les petits États possédés par des princes de la maison d'Autriche et dans les États du pape, à Modène, à Parme, à Bologne, à Ancône qu'éclata l'insurrection. Le prince de Metternich avait hautement déclaré la conduite que tiendrait l'Autriche en pareil cas : mettre ses propres possessions italiennes à l'abri de l'incendie révolutionnaire en l'étouffant chez ses voisins, protéger les princes de la maison d'Autriche et les souverains italiens qui réclameraient son secours contre les révolutions tentées dans leurs États, c'était là sa doctrine publique et sa ferme résolution. M. de Metternich était à la fois un praticien à vues positives et un théoricien à maximes savantes; d'un esprit trop élevé pour ne pas connaître les besoins et les goûts de l'esprit humain, il avait toujours soin de placer ses actes sous un grand drapeau intellectuel; il allait sans hésiter à son but pratique, mais en donnant, à ses adversaires comme à ses alliés, le plaisir ou l'embarras de disserter philosophiquement sur la route. Il établit, sur le droit d'intervention dans certains cas et certaines limites, des principes que le gouvernement français de 1831 ne pouvait reconnaître, car il avait exprimé naguère, à propos de la Belgique, des principes en apparence contraires, mais qu'il ne devait pas non plus contester absolument, car il était bien résolu à se mêler de ce qui se passerait chez ses voisins si les intérêts de la France avaient évidemment et gravement à en souffrir. Les principes généraux ont presque toujours le tort de ne pas l'être assez pour embrasser tous les faits et convenir à tous les cas; aussi sont-ils d'ordinaire des armes de discussion plutôt que des règles de conduite. Le prince de Metternich envoya les troupes autrichiennes à Modène et à Bologne, au nom du droit d'intervention tel qu'il le définissait, mais en se hâtant de les retirer dès que les insurrections furent réprimées, ce qui n'exigea ni un long temps, ni un grand effort. M. Casimir Périer maintint le principe de non-intervention, mais en déclarant « qu'il n'en résultait point un contrat synallagmatique avec les insurrections de tous les pays, et que l'appui prêté par la France à ses voisins de Belgique n'établissait, entre elle et des nations éloignées, aucune espèce de solidarité du même genre. » Les deux ministres voulaient à la fois veiller aux intérêts de leur propre pays et maintenir la paix de l'Europe ; et tout en discutant ils se toléraient ou même s'entr'aidaient l'un l'autre dans leur travail vers leur double but.

Mais il était évident que, tant que les États italiens où l'insurrection avait éclaté, et surtout les États-Romains, resteraient dans la même situation intérieure, l'insurrection y recommencerait sans cesse, et qu'on verrait sans cesse, sur ce point, l'intervention nécessaire et la paix de l'Europe compromise. Il y a un degré de mauvais gouvernement que les peuples, grands ou petits, éclairés ou ignorants, ne supportent plus aujourd'hui : au milieu des ambitions démesurées et indistinctes qui les travaillent, c'est leur honneur et le plus sûr progrès de la civilisation moderne qu'ils aspirent, de la part de ceux qui les gouvernent, à une dose de justice, de bon sens, de lumières et de soins pour l'intérêt de tous, infiniment supérieure à celle qui suffisait jadis au maintien des sociétés humaines. Les pouvoirs qui ne comprendront pas cette condition actuelle de leur existence, et n'y sauront pas satisfaire, passeront tour à tour de la fièvre à l'atonie, et seront toujours à la veille de leur ruine. Frappées de cette nécessité de notre temps, et vivement pressées par le gouvernement français, les grandes puissances européennes essayèrent d'en convaincre aussi la cour de Rome, et de la déterminer à apporter dans l'administration de ses États des réformes suffisantes, sinon pour répondre à tous les désirs des libéraux italiens, du moins pour leur enlever leurs plus justes motifs de plainte et leurs meilleurs moyens de crédit auprès des populations. Les représentants de la France, de l'Autriche, de l'Angleterre, de la Prusse et de la Russie, à Rome, firent dans ce but, le 21 mai 1831, une démarche positive et concertée qui allait jusqu'à indiquer au pape les principales réformes dont l'Europe reconnaissait la nécessité et lui donnait le conseil [1].

La France avait alors pour représentant à Rome un de mes amis particuliers, le comte de Sainte-Aulaire, singulièrement propre, par ses dispositions et ses sentiments personnels, à la mission dont il était chargé. C'était non-seulement un très-galant homme et un homme très-éclairé, mais un catholique sincère en même temps qu'un libéral sincère, et un libéral modéré en même temps que résolu. Il portait, dans les conseils qu'il donnait à la cour de Rome au nom de la France, autant de respect et de bon vouloir pour le pape que de zèle en faveur des populations romaines et pour l'amélioration de leur gouvernement. S'il y avait un écueil dont il eût à se garder, c'était l'excès de la franchise dans l'expression successive des sentiments divers qui l'animaient et dans la défense alternative des intérêts divers qu'il avait à concilier. En soutenant, tour à tour et selon le besoin du moment, tantôt le gouvernement papal contre des prétentions sans mesure ou des menées hostiles, tantôt les vœux des populations romaines et les réformes qu'il demandait pour elles contre les préjugés ou l'entêtement de leurs maîtres, il abondait quelquefois avec trop d'effusion dans la cause dont il prenait

[1] *Pièces historiques,* n° X.

ce jour-là la défense, sans se préoccuper assez de celle qu'il aurait à défendre le lendemain, et de l'effet de ses diverses paroles sur le public, soit de France, soit d'Italie, qui l'entendait parler. Il était toujours parfaitement sensé et loyal, pas toujours assez prévoyant et circonspect. Noble défaut qui n'eût eu aucun inconvénient si la plupart des autres acteurs politiques, Italiens et Français, n'avaient pas eu plus d'arrière-pensées que M. de Sainte-Aulaire, et si la politique de toutes les puissances européennes avait été, dans la question italienne, aussi décidée que celle du cabinet français et de son ambassadeur à Rome en 1831.

Mais il n'en était pas ainsi : les meneurs populaires en France cherchaient, dans les affaires d'Italie, tout autre chose que la réforme du gouvernement romain, et, pour beaucoup de libéraux italiens, cette réforme n'avait de valeur qu'autant qu'elle préparait une révolution et une guerre nationales au lieu de les prévenir. De leur côté, les puissances européennes étaient loin de porter toutes, dans leurs conseils au pape, les mêmes sentiments : le prince de Metternich ne croyait guère, je pense, au succès des réformes indiquées, et l'empereur Nicolas ne le désirait point. C'était là, aux yeux de l'un des rêves, aux yeux de l'autre, des atteintes aux droits et à l'autorité d'un souverain. Ils s'étaient prêtés à la démarche faite auprès du pape, par prudence dans un moment d'orage, surtout par égard pour la France et l'Angleterre, dont ils redoutaient l'action libérale et qu'ils espéraient contenir en ne s'en séparant pas ; mais, dans leur cœur, ils ne portaient à leur propre sollicitation ni confiance, ni goût.

Rien n'est plus imprudent et ne crée, dans les grandes affaires, plus d'embarras que les actes qui ne sont pas faits sérieusement, et dont ceux-là même qui les font n'espèrent ou ne désirent pas le succès. Les bonnes apparences sans effet sont fatales à la bonne politique, et les remèdes vains aggravent le mal qu'ils ont l'air de vouloir guérir. Pour échapper à des difficultés intérieures ou à des mésintelligences diplomatiques, par complaisance plutôt que par conviction, on avait demandé à la cour de Rome des réformes; on ne s'inquiéta guère de savoir, d'abord si elles étaient praticables et suffisantes, ensuite si elles étaient exécutées; on voulait une démonstration bien plus qu'un résultat; la démonstration affaiblit le pape, et le résultat ne satisfit point les populations. Si les puissances européennes avaient été vraiment d'accord sur le fond des choses, si elles avaient toutes pris à leurs conseils le même intérêt, si elles avaient exercé sur la cour de Rome une action unanime et soutenue, elles auraient peut-être fait faire à la question italienne un pas vers une réelle et bonne solution; elles ne firent que l'envenimer. Les populations, déjà peu disposées à se contenter même de réformes efficaces, s'empressèrent de se livrer à l'irritation des espérances trompées. Quelques mois à peine après la promulgation des édits du pape, en date des 5 juillet, 5 et 31 octobre, et 4 et 5 novembre 1831, pour la réforme de l'administration municipale, de la justice civile et de la justice criminelle dans les Légations[1], le désordre et l'insoumission d'abord, puis l'insurrection y recommencèrent; les gardes civiques se levèrent en armes; le cardinal Bernetti adressa une note aux représentants des cours étrangères pour leur déclarer la nécessité où se trouvait le pape de rentrer dans les voies d'une répression énergique. Toute réforme de la justice criminelle fut en effet suspendue; la guerre civile éclata; les troupes du pape battirent les insurgés sans les soumettre, et leurs excès après la victoire rengagèrent la lutte sous la forme des séditions locales, des vengeances privées, des rencontres fortuites, des assassinats. Sur la demande de la cour de Rome, et presque à la joie des populations, les Autrichiens rentrèrent dans les villes dont ils venaient de sortir.

La question italienne se présenta alors sous un tout autre aspect. Le concert des puissances avait été vain. La France, dont la politique à la fois libérale et antirévolutionnaire avait paru adoptée par l'Europe, n'avait pas réussi à la faire triompher en Italie, ni à établir, par cette voie, l'accord entre le pape et ses sujets. C'étaient l'Autriche et la politique de répression matérielle qui prévalaient. Si on en restait là, si le gouvernement fran-

---

[1] *Pièces historiques*, n° XI. Je joins à ces édits une lettre que M. Rossi m'écrivit de Genève, le 10 avril 1832, plusieurs mois après leur promulgation, et qui montre combien, soit par leur insignifiance, soit par leur non-exécution, ils avaient peu satisfait les Italiens les plus modérés, et quelles espérances ou plutôt quels désirs continuaient d'agiter les esprits. (*Pièces historiques*, n° XI.)

çais ne se montrait pas sensible à cet échec et prompt à le réparer, il n'avait plus en Italie ni considération, ni influence; en France, il ne savait que répondre aux attaques et aux insultes de l'opposition. Déjà elle s'indignait, elle questionnait, elle racontait les douleurs des Italiens, les excès des soldats du pape, la rentrée des Autrichiens dans les Légations en dominateurs et presque en sauveurs pour la sécurité de la population comme pour l'autorité du souverain. Il n'y avait là, pour la France, point d'intérêt matériel et direct; mais il y avait une question de dignité et de grandeur nationale, peut-être aussi de repos intérieur. La politique de la paix était abaissée et compromise. M. Casimir Périer n'était pas homme à prendre froidement et à accepter oisivement cette situation. Le Roi partagea son avis. L'expédition d'Ancône fut résolue.

On sait avec quelle rapidité et quelle vigueur elle fut exécutée. Partie de Toulon le 7 février 1832, sous les ordres du capitaine de vaisseau Gallois, et portant le 66e régiment de ligne, commandé par le colonel Combes, la petite escadre française arrivait le 22 en vue d'Ancône; dans la nuit, à deux heures, la frégate *la Victoire* entrait à pleines voiles dans le port; les troupes débarquaient en silence; les portes de la ville étaient enfoncées; et le lendemain matin, sans qu'une goutte de sang eût coulé, la ville et la citadelle étaient occupées par nos soldats faisant le service de tous les postes concurremment avec les soldats du pape, et le drapeau français flottait à côté du drapeau romain.

En France comme en Italie, comme dans toute l'Europe, la surprise fut extrême. Non que l'idée de quelque acte semblable du gouvernement français fût tout à fait nouvelle et n'eût pas déjà occupé les cabinets et les diplomates. Dès la première entrée des Autrichiens dans les Légations, M. de Sainte-Aulaire avait lui-même engagé le général Sébastiani à envoyer sur les côtes d'Italie des bâtiments français, prêts à une démonstration effective si elle devenait nécessaire; et le capitaine (aujourd'hui amiral) Parseval Deschênes s'était en effet promené avec ses frégates, d'abord devant Civita-Vecchia, puis dans l'Adriatique, tenant la haute mer, mais se portant vers les ports de la côte, entre autres vers Rimini et Ancône, dès que les troupes autrichiennes avaient l'air de s'en rapprocher. Quand la seconde occupation des Légations fut imminente, M. Casimir Périer chargea expressément M. de Sainte-Aulaire de demander au Pape que, si les Autrichiens y rentraient, les troupes de quelque puissance italienne, spécialement du Piémont, fussent admises sur quelque autre point des États-Romains, et un corps français dans la citadelle d'Ancône. M. de Sainte-Aulaire s'acquitta fidèlement de sa mission, et dans plusieurs entretiens, d'abord avec le cardinal Bernetti, puis avec le Pape lui-même, il leur annonça la demande du gouvernement français. Au premier moment il put croire qu'elle ne serait pas péremptoirement repoussée; mais bientôt, à l'idée de la présence des soldats et du drapeau français sur un point quelconque de l'Italie, une vive alarme s'empara de la cour de Rome, de tout le Sacré-Collége et des représentants des puissances étrangères auprès du Pape ; c'était, à leurs yeux, probablement la révolution, et en tout cas l'influence française envahissant l'Italie. Leur opposition n'eut pas grand'peine à prévaloir ; et lorsque, le 31 janvier 1832, le comte de Sainte-Aulaire adressa officiellement au cardinal Bernetti la demande du cabinet français, le cardinal y répondit le lendemain par un refus formel. Huit jours après, le 9 février, M. Casimir Périer informait M. de Sainte-Aulaire qu'une escadre française, à la destination d'Ancône, avait fait voile de Toulon.

Depuis quelques semaines déjà, on s'entretenait en Italie des préparatifs de cet armement ; mais on se demandait avec une profonde incertitude quel en pouvait être l'objet. A Rome, à Naples, à Florence, pas plus les agents français que les politiques italiens, personne n'avait cru à ce débarquement soudain, à cette invasion inattendue et à main armée dans une ville romaine ; l'acte semblait trop contraire au droit public et trop téméraire pour être ainsi commis en pleine paix et sans l'aveu, ni du pape, ni des alliés de la France. A Turin seulement M. de Barante, informé par M. Edmond de Bussierre, alors premier secrétaire de l'ambassade de France à Naples, du départ de l'expédition et de son objet probable, m'écrivit le 28 février 1832, avant de savoir qu'elle avait réussi : « J'attends dans la journée le courrier qui apportera des nouvelles d'Ancône. Nous supposons ici que, malgré le profond déplaisir que cette occupation causera à l'Autriche et au Saint-Siége, on y aura consenti. C'est, dans les circonstances données, la meilleure détermination qu'on pût prendre. L'occupation par les troupes sardes était difficile à arranger. Le cabinet de Turin ne s'y serait prêté que s'il eût été parfaitement certain de ne point déplaire à l'Autriche. Dès lors, politiquement, une garnison sarde eût été une garnison autrichienne. Cet arrangement eût laissé subsister ce que nous avons à empêcher, la suzeraineté de l'Autriche sur l'Italie. Là est toute la question. A Vienne et à Milan, on n'a aucune envie de conquérir les Légations, mais on veut garder la haute main sur la Péninsule; et c'était chose d'autant plus facile que les gouvernements italiens, qui s'en défendaient un peu avant notre révolution, aujourd'hui ne demandent pas mieux et cherchent là leur sauve-garde. Si donc nous occupons Ancône, ce que je saurai avant de fermer ma lettre, nous aurons déplu à l'Autriche sans qu'elle veuille se brouiller avec nous, ce qui est très-bon. Nous aurons montré aux gouvernements italiens que nous n'entendons pas qu'ils se fassent vassaux, afin de ne rien accorder à leurs sujets. Nous aurons fait acte de force, à la grande joie de tout le parti français et libéral, qui se trouvera encouragé et appuyé par la présence de notre drapeau en Italie. Les *carbonari* eux-mêmes commenceront à faire un peu plus de cas de notre ministère que de M. de La Fayette. Tout est donc pour le mieux, s'il y a succès. » Quelques heures plus tard, M. de Barante terminait ainsi sa lettre : « C'est chose faite; nous sommes entrés à Ancône avec des démonstrations de vive force, et le pape proteste. Si l'Autriche, comme il semble, prend la chose en patience, nous voilà en bonne position. L'effet sera grand en Italie, et je l'aperçois déjà. »

A Rome, dans les premiers moments, l'irritation du gouvernement fut aussi vive qu'elle était naturelle : par une note du cardinal Bernetti à M. de Sainte-Aulaire, le pape protesta solennellement contre l'occupation d'Ancône; il fit retirer de la ville ses représentants, ses soldats, son drapeau, et transféra à Osimo le gouvernement de la province. Le cabinet de Vienne fit grand bruit de sa surprise, déclarant que c'était là une affaire européenne et dont tous les cabinets devaient se préoccuper. A Londres même, lord Grey et lord Palmerston, que M. de Talleyrand, tenu au courant par M. Périer, avait d'avance préparés à l'événement, et qui s'y étaient résignés, non sans quelque peine, furent accusés, dans le parlement, de livrer l'Italie à l'ambition de la France. M. de Sainte-Aulaire était et ne pouvait pas ne pas être un peu troublé et inquiet; après l'insuccès de sa négociation pour arriver au même but par une voie régulière, il ne s'était point attendu à un acte si soudain et si rude; c'était sur lui que portait le poids d'une situation qu'il n'avait pas faite; c'était à lui à calmer l'irritation et à dissiper les méfiances du pape et de ses conseillers. Il se mit à l'œuvre avec sa fidélité et son dévouement accoutumés aux instructions de son gouvernement comme aux intérêts de son pays; et six semaines après l'occupation d'Ancône, il avait réussi à la faire reconnaître par la cour de Rome comme un fait temporaire qui ne devait altérer ni la paix de l'Europe, ni les bons rapports du Saint-Siége avec la France, et une convention du 16 avril 1832 en régla le mode et les conditions.

Indépendamment de son propre travail et de la confiance personnelle qu'il avait conquise à Rome, ce fut surtout à l'attitude et au langage que tint alors M. Casimir Périer, soit dans les relations diplomatiques, soit dans les Chambres, que M. de Sainte-Aulaire dut le crédit et la force dont il avait besoin pour atteindre à ce difficile résultat. Au moment où l'on apprit que les troupes françaises étaient entrées de vive force dans Ancône, les représentants des grandes puissances à Paris, soit qu'ils fussent réellement troublés de l'événement, soit qu'ils voulussent mettre à couvert leur responsabilité officielle, se rendirent chez M. Périer pour lui demander des explications. Ils le trouvèrent très-souffrant ; on venait, quelques heures auparavant, de lui mettre des sangsues ; il les reçut avec une fierté agitée ; et, sur une parole du ministre de Prusse, le baron de Werther, qui demanda s'il y avait encore un droit public européen, M. Périer, se levant brusquement de son canapé, s'avança vers lui en s'écriant : « Le droit public européen, Monsieur, c'est moi qui le défends ; croyez vous qu'il soit facile de maintenir les traités et la paix ? Il faut que l'honneur de la France aussi soit maintenu ; il commandait ce que je viens de faire. J'ai droit à la confiance de l'Europe, et j'y ai compté ! » Le comte Pozzo di Borgo me disait, en me racontant cette entrevue : « Je vois encore cette grande figure pâle, debout dans sa robe de chambre flottante, la tête enveloppée d'un foulard rouge, marchant sur nous avec colère. » Ce premier mouvement passé, la conversation devint facile, et les ministres étrangers se retirèrent satisfaits. Le coup ainsi porté et bien soutenu, M. Périer sentit la nécessité de panser la blessure, et il le fit avec la fermeté franche d'un homme sûr de son dessein comme de son pouvoir, qui ne désavoue rien parce qu'il n'a rien à cacher, et qui, en marchant à son but, sait s'arrêter aussi bien que s'élancer. Le 7 mars 1832, la Chambre des députés discutait le budget du département des affaires étrangères; M. Casimir Périer prit la parole, et traita toutes les questions flagrantes de la politique extérieure. Arrivé aux affaires d'Italie et à l'occupation d'Ancône, connue à Paris seulement depuis quatre jours : « Ce n'est point encore là, dit-il, un événement accompli, et par conséquent soumis à des investigations sans bornes; mais nous nous hâtons de déclarer qu'il n'y a rien, dans cette démarche mûrement réfléchie et dont toutes les conséquences ont été pesées, qui puisse donner aux amis de la paix la moindre inquiétude sur le maintien de la bonne harmonie entre les puissances qui concourent, dans cette question comme dans toutes les autres, à un but commun. Comme notre expédition de Belgique, notre expédition à Ancône, conçue dans l'intérêt général de la paix, aussi bien que dans l'intérêt politique de la France, aura pour effet de contribuer à garantir de toute collision cette partie de l'Europe, en affermissant le Saint-Siége, en procurant aux populations italiennes des avantages réels et certains, et en mettant un terme à des interventions périodiques, fatigantes pour les puissances qui les exercent, et qui pourraient être un sujet continuel d'inquiétude pour le repos de l'Europe. »

A mon tour, je montai le lendemain à la tribune, et, plus libre que M. Périer, j'entrai plus avant dans l'explication des motifs de l'expédition d'Ancône, de notre politique en Italie, et de ses liens avec notre politique générale en Europe : « Nous ne pouvons le méconnaître, dis-je; il y a un parti, une faction qui a besoin d'une guerre générale, qui n'a d'espérance et de chance que dans une collision universelle. On avait espéré que cette collision viendrait de la Belgique; elle a manqué. On l'avait espérée de la Pologne; elle a manqué. On la cherche en Italie. On s'est hâté de dire qu'il y avait là, de la part de l'Autriche, une grande intrigue, et que son intervention dans les Légations n'était qu'un prétexte pour s'emparer de ces provinces et les ajouter à ses possessions italiennes. On s'est flatté que de là naîtrait, entre la France et l'Autriche, une collision que la Belgique et la Pologne n'ont pas donnée, et dont on se promet je ne sais combien de révolutions en Europe. J'ai la confiance qu'on se trompera sur l'Italie comme on s'est trompé sur la Belgique et la Pologne. Le gouvernement autrichien a trop de bon sens pour ne pas savoir que la possession même des Légations ne vaut pas pour lui les chances d'une guerre générale; ce qu'il veut, c'est que l'Italie lui appartienne par voie d'influence, et c'est là ce que la France ne saurait admettre. Il faut que chacun prenne ses positions; l'Autriche a pris les siennes; nous prenons, nous prendrons les nôtres; nous soutiendrons l'indépendance des États italiens, le développement des libertés italiennes; nous ne souffrirons pas que l'Italie tombe complétement sous la prépondérance autrichienne; mais nous éviterons toute collision générale. Les insurrections fomentées et exploitées, les guerres d'invasion et de conquête, voilà la politique révolutionnaire, celle où l'on voudrait nous entraîner; des mesures comminatoires, des précautions fortes, des expéditions limitées, des négociations patientes, voilà la politique régulière et civilisée. Nous avons commencé à y entrer; nous y persévérerons. Les difficultés que nous rencontrons sont graves; mais elles n'ont rien d'incompatible avec l'état de paix européenne; ce ne sont pas des questions de vie et de mort; elles se résoudront peu à peu par la bonne conduite du gouvernement, par son respect des droits de tous, de tous les droits de tous, et par la constance des Chambres à le soutenir fermement dans cette voie. »

Je prends plaisir à me rappeler nos luttes de cette époque; j'y entrais avec ardeur, mais comme volontaire et en pleine liberté; aucune fonction, aucun engagement ne me liaient à M. Casimir Périer; c'était mon propre dessein que je poursuivais, ma propre pensée que je développais en défendant son administration. Et je n'allais pas seul au combat; j'y trouvais, indépendamment des ministres, d'habiles et efficaces alliés : M. Dupin et M. Thiers soutenaient comme moi la politique du cabinet. Occupant tous deux des fonctions, l'un procureur général à la Cour de cassation, l'autre conseiller d'État, ils n'en étaient pas moins, dans les Chambres, des champions de bonne volonté, poussés par leur conviction personnelle bien plus que par l'obligation de leur charge. Il n'y avait entre nous aucun concert, point d'entente préalable ni de tactique convenue; nous entrions dans l'arène, chacun par la porte qui lui convenait et sous les couleurs de son choix. Nous traitions en général les questions sous des points de vue et par des procédés très-différents. M. Dupin, en parlant de la politique extérieure, la considérait moins en elle-même que dans son influence sur l'état intérieur du pays, sur ses intérêts domestiques, sa prospérité, son repos. M. Thiers parcourait toutes les hypothèses, discutait toutes les conduites, celle qu'indiquait l'opposition comme celle que tenait le gouvernement, et il faisait à chaque pas ressortir les impossibilités pratiques, les contradictions inévitables, les périls démesurés de la politique que MM. Mauguin, Bignon, Lamarque, et aussi M. de La Fayette avec plus de dignité et de politesse, quoique plus hardiment encore, auraient voulu imposer au pays comme au gouvernement. Je m'appliquais surtout à bien caractériser la politique générale du cabinet et de ses amis, à l'établir fortement en droit, à montrer comment elle devait persister et dominer dans toutes les questions particulières; et en même temps j'attaquais de front les mauvaises traditions, les faux principes auxquels était empruntée la politique de l'opposition et dont elle eût ramené le funeste empire. Loin de nuire à la cause que nous soutenions en commun, ces diversités de position et de langage la servaient, car elles faisaient voir combien de défenseurs divers, mais tous convaincus et zélés, se ralliaient pour la faire triompher.

L'expédition d'Ancône n'était pas la première preuve que M. Casimir Périer eût donnée de son efficace énergie à soutenir au dehors l'honneur et l'intérêt de la France. Quelques mois auparavant, il avait eu de justes réclamations à élever contre l'iniquité brutale avec laquelle le roi don Miguel traitait, dans leur personne comme dans leurs biens, les Français établis en Portugal, et il n'en avait pas obtenu le redressement. Le gouvernement anglais, qui avait eu aussi à Lisbonne quelques-uns de ses nationaux à protéger contre des violences semblables, venait de recevoir les satisfactions qu'il avait demandées. M. Casimir Périer, las de les attendre, résolut d'aller les prendre. L'amiral Roussin, à la tête d'une belle escadre et avec autant d'habileté que de hardiesse, força l'entrée du Tage, fit prisonnière dans ses propres eaux toute la flotte portugaise, éteignit le feu des forts qui la protégeaient, et devant les quais de Lisbonne contraignit les ministres de don Miguel à venir signer sur son vaisseau la convention qui donnait, à la France et aux Français établis en Portugal, toutes les réparations de dignité et d'intérêt auxquelles ils avaient droit. La brillante exécution de cette rapide campagne n'en fut pas, aux yeux du public français, le seul mérite; il y vit une preuve de l'indépendance que conservait le cabinet de M. Casimir Périer dans ses rapports avec l'Angleterre. A Londres, l'opposition essaya de faire au gouvernement un reproche de l'humiliation que le Portugal venait de subir; le duc de Wellington lui-même sortit, à cette occasion, de sa réserve accoutumée : « J'ai senti, dit-il, moi sujet anglais, la rougeur me monter au front, à la vue d'un ancien allié traité ainsi sans que l'Angleterre fît rien pour s'y opposer. » Le cabinet anglais n'avait nul droit de s'opposer à la justice que réclamait la France; et si le duc de Wellington eût été au pouvoir, je ne doute guère qu'il n'eût tenu la même conduite que lord Grey. Quand on n'agit que selon le droit, et qu'en l'établissant clairement on le soutient fermement, le gouvernement anglais, même quand il a de l'humeur, ne s'engage pas légèrement, et pour des questions secondaires, dans une querelle sérieuse avec ses voisins.

Cette bonne conduite soutenue, ce concours de prudence et de vigueur, cette fermeté à ne pas s'écarter, dans les questions particulières les plus épineuses, de la politique générale et pacifique que proclamait le cabinet, faisaient en Europe, autant et encore plus qu'en France, une profonde impression. M. Casimir Périer devenait partout l'objet de l'estime et des espérances, non-seulement des hommes en pouvoir, mais des honnêtes gens éclairés. Le cabinet anglais lui témoignait de jour en jour plus de confiance. Les gouvernements même les plus méfiants commençaient à compter sur sa parole et à croire qu'avec lui on pouvait traiter de l'avenir. Un désarmement général et concerté était le vœu de tous les cabinets. A Vienne surtout, le prince de Metternich s'attachait à cette perspective, faisait honneur à M. Périer de l'avoir ouverte, et parlait tout haut des éclatantes marques de considération que tous les souverains s'empresseraient de lui donner s'il rendait possible, pour l'Europe, cette grande mesure qui devait épargner aux peuples tant de charges et aux gouvernements tant d'embarras. « Ce que nous pouvons nous-mêmes concevoir d'espérance au dedans, m'écrivait M. de Barante, est avidement saisi par l'étranger. Les cabinets n'ont nulle envie de jouer le tout pour le tout. Quelle que soit leur antipathie pour la Révolution de Juillet, ils aimeraient mieux la voir se régler et se consolider que tomber en confusion. Au fond, la France révolutionnaire leur paraît moins redoutable en permanence que la France bien ordonnée; parfois ils s'imaginent qu'elle n'aurait pas même la force du désordre. Pourtant c'est là un grand péril, actuel, inconnu, impossible à mesurer, et l'on aime mieux ne pas le courir. Mais toute la situation changerait si M. Périer s'en allait. Déjà, quand, à l'ouverture de votre session, il a voulu se retirer, on a cru tout perdu. Aussi l'affaire de Belgique a-t-elle passé pour un coup de bonheur. »

Mais ni l'énergie, ni le renom d'un homme ne suffisent, en quelques mois, à faire rentrer dans l'ordre une société profondément ébranlée. M. Casimir Périer avait accepté la plus rude comme la plus noble des tâches, la tâche de dompter l'anarchie au nom d'un gouvernement né d'une révolution et en présence de la liberté. Au milieu de ses efforts et de ses succès, et de la confiance qu'il inspirait aux honnêtes gens de France et d'Europe, le mal était toujours là, ralenti mais non guéri ; l'anarchie se débattait sous sa main, intimidée mais non vaincue. Dans les premiers mois de 1832, deux complots éclatèrent encore à Paris, et sur plusieurs points du royaume, comme à Grenoble, l'autorité du gouvernement fut méconnue et la paix publique violemment troublée. Les espérances révolutionnaires enflammaient encore les mauvaises passions. Le parti républicain ne renonçait point ; le parti légitimiste rentrait en scène. La presse périodique n'avait jamais été plus hostile ni avec plus d'audace. Dans la Chambre des députés, l'opposition poursuivait ses attaques contre le cabinet, et l'étalage de cette politique déclamatoire qui, tantôt adroitement violente, tantôt confiante dans sa témérité, donnait un appui indirect à la guerre à mort que, hors des Chambres, le pouvoir avait à soutenir. Les étrangers, princes et peuples, observaient avec une surprise inquiète cet état de révolution prolongée sous un gouvernement qui s'était si promptement et si facilement établi : « Notre considération et notre influence, m'écrivait M. de Barante, sont mises en quarantaine; nous offrons l'aspect d'un pays où les honnêtes gens soutiennent la plus pénible et la plus dangereuse lutte contre la partie folle ou perverse de la population. Le point d'arrêt n'est pas trouvé; on s'aperçoit que tout est encore en question et en péril; les victoires du parti raisonnable semblent l'épuiser, sans affaiblir le parti opposé. Le désir de changer l'état de la société et de réduire à l'état de parias toutes les supériorités devient de jour en jour plus manifeste. On admire, mais on plaint M. Périer. Votre nom est souvent prononcé comme celui du plus net et du plus vaillant adversaire de l'esprit d'anarchie; mais lors même qu'on espère une heureuse issue, un tel état social tente peu les libéraux qui ne sont pas révolutionnaires. Si nous étions en meilleur train, si nous présentions un aspect rassurant et honorable, le progrès des idées d'amélioration serait rapide. Au lieu de cela, l'Italie flotte entre la sédition et la répression autrichienne. »

Personne ne se faisait, sur l'état du pays et sur l'insuffisance de son propre succès, moins d'illusion que M. Périer lui-même. J'ai déjà dit qu'il était peu enclin à l'espérance, et très-méfiant soit envers les hommes, soit envers la destinée. L'expérience, loin de l'atténuer, aggravait en lui cette disposition. A mesure qu'il gouvernait, il devenait plus difficile en fait de gouvernement, plus choqué de ce qui manquait à son œuvre, plus exigeant envers ses agents, ses alliés et ses amis : « Personne ne fait tout son devoir, disait-il; personne ne vient en aide au gouvernement dans les moments difficiles. Je ne puis pas tout faire. Je ne sortirai pas de l'ornière à moi tout seul. Je suis pourtant un bon cheval. Je me tuerai, s'il le faut, à la peine. Mais que tout le monde s'y mette franchement et donne avec moi le coup de collier ; sans cela, la France est perdue. » Il prévoyait le moment où, même en réussissant, il ne pourrait ou ne voudrait pas porter plus longtemps le fardeau dont il s'était chargé, et il se préoccupait, avec une noble inquiétude, de ce que serait après lui le sort de son pays. Un de mes amis, jeune attaché alors à son cabinet et qui devint peu après son neveu, M. Vitet eut avec lui, vers le milieu de mars 1832, peu de jours avant l'invasion du choléra dans Paris, une conversation dont il fut si frappé qu'il en a recueilli les souvenirs. Je les consigne ici textuellement, tels qu'il me les a communiqués, et sans croire que l'honneur qui m'y est fait par l'estime de M. Casimir Périer m'impose une apparence d'embarras et un devoir de réticence. « Je l'avais accompagné en tête à tête, dit M. Vitet, hors Paris, à sa maison du bois de Boulogne, où son médecin l'envoyait prendre l'air, car il était déjà affaibli et souffrant. Nous fîmes, pendant plus de deux heures, le tour de ses jardins, sous un ciel triste et brumeux que je vois encore. Il me parla, avec plus d'abandon et de suite qu'il n'avait jamais fait, de ses projets, de ses plans, de ses espérances. Il me lut les dernières dépêches qu'il venait de recevoir de Londres et de Vienne, me montra que, dans un délai plus court qu'on ne pensait, il y avait lieu d'attendre que les puissances continentales désarmeraient sur une assez grande échelle pour ôter toute idée d'arrière-pensée de leur part : « Dès lors, ajouta-t-il, toute cette mousse de guerre tombera, et cela fait, je me retire ; ma tâche sera terminée. Le fardeau est déjà lourd ; il deviendrait intolérable quand le danger serait dissipé. Mes meilleurs amis, qui déjà ne sont pas commodes, me joueraient, à tout propos, des tours pendables. Je leur céderai la place. Mais je ne m'en irai pas sans m'être donné des successeurs qui comprennent et qui veuillent conserver ce que j'ai fait. » Là dessus il entra dans de longs détails sur quelques-uns de ses alliés, les drapant de main de maître : « Ce n'est pas avec ces hommes-là, reprit-il, qu'on peut faire un gouvernement. Je sais que les doctrinaires ont de grands défauts, et qu'ils n'ont pas l'art de se faire aimer du gros public ; il n'y a qu'eux pourtant qui veuillent franchement ce que j'ai voulu. Je ne serai tranquille qu'avec Guizot. Nous avons gagné assez de terrain pour qu'il puisse entrer au pouvoir. Ce sera ma condition. »

Encore un exemple de la vanité des confiances de l'homme ! Au moment où M. Casimir Périer se préoccupait ainsi de régler l'avenir, le présent était près de lui échapper ; le choléra, qui devait l'atteindre, envahissait soudainement Paris. On a dit que, dès la première explosion du fléau, M. Périer en avait eu l'imagination frappée au point qu'à l'instant sa santé en souffrît, surtout que les bruits d'empoisonnement et les meurtres populaires suscités par ces bruits avaient troublé son âme, presque comme un outrage personnel. Il fut, en effet, profondément indigné de ces déplorables scènes de crédulité féroce : « Ce n'est pas là, disait-il, la pensée d'un peuple civilisé; c'est le cri d'un peuple sauvage. » Mais je ne pense pas que son impression soit allée plus loin : « J'étais présent, m'a dit M. d'Haubersaert, quand le préfet de police vint lui rendre compte de ce qui se passait. M. Périer fut ému, irrité, attristé, mais point troublé. » Il avait l'imagination chaude, le tempérament irritable, mais l'âme forte et l'esprit ferme; il voyait les choses telles qu'elles étaient réellement, sans exagération comme sans illusion, même lorsqu'il en était profondément remué.

Je ne trouve pas que les écrivains qui ont raconté ce temps aient peint avec vérité et justice l'état de Paris, gouvernement et peuple, pendant cette lugubre crise. Aussi absurdes qu'odieux, les emportements populaires furent peu nombreux, limités à quelques rues encombrées d'une population pauvre et grossière, et ils cessèrent promptement. L'aspect général de la ville était morne, mais point troublé; on ne voyait nulle part cette agitation désordonnée ou cette immobilité stupide qui caractérisent la peur; les habitants passaient dans les rues silencieux, le pas pressé, la physionomie un peu tendue et crispée, sous l'influence de l'air froid et sec qu'il respiraient. Les Chambres, les tribunaux, les fonctionnaires de toute sorte continuèrent régulièrement leurs travaux. Les prêtres, les administrateurs, les médecins, les employés des établissements pieux et charitables firent leur devoir, beaucoup avec ardeur, presque tous sans hésitation. Le Roi et sa famille, les ministres, tous les chefs des services publics donnèrent l'exemple du courage et du dévouement. Le comte d'Argout, dans les attributions duquel se trouvait la police sanitaire, parcourait les quartiers les plus malades, aidant de sa propre main à placer les morts dans les voitures qui les recueillaient de maison en maison pour les porter aux cimetières. La charité chrétienne, la sympathie libérale et le zèle administratif unissaient leurs efforts pour lutter contre le mal ou en atténuer les résultats. L'anxiété publique était visible, la tristesse profonde; mais on n'avait sous les yeux aucun de ces spectacles d'épouvante honteuse et de désorganisation sociale et morale qui, dans d'autres temps et ailleurs, ont accompagné de telles épreuves. On se sentait, au contraire, au milieu d'une population en qui dominait le sentiment du devoir ou de l'honneur, et sous la main d'un gouvernement régulier, intelligent, vigilant, résolu et capable d'accomplir, dans les limites de la science et de la puissance humaines, tout ce qu'exigeait de lui le périlleux service de la société confiée à ses soins.

Ce n'est point par des observations indirectes et lointaines, c'est de près et par moi-même que j'ai vu et pu apprécier l'état moral de Paris à cette époque. Je vivais au milieu du mal public et du travail assidûment suivi pour y porter remède. Pourquoi ne rendrais-je pas à une chère mémoire ce qui lui est dû? L'affection commande la réserve, mais n'interdit pas la vérité. Dame de charité dans le quartier que nous habitions, dès que le fléau y parut, ma femme se voua à en défendre les familles pauvres commises à sa charge, et bien d'autres aussi dont la détresse s'aggravait par ce nouveau péril. Elle employait chaque jour plusieurs heures à les visiter, à munir de précautions ceux qui se portaient bien, à faire soigner et souvent à soigner elle-même ceux qui étaient atteints, à faire promptement enlever ceux qui avaient succombé, à soutenir et à consoler ceux qui restaient. Sa jeunesse, son activité, sa sérénité, son facile courage, sa bonté à la fois sympathique et fortifiante lui acquirent bientôt la confiance des effrayés, des malades, des médecins, des administrateurs, de tous ceux qui, dans le quartier, étaient les objets ou les alliés de son œuvre. Ils venaient incessamment réclamer ses visites, ses secours, ses conseils ; les uns l'informaient de leurs maux et de leurs besoins ; les autres la mettaient au courant des mesures adoptées par l'administration et des moyens employés par la science. De mon cabinet, j'entendais fréquemment demander : «Madame Guizot y est-elle?» Je la voyais, avec une inquiétude qu'elle me voyait bien, mais dont nous ne nous parlions pas, sortir, rentrer, ressortir plusieurs fois dans le jour pour suffire à sa tâche. Sa santé n'en fut point altérée, mais elle eut bientôt à s'occuper de sa propre maison. Je fus moi-même atteint du choléra ; pas très-gravement, assez cependant pour que mon médecin, le docteur Lerminier, dît :

« Si M. Guizot avait peur, il serait bien malade. » Je n'eus à me défendre d'aucune impression semblable. Pendant un jour seulement, mon malaise fut extrême ; j'avais comme un sentiment de grand trouble et de désorganisation intérieure. Les remèdes, surtout l'emploi continu de la glace, mirent fin à cet état ; j'entrai rapidement en convalescence, et ma femme put reprendre au dehors son œuvre [1]. Cette atmosphère de charité où je vivais et ma propre indisposition me rendirent l'histoire du choléra de 1832 très-familière ; j'en entendais sans cesse parler ; j'étais au courant de tous les incidents, de tous les travaux, de tous les sentiments qui s'y rattachaient. Je suis sorti de cette triste époque plein d'estime pour la bonté, le courage, le dévouement, le zèle intelligent, la sympathie affectueuse, pour toutes les vertus privées qui abondent dans toutes les classes de la société française, et qui s'y déploient avec une verve charmante dès que les grandes épreuves les appellent. Il y a là de quoi compenser bien des faiblesses, et de puissants motifs d'espérer que cette société acquerra aussi, avec le temps, les vertus publiques dont elle a besoin pour accomplir sa destinée et pour satisfaire à son propre honneur.

Au plus fort de la crise, pour combattre les craintes de contagion et relever les esprits abattus, le gouverne-

[1] Je me donne le plaisir de publier, dans les *Pièces historiques*, n° XII, un essai intitulé : *De la Charité et de sa place dans la vie des femmes*, par Mme Éliza Guizot, écrit en 1828, et qui n'a été imprimé que dans un *Recueil* inédit et tiré seulement à soixante exemplaires.

ment voulut faire une démarche un peu éclatante. Le Roi proposa d'aller en personne, avec le président du Conseil, visiter l'Hôtel-Dieu. Le cabinet n'y consentit point; mais M. le duc d'Orléans, avec un généreux empressement, demanda à remplacer son père, et son offre fut acceptée. La visite eut lieu le 1er avril 1832. Le duc d'Orléans, M. Casimir Périer et M. de Marbois, alors président du Conseil général des hospices et âgé de quatre-vingt-sept ans, parcoururent les salles des cholériques de l'Hôtel-Dieu, s'arrêtant auprès du lit des malades, leur prenant les mains, causant avec eux, et les encourageant par de bonnes et fermes paroles. La visite fut longue. Plusieurs malades, dix ou douze, selon le rapport d'un assistant, moururent pendant sa durée. M. Lanyer, jeune médecin distingué, employé alors dans le ministère de l'intérieur comme directeur des affaires civiles de l'Algérie, avait accompagné M. Casimir Périer dans cette visite; il l'engagea, ainsi que M. le duc d'Orléans, à y mettre un terme, disant qu'un plus long séjour dans cette atmosphère pouvait être dangereux et était complétement inutile. Ni M. le duc d'Orléans, ni M. Périer ne tinrent compte de cet avis. Le prince discutait, avec une entière liberté d'esprit, la question de savoir si le choléra était ou non contagieux; et M. Périer, silencieux et grave, éprouvait et contenait visiblement, en présence de tant de souffrances, une profonde émotion. Ils se retirèrent enfin, et, rentré au ministère de l'intérieur, M. Périer se complaisait à raconter le courage de ce jeune prince et de ce vieux magistrat, l'un sur les marches du trône, l'autre sur le bord du tombeau, tous deux parfaitement tranquilles et sereins à côté de ces mourants dont le souffle répandait peut-être la mort. Pour lui, il avait, en parlant de ce spectacle, les yeux ardents, le teint pâle, la physionomie altérée, et ses amis étaient pénétrés d'inquiétude en le regardant.

Trois jours après cette lugubre visite, M. Casimir Périer était gravement malade; l'un de ses collègues, M. de Montalivet, vint le voir, le 5 avril, dans la soirée : « Je le trouvai seul, étendu sur un canapé; les meurtres commis la veille par une foule furieuse et stupide, sur de prétendus empoisonneurs, avaient fait sur son esprit une impression navrante. Il me fit, sur la France et sur lui-même, les plus tristes prédictions : « Je vous « l'ai déjà dit; je sortirai de ce ministère les pieds en « avant. » C'étaient en effet les termes dont il s'était servi avec moi le jour même où il s'installa au ministère de l'intérieur, le 14 mars 1831. Il m'entretint ensuite, avec calme et tristesse, de l'article à insérer le lendemain dans *le Moniteur*[1]. Le préfet de police arriva. Je le quittai en lui disant un adieu qui devait être le dernier. Je ne l'ai plus revu[2]. »

Pendant que le choléra, en envahissant M. Casimir Périer, mettait en péril le repos de la France, il lui enlevait, dans M. Cuvier, une de ses gloires[3]. Au milieu de

---

[1] *Pièces historiques*, n° XIII.

[2] Extrait d'une lettre que m'a adressée, le 18 septembre 1858, M. de Montalivet, à qui je dois, sur toute cette époque, plusieurs renseignements importants.

[3] On a discuté les causes de la mort de M. Cuvier. Pour

son trouble, la France sentit vivement cette perte; elle a toujours aimé la grandeur intellectuelle, et c'est aujourd'hui presque la seule qu'elle se plaise à honorer. Le concours aux obsèques de M. Cuvier fut très-grand, et un sentiment vrai de sympathie et de regret animait cette foule pressée d'accourir pour rendre hommage à un maître de la science, pressée de s'écouler pour se soustraire au péril du fléau qui l'avait frappé. Ce mélange de généreux respect et de préoccupation personnelle était un spectacle à la fois noble et triste.

Le mal éclata, chez M. Casimir Périer, avec une grande violence : « Des spasmes nerveux soulevaient ce grand corps dans son lit, par une sorte de mouvement mécanique dont la puissance irrésistible était effrayante. C'était un douloureux spectacle que celui de cette intelligence et de cette volonté si énergique luttant en vain contre la matière[1]. » Quelques-uns des médecins appelés doutaient que ce fût le choléra; la plupart, et les principaux, l'affirmaient, et tout semble

---

avoir, à ce sujet, l'avis d'un juge parfaitement compétent, je me suis adressé à mon savant confrère et ami, M. Flourens, son digne successeur dans l'Académie française comme dans l'Académie des sciences. Il m'a répondu : « Les causes de la mort de M. Cuvier sont restées douteuses. Elle a été attribuée au choléra, et il est très-probable que le choléra a en effet agi, mais seulement d'une manière latente. Les symptômes manifestes de la maladie furent ceux d'une paralysie qui, du bras droit, gagna successivement le pharynx et les organes respiratoires. »

[1] Extrait d'une lettre que m'a adressée, le 27 septembre 1858, sur la maladie et les derniers jours de M. Casimir Périer, M. Lanyer, qui l'avait accompagné à l'Hôtel-Dieu, et qui, depuis ce jour, resta constamment auprès de lui.

indiquer qu'ils avaient raison. A côté de M. Périer, dans le ministère de l'intérieur, onze personnes en étaient en même temps attaquées, et son collègue, M. d'Argout, qui l'avait accompagné dans la visite à l'Hôtel-Dieu, était frappé comme lui, et presque en aussi grand danger. Au bout de quelques jours, une amélioration sensible donna quelques espérances; ce fut, entre les médecins, le moment des doutes, des discussions et des essais divers; pendant six semaines, ils luttèrent de toute leur science, et le malade de toute la force de son âme, contre le mal toujours renaissant et croissant; mais tous les efforts étaient vains; la fièvre devenait de jour en jour plus ardente; l'extrême susceptibilité nerveuse de M. Périer allait souvent jusqu'au délire. Au milieu de son mal, l'avenir de son pays et de la bonne politique dans son pays était sa constante préoccupation. Il en parlait à ceux qui l'entouraient; il s'en parlait tout haut à lui-même dans les accès de la fièvre. Son fils aîné arriva d'Angleterre; M. Périer ne l'entretint pendant plus d'une heure que de la Conférence de Londres et du règlement des affaires de Belgique. Malgré l'affection qu'il portait à ce fils, il ne se laissa aller à aucun attendrissement, ne manifesta aucune faiblesse; la paix de l'Europe paraissait sa seule pensée. Quand son esprit se portait sur les affaires de l'intérieur, il exprimait pour l'ordre social, surtout pour la propriété, première base de l'ordre social, les plus vives alarmes, ne se faisant aucune illusion sur la valeur de ses succès contre l'anarchie, et sachant bien que, s'il avait arrêté la ruine de l'ordre, il n'avait pas assuré sa victoire : « J'ai les ailes coupées, disait-il; je suis bien malade, mais le pays est encore plus malade que moi. »

Le pays suivait avec anxiété les progrès de cette maladie qui le menaçait de retomber lui-même dans tout son mal. Quand on apprit, le 16 mai au matin, que M. Casimir Périer venait de succomber, un vif mouvement de regret, de reconnaissance et d'alarme éclata, en province comme à Paris, parmi les propriétaires, les négociants, les manufacturiers, les magistrats, dans toute cette population amie de l'ordre qu'il avait comprise et défendue mieux qu'elle ne savait se comprendre et se défendre elle-même. Elle accourut en foule à ses obsèques ; elle s'empressa de souscrire pour lui élever un monument. Les détails de cet élan d'estime publique sont partout. Je me joignis au départ du convoi funèbre; mais à peine remis de ma propre attaque de choléra, je ne pus l'accompagner jusqu'au cimetière. Parmi les discours qui y furent prononcés, celui de M. Royer-Collard, et parmi les écrits consacrés à la mémoire de M. Casimir Périer la *Notice* que M. de Rémusat a placée en tête du recueil de ses *Discours*, ont seuls une valeur historique : dans l'un, le caractère public, dans l'autre le caractère personnel de M. Casimir Périer sont peints avec autant d'éclat que de vérité. L'un et l'autre méritent de survivre au moment qui les inspira[1]. Ce sont de beaux exemples d'admiration

---

[1] *Pièces historiques*, n° XIV.

grave et de sympathie clairvoyante. Une année de gouvernement, qui fut un long combat sans résultat complet ni assuré, avait suffi pour conquérir à M. Casimir Périer ces sentiments des juges les plus difficiles, comme du public français et européen.'

CHAPITRE XIV

INSURRECTIONS LÉGITIMISTE ET RÉPUBLICAINE. — OPPOSITION PARLEMENTAIRE. — FORMATION DU CABINET DU 11 OCTOBRE 1832.

État des esprits après la mort de M. Casimir Périer ; — dans le gouvernement ; — dans les divers partis. — Insurrection légitimiste dans les départements de l'Ouest. — Principe et sentiments du parti légitimiste. — Mme la duchesse de Berry. — Principe et sentiments du parti républicain. — Ses préparatifs d'insurrection à Paris. — Manifeste ou *Compte rendu* de l'opposition parlementaire. — Ses motifs et son caractère. — Courage et insuffisance du cabinet. — On pense à M. de Talleyrand comme premier ministre. — Voyage de M. de Rémusat à Londres. — M. de Talleyrand s'y refuse. — Mort du général Lamarque. — Insurrection républicaine des 5 et 6 juin 1832. — Énergique résistance du parti de l'ordre. — Le roi parcourt Paris. — Je me rends aux Tuileries. — Visite aux Tuileries de MM. Laffitte, Odilon-Barrot et Arago. — Leur conversation avec le roi. — Faiblesse croissante du cabinet malgré sa victoire. — Ses deux fautes. — Mise en état de siége de Paris. — Arrestation de MM. de Chateaubriand, Fitz-James, Hyde de Neuville et Berryer. — Tentative du roi pour conserver le cabinet en le fortifiant. — M. Dupin. — Urgence de la situation. — Le roi nomme le maréchal Soult président du conseil et le charge de former un cabinet. — Le duc de Broglie est appelé à Paris. — Il fait de mon entrée dans le cabinet la condition de la sienne. — Objections et hésitation. — Le maréchal Soult fait une nouvelle proposition à M. Dupin, qui refuse. — On me propose et j'accepte le ministère de l'instruction publique. — Formation du cabinet du 11 octobre 1832.

(16 mai — 11 octobre 1832.)

Le 15 mai 1832, pendant que M. Casimir Périer vivait encore, le *Journal des Débats,* défenseur éprouvé et in-

terprète presque avoué du gouvernement, disait :
« C'est une erreur étrange que de s'obstiner à confondre le système et le ministère du 13 mars, comme si le système était né et devait s'éteindre avec tel ou tel homme. Non pas, à Dieu ne plaise, qu'il entre dans notre pensée de rabaisser le moins du monde les immenses services rendus par l'homme au système ! M. Casimir Périer a courageusement accepté la mission de faire prévaloir le système que tous les esprits éclairés et tous les bons citoyens avaient déjà reconnu et proclamé le seul capable de sauver la France. Cette mission, il l'a remplie avec une énergie et un talent qui lui assurent une mémoire immortelle. Mais M. Casimir Périer n'a point créé son système ; il n'a eu que le mérite de le discerner et de l'adopter franchement. C'est la force de l'opinion nationale qui a poussé aux affaires M. Casimir Périer et ses collègues ; c'est le système qui a fait le ministère du 13 mars, et non pas le ministère du 13 mars qui a fait le système. Le système du 13 mars a pris naissance au moment même de la Révolution de Juillet. Ce n'est autre chose que le système de la monarchie constitutionnelle opposé à la république pure, ou à la monarchie républicaine, ce qui se ressemble beaucoup. Ce système était né avant M. Casimir Périer ; il lui survivra si le malheur veut que M. Casimir Périer soit enlevé à la France. »

Le surlendemain 17 mai, M. Casimir Périer était mort, et *le Moniteur*, en l'annonçant officiellement, s'exprimait en ces termes : « La nation s'est attachée au système que le ministère du 13 mars s'appliquait à faire triompher : à l'intérieur, la Charte ; à l'extérieur, la paix. Il n'appartiendrait pas au caprice de quelques individus d'y rien changer ; c'est le vœu du pays, car ce fut l'esprit des élections de 1831 et des majorités parlementaires dans la session qui les suivit. Constitutionnellement, ce système doit donc rester intact, il est dans la pensée des trois pouvoirs. Politiquement, il est dans la nature des choses ; c'est la base du nouveau droit public consacré par le traité du 15 novembre [1]. Devant l'Europe et devant les Chambres, c'est donc un système convenu, et la bonne foi comme la responsabilité des dépositaires de l'autorité royale leur commande de préserver d'aucune atteinte les principes dont l'application leur a été confiée. Que la France, veuve d'un grand citoyen, sache donc bien qu'il n'y a rien de changé dans ses destinées politiques ; c'est elle-même qui se les est faites ; elle seule pourrait les changer, et elle ne le veut pas. Elle veut toujours la paix, elle veut toujours la Charte ; et son gouvernement restera fidèle à la mission qu'il a reçue de lui conserver ces deux biens [1]. »

Les malveillants et les esprits qui se croient sagaces parce qu'ils sont soupçonneux virent dans ce langage tout autre chose que le désir de rassurer la France : c'était, dirent-ils, l'explosion de la jalousie du Roi envers M. Casimir Périer, et de son dessein de ne voir ou

---

[1] Adopté par la Conférence de Londres et ratifié par les cinq puissances pour régler la séparation de la Belgique et de la Hollande.

de ne laisser voir dans ses ministres que les instruments de sa politique, en s'en attribuant à lui-même tout l'honneur. Louis XIV disait : « L'État, c'est moi ; » le roi Louis-Philippe veut dire : « Mon gouvernement, c'est moi [1]. » Les prétextes, légers mais spécieux, ne manquaient pas à cette imputation : ce prince avait des vivacités d'impression et des intempérances de langage qui lui donnaient quelquefois les airs de défauts qu'au fond il n'avait pas et de fautes qu'en définitive il ne faisait pas : il aimait la popularité et il était enclin à croire le public injuste envers lui ; deux penchants qu'il a patriotiquement surmontés pour soutenir la politique qu'il jugeait bonne et pour servir les vrais intérêts de la France. Mais, dans cette lutte intérieure, il voulait avoir au moins le mérite de son sacrifice, et que la France sût bien que, si elle jouissait des bienfaits de l'ordre, de la liberté légale et de la paix, c'était à lui surtout qu'elle les devait. Or, le gouvernement représentatif a ce résultat inévitable que ce ne sont pas les délibérations du Conseil, mais les effets de la scène qui frappent le public ; il peut arriver que le Roi soit pour beaucoup dans la politique qui prévaut, mais les ministres en sont toujours les acteurs ; c'est à eux surtout que vont les honneurs du succès comme les travaux et les périls du combat, car ils y engagent toute leur destinée. Et puis ils sortent des rangs du pays ; ils sont ses représentants immédiats et comme

---

[1] *Pièces historiques*, n° XV.

ses champions d'élite pour son service et sa défense. Il est naturel que ses regards et ses sentiments se portent d'abord sur eux; c'est même l'un des principaux mérites du régime constitutionnel qu'il en soit ainsi, et que la royauté n'ait pas à subir les chances de l'arène. Mais si la sécurité du trône y gagne, il peut arriver que l'amour-propre du prince en souffre; et s'il en souffre injustement, si la part qui lui revient effectivement dans l'adoption, le maintien et le succès de la bonne politique ne lui est pas faite dans l'opinion publique, si en même temps le cours des idées populaires et des hommes qui les représentent tend à le repousser de plus en plus dans l'ombre, si d'autres amours-propres s'élèvent en face de l'amour-propre royal et lui contestent ses satisfactions légitimes, alors surviennent ces susceptibilités d'influence ou de renommée, ces inquiétudes sur l'injustice et l'ingratitude publiques, ces mouvements naturels du cœur humain que le plus sage prince ne réussit guère à supprimer absolument, et qui lui prêtent, pour peu qu'il s'y laisse aller, des apparences que la conduite la plus modérée, la plus constitutionnelle, ne suffit pas toujours à effacer. C'est la difficile situation dont le roi Louis-Philippe, dans son attitude et son langage, n'a pas toujours tenu assez de compte, et dont il a eu injustement à souffrir.

Les rois oublient trop d'ailleurs avec quelle rapidité leurs moindres impressions, et les dispositions qu'ils laissent entrevoir en se hâtant de les contenir, fournissent à leur entourage les occasions d'un zèle où le public croit reconnaître leur propre pensée. Peu de jours après la mort de M. Casimir Périer, j'étais aux Tuileries, dans le salon de la Reine; un membre de la Chambre des Députés, homme de sens et très-dévoué au Roi, dit à l'un des officiers intimes de la cour : « Quel fléau que le choléra, Monsieur, et quelle perte que celle de M. Périer !—Oui certainement, monsieur; et la fille de M. Molé, cette pauvre madame de Champlâtreux ! » comme pour atténuer, en le comparant à une douleur très-légitime mais purement de famille, le deuil public pour la mort d'un grand ministre. Je ne doute pas que si le roi Louis Philippe eût entendu ce propos, il n'en eût senti l'inconvenance; mais les serviteurs ont des empressements qui vont fort au delà des désirs des rois, et celui-là croyait plaire en repoussant M. Casimir Périer dans la foule des morts que le choléra avait frappés.

Non-seulement rien, dans le langage du Roi et de son gouvernement après la mort de M. Casimir Périer, ne laissa paraître un tel sentiment ; mais ce langage, comme on le voit dans *le Moniteur* que je viens de rappeler, fut remarquablement modeste. En donnant à la France la certitude que la politique d'ordre et de paix du cabinet du 13 mars serait maintenue, on n'en faisait point remonter au Roi le mérite; son nom n'était pas même prononcé; c'était à la France elle-même qu'on reportait l'honneur du passé et l'espérance de l'avenir : « La France a fait elle-même ses destinées; elle seule pourrait les changer et elle ne le veut pas. »

La France en effet ne le voulait pas ; mais sa volonté confuse et chancelante serait demeurée vaine si la volonté précise et constante du roi Louis Philippe n'était venue en aide et aux ministres qu'il avait adoptés, et aux majorités parlementaires que ses ministres avaient ralliées autour du trône. Roi, Chambres, cabinet du 13 mars, tous avaient droit de réclamer la politique d'ordre et de paix comme la leur, car ils l'avaient tous efficacement soutenue. Et les collègues que M. Casimir Périer laissait après lui avaient droit aussi de parler en leur propre nom, car ils étaient sincèrement résolus à poursuivre et à défendre son œuvre, en fidèles héritiers.

Mais M. Casimir Périer à peine mort, on reconnut combien son héritage était lourd, et lui-même nécessaire pour le garder. C'est une remarque vulgaire qu'on ne mesure bien la place que tenait un homme que lorsque elle est vide; et le vide se fait durement sentir quand la nécessité d'agir devient pressante au moment même où manque le grand acteur.

Dans les meilleurs jours du ministère de M. Casimir Périer, les partis ennemis n'avaient pas cessé de conspirer : quand ils virent la France troublée par le choléra et le premier ministre lui-même atteint, ils jugèrent le moment favorable pour redoubler leurs efforts. Dans le cours du mois de mai 1832, pendant que le chef du cabinet était aux prises, dans les rues avec une terreur anarchique et dans son lit avec la mort, les légitimistes soulevèrent dans l'Ouest la guerre civile; les républicains s'armèrent pour une grande insurrection dans Paris; l'opposition parlementaire se réunit pour préparer, en l'absence des Chambres, sous le nom de *Compte rendu* ou *Manifeste à nos commettants*, une attaque générale et solennelle contre la politique qu'elle avait combattue pendant la session.

Entre les mobiles qui peuvent pousser les hommes à conspirer ou à se soulever pour renverser le gouvernement établi, l'un des plus puissants, le plus puissant peut-être, c'est l'idée du droit à rétablir au sein même du gouvernement, du pouvoir légitime à mettre à la place d'un pouvoir usurpateur. On parle beaucoup de la puissance des intérêts, et bien des gens croient faire preuve de sagacité et de bon sens en disant que l'intérêt seul fait agir les hommes. Ce sont de vulgaires et superficiels observateurs. L'histoire est là pour montrer quel degré d'oppression, d'iniquité, de souffrance, de malheur peuvent supporter les hommes, quand les intérêts personnels sont seuls en jeu, avant de recourir, pour se délivrer, aux conspirations et aux insurrections. Si au contraire ils croient, ou si seulement certains groupes d'hommes dans la société croient que le pouvoir qui les gouverne n'a pas en lui-même, par son origine et sa nature, droit de les gouverner, tenez pour certain que les conspirations et les insurrections naîtront et renaîtront obstinément parmi eux. Tant l'idée du droit a d'empire sur les hommes! Tant la dignité instinctive de leur nature leur inspire le besoin de ne se soumettre qu'au pouvoir qui, dans leur pensée, a droit à leur obéissance, et de le chercher jusqu'à ce que leurs yeux, en s'élevant, le voient en effet au-dessus d'eux !

Telle est la puissance de cette idée qu'elle peut jeter ceux qu'elle possède dans l'injustice et l'imprudence extrêmes, et faire taire en eux non-seulement la voix de l'intérêt personnel, des affections de famille, du sens commun, du péril évident et vain, mais la voix même de la patrie et des devoirs qu'elle impose à ses enfants. Après de longs et violents troubles civils, ce que cherche surtout la patrie, son plus général désir comme son plus impérieux besoin, c'est la présence, en fait, d'un gouvernement juste et sage, qui lui assure l'ordre et la liberté, qui protége équitablement tous les droits, tous les intérêts, et dirige bien, au dehors comme au dedans, les affaires communes de la société. C'est l'infirmité des choses humaines que les meilleures ont souvent de tristes origines, et que la violence se rencontre dans le berceau des plus utiles institutions et des plus nécessaires pouvoirs. Mais quand les pouvoirs et les institutions sortis de leur berceau grandissent et se développent régulièrement, quand le gouvernement, plus ou moins issu de la force plus ou moins légitime, s'acquitte bien de sa mission et satisfait aux vœux comme aux besoins généraux de la société, ce que demande, ce qu'a droit de demander alors la patrie, c'est qu'on ne conspire plus, qu'on ne se soulève plus, que, si l'on est mécontent ou triste, on se tienne à l'écart, on attende les arrêts du temps, et qu'en attendant on la laisse jouir de son repos, de sa prospérité, de ses libertés, qu'on ne lui donne pas à recommencer sans cesse ce dur et périlleux travail de l'enfantement d'un gouvernement voué, dès qu'il sera né et quoi qu'il fasse, à se défendre contre une guerre à mort. Mais ne comptez pas que, chez les hommes exclusivement préoccupés de l'origine et du titre primitif des pouvoirs, ce cri de la patrie l'emporte sur leur propre passion ; ne vous flattez pas qu'en présence d'un gouvernement auquel ils ne reconnaissent pas le droit de gouverner, ils reconnaissent ses mérites et s'y résignent ; ils seront, envers lui, mille fois plus exigeants qu'ils ne l'ont été, qu'ils ne le seraient encore envers le gouvernement dont ils proclament le droit ; ils persisteront à voir en lui un péché originel pour lequel il n'y a point de rédemption. Ils feront plus : ils ne tiendront, en l'attaquant, nul compte, je ne dis pas seulement des périls de l'entreprise, mais des chances de succès ; ils seront aussi aveugles dans l'appréciation de leurs forces qu'obstinés dans la poursuite de leur dessein ; ils se lanceront dans des tentatives désespérées, indifférents au risque de relancer leur patrie dans le chaos et les ténèbres des révolutions.

Que sera-ce si de grands exemples de dévouement et de courage viennent ajouter leur empire à celui des principes ? C'est l'honneur de l'humanité que les causes malheureuses et tenues pour légitimes font des héros et des martyrs. Et quand des héros et des martyrs ont apparu, peu importe le petit nombre des fidèles; peu importent la faiblesse des moyens et l'incertitude des espérances; l'enthousiasme se joint au devoir; les plaisirs de l'émotion et de l'action tiennent lieu des joies de la force et des sourires de la fortune; on se satisfait, on s'exalte dans le sentiment des périls qu'on affronte pour son chef ou pour sa foi; on se complait dans le mépris des lâches qui désertent la bonne cause. Et les politiques voient avec surprise se déployer dans les tentatives les plus insensées, les plus dénuées de chance, des prodiges de persévérance et d'énergie, d'intelligence et de vertu.

Ce fut à une double explosion de tels adversaires qu'aussitôt après la mort de M. Casimir Périer se trouva en butte le cabinet qui lui survivait : les légitimistes et les républicains se levèrent en même temps, réclamant les uns et les autres, au nom de leur principe, le droit exclusif de gouverner la France. Les grands conseillers du parti légitimiste, les politiques clairvoyants qui vivaient à Paris, M. de Chateaubriand, M. Berryer, le duc de Fitz-James, n'étaient point d'avis de l'insurrection et s'efforcèrent de la prévenir. M. Berryer se rendit, en leur nom, dans l'Ouest pour en détourner madame la duchesse de Berry qui venait d'y arriver. Parmi les chefs vendéens eux-mêmes, plusieurs des principaux avaient, dès l'origine, averti la princesse que l'entreprise leur semblait inopportune, que les armes et les munitions leur manquaient, qu'ils ne pouvaient promettre ni un grand soulèvement, ni de bonnes chances de succès. A plusieurs reprises, on délibéra, on hésita, on fut sur le point de renoncer. Mais les passions oisives, et qui entrevoyent un terme à leur oisiveté, sont, de toutes, les plus ingouvernables; d'Écosse en Italie, d'Italie en France, entre le vieux roi Charles X à Holyrood, madame la duchesse de Berry à Massa et ses correspondants dans les départements du Midi et de l'Ouest, les fils du complot étaient noués, les plans formés, les agents en mouvement; bravant les périls de la mer et de la terre, se vouant avec courage à une vie errante et dure, la principale personne du parti et du dessein était arrivée sur les lieux, au milieu de ses amis. Princesse, femme et mère, que de causes d'illusion pour elle et d'entraînement autour d'elle! Être venue si légèrement, s'en retourner sans avoir rien fait, c'était pis que la défaite; c'était une nouvelle et plus fatale abdication. Il y a des impressions qui décident de la conduite des partis et auxquelles se soumettent ceux-là même qui les jugent et les déplorent: préparée depuis longtemps, avortée à Marseille, déconseillée et presque décommandée dans l'Ouest à la veille de l'exécution, la prise d'armes légitimiste éclata enfin, avec la mère de Henri V à la tête, au moment même où le chef du cabinet du 13 mars descendait au tombeau.

Dans le parti républicain, chefs et soldats, la situation et les dispositions étaient les mêmes : là aussi les chefs n'avaient nulle envie de l'insurrection et ne croyaient pas à son succès. Quelque vive que fût son hostilité, je ne pense pas que M. de La Fayette entrât alors activement, comme il l'avait fait sous la Restauration, dans les complots de renversement. M. Armand Carrel, clairvoyant et dédaigneux, ne leur portait guère plus de goût que de confiance. M. Garnier Pagès savait très-bien qu'il était plus propre à fronder la monarchie à la tribune en y faisant apparaître la République, qu'à attaquer le gouvernement du Roi dans les rues en y promenant le drapeau républicain. M. Godefroi Cavaignac lui-même, malgré l'âpreté de ses passions, avait trop d'esprit pour s'abandonner aveuglément à celles de ses aveugles amis. Mais parmi les républicains, bien plus encore que parmi les légitimistes, le sentiment et l'avis des chefs étaient de peu de valeur; en toute occasion, i's étaient emportés dans le mouvement de leur peuple, n'ayant pas plus le courage de s'en séparer que la force de le contenir. M. Casimir Périer mort, tous les démocrates, politiques ou anarchiques, crurent leur jour venu et reprirent leurs allures de violence et d'agression. Les sociétés secrètes se réunirent : les *Amis du peuple* brisèrent les scellés que l'autorité avait fait apposer sur la maison où ils tenaient leurs séances; le commissaire de police et les officiers municipaux qui se présentèrent furent maltraités. Au nom de la souveraineté du peuple comme au nom de la légitimité, dans les rues de Paris comme dans les campagnes de l'Ouest, la guerre civile se rallumait.

En présence de cette fermentation, et pour chercher

aussi sa part dans les chances de succès que semblait ouvrir à tous les partis, légaux ou illégaux, la mort de M. Casimir Périer, l'opposition parlementaire voulut faire un acte solennel. Sa situation était difficile : la tribune était fermée ; les députés ne pouvaient, en usant d'un droit incontesté, venir, chacun à son tour et dans la mesure de ses opinions et de ses désirs, porter au pouvoir des coups divers et pourtant tous sentis. Il fallait qu'ils parlassent tous en commun, d'une seule voix, et en dehors du théâtre naturel où toutes leurs voix avaient mission de se faire entendre. Ils eurent grand'peine à se mettre d'accord sur l'expression unique d'idées et d'intentions très-différentes : les opposants constitutionnels et dynastiques demandaient à rester sous le drapeau de la monarchie ; les républicains voulaient que celui de la république se fît entrevoir. De ce conflit forcé d'aboutir à un concert, il résulta, sous le nom de *Compte rendu,* une sorte de cantate politique en prose, résumé vague des idées déjà si vagues que l'opposition avait produites dans les Chambres ou dans les journaux, et répétition monotone des griefs qu'elle avait déjà si souvent répétés. Ni la modération de M. Odilon Barrot ne parvint à effacer le caractère dur et agressif de ce document, ni le savoir-faire littéraire de M. de Cormenin à y répandre un peu de nouveauté et de verve. L'œuvre fut pompeusement vulgaire, quoique des gens d'esprit y eussent mis la main, et la pièce resta froide en même temps que l'acte était plein d'amertume et d'hostilité.

Le cabinet mutilé résistait avec courage à toutes ces attaques; il réprimait à Paris les tentatives de sédition anarchique, combattait dans l'Ouest l'insurrection légitimiste, poursuivait au dehors les négociations qui devaient raffermir la paix européenne, restait fidèle enfin, en principe et en fait, à la politique du chef qu'il n'avait plus. Pourtant il se sentait faible et perdait de jour en jour du terrain. Sa conduite était bonne, mais impuissante. Dans les temps orageux et quand les événements se pressent, la bonne conduite même ne suffit pas au gouvernement; il y faut une certaine mesure de cette autorité supérieure, naturelle et générale, que donnent ou la grandeur éprouvée du caractère, ou l'éclat continu du talent, ou la force d'une situation élevée et indépendante; à ces conditions seulement, le pouvoir impose à ses adversaires, même dans le combat, et inspire d'avance confiance et zèle à ses amis. Elles avaient disparu du cabinet avec M. Casimir Périer; sa politique lui survivait, mais il n'avait pas de successeur; la couronne avait les mêmes pensées et des ministres également dévoués, mais elle avait perdu son champion et la majorité des Chambres son chef.

Le public sentait ce vide plus vivement encore que les ministres, et peut-être que la couronne elle-même. Le 19 mai, en suivant le convoi de M. Casimir Périer, M. Royer-Collard s'entretenait avec M. de Rémusat et lui témoignait ses inquiétudes pour l'avenir : « Que va-t-il arriver ? lui dit-il; la situation est bien grave; à qui va-t-on s'adresser pour refaire du gouvernement ? Nous avons perdu M. Cuvier, rude coup pour la science ; mais nous n'avons pas perdu le Cuvier de la politique ; M. de Talleyrand est le Cuvier de la politique. Pense-t-on à lui ! »

Bien des gens y pensaient, plutôt comme à une combinaison possible et plausible qu'avec la conviction que, mise en pratique, elle serait bonne et efficace. On avait besoin d'un homme considérable et d'un homme habile ; M. de Talleyrand était certainement l'un et l'autre. On ne se demandait pas si son habileté était celle qui convenait au gouvernement, et au gouvernement libre, de la France profondément agitée. Les diplomates ont le privilége de grandir aux yeux de leur pays sans avoir porté le poids de ses affaires et de ses épreuves intérieures. Après les catastrophes de 1848, nous étions, le prince de Metternich et moi, réfugiés ensemble à Londres ; je lui dis un jour : « Expliquez-moi, je vous prie, mon prince, comment et pourquoi la Révolution de Février s'est faite à Vienne. Je sais pourquoi et comment elle s'est faite à Paris ; mais en Autriche, sous votre gouvernement, je ne sais pas. — J'ai quelquefois gouverné l'Europe, me dit-il avec un sourire mêlé d'orgueil et de tristesse, mais l'Autriche, jamais. » M. de Talleyrand aurait pu en dire à peu près autant à ceux qui voulaient l'appeler à gouverner la France ; il la servait très-bien à Londres, et l'eût, je crois, trouvée ingouvernable à Paris. Mais, quand on cherche des ministres, c'est bien souvent pour sortir d'embarras plutôt que pour suffire au besoin public. Il importait, en tout cas, de savoir si, de son côté, M. de Talleyrand pensait à devenir chef du cabinet, s'il en accepterait la proposition, s'il n'était pas nécessaire de la lui avoir faite avant de lui présenter toute autre combinaison, s'il en avait lui-même quelqu'une en vue, enfin s'il était disposé à prêter, comme ambassadeur, son concours à un nouveau ministère qui continuerait la politique du 13 mars, et s'il croyait toucher à la complète solution de la question belge qui, bien que très-avancée, n'était pas encore définitivement réglée. Le général Sébastiani, encore souffrant et sans illusion sur les périls de la situation du cabinet et de la sienne propre, s'entretenait de tout cela avec M. de Rémusat, et lui dit un jour : « Ne pourriez-vous pas nous aider à savoir à quoi nous en tenir ? » M. de Rémusat s'y prêta volontiers et partit pour Londres, sans aucune mission précise, sans porter à M. de Talleyrand aucune proposition, uniquement pour causer avec lui comme il avait causé avec le général Sébastiani, et pour bien connaître sa pensée, soit sur l'avenir du cabinet français, soit sur l'état de l'affaire belge et ses chances de conclusion.

La conversation de M. de Talleyrand fut parfaitement sensée et clairvoyante. Il n'avait pas la moindre envie d'être ministre en France; content de sa position à Londres, il avait à cœur de continuer ce qu'il y faisait, et il espérait toujours le mener à bien, quoique souvent contrarié et entravé, plutôt par ce qui venait de France que par l'Europe. Tout ce qu'il souhaitait à Paris, c'était un ministère qui maintînt la politique du 13 mars, et qui sût, comme M. Casimir Périer, la pratiquer et en répondre, auprès du Roi comme dans les Chambres, avec autorité et dignité. Il tint ce langage à M. de Rémusat très-ouvertement et avec l'intention marquée que partout on sût bien que telle était sa résolution. On s'en félicita en Angleterre, où il était regardé comme le plus efficace partisan de la paix et des bons rapports entre les deux nations, et où la chance de son éloignement avait déjà causé quelque inquiétude. Un organe quasi officiel du cabinet whig, le journal *le Globe* s'en expliqua en ces termes que quelques personnes crurent, sinon inspirés, du moins approuvés par M. de Talleyrand lui-même : « Nous avons reçu ce matin le manifeste des députés de l'opposition en France. Nous n'avons pas le temps de l'examiner en détail : nous nous contenterons de dire qu'il nous paraît simplement une sèche et froide répétition des divers points de politique, intérieure et extérieure, sur lesquels l'opposition a combattu le gouvernement du roi Louis-Philippe. Il est évident que le triomphe de ce parti conduirait rapidement à une guerre générale. En se rendant aux eaux de Bourbon-l'Archambault, le prince de Talleyrand traversera Paris. Il n'est pas probable qu'à son âge et avec ses habitudes, il s'engage dans une tâche aussi rude que celle de premier ministre en France; mais on peut espérer, dans l'intérêt des deux pays et de l'humanité en général, qui ont si grand besoin du maintien de la paix, que le roi Louis-Philippe le consultera sur la formation de son nouveau ministère et sur le choix d'un président du Conseil investi de pleins pouvoirs. »

Pendant qu'on s'entretenait ainsi à Londres du nouveau cabinet à former à Paris, tout l'établissement de 1830, monarchie et dynastie, Roi et ministres, étaient en proie à la plus violente attaque et au plus grand péril qu'ils eussent encore eu à subir : l'insurrection des 5 et 6 juin 1832 éclatait.

C'est le vice et le malheur des conspirateurs révolutionnaires qu'ils sont condamnés aux mensonges les plus contradictoires, et passent tour à tour de l'audace à l'hypocrisie, de l'hypocrisie à l'audace. Quand l'insurrection des 5 et 6 juin 1832 eut échoué, quand il fallut se justifier d'y avoir pris part ou la justifier de ses desseins, il y eut comme un concert, entre tous ceux qui y étaient directement ou indirectement intéressés, pour en dissimuler la gravité et en dénaturer le caractère : tous soutinrent qu'il n'y avait eu dans l'événement aucune préméditation, aucun projet politique; la mort du général Lamarque, de ce vaillant défenseur de la liberté et de l'honneur national, avait vivement ému le peuple qui n'avait voulu, en se portant en masse autour de son cercueil, que lui rendre un éclatant hommage. Si la lutte s'était engagée, ce n'étaient point les amis du général Lamarque qui en avaient pris l'initiative; ils avaient été insultés, provoqués, menacés, attaqués par la police et la troupe, les sergents de ville et les dragons. Ici, un homme sur un balcon s'était refusé à ôter son chapeau devant le convoi; là, un étendard populaire avait été jeté dans la boue;

ces incidents et d'autres semblables, les précautions excessives, les bravades offensantes des agents ou des partisans du pouvoir, avaient jeté l'irritation dans la foule ; le combat avait commencé çà et là, involontairement, fortuitement, partiellement, en plus d'un lieu peut-être selon le désir et sur la provocation des serviteurs de la police. Qui avait porté les premiers coups ? Qui s'était livré aux plus grands excès ? On ne le savait pas ; on ne le saurait jamais ; tout était à déplorer, rien à imputer aux amis du général Lamarque, du peuple et de la liberté.

Le temps a marché ; le jour s'est levé sur le passé ; la France a changé de régime et de maître ; le roi Louis-Philippe est tombé ; la République a eu son heure ; on a pu s'en vanter au lieu de s'en défendre ; la crudité des assertions a remplacé, chez ses partisans, l'hypocrisie des dénégations ; même avant, et à plus forte raison depuis le 24 février 1848, ils ont proclamé, affirmé, démontré que l'insurrection des 5 et 6 juin 1832 avait été une grande tentative républicaine ; ils ont multiplié les détails et les preuves. Leurs sociétés publiques et secrètes, la *Société de l'Union de Juillet*, la *Société des Droits de l'Homme*, la *Société des Amis du peuple*, s'étaient jointes au convoi du général Lamarque, portant leurs noms inscrits sur leurs drapeaux. Les cris : *A bas Louis-Philippe ! Vive la République !* avaient retenti sur leur passage. C'était pour servir la cause de la République que des élèves de l'École polytechnique et des autres grandes écoles publiques étaient venus se placer dans leurs rangs. Si quelques-uns avaient cédé à l'entraînement sans connaître le but, ils avaient été bientôt éclairés : «Mais enfin où nous mène-t-on? demanda l'un d'eux dans le peloton où il marchait.—A la République, lui répondit un décoré de Juillet qui conduisait le peloton, et tenez pour certain que nous souperons ce soir aux Tuileries. » Quand le cortége arriva à la place de la Bastille, un officier du 12° léger s'avança vers le premier groupe, et dit au chef : « Je suis républicain ; vous pouvez compter sur nous. » A la vérité, en moins d'une heure, les républicains honnêtes purent voir qu'ils n'étaient pas seuls, ni les maîtres dans le cortége; le drapeau rouge et le bonnet rouge, ces symboles du régime de la Terreur, s'y montrèrent hardiment : « Il y avait là, dit M. de La Fayette lui-même, quelques jeunes fous qui voulaient me tuer en l'honneur du bonnet rouge. » Bien simples étaient ceux qui ne l'avaient pas prévu; c'est, chez nous, la condition de la République d'avoir pour armée de tels fous et les bandes désordonnées qui marchent derrière les fous. Quand le régime républicain n'est ni dans les idées, ni dans les mœurs, ni dans la volonté des classes amies naturelles de l'ordre, quand les intérêts réguliers et tranquilles ne lui portent ni confiance ni goût, ce régime est voué à l'alliance, c'est-à-dire à la domination des mauvaises passions; hors d'état de supporter la liberté, il ne peut trouver un moment quelque force que dans la violence et l'anarchie. Les républicains des 5 et 6 juin 1832 n'allèrent pas jusqu'à cette épreuve; mais elle ne leur eût pas plus manqué qu'à leurs disciples de 1848 s'ils avaient eu huit jours de succès.

Quand leur défaite fut évidente, quand la prolongation de la lutte ne fut plus, pour les plus passionnés d'entre eux, qu'une question d'honneur personnel et de foi au delà du tombeau, alors se déployèrent ces courages et ces dévouements héroïques qui peuvent honorer les plus mauvaises causes, et qui leur conservent, jusque dans leurs revers, une force redoutable, même quand elle est vaine. Presque au même moment, le 6 juin pour les uns, le 7 pour les autres, une centaine de républicains à Paris, dans le cloître Saint-Méry, et une cinquantaine de légitimistes au château de la Pénissière, près de Clisson dans la Vendée, entourés d'ennemis, de feu et de ruines, combattirent à toute outrance, et moururent aux cris, les uns de *Vive la République!* les autres de *Vive Henri V!* donnant leur vie comme un sacrifice humain, dans l'espoir de servir peut-être ainsi un jour un avenir qu'ils ne devaient pas voir.

Il n'y a, en ce monde, que deux grandes puissances morales, la foi et le bon sens. Malheur aux temps où elles sont séparées! Ce sont des temps où les révolutions avortent et où les gouvernements tombent.

La défense de l'ordre contre l'insurrection fut aussi courageuse et presque aussi passionnée que l'attaque. Il y avait alors, et dans la garde nationale appelée à réprimer l'émeute, et dans toute la population étrangère aux factions, une vraie et active indignation contre ceux qui, sans nécessité, sans provocation, sans motifs qu'ils pussent avouer, pour la seule satisfaction de leurs idées ou de leurs passions personnelles, venaient troubler la paix publique, et rejeter dans de nouvelles crises révolutionnaires la patrie à peine relevée et encore si lasse de toutes celles qu'elle avait subies. Les chefs militaires qui, sous la forte et laborieuse discipline de l'Empire, avaient appris le respect de l'autorité et le dévouement, s'étonnaient de trouver dans ces soldats d'un jour, propriétaires, marchands, artisans, une ardeur si empressée et si ferme. Le digne représentant des vieux guerriers, le maréchal Lobau, avec son rude visage, sa gravité brusque, sa parole brève, comme s'il eût été pressé de ne plus parler, rendait témoignage de la bonne conduite de ces troupes si nouvelles pour lui, et dont il avait hésité à prendre le commandement. Son chef d'état-major, le général Jacqueminot, aussi brave et plus expansif, racontait avec une émotion familière les nombreux traits de libre et patriotique courage dont il avait été témoin. Trois des chefs qui avaient agi sous leurs ordres, M. Gabriel Delessert, bourgeois né militaire, disait le maréchal Lobau dans son rapport, et les généraux Schramm et Tiburce Sébastiani, rendirent, de ce qu'ils avaient fait avec la garde nationale et la troupe de ligne, des comptes détaillés qui étaient lus dans les corps de garde, les cafés, dans tous les lieux publics, avec de vives démonstrations de satisfaction militaire et populaire. Dans la matinée du 6 juin, pendant que, sur plusieurs points, la lutte était encore flagrante, le Roi parcourut à cheval tous les quartiers de Paris, passant en revue les diverses troupes qu'il rencontrait, s'arrêtant là où la population était amassée, presque partout accueilli par de bruyantes acclamations, et se portant de sa personne au-devant des groupes silencieux et suspects, comme pour défier, par son tranquille courage, la plus brutale inimitié. Aux personnes de sa suite qui l'engageaient à prendre un peu garde, il répondait : « Soyez tranquilles ; j'ai une bonne cuirasse ; ce sont mes cinq fils. » Le bruit courut le lendemain que, dans cette promenade, des insurgés, à portée et au moment de tirer sur le Roi, en avaient été détournés par sa confiante attitude autant que par leur propre péril.

Dès que j'appris l'insurrection, je me rendis aux Tuileries, pressé de savoir exactement ce qui se passait et de voir si je pourrais aider en quelque manière au rétablissement de l'ordre public. Je trouvai là plusieurs membres de l'une et de l'autre Chambres, entre autres M. Thiers, animés du même sentiment que moi. Le Roi venait d'arriver de Saint-Cloud avec la reine, à qui il avait dit : « Amélie, il y a du trouble à Paris ; j'y vais ; — J'y vais avec vous, mon ami. » Le Conseil des ministres se réunit. Nous causions dans un salon voisin, avec les personnes, soit de la maison du Roi, soit du dehors, qui allaient et venaient, cherchant et apportant des nouvelles et des avis. On a dit que le nombre des visiteurs n'était pas grand et qu'ils avaient l'air plus troublé qu'empressé. Je ne me souviens pas d'en avoir été frappé. J'ai tant vu les faiblesses et les bassesses humaines, et je m'y attends tellement que, lorsqu'elles paraissent, je ne leur fais guère l'honneur de les remarquer. Ce dont je suis sûr, c'est que, chez les hommes politiques présents ce jour-là aux Tuileries, il y avait, à côté d'une sérieuse inquiétude, une ferme adhésion au gouvernement du Roi et un parti bien pris de le soutenir.

Le jour même de la promenade du Roi dans Paris, au moment où il en revenait et pendant que le Conseil des ministres était assemblé, on vint lui dire que trois députés de l'opposition, tous trois signataires du *Compte rendu*, MM. Laffitte, Odilon-Barrot et Arago, arrivaient aux Tuileries et demandaient à être admis auprès de lui. Il quitta le Conseil et s'empressa de les recevoir. La démarche n'avait, de leur part, rien que d'opportun et d'honorable: regardant l'insurrection comme à peu près vaincue et l'ordre matériel comme bien près d'être rétabli, ils venaient, avec une conviction sincère et une intention loyale, faire auprès du Roi la même tentative que, par le *Compte rendu*, ils avaient faite auprès du public, c'est-à-dire le presser de changer de système, et de mettre la politique de laisser-aller et de concession, qu'ils appelaient la politique de confiance, à la place de la politique de résistance. Ils ont eux-mêmes signé, de cette conversation qui fut longue et animée, une sorte de procès-verbal qui a été plusieurs fois publié, et dont personne, que je sache, n'a contesté la fidélité. Ce ne fut, à vrai dire, qu'une paraphrase du

Compte rendu, sous la forme plus développée et plus vive d'une controverse. M. Laffitte y fut doux et quelquefois embarrassé; M. Odilon-Barrot modéré, respectueux et presque affectueux; M. Arago inconsidéré, amer, et par moments assez emporté pour que le Roi lui dît: « Monsieur Arago, n'élevez pas tant la voix. » En relisant aujourd'hui cet entretien, je pense, et tout lecteur indifférent pensera, je crois, comme moi, que le Roi y garda constamment l'avantage, et pour le fond des idées, et pour l'appréciation des faits, et pour la verve dans la discussion. Il y fit pourtant une faute, grave dès lors et que le temps devait aggraver. Soit par un mouvement d'amour-propre, soit pour donner à la politique qu'il soutenait plus de force en en faisant prévoir la durée, il la revendiqua, avec quelque impatience, comme la sienne propre et presque son œuvre à lui seul, donnant ainsi, à un reproche qui lui était dès lors adressé, plus de vraisemblance qu'il n'avait de fondement. La vérité comme la prudence auraient voulu qu'en prenant justement sa part dans la politique d'ordre et de paix, il fît en même temps la part des Chambres, et de la majorité qui s'y était formée à l'appui de son gouvernement, et des conseillers que cette majorité lui avait fournis, surtout du ministre éminent qu'il venait de perdre, et dont l'énergie lui avait été si nécessaire. A ce moment, en causant avec MM. Laffitte, Odilon-Barrot et Arago, le roi Louis-Philippe aurait bien fait de se rappeler ce qu'il dit un jour à M. d'Haubersaert: « Savez-vous que si je n'avais pas trouvé M. Périer au 13 mars, j'en étais réduit à avaler Salverte et Dupont tout crus? » Il serait resté ainsi dans ce rôle de roi constitutionnel dont, en fait, il était bien décidé à ne jamais sortir, et il n'eût pas fourni à ses ennemis les apparences dont ils se sont fait contre lui de si dangereuses armes.

A cette occasion, je trouve sur mon propre compte, dans quelques écrits du temps, un prétendu fait que je relèverai, contre mon usage, uniquement à cause de la singulière transformation qu'il a subie de récit en récit. On a dit d'abord: « Au moment où la calèche dans laquelle se trouvaient les trois députés traversait la grille du palais, un ami commun, qui venait de l'intérieur, les aborda et leur dit: « Allez vite, Guizot en sort.[1] » Un peu plus tard, cette invitation aux trois députés de se hâter, pour opposer leur influence à la mienne, est devenue une invitation de s'arrêter pour échapper à leur propre péril: « Trois heures sonnaient lorsqu'une calèche découverte, dans laquelle se trouvaient MM. Arago, Odilon-Barrot et Laffitte, entra dans la cour des Tuileries. Un inconnu, s'étant alors élancé à la tête du cheval, le saisit par la bride en s'écriant: « Prenez garde, messieurs; M. Guizot sort de l'appartement du Roi; vos jours ne sont pas en sûreté.[2] » Il n'y a point de si sotte calomnie qui ne trouve quelqu'un pour la dire et plus d'un pour la croire; pourtant je

---

[1] *La Fayette et la Révolution de 1830*, par B. Sarrans jeune, t. II, p. 384.

[2] *Histoire de Dix Ans*, par M. Louis Blanc, t. III, p. 305.

suis sûr que, si les hommes honorables mis en scène ont eu connaissance de celle-ci, ils ont haussé les épaules; et je me serais étonné de la rencontrer dans un livre sérieux si je ne savais que l'esprit de parti explique tout, même la crédulité perverse des gens d'esprit.

Le succès semblait grand pour le cabinet; il avait vaincu la plus hardie et la plus violente insurrection qui se fût encore élevée contre le gouvernement nouveau; M. Casimir Périer lui-même n'avait pas été mis en face de tels périls Mais le cabinet, où M. Casimir Périer n'était plus, avait en lui-même des faiblesses que la lutte, même heureuse, devait développer; et à peine vainqueur, il prit deux mesures qui lui firent plus de mal qu'il ne retira de fruit de sa victoire. En mettant Paris en état de siége, et en faisant brusquement arrêter M. de Chateaubriand, le duc de Fitz-James, M. Hyde de Neuville et M. Berryer, comme complices de la guerre civile qu'ils s'étaient efforcés d'empêcher, il rendit à l'opposition, dans l'ordre légal et moral, le terrain qu'elle avait perdu dans les rues, et il se réduisit à la nécessité de se défendre contre les partis qu'il venait de vaincre.

Les jurisconsultes les plus indépendants comme les plus éclairés différèrent entre eux, et on pouvait certainement différer d'avis sur la légalité de l'état de siége établi à Paris par l'ordonnance du 6 juin 1832. Quelques mois plus tard, et après la chute du cabinet, quand la question fut débattue dans les Chambres, je demandai à l'un des magistrats les plus versés dans le droit criminel, et mon ami particulier, à M. Vincens Saint-Laurent, alors président de chambre à la Cour royale de Paris, de m'en bien expliquer les diverses faces; et il me remit à ce sujet une note si complète et si précise que je prends plaisir à la publier, aussi bien dans l'intérêt de la vérité qu'en souvenir du savant et impartial auteur[1]. Quoiqu'il en fût du fond de la mesure, la plupart des membres de l'opposition, députés ou écrivains, avaient mauvaise grâce à en contester la légalité, au moment d'une insurrection flagrante, quand ils avaient admis sans contestation et même provoqué le même acte dans les départements de l'Ouest, contre un péril bien moins grave. Mais indépendamment de la question de droit, il y avait là, pour le cabinet, une question de conduite, et ce fut sur celle-là que porta sa principale erreur. Quand même la légalité de la mise en état de siége de Paris et du renvoi des insurgés devant les conseils de guerre n'eût été douteuse pour personne, il eût mieux fait de n'y pas recourir. Il poursuivait les prévenus à raison de faits récents, évidents, palpables, et au milieu d'un mouvement d'opinion très-vif contre l'insurrection; il pouvait se confier aux juridictions ordinaires du soin de faire justice; pourvu qu'on ne perdît pas de temps en inutiles procédures, les jurés de Paris auraient probablement été plus sévères pour les insurgés que ne le fu-

---

[1] *Pièces historiques*, n° XVI.

rent, dans leur court exercice, les conseils de guerre blessés et intimidés par la crainte de passer pour des commissions serviles[1]. Et si la répression légale avait manqué, si la faiblesse des jurés avait rendu aux accusés leur arrogance naturelle, elle aurait probablement suscité un accès d'indignation et d'alarme publique où le gouvernement aurait puisé la force dont il aurait eu besoin. M. de Montalivet, en sympathie avec le premier cri des amis de l'ordre au milieu du péril et du combat, crut faire et fit certainement acte de courage en engageant sa responsabilité dans une telle mesure; mais ce fut le courage d'un jeune et ardent défenseur de la société et de la royauté attaquées, non d'un ferme et prévoyant politique. Le roi Louis-Philippe s'y trompa moins que ses ministres, car au premier moment il repoussa l'idée de l'état de siége[2]; et j'ai déjà cité de

[1] Ce qui prouve la vraisemblance de cette conjecture, c'est le nombre des condamnations que prononça le jury contre les accusés poursuivis à raison de l'insurrection des 5 et 6 juin, lorsque l'arrêt de la Cour de cassation du 29 juin eut déclaré l'incompétence des conseils de guerre, et fait renvoyer toutes ces affaires devant la Cour d'assises. Je joins aux *Pièces historiques*, n° XVII, le tableau de ces condamnations, qui s'élèvent à quatre-vingt-deux et dont j'ai trouvé les détails dans les *Mémoires de M. Gisquet*, alors préfet de police; ouvrage qui, par la nature et la précision des renseignements qu'il contient, a plus d'importance et d'intérêt historique qu'en général on ne lui en a attribué.

[2] Il avait, en thèse générale, de l'éloignement pour cette mesure, et il en écarta l'idée en novembre 1831, à l'occasion de l'insurrection, encore flagrante, des ouvriers de Lyon. J'insère, dans les *Pièces historiques*, n° XVIII, une lettre qu'il écrivit à ce sujet, le 29 novembre 1831, au maréchal Soult, en mission à Lyon.

Je joins à cette lettre une lettre du comte d'Argout, alors

M. Casimir Périer des paroles qui prouvent que, s'il eût vécu, le pouvoir ne se fût pas exposé à l'échec qu'au nom de la Charte la Cour de cassation lui fit subir.

Pour être une faute de nature différente, l'arrestation de MM. de Chateaubriand, Fitz-James, Hyde de Neuville et Berryer ne fut pas une faute moins grave. C'étaient là, pour le gouvernement de 1830, des ennemis, non des insurgés ni des conspirateurs : ils ne voulaient pas sa durée et n'y croyaient pas ; mais ils ne croyaient pas davantage à l'opportunité et à l'efficacité des complots et de la guerre civile pour le renverser ; c'étaient d'autres armes qu'ils cherchaient pour lui nuire ; c'était avec d'autres armes que les prisons et les procès qu'il fallait les combattre. La Restauration avait donné, en pareille circonstance, un sage et noble exemple : MM. de La Fayette, d'Argenson et Manuel étaient, à coup sûr, contre elle, de plus sérieux et plus redoutables conspirateurs que MM. de Chateaubriand, de Fitz-James, Hyde de Neuville et Berryer ne voulaient et ne pouvaient l'être contre le gouvernement de Juillet. De 1820 à 1822, le duc de Richelieu et M. de Villèle avaient, contre ces chefs libéraux, de bien autres griefs et de bien autres preuves que le cabinet de 1832

ministre du commerce et des travaux publics, au maréchal Soult, en date du novembre 1831, et qui contient, sur la question du tarif des salaires et des rapports entre les fabricants et les ouvriers, les instructions formelles du cabinet, instructions parfaitement conformes au bon sens pratique comme aux principes de la science. Je n'ai eu que récemment connaissance de cette dépêche.

n'en pouvait recueillir contre les chefs légitimistes qu'il fit arrêter. Pourtant ils ne voulurent jamais ni les emprisonner, ni les traduire en justice ; ils comprirent que le pouvoir qui veut mettre un terme aux révolutions ne doit pas porter, dans les hautes régions de la société, la guerre à outrance. C'est en frappant les grandes têtes que les révolutionnaires s'efforcent d'enflammer la lutte et de compromettre irrévocablement les peuples dans leur cause. Les politiques d'ordre et de paix sociale ont à tenir la conduite contraire ; il ne leur convient pas d'illustrer les partis qu'ils combattent, et de signaler si haut leurs principaux ennemis. Il y eut défaut de tact et d'esprit politique dans l'arrestation de ces quatre hommes considérables qui furent presque aussitôt rendus à la liberté, MM. de Chateaubriand, de Fitz-James et Hyde de Neuville, parce que les juges de Paris ne trouvèrent contre eux aucune charge, M. Berryer, parce que les jurés de Blois le déclarèrent innocent.

Sous le poids de ces fautes et d'une situation trop forte pour lui, le cabinet se trouva bientôt plus faible qu'il ne l'était avant l'insurrection qu'il avait vaincue : ses ennemis redevinrent ardents et agressifs ; ses amis se montrèrent inquiets et impatients. Le général Sébastiani ne manquait point de savoir-faire avec les personnes ; mais les graves difficultés des affaires dont il avait à répondre, sa morgue froide dans les discussions et quelques phrases malheureuses l'avaient rendu très-impopulaire ; et, ce qui est pire, à peine guéri d'une maladie grave, il restait fatigué et usé; ses qualités manquaient des dehors qui auraient pu les faire reconnaître ou pardonner; il avait beaucoup de jugement et de courage sans agrément et sans éclat; il était roide sans être imposant, et on le croyait souple auprès du Roi. M. de Montalivet, jeune et dévoué, passait aussi pour trop docile, ou du moins trop peu indépendant; sa fortune d'ailleurs avait commencé à la cour, non dans les Chambres, et les pouvoirs politiques n'ont de goût que pour les grandeurs qui se sont faites sous leur aile et par leur influence. Depuis la mort de M. Casimir Périer, le baron Louis se plaisait peu dans les affaires; il ne se sentait plus l'appui dont il avait besoin pour conduire à son gré les finances de l'État. Déjà vieux, il avait fait entrer dans le cabinet son neveu, l'amiral de Rigny, et après avoir ainsi pourvu aux intérêts de sa famille qu'il avait fort à cœur, il était prêt à sortir volontiers d'une barque peu sûre. Vivement attaqué, le ministère était peu défendu et peu propre à se défendre lui-même avec vigueur.

Le Roi aurait bien voulu le rajeunir en le gardant et le fortifier sans le changer. On oublie aisément ce qui manque quand on a ce qui plaît. Les conseillers qui restaient au Roi depuis la mort de M. Périer étaient fidèles, courageux, sensés; tous pensaient comme lui, ou se laissaient aisément persuader par lui; aucun d'eux ne lui faisait obstacle ni ombre. Que leur manquait-il? De l'influence et du talent de parole dans les Chambres. Si le Roi parvenait à leur adjoindre un ou deux hommes doués de ces dons et attachés aussi à la politique d'ordre et de paix, il obtenait ce dont il avait besoin en conservant ce qui lui convenait. M. Dupin s'offrait naturellement à sa pensée. Le Roi le fit appeler à Saint-Cloud et l'y retint tout un jour, s'efforçant de le faire entrer dans le cabinet, et se promettant d'en tirer grand profit dans les Chambres, sans qu'il en coutât trop cher à sa propre influence dans le gouvernement et à son renom personnel en Europe. Mais M. Dupin avait aussi ses susceptibilités et ses exigences que le Roi n'avait pas prévues. Quand les circonstances le lui ont commandé, il a souvent déployé avec courage, au service de la bonne cause, la verve naturelle et éloquente de son spirituel bon sens; mais il n'a nul goût pour les grandes tâches et les responsabilités pesantes; les fonctions publiques lui plaisent bien plus qu'il n'aspire au pouvoir politique; tout engagement général, toute longue et fidèle solidarité répugnent à la mobilité de son esprit, aux boutades de son caractère et aux calculs de sa prudence. Il aime à servir, non à se dévouer; et même quand il sert, il se dégage autant qu'il peut, reprenant sans cesse, par de brusques inconséquences, quelque portion ou quelque apparence de l'indépendance qu'il a semblé sacrifier. Il écouta avec perplexité les propositions du Roi ; il discuta, objecta, hésita, fit à son tour, plus ou moins obscurément, ses réserves et ses demandes, entre autres que deux ministres, le général Sébastiani et M. de Montalivet sortissent du cabinet, et qu'il y eût un président du Conseil, condition dont ses amis, a-t-il dit, lui faisaient une loi. Le Roi hésita à son tour ; et après deux ou trois conversations, troublé tantôt par les hésitations du Roi, tantôt par les siennes propres, M. Dupin, pour s'y soustraire sans rien accepter ni refuser, partit tout à coup pour la campagne. Là des messages répétés vinrent le chercher. Il revint, rentra en négociation, parut un moment céder aux instances ; et sur de nouvelles hésitations, soit du Roi, soit de lui-même, il repartit, laissant au Roi peu d'espoir de le décider à devenir ministre et peu de regret de n'y pas réussir.

Au dedans et au dehors, la situation devenait pressante : la guerre civile légitimiste échouait dans l'ouest comme l'insurrection républicaine à Paris ; mais en échouant elle ne finissait pas ; et à Paris, devant un cabinet sans force et sans avenir, les troubles étaient toujours près de recommencer. Les affaires de la Belgique étaient à la fois réglées et en suspens. Pour vider effectivement cette question, il fallait faire exécuter par la force le traité du 15 novembre 1831, adopté par la Conférence de Londres, et que toutes les puissances avaient ratifié, mais auquel le roi de Hollande refusait toujours de se soumettre. Les Chambres belges et le roi Léopold réclamaient ardemment cette action définitive. M. de Talleyrand, venu à Paris en se rendant aux eaux de Bourbon-l'Archambault, insistait pour qu'un cabinet fût enfin formé, capable d'accomplir cette œuvre et de reprendre en Europe la consistance et la confiance que M. Casimir Périer y avait acquises. Pour suffire à de telles circonstances, la convocation prochaine des Chambres françaises devenait nécessaire, et le cabinet encore debout était évidemment hors d'état de suffire aux Chambres. Le roi Louis-Philippe ne pressentait guère de loin et ne devançait pas la nécessité ; mais quand elle était près, il la reconnaissait et l'acceptait sans humeur : il mit de côté ses regrets, ses préférences, ses hésitations, et chargea le maréchal Soult de lui présenter, en qualité de président du Conseil, la formation d'un nouveau cabinet.

Par son caractère comme par sa situation, le maréchal était propre à cette tâche qui lui plaisait fort, et qu'il a remplie plusieurs fois, toujours avec efficacité. Il n'avait, en politique, point d'idées arrêtées, ni de parti pris, ni d'alliés permanents. Je dirai plus : à raison de sa profession, de son rang, de sa gloire militaire, il se tenait pour dispensé d'en avoir ; il faisait de la politique comme il avait fait la guerre, au service de l'État et du chef de l'État, selon leurs intérêts et leurs desseins du moment, sans se croire obligé à rien de plus qu'à réussir, pour leur compte en même temps que pour le sien propre, et toujours prêt à changer au besoin, sans le moindre embarras, d'attitude et d'alliés. Mais dans cette indifférence, et, pour ainsi dire, dans cette aptitude volontaire à une sorte de polygamie politique, il ne manquait ni d'esprit de gouvernement, ni de résolution dans les moments difficiles, ni de persévérance dans les entreprises dont il s'était chargé. On aurait eu tort de compter sur son dévouement, tort aussi de se méfier de son service. Il lui fallait ses sûretés et ses avantages personnels : cela obtenu, il ne craignait point la responsabilité, et se plaisait au contraire à couvrir de son nom le Roi, qui ne trouvait en lui ni volontés obstinées, ni prétentions incommodes, quelquefois seulement certaines susceptibilités spontanées ou calculées, mais faciles à calmer. C'était d'ailleurs un esprit inculte et rude, un peu confus et incohérent, mais sensé, fécond en ressources, d'une activité infatigable, robuste comme toute sa personne ; et il avait, dans la pratique de la vie, une autorité naturelle, grande dans l'armée, même sur ses égaux, grande sur ses subordonnés administratifs, et dont il savait quelquefois se prévaloir dans l'arène politique, avec un art efficace quoique peu raffiné, pour imposer à ses adversaires, ou pour échapper aux embarras de la discussion.

En nommant un président du Conseil et en le chargeant de la formation d'un nouveau cabinet, le Roi savait bien qu'il renonçait à conserver les principaux éléments de l'ancien, et ni le général Sébastiani, ni M. de Montalivet ne se faisaient illusion sur leur chute imminente. Malgré son goût pour les affaires, le général Sébastiani savait prendre galamment son parti quand il jugeait la retraite inévitable, et il mettait alors son habileté comme son honneur à donner au Roi et au pays les meilleurs conseils. Il indiqua lui-même son successeur dans le département des affaires étrangères, et engagea le Roi à y appeler le duc de Broglie comme l'homme le plus propre à maintenir dignement, dans les Chambres et en Europe, la politique de paix si fermement pratiquée par M. Casimir Périer, mais encore menacée et difficile. M. de Talleyrand donna au Roi le même conseil ; il n'avait, avec le duc de Broglie, point de relations intimes ; mais il savait quelle estime on lui portait en Angleterre, et il était sûr de trouver en lui, pour sa propre mission à Londres, un loyal et efficace appui. Le duc de Broglie n'était pas à Paris ; après avoir présidé le conseil général de l'Eure, il était retourné dans sa terre. M. de Rémusat partit sur-le-champ pour aller l'inviter, de la part du Roi et du maréchal Soult, à venir se concerter avec eux pour la formation du nouveau cabinet dans lequel on s'était dès lors assuré que M. Thiers était prêt à entrer.

Le duc de Broglie se rendit à cette invitation, et se montra disposé, en arrivant, à accepter, sous la présidence du maréchal Soult, le ministère des affaires étrangères ; mais, dès le premier moment, il fit de mon entrée dans le cabinet la condition *sine quâ non* de la sienne. Le maréchal, ceux des anciens ministres qui devaient rester, quelques-uns des nouveaux ministres près d'entrer, le Roi lui-même, furent troublés. Tous me faisaient l'honneur de tenir, sur moi personnellement, le meilleur langage ; mais j'étais si impopulaire ! J'avais servi la restauration ; j'étais allé à Gand ; j'avais profondément blessé le parti révolutionnaire en attaquant non-seulement ses excès, mais ses principes. Ma présence dans le Conseil serait une cause d'irritation qui aggraverait les difficultés déjà si graves de la situation. Le duc de Broglie fut inébranlable, et pendant quelques jours, la négociation avec lui fut comme rompue.

On retourna à M. Dupin. Il s'était retiré dans sa terre de Raffigny, au fond des montagnes de la Nièvre. Le maréchal Soult lui envoya, le 5 octobre 1832, un de ses aides de camp en l'engageant à venir se concerter avec lui sur la composition du nouveau cabinet dont il avait naguère consenti à faire partie. M. Dupin a publié lui-même la lettre du maréchal et sa réponse en date du 7 octobre ; refus péremptoire, avec une longue explication de ses motifs. A travers des retours sur les tentatives du mois précédent, des appels aux souvenirs de quelques-uns des acteurs, et les réserves ou les habiletés du langage, on y entrevoit clairement un secret frisson devant les missions qui entraînent une grande responsabilité et de grands hasards, une préférence marquée pour le rôle de libre tirailleur politique, qui, sans déserter son camp, choisit à son gré le moment de l'attaque ou de la retraite, et aussi un peu d'humeur de ce que, depuis son départ, on avait tenté plusieurs combinaisons sans l'y comprendre et en traiter avec lui. Il déclinait formellement en finissant, non-seulement l'entrée dans le ministère, mais l'invitation de se rendre à Paris pour en causer.

Il y a toujours, dans les négociations de ce genre et

dans les dissentiments qui en font l'embarras, des motifs plus grands et des motifs plus petits que ceux qu'on déclare : ou bien les hommes qu'on essaye d'associer dans la même œuvre, et qui s'y refusent, ont au fond de l'âme le sentiment qu'ils ne croyent pas aux mêmes principes et ne se gouvernent pas par les mêmes instincts ; ou bien quelques prétentions personnelles, quelques susceptibilités cachées, quelque permanent désaccord d'habitudes, de relations, de goûts, de mœurs, leur rendent le rapprochement incommode et la vie commune difficile. Ce ne sont pas des circonstances purement accidentelles qui décident de la sympathie ou de l'antipathie des esprits, et ils n'hésiteraient pas tant à s'unir s'ils n'étaient pas sérieusement divers et séparés.

Soit qu'on s'y attendît ou non, sur le refus de M. Dupin, on revint au duc de Broglie ; on s'inquiéta moins de mon impopularité ; le Roi et le maréchal Soult en prenaient aisément leur parti ; des amis communs, surtout M. de Rémusat, avaient efficacement combattu, dans l'esprit naturellement large et libre de M. Thiers, cette objection vulgaire. On s'avisa d'un expédient qui lui enlevait presque toute sa valeur. Au lieu de me rappeler au ministère de l'intérieur, on me proposa le ministère de l'instruction publique. J'étais, dans ce département, ce qu'on appelle une spécialité. Le 31 juillet 1830, la commission municipale, si ardente dans le mouvement populaire, m'y avait nommé. Le public pensait que j'y convenais, et mes amis que cela me convenait : « Je ne souhaite pas vivement, je l'avoue, m'écrivait le 29 septembre 1832 M. Royer-Collard, que mes amis soient mis à des épreuves qui passent les forces humaines. Le temps de gouverner n'est pas venu. C'est à l'anarchie que notre temps est voué, pour longues années. Nous n'y périrons pas, j'en suis convaincu, mais nous sommes bien loin de l'avoir épuisée; elle a encore bien des phases connues et inconnues à nous présenter. » Et le 14 octobre suivant, quand il apprit la formation du cabinet : « Puisque vous deviez rentrer, comme vous le dites, dans la tournaise, j'aime mieux que ce soit par le ministère de l'instruction publique. Vous irez à la brèche, mais vous aurez le mérite d'y aller; vous n'y êtes pas exposé en signe de provocation. Que puis-je vous dire que vous ne sachiez? Vous connaissez à fond l'état de notre société, la maladie des esprits, la contradiction des principes du nouveau gouvernement. Le courage ne vous manquera pas, ni sans doute la prudence, dont la part aujourd'hui doit être fort grande. Vous aurez à conserver la majorité ; je suis très-porté à croire que cela n'est point impossible, mais il y faudra de l'art. Parlez de moi, je vous prie, au duc de Broglie; vous savez combien je l'estime et je l'honore. Pour lui aussi, j'aime mieux les affaires étrangères. Vos deux ministères sont les meilleurs. »

Je n'aurais point hésité à rentrer dans la position de lutte directe, déclarée et quotidienne où m'avait placé, en 1830, le ministère de l'intérieur. Je n'hésitai pas davantage à prendre celle où mon impopularité, comme on disait, semblait, en 1832, avoir pour le cabinet moins d'inconvénient. On a dit que je prenais plaisir à braver l'impopularité ; on s'est trompé, je n'y pensais pas. La physionomie comme le dessein du nouveau cabinet me convenaient parfaitement. C'était, sauf M. Dupin, l'union des hommes qui, en 1830, avaient proclamé et soutenu les premiers la politique de résistance à l'esprit révolutionnaire, et de ceux qui, depuis 1831, avaient aidé M. Casimir Périer à la pratiquer avec conséquence et vigueur. Le ministère de l'instruction publique avait d'ailleurs pour moi, et par mes souvenirs, et par ce que j'espérais y faire, un véritable attrait. La formation du cabinet ne rencontra plus aucun obstacle, et il se constitua le 11 octobre 1832, se donnant à peine cinq semaines pour se préparer à la session des Chambres, qui furent immédiatement convoquées pour le 19 novembre suivant.

PIÈCES HISTORIQUES

PIÈCES HISTORIQUES

I

(Page 5.)

Protestation des Députés contre les ordonnances du 25 juillet 1830.

(28 juillet 1830.)

« Les soussignés, régulièrement élus à la députation par les colléges d'arrondissement ci-dessus nommés, en vertu de l'ordonnance royale du.. . . . . . . , et conformément à la Charte constitutionnelle et aux lois sur les élections des. . . . . et se trouvant actuellement à Paris,

« Se regardent comme absolument obligés, par leurs devoirs et leur honneur, de protester contre les mesures que les conseillers de la couronne ont fait naguère prévaloir pour le renversement du système légal des élections et de la ruine de la liberté de la presse.

« Lesdites mesures, contenues dans les ordonnances du 25, sont, aux yeux des soussignés, directement contraires aux droits constitutionnels de la Chambre des pairs, au droit public des Français, aux attributions et aux arrêts des tribunaux, et propres à jeter l'État dans une confusion qui compromet également la paix du présent et la sécurité de l'avenir.

« En conséquence, les soussignés, inviolablement fidèles à leur serment, protestent d'un commun accord, non-seulement contre lesdites mesures, mais contre tous les actes qui en pourraient être la conséquence.

« Et attendu, d'une part, que la Chambre des députés, n'ayant pas été constituée, n'a pu être légalement dissoute ; d'autre part, que la tentative de former une autre Chambre des députés, d'après un mode nouveau et arbitraire, est en contradiction formelle avec la Charte constitutionnelle et les droits acquis des électeurs, les soussignés déclarent qu'ils se considèrent toujours comme légalement élus à la députation par les colléges d'arrondissement et de département dont ils ont obtenu les suffrages, et comme ne pouvant être remplacés qu'en vertu d'élections faites selon les principes et les formes voulues par les lois.

« Et si les soussignés n'exercent pas effectivement les droits et ne s'acquittent pas de tous les devoirs qu'ils tiennent de leur élection légale, c'est qu'ils en sont empêchés par une violence matérielle. »

Suivent les noms de soixante-trois députés.

II

(Page 10.)

Proclamation adressée à la France par les Députés des départements réunis au palais Bourbon, après l'appel et l'arrivée de S. A. R. Mgr le duc d'Orléans à Paris.

(31 juillet 1830.)

Français,

La France est libre. Le pouvoir absolu levait son drapeau; l'héroïque population de Paris l'a abattu. Paris attaqué a fait triompher par les armes la cause sacrée qui venait de triompher en vain par les élections. Un pouvoir usurpateur de nos droits, perturbateur de notre repos, menaçait à la fois la liberté et l'ordre; nous rentrons en possession de l'ordre et de la liberté. Plus de crainte pour les droits acquis; plus de barrière entre nous et les droits qui nous manquent encore.

Un gouvernement qui, sans délai, nous garantisse ces biens, est aujourd'hui le premier besoin de la patrie. Français, ceux de vos députés qui se trouvent déjà à Paris se sont réunis; et en attendant l'intervention régulière des Chambres, ils ont invité un Français qui n'a jamais combattu que pour la France, M. le duc d'Orléans, à exercer les fonctions de lieutenant général du royaume. C'est à leurs yeux le plus sûr moyen d'accomplir promptement par la paix le succès de la plus légitime défense.

Le duc d'Orléans est dévoué à la cause nationale et constitutionnelle; il en a toujours défendu les intérêts et professé les principes. Il respectera nos droits, car il tiendra de nous les siens. Nous nous assurerons par des lois toutes les garanties nécessaires pour rendre la liberté forte et durable :

Le rétablissement de la garde nationale, avec l'intervention des gardes nationaux dans le choix des officiers ;

L'intervention des citoyens dans la formation des administrations départementales et municipales ;

Le jury pour les délits de la presse ;

La responsabilité légalement organisée des ministres et des agents secondaires de l'administration ;

L'état des militaires légalement assuré,

La réélection des députés promus à des fonctions publiques.

Nous donnerons enfin à nos institutions, de concert avec le chef de l'État, les développements dont elles ont besoin.

Français, le duc d'Orléans lui-même a déjà parlé, et son langage est celui qui convient à un pays libre : «Les Chambres
« vont se réunir, vous dit-il ; elles aviseront aux moyens
« d'assurer le règne des lois et le maintien des droits de la
« nation.

« La Charte sera désormais une vérité. »

III

(Page 54.)

Exposé de la situation du royaume présenté aux Chambres le 13 septembre 1830, par M. Guizot, ministre de l'intérieur.

Messieurs, le Roi nous a ordonné de mettre sous vos yeux le tableau de l'état de la France et des actes du gouvernement depuis la glorieuse révolution qui a fondé son trône en sauvant notre pays.

Fier de son origine, le gouvernement éprouve le besoin de dire hautement comment il comprend sa mission et se propose de la remplir.

Il est le résultat d'un héroïque effort soudainement tenté pour mettre à l'abri du despotisme, de la superstition et du privilége, les libertés et les intérêts nationaux.

En quelques jours l'entreprise a été accomplie, avec un respect et un ménagement, jusque-là sans exemple, pour les droits privés et l'ordre public.

Saisie d'un juste orgueil, la France s'est promis qu'un si beau triomphe ne serait point stérile. Elle s'est regardée comme délivrée de ce système de déception, d'incertitude et d'impuissance qui l'a fatiguée et irritée si longtemps. Elle a compté sur une politique conséquente et vraie qui ouvrirait devant elle une large carrière d'activité et de liberté. Elle y veut marcher d'un pas ferme et régulier.

C'est dans ce caractère de l'événement au sein duquel il est né, et des espérances dont la France est animée, que le gouvernement trouve la règle de sa conduite.

Il se sent appelé à puiser sa force dans les institutions qui garantissent la liberté du pays, à maintenir l'ordre légal en améliorant progressivement les lois, à seconder sans crainte, au sein de la paix publique fortement protégée, le développement de toutes les facultés, l'exercice de tous les droits.

Telle est, à ses yeux, la politique qui doit faire porter à notre révolution tous ses fruits.

Pour la réaliser, une première tâche lui était imposée. Il fallait prendre partout possession du pouvoir et le remettre à des hommes capables d'affermir le triomphe de la cause nationale. Grâce aux conquêtes de 1789, l'état social de la France a été régénéré ; grâce à la victoire de 1830, ses institutions politiques ont reçu en un jour les principales réformes dont elles avaient besoin. Une administration partout en harmonie avec l'état social et la Charte, une constante application des principes consacrés sans retour, tel est aujourd'hui le besoin pressant, le vœu unanime du pays. De nombreux changements dans le personnel étaient donc la première nécessité du gouvernement; par là, il devait faire sentir en tous lieux sa présence, et proclamer lui-même son avénement. L'œuvre avance vers son terme. Le temps prononcera sur le mérite des choix. Mais on peut, dès aujourd'hui, se former une juste idée de l'étendue et de la célérité du travail; nous vous en présenterons rapidement les principaux résultats.

A peine entré en fonctions, le ministre de la guerre a pourvu au commandement des divisions et subdivisions militaires; soixante-quinze officiers généraux en étaient investis;

soixante-cinq ont été remplacés ; dix sont demeurés à leur poste ; ils l'ont mérité par la promptitude et la franchise de leur concours.

En même temps, et dès le 8 août, les officiers généraux qui se trouvaient chargés de l'inspection ordinaire des troupes ont été rappelés, et dix lieutenants généraux ou maréchaux de camp ont été envoyés auprès des corps, avec ordre de proclamer l'avénement du roi, de prévenir toute scission, et de proposer parmi les officiers les remplacements nécessaires.

Trente-neuf régiments d'infanterie et vingt-six régiments de cavalerie ont reçu des colonels nouveaux. Beaucoup de remplacements ont eu lieu dans les grades inférieurs.

Des commandants nouveaux ont été envoyés dans trente-une places importantes.

Une commission d'officiers généraux, en fonctions depuis le 16 août, examine les titres des officiers qui demandent du service. Son travail est fort avancé.

Des mesures ont été prises dès les premiers jours du mois d'août pour le licenciement des régiments suisses de l'ancienne garde royale et de la ligne. Elles sont en pleine exécution. Le licenciement des régiments français de l'ex-garde et des corps de la maison du roi Charles X est accompli.

Pour compenser les pertes qu'entraîne ce licenciement, l'effectif des régiments d'infanterie de ligne sera porté à 1500 hommes, celui des régiments de cavalerie à 700 hommes, celui des régiments d'artillerie et du génie à 1,200 et 1,450 hommes.

Trois régiments nouveaux, un de cavalerie, sous le nom de *lanciers d'Orléans*, deux d'infanterie, sous les nos 65 et 66, et six bataillons d'infanterie légère s'organisent en ce moment.

Deux bataillons de gendarmerie à pied ont été spécialement créés pour faire le service dans les départements de l'Ouest.

Une garde municipale a été instituée pour la ville de Paris. Plus de la moitié des hommes qui doivent la composer sont prêts à entrer en activité de service.

Le général commandant l'armée d'Afrique a été changé. Le drapeau national flotte dans les rangs de cette armée qui s'est montrée aussi empressée de l'accueillir que digne de le suivre, et qui recevra les récompenses qu'elle a si vaillamment conquises.

Ainsi, au bout de cinq semaines, le personnel de l'armée est renouvelé ou près du terme de son renouvellement.

La marine n'appelait pas des réformes si étendues. Par sa nature même, ce corps exige la réunion de connaissances spéciales et d'une expérience longue et continue. Aussi l'ancien gouvernement avait-il été forcé d'y conserver ou d'y admettre des officiers qui professaient hautement les opinions dont il poursuivait la ruine; ils se sont hâtés d'accueillir notre révolution; elle accomplissait leurs vœux. Là peu de changements étaient donc nécessaires. Cependant les abus qui y avaient pénétré ont été abolis. Trois contre-amiraux, douze capitaines de vaisseau, cinq capitaines de frégate, quatre lieutenants de vaisseau et un enseigne ont été admis à la retraite. Une commission présidée par le doyen de l'armée navale examine avec soin les réclamations des officiers que l'ancien gouvernement avait écartés. Une création nouvelle, celle des amiraux de France, a assuré à la marine des récompenses proportionnées à ses services, et l'a fait sortir de cette espèce d'infériorité où elle était placée comparativement à l'armée de terre, qui possédait seule la dignité de maréchal de France. Enfin l'illustre chef de l'armée navale en Afrique a reçu du Roi, par son élévation à ce grade, le juste prix de ses travaux ; et ses compagnons trouveront à leur arrivée en France, l'avancement et les distinctions qu'ils ont si bien méritées.

Nulle part la réforme n'était plus nécessaire et plus vivement sollicitée que dans l'administration intérieure. La plupart de ses fonctionnaires, instruments empressés ou dociles d'un système de fraude et de violence, avaient encouru la juste animadversion du pays. Ceux-là même dont les efforts avaient tendu à atténuer le mal s'étaient usés dans cette lutte ingrate, et manquaient auprès de la population de cet ascendant moral, de cette confiance prompte et facile, première force du pouvoir, surtout quand il vit en présence de la liberté. 76 préfets sur 86, 196 sous-préfets sur 277, 53 secrétaires généraux sur 86, 127 conseillers de préfecture sur 315, ont été changés. En attendant la loi qui doit régénérer l'administration municipale, 393 changements ont déjà été prononcés ; et une circulaire a ordonné aux préfets de faire, sans retard, tous ceux qu'ils jugeraient nécessaires, sauf à en demander la confirmation définitive au ministre de l'intérieur.

Le ministre de la justice a porté toute son attention sur la composition des parquets, tant des cours souveraines que des tribunaux de première instance. Dans les premières, 74 procureurs généraux, avocats généraux et substituts, dans les secondes, 254 procureurs du Roi et substituts ont été renouvelés. Dans la magistrature inamovible, le ministère s'est empressé de pourvoir aux siéges vacants, soit par démission, soit par toute autre cause. A ce titre, ont déjà eu lieu 103 nominations de présidents, conseillers et juges. A mesure que les occasions s'en présentent, les changements continuent. Les justices de paix commencent à être l'objet d'un scrupuleux examen.

Dans le conseil d'État, et en attendant la réforme fondamentale qui se prépare, le nombre des membres en activité de service a été provisoirement réduit de 55 à 38; sur ces 38, 20 ont été changés. Le Conseil de l'instruction publique était composé de 9 membres; 5 ont été écartés. La même mesure a été prise à l'égard de 5 inspecteurs généraux et de 14 recteurs d'académie sur 25. Un travail se prépare pour apporter dans les colléges, pendant les vacances, les changements dont la convenance sera reconnue. Une commission est chargée de faire un prompt rapport sur l'École de médecine, et d'en préparer la réorganisation.

Dans le département des affaires-étrangères, la plupart de nos ambassadeurs et ministres au dehors ont été révoqués.

La situation du ministre des finances, quant au personnel, était particulièrement délicate. Il n'en est pas des principaux agents financiers comme des autres fonctionnaires. Leurs affaires sont mêlées, enlacées dans celles de l'Etat, et veulent du temps pour s'en séparer. Il faut plusieurs mois pour qu'un receveur général en remplace complétement un autre ; celui qui se retire a une liquidation à faire ; celui qui arrive a la confiance à obtenir. Au milieu d'une crise dont l'ébranlement ne pouvait manquer de se faire sentir dans les finances publiques, il y eût eu péril à écarter brusquement des hommes d'un crédit bien établi, et qui s'empressaient de le mettre au service du Trésor. Dans les autres parties de l'administration, une confusion de quelques jours est un mal; dans l'administration financière, un embarras de quelques instants serait une calamité. La réserve est donc ici commandée par la nature des choses et l'intérêt général. Le ministre des finances a dû s'y conformer. Il a commencé, du reste, dans son administration, une réforme qu'il poursuivra, de département en département, avec une scrupuleuse attention.

Vous voyez, messieurs; nous nous sommes bornés au plus

simple exposé des faits; il en résulte clairement que le personnel de l'administration de la France a déjà subi un renouvellement très-étendu, et que si, dans l'un des services publics, le renouvellement n'a pas été aussi rapide qu'ailleurs, ce ménagement était dû à l'un des plus pressants intérêts de l'État.

En écartant les anciens fonctionnaires, nous avons cherché pour les remplacer des hommes engagés dans la cause nationale et prêts à s'y dévouer; mais la cause nationale n'est point étroite ni exclusive; elle admet diverses nuances d'opinions; elle accepte quiconque veut et peut la bien servir. A travers tant de vicissitudes qui depuis quarante ans ont agité notre France, beaucoup d'hommes se sont montrés, dans des situations différentes, de bons et utiles citoyens; il n'est aucune époque de notre histoire contemporaine qui n'ait à fournir d'habiles administrateurs, des magistrats intègres, de courageux amis de la patrie. Nous les avons cherchés partout; nous les avons pris partout où nous les avons trouvés. Ainsi, sur les 76 préfets que le Roi a choisis, 47 n'ont occupé aucune fonction administrative depuis 1814; 29 en ont été revêtus. Parmi ces derniers, 18 avaient été successivement destitués depuis 1820. Parmi les premiers, 23 avaient occupé des fonctions administratives avant 1814; 24 sont des hommes tout à fait nouveaux et portés aux affaires par les derniers événements. Le moment est venu pour la France de se servir de toutes les capacités, de se parer de toutes les gloires qui se sont formées dans son sein.

Malgré son importance prédominante en des jours de crise, le personnel n'a pas seul occupé l'attention du gouvernement; il a pris aussi des mesures pour rendre promptement à l'administration des choses la régularité et l'ensemble dont elle a besoin.

Dès le 6 août, le ministre de la guerre a donné des ordres

pour arrêter la désertion et faire rejoindre les hommes qui avaient quitté leurs corps. Il a pourvu au retrait des armes et des chevaux abandonnés par les déserteurs.

De nombreux mouvements de troupes ont été opérés, soit dans le but de la réorganisation des corps, soit pour porter des forces sur les points où leur présence était jugée utile.

Des désordres se sont manifestés dans quelques régiments de cavalerie et d'artillerie, et dans un seul régiment d'infanterie. Mais de promptes mesures ont été prises pour rétablir l'ordre, resserrer les liens de la discipline, et rendre justice à chacun.

Tous les services de l'armée ont été assurés. Les corps de l'ancienne garde royale et les régiments suisses ont reçu religieusement en solde, masses, etc., tout ce qu'ils pouvaient prétendre. Les approvisionnements pour l'armée d'Afrique ont été complétés jusqu'au 1er novembre, en se servant, forcément et à cause de l'urgence, du marché précédemment conclu. Les rapports du nouvel intendant en chef de cette armée amèneront à de meilleurs moyens pour régler cet important service.

L'armement des gardes nationales est l'un des objets qui attirent spécialement les soins du ministre. Des ordres sont donnés pour rassembler et fournir promptement tous les fusils dont on pourra disposer ; un grand nombre est déjà délivré.

L'activité la plus régulière se déploie dans l'administration de la marine. Des vaisseaux de l'État sillonnent en ce moment toutes les mers pour porter sur tous les points du globe nos grandes nouvelles. Ils feront respecter partout les couleurs nationales; partout ils protégeront le commerce et rassureront les navigateurs français. Des croisières sont établies dans ce but à l'entrée du détroit de Gibraltar et sur toutes nos côtes.

Notre escadre continuera de seconder les opérations de notre armée de terre en Afrique; elle assurera nos communications entre Alger et la France, et aucun approvisionnement ne sera compromis.

Le Conseil d'amirauté s'occupe de réunir les matériaux d'une législation complète sur les colonies : une commission sera chargée de mettre le gouvernement en mesure de la présenter bientôt aux Chambres.

Des travaux nouveaux sont entrepris à Dunkerque et dans d'autres ports. Partout règne la plus exacte discipline; l'ordre est partout maintenu sur les vaisseaux comme sur terre, dans les arsenaux et dans les ateliers.

L'irrégularité des communications, le renouvellement des fonctionnaires, le nombre et la gravité des affaires générales, avaient pendant trois semaines un peu ralenti les travaux ordinaires du ministère de l'intérieur. Non-seulement ils ont repris leur cours, mais aucune trace de cet arriéré momentané ne subsiste plus. Une organisation plus simple de l'administration centrale a permis de porter dans la correspondance une activité vraiment efficace. Des instructions ont été partout données sur les affaires de l'intérêt le plus général et le plus pressant, sur l'organisation des gardes nationales, sur la prestation de serment des fonctionnaires, sur la publication des listes électorales et du jury, sur les prisons, etc. Tous les préfets sont maintenant à leur poste; l'autorité est partout reconnue et en vigueur. Sans doute elle rencontre encore des obstacles; quelque agitation subsiste sur un certain nombre de points. Elle a éclaté à Nîmes; on la redoute dans deux ou trois autres départements du Midi. Ceux de l'Ouest, si longtemps le théâtre des discordes civiles, en contiennent encore quelques vieux ferments. C'est le devoir du gouvernement de ne pas perdre de vue ces causes possibles de désordre, il n'y manquera point; déjà il est partout en mesure; des troupes ont marché vers le Midi, d'autres sont cantonnées dans l'Ouest. Une surveillance active et inoffensive à la fois est partout exercée. Elle suffira pour prévenir un mal que rêvent à peine les esprits les plus aveugles. La promptitude avec laquelle les troubles de Nîmes ont été réprimés est bien plus rassurante que ces troubles mêmes ne peuvent paraître inquiétants.

Une autre inquiétude se fait sentir. On craint que notre révolution et ses résultats ne rencontrent, dans une partie du clergé français, des sentiments qui ne soient pas en harmonie avec ceux du pays. Le gouvernement du Roi n'ignore, messieurs, ni les imprudentes déclamations de quelques hommes, ni les menées ourdies à l'aide d'associations ou de congrégations que repoussent nos lois. Il les surveille sans les redouter. Il porte à la religion et à la liberté des consciences un respect sincère; mais il sait aussi jusqu'où s'étendent les droits de la puissance publique, et ne souffrira pas qu'ils reçoivent la moindre atteinte. La séparation de l'ordre civil et de l'ordre spirituel sera strictement maintenue. Toute infraction aux lois du pays, toute perturbation de l'ordre seront fortement réprimées, quels qu'en soient les auteurs.

Le gouvernement compte sur le concours des bons citoyens pour porter remède à un mal d'une autre nature, dont la gravité ne saurait être méconnue; il s'occupe avec assiduité de la préparation du budget, et ne tardera pas à le présenter aux Chambres. Mais la perception de certains impôts a rencontré depuis six semaines d'assez grands obstacles : ils ont disparu en ce qui concerne les douanes; leur service, un moment interrompu sur deux points de la frontière, dans les départements des Pyrénées-Orientales et du Haut-Rhin, a été promptement rétabli. L'impôt direct est partout payé avec une exactitude, disons mieux, avec un empressement admirable. Mais des troubles ont eu lieu dans quelques départements à l'occasion de l'impôt sur les boissons, et en ont momentanément suspendu la perception. Aussi, sur quinze millions de produits qu'on devait attendre des contributions indirectes, pendant le seul mois d'août, y aura-t-il perte de deux millions. Décidé à apporter dans cet impôt les réductions et les modifications qui seront jugées nécessaires, le gouvernement proposera incessamment aux Chambres un projet de loi concerté avec la Commission qu'il a nommée à cet effet. La France peut compter aussi que, dans les divers services du budget, il poussera l'économie aussi loin que le permettra l'intérêt public, et qu'il ne négligera aucun moyen d'alléger les charges des contribuables. Mais il est de son devoir le plus impérieux, il est de l'intérêt public le plus pressant, que rien ne vienne jeter l'incertitude et le trouble dans le revenu de l'État. C'est sur la perception régulière et sûre de l'impôt que repose le crédit; c'est sur l'étendue et la solidité du crédit que repose le développement rapide, facile, des ressources de l'État et de la prospérité nationale. Certes, le crédit du Trésor est grand et assuré, il ne restera point au-dessous de ses charges; il va suffire aisément dans le cours de ce mois au payement de plus de 100 millions qu'exigent les besoins du service. Mais pour qu'il subsiste et se déploie de plus en plus, il importe essentiellement que ses bases ne soient pas ébranlées.

Elles ne le seront point, messieurs, pas plus que notre ordre social ne sera compromis par la fermentation momentanée qui s'est manifestée sur quelques points, et que repousse de toutes parts la sagesse de la France. Sans doute, dans son gouvernement comme en toutes choses, la France désire l'amélioration, le progrès, mais une amélioration tranquille, un progrès régulier. Satisfaite du régime qu'elle vient de conquérir, elle aspire avant tout à le conserver, à le consolider. Elle veut jouir de sa victoire, et non entreprendre de nouvelles luttes. Elle saura bien mettre elle-même le temps à profit pour perfectionner ses institutions, et elle regarderait toute tentative désordonnée comme une atteinte à ses droits aussi bien qu'à son repos.

Ce repos, messieurs, le gouvernement, fort de ses droits et du concours des Chambres, saura le maintenir, et il sait qu'en le maintenant il fera prévaloir le vœu national. Déjà, à la première apparence de troubles, les bons citoyens se sont empressés au-devant de l'autorité pour l'aider à les réprimer, et le succès a été aussi facile que décisif. Partout éclaterait le même résultat. Les lois ne manquent point à la justice; la force ne manquera point aux lois. Que les amis du progrès de la civilisation et de la liberté n'aient aucune crainte ; leur cause ne sera point compromise dans ces agitations passagères. Le perfectionnement social et moral est le résultat naturel de nos institutions ; il se développera librement et le gouvernement s'empressera de le seconder. Chaque jour, de nouvelles assurances amicales lui arrivent de toutes parts. Chaque jour l'Europe reconnaît et proclame qu'il est pour tous un gage de sécurité et de paix. La paix est aussi son vœu. Au dedans comme au dehors, il est fermement résolu à conserver le même caractère, à s'acquitter de la même mission.

IV

(Page 68.)

Rapport présenté au Roi le 21 octobre 1830, par M. Guizot, ministre de l'intérieur, pour faire instituer un inspecteur général des monuments historiques en France.

Sire,

Les monuments historiques dont le sol de la France est couvert font l'admiration et l'envie de l'Europe savante. Aussi nombreux et plus variés que ceux de quelques pays voisins, ils n'appartiennent pas seulement à telle ou telle phase isolée de l'histoire, ils forment une série complète et sans lacune; depuis les druides jusqu'à nos jours, il n'est pas une époque mémorable de l'art et de la civilisation qui n'ait laissé dans nos contrées des monuments qui la représentent et l'expliquent. Ainsi, à côté de tombeaux gaulois et de pierres celtiques, nous avons des temples, des aqueducs, des amphithéâtres et autres vestiges de la domination romaine qui peuvent le disputer aux chefs-d'œuvre de l'Italie: les temps de décadence et de ténèbres nous ont aussi légué leur style bâtard et dégradé; mais lorsque le xie et le xiie siècles ramènent en Occident la vie et la lumière, une architecture nouvelle apparaît, qui revêt dans chacune de nos provinces une physionomie distincte, quoique empreinte d'un caractère commun: mélange singulier de l'ancien art des Romains, du goût et du caprice oriental, des inspirations encore confuses du génie germanique. Ce genre d'architecture sert de transition aux merveilleuses constructions gothiques qui, pendant les XIII⁰, XIV⁰ et XV⁰ siècles, se suivent sans interruption, chaque jour plus légères, plus hardies, plus ornées, jusqu'à ce qu'enfin succombant sous leur propre richesse, elles s'affaissent, s'alourdissent et finissent par céder la place à la grâce élégante mais passagère de la Renaissance. Tel est le spectacle que présente cet admirable enchaînement de nos antiquités nationales et qui fait de notre sol un si précieux objet de recherches et d'études.

La France ne saurait être indifférente à cette partie notable de sa gloire. Déjà, dans les siècles précédents, la haute érudition des bénédictins et d'autres savants avait montré dans les monuments la source de grandes lumières historiques; mais sous le rapport de l'art, personne n'en avait deviné l'importance.

A l'issue de la Révolution française, des artistes éclairés, qui avaient vu disparaître un grand nombre de monuments précieux, sentirent le besoin de préserver ce qui avait échappé à la dévastation : le musée des Petits-Augustins, fondé par M. Lenoir, prépara le retour des études historiques et fit apprécier toutes les richesses de l'art français.

La dispersion fatale de ce musée reporta sur l'étude des localités l'ardeur des archéologues et des artistes; la science y gagna plus d'étendue et de mouvement; d'habiles écrivains se joignirent à l'élite de notre École de peinture pour faire connaître les trésors de l'*ancienne* France. Ces travaux, multipliés pendant les années qui viennent de s'écouler, n'ont pas tardé à produire d'heureux résultats dans les provinces. Des centres d'étude se sont formés; des monuments ont été préservés de la destruction ; des sommes ont été votées pour

PIÈCES HISTORIQUES.   387

cet objet par les conseils généraux et les communes : le clergé a été arrêté dans les transformations fâcheuses qu'un goût mal entendu de rénovation faisait subir aux édifices sacrés.

Ces efforts toutefois n'ont produit que des résultats incomplets : il manquait à la science un centre de direction qui régularisât les bonnes intentions manifestées sur presque tous les points de la France; il fallait que l'impulsion partît de l'autorité supérieure elle-même, et que le ministre de l'intérieur, non content de proposer aux Chambres une allocation de fonds pour la conservation des monuments français, imprimât une direction éclairée au zèle des autorités locales.

La création d'une place d'inspecteur général des monuments historiques de la France m'a paru devoir répondre à ce besoin. La personne à qui ces fonctions seront confiées devra avant tout s'occuper des moyens de donner aux intentions du gouvernement un caractère d'ensemble et de régularité. A cet effet, elle devra parcourir successivement tous les départements de la France, s'assurer sur les lieux de l'importance historique ou du mérite d'art des monuments; recueillir tous les renseignements qui se rapportent à la dispersion des titres ou des objets accessoires qui peuvent éclairer sur l'origine, les progrès ou la destruction de chaque édifice; en constater l'existence dans tous les dépôts, archives, musées, bibliothèques ou collections particulières; se mettre en rapports directs avec les autorités et les personnes qui s'occupent de recherches relatives à l'histoire de chaque localité, éclairer les propriétaires et les détenteurs sur l'intérêt des édifices dont la conservation dépend de leurs soins, et stimuler enfin, en le dirigeant, le zèle de tous les conseils de département et de municipalité, de manière à ce qu'aucun monument d'un mérite incontestable ne périsse par cause d'ignorance et de précipitation, et sans que les autorités compétentes aient tenté tous les efforts convenables pour assurer leur préservation, et de manière aussi à ce que la bonne volonté des autorités ou des particuliers ne s'épuise pas sur des objets indignes de leurs soins. Cette juste mesure dans le zèle ou dans l'indifférence pour la conservation des monuments ne peut être obtenue qu'au moyen de rapprochements multipliés que l'inspecteur général sera seul à même de faire; elle préviendra toute réclamation et donnera aux esprits les plus difficiles la conscience de la nécessité où le gouvernement se trouve de veiller activement aux intérêts de l'art et de l'histoire.

L'inspecteur général des monuments historiques préparera, dans sa première et générale tournée, un catalogue exact et complet des édifices ou monuments isolés qui méritent une attention sérieuse de la part du gouvernement; il accompagnera, autant que faire se pourra, ce catalogue de dessins et de plans, et en remettra successivement les éléments au ministère de l'intérieur, où ils seront classés et consultés au besoin. Il devra s'attacher à choisir dans chaque localité principale un correspondant qu'il désignera à l'acceptation du ministre, et se mettre lui-même en rapport officieux avec les autorités locales. Communication sera donnée aux préfets des départements, d'abord, des instructions de l'inspecteur général des monuments historiques de la France, puis de l'extrait du catalogue général en ce qui concerne chaque département. Le préfet en donnera connaissance à tous les conseils et autorités qu'ils intéressent.

L'inspecteur général des monuments historiques devra renouveler le plus souvent possible ses tournées, et les diriger chaque année d'après les avis qui seront donnés par les préfets et les correspondants reconnus par l'administration.

Lorsqu'il s'agira d'imputations à faire sur le fonds de la conservation des monuments de la France, ou de dépenses analogues votées par les départements ou les communes, l'inspecteur général des monuments historiques sera consulté.

Le traitement annuel de ce fonctionnaire est fixé à *huit mille francs.*

Le tarif des frais de tournée sera déterminé par une mesure ultérieure.

Je suis avec respect,

Sire,

de Votre Majesté.

le très-humble et très-fidèle sujet,

Le Ministre secrétaire d'État
au département de l'intérieur,

Guizot.

Approuvé : Au Palais-Royal,
le 23 du mois d'octobre 1830.
LOUIS-PHILIPPE.

V

(Page 72.)

1° *Décret de l'empereur Napoléon Ier (20 février 1806), qui règle la destination des églises de Saint-Denis et de Sainte-Geneviève.*

TITRE II.

7. L'église de Sainte-Geneviève sera terminée et rendue au culte, conformément à l'intention de son fondateur, sous l'invocation de Sainte-Geneviève, patronne de Paris.

8. Elle conservera la destination qui lui avait été donnée par l'Assemblée constituante, et sera consacrée à la sépulture des grands dignitaires, des grands officiers de l'Empire et de la couronne, des sénateurs, des grands officiers de la Légion d'honneur, et, en vertu de nos décrets spéciaux, des citoyens qui, dans la carrière des armes ou dans celle de l'administration et des lettres, auront rendu d'éminents services à la patrie; leurs corps embaumés seront inhumés dans l'église.

9. Les tombeaux déposés au Musée des monuments français seront transportés dans cette église pour y être rangés par ordre de siècles.

10. Le chapitre métropolitain de Notre-Dame, augmenté de six membres, sera chargé de desservir l'église de Sainte-Geneviève. La garde de cette église sera spécialement confiée à un archiprêtre choisi parmi les chanoines.

11. Il y sera officié solennellement le 3 janvier, fête de

Sainte-Geneviève ; le 15 août, fête de Saint-Napoléon, et anniversaire de la conclusion du Concordat ; le jour des Morts, et le premier dimanche de décembre, anniversaire du couronnement et de la bataille d'Austerlitz ; et toutes les fois qu'il y aura lieu à des inhumations en exécution du présent décret. Aucune autre fonction religieuse ne pourra être exercée dans ladite église qu'en vertu de notre approbation.

12. Nos ministres de l'intérieur et des cultes sont chargés de l'exécution du présent décret.

2° *Ordonnance du roi Louis XVIII (12 décembre 1821) qui confirme et complète la restitution au culte de l'église de Sainte-Geneviève.*

Louis, par la grâce de Dieu, Roi de France et de Navarre,
A tous ceux qui ces présentes verront, salut.

L'église que notre aïeul le roi Louis XV avait commencé de faire élever sous l'invocation de Sainte-Geneviève est heureusement terminée. Si elle n'a pas encore reçu tous les ornements qui doivent compléter sa magnificence, elle est dans un état qui permet d'y célébrer le service divin. C'est pourquoi, afin de ne pas retarder davantage l'accomplissement des intentions de son fondateur et de rétablir, conformément à ses vœux et aux nôtres, le culte de la patronne dont notre bonne ville de Paris avait coutume d'implorer l'assistance dans tous ses besoins ;

Sur le rapport de notre ministre de l'intérieur et notre Conseil entendus,

Nous avons ordonné et ordonnons ce qui suit :

ARTICLE PREMIER.

La nouvelle église fondée par le roi Louis XV sera incessamment consacrée à l'exercice du culte divin sous l'invocation de cette sainte ; à cet effet, elle est mise à la disposition de l'archevêque de Paris qui la fera provisoirement desservir par des ecclésiastiques qu'il désignera.

Art. II

Il sera ultérieurement statué sur le service régulier et perpétuel qui devra y être fait, et sur la nature de ce service.

Art. III

Notre ministre secrétaire d'État de l'intérieur est chargé de l'exécution de la présente ordonnance.

Donné en notre château des Tuileries, le 12 décembre de l'an de grâce mil huit cent vingt-un, et de notre règne le vingt-septième.

Signé : LOUIS.

Par le Roi :

Le ministre secrétaire d'État au département de l'intérieur.

Signé : Siméon.

VI

(Page 401.)

Circulaire adressée aux préfets (29 septembre 1830) par M. Guizot, ministre de l'intérieur, sur les élections à la Chambre des députés.

Monsieur le Préfet, Par ordonnances royales des 13, 15, 28 et 29 septembre 1830, cent onze colléges électoraux ont été convoqués. Près de 60,000 électeurs exerceront leurs droits ; plus d'un quart de la Chambre des députés doit sortir d'une élection nouvelle.

Cette élection, quoique partielle, suffira pour indiquer l'état général de la France. Elle est attendue comme un événement grave; elle contribuera puissamment à déterminer le caractère de notre révolution ; elle présagera notre avenir.

Dans une circonstance si importante, monsieur le préfet, vous ne serez pas surpris que je vous entretienne plus spécialement des devoirs de l'administration. Ses intentions ne sauraient être que conformes à ses devoirs.

Ces devoirs sont simples. La mauvaise politique d'un pouvoir trop faible pour se passer d'artifices les compliquait en les défigurant. Un gouvernement national se fie à la France du choix de ses députés. Il ne rend pas l'administration responsable des votes que recèle l'urne électorale. Assurer l'entière liberté des suffrages en maintenant sévèrement l'ordre légal, voilà toute son ambition. Comme la Charte, les élections désormais doivent *être une vérité*.

Vous sentez, monsieur le préfet, quelle scrupuleuse impartialité vous est imposée. Le temps n'est pas si éloigné où la puissance publique, se plaçant entre les intérêts et les consciences, s'efforçait de faire mentir le pays contre lui-même, et de le suborner comme un faux témoin. En dénaturant sa mission, en excédant ses droits, elle a compromis ainsi même sa légitime influence. Ce n'est que par une réaction de justice, de probité, de modération, que l'administration peut reconquérir cette autorité morale qui lui est si nécessaire, et qui fait sa principale force. Il faut que les pouvoirs s'honorent pour s'affermir.

Ainsi, monsieur le préfet, quelque importance que le gouvernement attache au résultat des élections, n'oubliez jamais qu'il l'attend avec trop de sécurité pour prétendre, même indirectement, à les dominer. C'est par votre administration seule que vous devez influer sur l'opinion publique.

La France, d'ailleurs, ne connaît-elle pas sa situation? Heureuse et fière d'une révolution qu'elle a faite, elle n'aspire qu'à en recueillir les fruits; elle ne veut que jouir en paix de sa conquête. La liberté dans l'ordre, le progrès dans le repos, le perfectionnement sans combat, voilà ce qu'elle ne pouvait obtenir du gouvernement qui n'est plus; voilà ce qu'elle espère du gouvernement qu'elle s'est donné. Sa longue persévérance, sa générosité dans la victoire, lui semblent des droits à tous les biens d'une civilisation croissante et d'une constitution réglée. Mais elle n'entend pas que ces biens soient ajournés par la faiblesse, compromis par l'imprudence, détruits par les passions. Elle a mis toute sa force aux ordres de sa sagesse.

Les élections en feront foi, monsieur le préfet; telle est ma conviction. Celles qui présagèrent, il y a trois mois, la chute du pouvoir absolu élevèrent la France bien haut dans l'opinion des peuples. Celles qui se préparent, moins difficiles, moins laborieuses, attesteront encore, après le triomphe, tout ce que quinze années d'amélioration lente, de liberté combattue, donnent aux peuples d'expérience, de prudence et de fermeté.

La France agira, monsieur le préfet, et l'administration veillera pour elle. Votre tâche est de maintenir liberté aux opinions et force à la loi. En l'accomplissant, vous aurez aussi une part honorable dans le résultat des élections.

Les lois qui règlent parmi nous les questions électorales ont été éclaircies, complétées par l'expérience et la discussion. Les modifications que la loi transitoire du 12 septembre a dû apporter à cette législation ne sauraient amener de difficultés essentielles. Si toutefois quelques questions vous semblaient encore obscures et incertaines, ne craignez pas de me consulter; je vous ferai connaître les précédents et mon opinion. Vous saurez cependant que la règle, en ces sujets, réside dans le texte des lois et la jurisprudence des cours royales. Vous demeurerez donc responsable des décisions que vous aurez à prendre; les tribunaux les jugeraient, et ce n'est pas le ministre de l'intérieur que les lois ont constitué le gardien de l'unité de jurisprudence, c'est la Cour de cassation.

Vous le voyez, monsieur le préfet, le gouvernement n'exige de vous que l'observation religieuse des lois; il n'attend de vous que ce que lui offrent déjà votre loyauté et votre patriotisme. Vous pouvez dire à tous quelle est sa pensée, il ne la cache ni ne l'impose. Venu de la nation, il ne la redoute pas; il compte sur elle comme elle peut compter sur lui. Imitez-le, monsieur le préfet; que l'administration soit consciencieuse pour que l'élection le soit aussi. Le gouvernement n'en sera pas moins puissant. Sous l'heureuse constitution que nous possédons, l'autorité doit s'appuyer sur la liberté même et se relever en la protégeant.

Recevez, monsieur le préfet, l'assurance de ma parfaite considération.

Le ministre secrétaire d'État au département de l'intérieur,

Guizot.

VII

(Page 242.)

Notice sur madame de Rumford par M. Guizot.

(Écrite en 1841.)

Il y a cinq ans, dans une bonne et agréable maison qui n'existe plus, située au milieu d'un beau jardin qu'a remplacé une rue, se réunissait deux ou trois fois par semaine une société choisie et variée ; des gens du monde, des savants, des lettrés, des étrangers et des nationaux ; des hommes d'autrefois et des hommes d'aujourd'hui ; des vieillards et des jeunes gens ; des membres du gouvernement et de l'opposition. Parmi les personnes qui se voyaient là, beaucoup ne se rencontraient point ailleurs ; et ailleurs, si elles s'étaient rencontrées, elles se seraient probablement mal accueillies, peut-être même à peine tolérées. Mais là, tous se traitaient avec une extrême politesse, presque avec bienveillance. Non que personne y fût attiré par quelque intérêt, quelque dessein qui le contraignît de dissimuler ses sentiments ; ce n'était pas une maison de patronage politique ou littéraire, où l'on vînt pour pousser sa fortune ou préparer son succès. Le goût de la bonne compagnie, les plaisirs de l'esprit et de la conversation, le désir de prendre sa part dans ces incidents journaliers de la vie sociale qui font l'amusement du monde poli et le délassement du monde occupé, c'était là le seul motif, c'était l'attrait qui réunissait chez madame de Rumford une société si empressée, et, dans cette société, tant d'hommes distingués et si divers.

Fontenelle, Montesquieu, Voltaire, Turgot, d'Alembert, s'ils revenaient parmi nous, seraient bien surpris de nous voir remarquer une telle maison et ses habitudes comme quelque chose de singulier et de rare. C'était l'esprit général, la vie habituelle de leur temps : temps de noble et libérale sociabilité, qui a remué de bien grandes questions et de bien grandes choses, et n'en a pris que ce qu'elles ont de doux, le mouvement de la pensée et de l'espérance, laissant à ses héritiers le fardeau de l'épreuve et de l'action.

Quand l'héritage s'est ouvert, quand notre génération, au début de l'Empire, est entrée en possession de la scène du monde, le xviiie siècle, clos la veille, était déjà loin, bien loin de nous. Un abîme immense, la Révolution, nous en séparait. Le passé tout entier, un passé de plusieurs siècles, et le xviiie siècle comme les autres, s'y était englouti. Aucun des grands hommes qui avaient fait la force et la gloire de cette grande époque ne vivait plus. Ces salons de Paris, théâtre et instrument de leurs succès, cette société si brillante, si passionnément adonnée aux plaisirs de l'esprit, avaient disparu comme eux. Au lieu de se chercher et de se réunir, comme naguère, pour s'animer ensemble du même mouvement, la noblesse, l'Église, la robe, les hommes d'affaires, les lettrés, toutes les classes de l'ancien régime, ou plutôt leurs débris, car de toutes choses il ne restait que des débris, se séparaient, s'évitaient presque, rentraient chacune dans les habitudes et les intérêts de leur situation spéciale. A l'élan commun des idées succédaient la dispersion et l'isolement des coteries. Émigrés, constituants, conventionnels, fonctionnaires impériaux, savants, gens de lettres, autant de coteries pensant et vivant chacune à part, indifférentes ou malveillantes l'une pour l'autre.

Le xviii° siècle avait aussi la sienne; pure coterie comme les autres, mais seule héritière du caractère dominant de l'époque, seule fidèle aux mœurs et aux goûts de cette société philosophique qui avait péri elle-même dans la ruine de la grande société qu'elle avait démolie.

Une femme de soixante-dix-neuf ans, deux académiciens, l'un de quatre-vingt-deux ans, l'autre de soixante-seize, voilà quels centres restaient, en 1809, à cette société qu'en 1769 tant de gens, et de si puissants, s'empressaient d'attirer et de grouper autour d'eux. Le salon de madame d'Houdetot, celui de M. Suard, celui de l'abbé Morellet, étaient presque les seuls asiles où l'esprit du vieux siècle se déployât encore à l'aise et avec vérité. Non que sa mémoire ne fût en grand honneur ailleurs, et que beaucoup de gens ne fissent profession de lui appartenir; comment les hommes nouveaux, les enfants de la Révolution et de l'Empire, auraient-ils renié le xviii° siècle? Mais qu'ils étaient loin de lui ressembler! La politique les absorbait, la politique pratique, réelle; toutes leurs pensées, toutes leurs forces étaient incessamment tendues, soit vers les affaires du maître, soit vers leurs propres affaires; point de méditation, point de loisir; du mouvement, du travail, puis encore du travail et du mouvement. Le xviii° siècle aussi s'occupait fort de politique, mais par goût, non par nécessité; elle tenait beaucoup de place dans les esprits, peu dans la vie; on réfléchissait, on dissertait, on projetait beaucoup; on agissait peu. En aucun temps les matières politiques n'ont été l'objet d'une préoccupation intellectuelle si générale et si féconde; aucun temps peut-être n'a été plus étranger à l'esprit politique proprement dit, à cet esprit simple, prompt, judicieux, résolu, léger dans la pensée, sérieux dans l'action, qui ne voit que les faits et ne s'inquiète que des résultats.

A part même cette opposition de la science et de la pratique, quel abîme entre la politique qu'on faisait il y a trente ans, et celle que, cinquante ans plus tôt, on aurait voulu faire! Qu'étaient devenues les doctrines, les espérances qui avaient enchanté et remué tout un peuple, tous les peuples? Comment les hommes d'affaires du xixe siècle tenaient-ils les promesses des philosophes du xviiie? Les uns hardiment, les autres timidement et avec embarras, désertaient les idées et les institutions dont le nom seul, la seule perspective avaient fait leur fortune. Le despotisme, un despotisme savant, raisonneur, et qui prétendait s'ériger en système, voyait à son service les enfants des plus doctes théories de liberté. Plusieurs, gens d'honneur et de cœur, attachés dans l'âme à leur ancienne foi, protestaient de temps en temps, mais sans conséquence, contre les insultes et les coups qu'on lui portait autour d'eux. La plupart, en défendant Voltaire contre Geoffroi et les incrédules contre les dévots, se jugeaient quittes envers la philosophie et la liberté. Mais qu'auraient dit les philosophes, qu'aurait dit Voltaire lui-même, malgré ses dédains pour la métaphysique et ses complaisances pour le pouvoir, s'ils avaient assisté à un dîner de l'archichancelier, ou à une séance du Conseil d'État impérial? Croit-on que le xviiie siècle se fût reconnu là, qu'il eût accepté ses héritiers pour représentants?

Ils ne lui ressemblaient pas davantage pour les manières, le tour d'esprit, le ton, les habitudes et les formes extérieures. Hommes du monde autant que lettrés, les philosophes du xviiie siècle avaient passé leur vie dans les plus douces et plus brillantes régions de cette société par eux tant attaquée. Elle les avait accueillis, célébrés; ils s'étaient mêlés à tous les plaisirs de son élégante et agréable existence ; ils partageaient ses goûts, ses mœurs, toutes ses finesses, toutes les susceptibilités d'une civilisation à la fois vieillie et rajeunie, aristocratique et littéraire ; ils étaient de cet ancien régime démoli par leurs mains. Mais les philosophes de la seconde génération, les vrais fils de la Révolution et de l'Empire, n'étaient point de l'ancien régime, et ne l'avaient connu que pour le renverser. Entre ceux-ci et la bonne compagnie du xviii° siècle, aucun lien, rien de commun ; au lieu des salons de madame Geoffrin, de mademoiselle de Lespinasse, de madame Trudaine, de la maréchale de Beauvau, de madame Necker, ils avaient vécu dans les assemblées publiques, les clubs et les camps. Des événements immenses, terribles, avaient remplacé pour eux les plaisirs de société et les succès d'Académie. Bien loin d'être façonnés pour l'agrément des relations sociales dans une vie oisive et facile, tout en eux portait l'empreinte des temps si actifs et si lourds qu'ils avaient eu à traverser. Leurs manières n'étaient ni élégantes, ni douces ; ils parlaient et traitaient brusquement, rudement, comme toujours pressés et n'ayant pas le loisir de songer à tout et de tout ménager. Corrompus, ils s'établissaient séchement dans un égoïsme grossier et cynique ; honnêtes gens, il manquait aux formes de leur conduite, aux dehors de leurs vertus, ce fini, cette harmonie qui semblent n'appartenir qu'à la longue et paisible possession d'une situation ou d'un sentiment. Peu de goût pour la conversation, les lectures, les visites, toutes ces occupations sans but, ces délassements sans nécessité, où naguère tant de gens trouvaient un emploi demi-sérieux, demi-frivole, de leur esprit et de leur temps. Pour eux, leur temps et leur esprit étaient absorbés par leurs affaires et leurs intérêts ; leur plaisir, c'était le repos.

Parmi ces hommes du régime nouveau, quelques philosophes, quelques écrivains, la plupart sans fonctions et suspects à l'Empire, avaient presque seuls quelque besoin et quelque habitude de se réunir, de causer, de rechercher et de goûter en commun quelques jouissances intellectuelles. Ils formaient une coterie libérale, grande admiratrice du xviiie siècle, et qui se flattait bien de le continuer. Mais, née surtout de la Révolution, elle en portait le sceau bien plus que celui de l'époque antérieure. Quoique des hommes fort étrangers à tout acte révolutionnaire y fussent mêlés, à tout prendre, l'esprit révolutionnaire y dominait avec ses mérites et ses défauts, plus d'indépendance que d'élévation, plus d'âpreté que d'indépendance, ami de l'humanité et de ses progrès, mais méfiant, envieux, insociable pour quiconque n'acceptait pas son joug, unissant aux préjugés de coterie les haines de faction. La coterie était d'ailleurs fort concentrée en elle-même ; peu de mélange des classes et des habitudes diverses ; peu de familiarité avec les gens du monde proprement dit ; rien qui rappelât la composition et le mouvement de l'ancienne société philosophique ; toutes les petites manies des lettrés de profession vivant seuls et entre eux ; sans parler de je ne sais quelle discordance dans les manières, tour à tour familières et tendues, également dépourvues de réserve et d'abandon. Ou je me trompe fort, ou dans les réunions de la *Décade philosophique*, et malgré la communauté de beaucoup d'idées, les maîtres du xviiie siècle que je nommais tout à l'heure, Montesquieu, Voltaire, Buffon, Turgot, d'Alembert, Diderot même et Rousseau, les moins mondains de leur temps, se seraient quelquefois sentis dépaysés et étrangers.

Dans des salons bien différents, au faubourg Saint-Germain, au milieu des restes de l'aristocratie, remise, ou à peu près, de ses désastres, ils n'auraient pas, au premier abord, éprouvé la même surprise ; ils auraient reconnu les manières, le ton, toutes les formes et les apparences sociales de leur époque. Peut-être même auraient-ils pris plaisir à retrouver certaines traditions de l'ancien régime, et ce lien des souvenirs communs, si puissant entre les hommes même les plus divers. Mais en revanche, que de choses plus graves les auraient bientôt repoussés! Quelle profonde opposition de sentiments et d'idées! En vain auraient-ils cherché là quelque trace de cette ouverture d'esprit, de cette libéralité de cœur, de ce goût pour les plaisirs et les progrès intellectuels qui distinguaient, cinquante ans auparavant, une si notable portion de l'aristocratie française, et avaient si puissamment concouru au mouvement du siècle. Au lieu de cela, le retour de toutes les prétentions, de toutes les pédanteries aristocratiques; un repentir amer de s'en être un moment départi; un puéril empressement à rentrer sous le joug, à reprendre du moins la livrée des vieilles habitudes, des vieilles maximes; une arrogante antipathie pour les lumières, l'esprit, les philosophes, et tout ce qui pouvait leur ressembler.

Dans quelques coins pourtant de ce camp de l'ancien régime, l'opposition au gouvernement impérial, l'influence de M. de Chateaubriand, le seul fait de l'indépendance envers un despote et de l'enthousiasme pour un grand écrivain, ramenaient du mouvement moral, de la générosité politique, et devenaient même çà et là, entre les débris de l'aristocratie et ceux de la philosophie du dernier siècle, une source de sympathie. A coup sûr Montesquieu et Voltaire se seraient trouvés plus à l'aise dans le salon de madame de Duras que dans celui de l'archichancelier; et M. Suard causait plus librement, plus sympathiquement avec M. de Chateaubriand qu'avec Chénier. Mais cette petite coterie, plus animée, plus libérale, était alors comme perdue dans la grande coterie aristocratique; les idées religieuses la séparaient des philosophes dont les idées politiques l'auraient rapprochée; et malgré quelques points de contact avec eux, malgré une assez fréquente similitude de sentiments, de vœux, de goûts, de mœurs, en somme elle leur paraissait plus opposée que favorable, et se livrait au mouvement de réaction dont le xviii° siècle était l'objet.

Une autre coterie, plus restreinte encore, il est vrai, tenait de plus près à ce siècle, et semblait devoir en reproduire assez bien l'image. Elle ralliait les débris de cette portion du côté gauche de l'Assemblée constituante qui voulait, en 1789, la monarchie constitutionnelle, rien de moins, rien de plus, et où siégeaient MM. de Clermont-Tonnerre, de La Rochefoucauld, de Broglie, Mounier, Malouet, etc. : pur et patriotique parti, dont les idées devaient ouvrir et clore notre révolution, mais ne suffisaient pas à l'accomplir. Parmi ces hommes de sens et de bien, ceux qui restaient, la plupart du moins, fidèles à leurs principes et à leur cause, étrangers au gouvernement impérial, ou ne le servant qu'avec réserve et dignité, formaient chez madame de Tessé, chez la princesse d'Hénin, etc., une petite société de mœurs élégantes, d'opinions libérales, étrangère à la sottise aristocratique, à la rancune révolutionnaire, liée par ses habitudes à l'ancien régime, par ses sentiments au nouvel état, aux besoins nouveaux du pays.

Il semble que là fût aussi la place des débris philosophiques du xviii° siècle, et que les hommes si peu nombreux qui en restaient se dussent fondre dans cette coterie, où plusieurs d'entre eux allaient en effet souvent et avaient des amis. Mais une différence réelle les en séparait et ne permettait pas que la société du xviii° siècle se trouvât là vraiment représentée. La politique avait été la principale, presque l'unique affaire des Constituants; elle était le lien, le caractère dominant de leur coterie. Issus de la philosophie et de la littérature de leur temps, ils n'étaient cependant ni lettrés ni philosophes; ils honoraient les doctrines et les lettres, mais en gens qui les tiennent de la seconde main, et n'en font ni leur affaire ni leur plaisir. Or, l'école du xviiie siècle, sa véritable école, celle qui lui servait de centre et lui donnait l'impulsion, était essentiellement philosophique et littéraire : la politique l'intéressait, mais comme l'un des objets de sa méditation, comme une application d'idées qui venaient de plus loin et s'étendaient fort au delà. De nos jours, purs politiques que nous sommes, nous nous figurons que c'est là la plus attrayante, la première préoccupation de l'esprit, et c'est presque uniquement pour avoir enfanté des constitutions et rappelé les peuples à la liberté que le xviiie siècle nous paraît grand. Étroite présomption ! Un champ bien plus vaste, bien plus varié que la société humaine, s'ouvre devant l'esprit humain; et dans ses jours de force et d'éclat, il est loin de se satisfaire et de s'épuiser dans l'étude des relations des hommes. Politique sans doute dans ses vœux et ses résultats, le xviiie siècle était bien autre chose encore, et prenait à ses idées, à leur vérité, à leur manifestation, un plaisir tout à fait indépendant de l'emploi qu'en pourraient faire des publicistes ou des législateurs. C'est là le caractère de l'esprit philosophique, bien différent de l'esprit politique qui ne s'attache aux idées que dans leur rapport avec les faits sociaux et pour les appliquer. Certaines fractions, certaines coteries du xviiie siècle, les économistes, par exemple, s'occupaient spécialement de politique; mais le siècle en général, la société du siècle dans son ensemble aspirait surtout aux conquêtes et aux jouissances intellectuelles de tout genre, en tout sens, à tout prix; et la pensée de Voltaire, de Rousseau, de Diderot, se fût trouvée en prison si on l'eût astreinte à ne s'exercer que sur les formes de gouvernement et la destinée des nations.

Les derniers contemporains de ces grands hommes, les survivants de l'école philosophique, M. Suard et M. l'abbé Morellet n'étaient pas doués à coup sûr d'une pensée si active et si étendue. M. Suard n'avait aucun vif désir de savoir ni de produire; quoique la littérature lui eût seule ouvert les portes du monde, il était bien plus homme du monde qu'homme de lettres. Esprit difficile, paresseux, d'une élégance et d'un dédain aristocratique, pourvu qu'il menât une vie honorable, semée d'intérêts doux et de relations agréables, peu lui importait de déployer ses facultés et de se faire un nom. Depuis que le travail n'était plus pour lui une nécessité, il le prenait et le quittait comme un passe-temps, lisant et écrivant à loisir, sans but, pour son seul plaisir, avec une sorte d'épicurisme intellectuel qui n'avait pourtant rien d'égoïste ni d'indifférent. Les études de l'abbé Morellet avaient été plus sérieuses, plus patientes, mais très-spéciales; l'économie politique et quelques applications de ce qu'il avait appris en Sorbonne l'avaient presque exclusivement occupé. Il semble qu'à l'un et à l'autre de ces deux hommes la société des Constituants, avec les traditions de leur temps, ses habitudes élégantes, son estime des lettres et ses principes politiques, dût pleinement suffire. Pourtant il n'en était rien; à l'exemple de leurs maîtres, ils avaient tous deux des besoins intellectuels plus variés; ils prenaient aux idées, aux mouvements de l'esprit humain, un intérêt plus désintéressé, si je puis ainsi parler, plus exempt de toute direction particulière, de toute application prochaine. Et séparés, comme on vient de le voir, de toutes des coteries que j'ai nommées d'abord, ils ne sympathisaient qu'à demi avec celle-là même qui tenait de plus près à leurs opinions, à leurs souvenirs; il leur en fallait une qui fût une image plus complète, plus fidèle, de leur temps et de la société au sein de laquelle ils s'étaient formés.

Telle était, en effet, la leur. D'anciennes relations de même origine et de même goût, M. de Boufflers, M. Dupont de Nemours, M. Gallois, etc., quelques académiciens dont M. Suard avait appuyé la candidature, et qui lui formaient un petit parti dans l'Académie, quelques jeunes gens dont il encourageait le talent avec une bienveillance qui n'avait rien de banal, quelques membres du Sénat ou d'autres corps, qui faisaient profession d'indépendance, quelques étrangers qui ne se seraient pas pardonné de quitter Paris sans avoir connu les derniers contemporains de Voltaire et de ce siècle dont la gloire a pénétré plus loin que celle d'aucun autre, voilà de quoi cette société se composait. On se réunissait le jeudi chez l'abbé Morellet, le mardi et le samedi chez M. Suard; quelquefois plus souvent pour un cercle choisi. Les mercredis, madame d'Houdetot donnait à dîner à un certain nombre de personnes invitées une fois pour toutes, et qui pouvaient y aller quand il leur plaisait. Elles s'y trouvaient en général huit, dix, quelquefois davantage. Point de recherches, point de bonne chère; le dîner n'était qu'un moyen, nullement un but de réunion. Après le dîner, assise au coin du feu, dans son grand fauteuil, le dos voûté, la tête inclinée sur la poitrine, parlant peu, bas, remuant à peine, madame d'Houdetot assistait en quelque sorte à la conversation, sans la diriger, sans l'exciter, point gênante, point maîtresse de maison, bonne, facile, mais prenant à tout ce qui se disait, aux discussions littéraires, aux nouvelles de société ou de spectacle, au moindre incident, au moindre mot spirituel, un intérêt vif et curieux; mélange piquant et original de vieillesse et de jeunesse, de tranquillité et de mouvement.

On trouvait chez M. Suard moins de facilité, moins de laisser-aller ; là, peu d'*a parte* entre les voisins, peu d'interruptions au gré de telle ou telle fantaisie, une conversation presque toujours générale et suivie. C'était l'usage de la maison et on y tenait ; il en résultait quelquefois, surtout au commencement de la soirée, un peu de gêne et de froideur. Mais en revanche, là régnaient une liberté plus sérieuse et bien plus de variété réelle. M. Suard ne craignait d'aborder ni de voir aborder chez lui aucun sujet. Nulle part la franchise de la pensée et du langage n'était aussi grande, aussi ouvertement autorisée, provoquée par le maître de la maison. Les hommes qui ne l'ont pas vu ne sauraient se figurer, et bien des hommes qui l'ont vu ont oublié quelle était alors la timidité des esprits, la retenue des entretiens ; à quel point, dès que le moindre contact avec la politique se laissait entrevoir, les figures devenaient froides et les paroles officielles. Un censeur de cette époque montrait à quelqu'un de ses amis certains passages d'une pièce de théâtre qu'il était chargé d'examiner : « Vous ne voyez là point d'allusions, lui disait-« il ; le public n'en verra point ; eh bien ! monsieur, il y en a, « et je me garderai bien de les autoriser. » De 1809 à 1814, tous étaient à peu près comme le censeur ; tous se conduisaient comme s'il y eût eu des allusions là où personne n'en eût pu voir ; et sur tout sujet politique, ou seulement philosophique, toute conversation un peu sérieuse en était frappée de mort. M. Suard n'avait jamais souffert que cette mort pénétrât chez lui : nul homme n'était plus étranger à toute menée, à toute intention politique, plus modéré au fond dans ses opinions et ses désirs ; il n'avait même, pour l'action et les affaires, ni goût ni talent. Mais la liberté de la pensée et de la parole était sa vie, son honneur ; il se fût senti avili à ses propres yeux d'y renoncer, et il la maintenait au profit de tous. La conversation ne manquait pas d'ailleurs chez lui d'étendue et de variété ; aucune habitude, aucune préoccupation spéciale n'en rétrécissait le champ ; philosophie, littérature, histoire, arts, antiquité, temps modernes, pays étrangers, tous les sujets y étaient accueillis avec faveur. Les idées jeunes et nouvelles, fussent-elles même peu en accord avec les traditions du xviiie siècle, n'y rencontraient point une hostilité repoussante ; on leur pardonnait de déplaire en faveur du mouvement d'esprit qu'excitait leur nouveauté ; car on avait besoin surtout de ce mouvement ; on vivait, en fait d'idées et de connaissances, sur un fonds depuis longtemps exploité ; ainsi que les mêmes personnes, les mêmes réflexions, les mêmes anecdotes revenaient souvent ; et l'activité, bien que réelle, n'était ni féconde ni progressive. Mais on y sentait incessamment cette sincérité, ce désintéressement de l'esprit qui font peut-être le plus grand charme de la pensée et de la conversation. On se réunissait, on causait sans nécessité, sans but, par le seul attrait des communications intellectuelles. Ce n'était pas sans doute le sérieux d'amis passionnés de la vérité et de la science ; mais c'était encore moins l'étroit égoïsme ou le mesquin travail des gens qui ne font cas que de l'utile et n'agissent ou ne parlent qu'avec un dessein spécial, en vue de quelque résultat déterminé. On ne recherchait pas, il est vrai, on ne reproduisait pas les idées pour elles-mêmes et pour elles seules ; on leur demandait quelque chose au delà, un plaisir social, mais rien de plus.

Et c'était précisément là ce qui distinguait, il y a trente ans, cette coterie de toutes les autres, ce qui en faisait l'image la plus vraie, la seule image de la société qui, cinquante ans auparavant, avait animé Paris, et l'Europe au nom de Paris.

Image bien froide sans doute, bien pâle. Cinquante ans auparavant, la coterie philosophique ne se resserrait pas autour de deux vieillards ; elle était partout, chez les gens de cour, d'église, de robe, de finance; hautaine ici, complaisante là, tantôt endoctrinant, tantôt divertissant ses hôtes, mais partout jeune, active, confiante, recrutant et guerroyant partout, pénétrant et entraînant la société tout entière. Et le mouvement ne se renfermait pas dans Paris; il en partait pour se répandre en tous sens et y revenir plus vif, plus général. Grimm adressait sa correspondance à l'impératrice de Russie, à la reine de Suède, au roi de Pologne, à huit ou dix princes souverains tous avides des moindres faits, des moindres bruits venus de ce grand atelier de travail et de plaisir intellectuel. Il n'était pas besoin d'être prince souverain pour entretenir à Paris un correspondant : en Allemagne, en Italie, en Angleterre, de simples particuliers, riches et curieux, voulaient avoir le leur, et de mois en mois, de semaine en semaine, être tant bien que mal informés de tout ce qu'on faisait, disait ou pensait à Paris. On s'adressait à d'Alembert, à Diderot, à Grimm lui-même pour leur demander des correspondants de moindre figure; et des jeunes gens sans fortune, sans nom, à leur début dans les lettres, trouvaient là un moyen d'existence, comme ils en trouvent maintenant dans les journaux.

Certes, c'était là une autre société que cette petite coterie philosophique de 1809, si faible, si isolée. C'était un autre état intellectuel que celui dont le salon de M. Suard pouvait donner l'idée. Cependant le fond, sinon l'éclat, la direction, sinon le mouvement, étaient les mêmes; c'était le même goût des plaisirs et des progrès de l'esprit, également éloigné de la méditation pure et de l'application intéressée; le même mélange de sérieux et de légèreté ; le même besoin de nouveauté pour la pensée sans désir bien vif d'innovation dans les situations sociales et la vie; le même penchant à s'occuper des questions et des intérêts politiques, avec la même prépondérance de l'esprit philosophique et littéraire sur l'esprit politique. Le grand tableau n'existait plus ; le dessin qui en restait était fidèle et pur.

Madame de Rumford avait été élevée au milieu de ce monde dont les diverses coteries que je viens de rappeler étaient, en 1809, les derniers débris. Son père, M. Paulze, d'abord receveur général, ensuite fermier général des finances, homme très-éclairé dans la science et très-habile dans la pratique de son état, avait épousé une nièce du fameux contrôleur général, l'abbé Terrai. Celui-ci faisait grand cas des lumières et de l'expérience de son neveu, qui donnait souvent à son oncle, sur l'administration des finances, d'excellents conseils, fort bien compris, car l'abbé Terrai était homme de beaucoup d'esprit, et assez mal suivis, comme il devait arriver à un ministre qui ne voulait se brouiller avec personne à la cour, et qui ne recevait pas du pays de quoi suffire en même temps aux besoins de l'État et aux fantaisies de tout le monde. Une longue correspondance, entre l'abbé Terrai et M. Paulze, a été conservée, en grande partie du moins, dans la famille du fermier général, et contient, sur les mesures financières de ce temps, des renseignements fort curieux.

L'administration compte en France trois grandes époques. Elle a été créée au xviie siècle sous Louis XIV. Au xviiie, de 1750 à 1789, elle est entrée dans les voies du progrès scientifique et de la civilisation universelle. C'est de nos jours, et d'abord par l'impulsion de l'Assemblée constituante, qu'elle a reçu sa forme systématique, et pris dans la société, aussi bien que dans le gouvernement, une influence destinée, si je ne me trompe, à s'accroître encore, en se combinant avec les institutions libres.

La seconde de ces époques a rendu à la France des services

à mon avis, trop peu connus et mal appréciés. Aux grandes questions de l'ordre moral appartient la prééminence. Je ne m'en étonne ni ne m'en plains. Ces questions, soulevées alors avec tant d'éclat et d'effet, ont éclipsé toutes les autres. L'administration s'est effacée devant la politique; ses travaux, ses projets étaient modestes au milieu, selon les uns, du bouleversement, selon les autres, de la régénération de la société. Un grand fait pourtant date de ce temps, la création des sciences qui planent au-dessus de l'administration et lui révèlent les lois des faits qu'elle est appelée à régir. Personne n'a encore entrevu, et peut-être ne saurait encore entrevoir le rôle que ces sciences sont destinées à jouer dans le monde. Rôle immense, quoiqu'il ne doive et ne puisse jamais être le premier. Au xviiie siècle en appartiendra le principal honneur : c'est là son œuvre la plus originale.

La partie théorique de cette œuvre n'a point à se plaindre de la renommée. Elle fit grand bruit en naissant. Les diverses écoles économistes, leurs systèmes, leurs débats n'ont jamais cessé d'attirer puissamment l'attention publique. Mais la partie pratique de l'administration française dans la seconde moitié du xviiie siècle, l'esprit général qui y présidait, son respect pour la science et pour l'humanité, ses efforts, d'une part pour assurer l'empire des principes sur les faits, de l'autre pour diriger les faits et les principes vers le bien de la société tout entière, les résultats positifs de ces efforts, les innombrables et inappréciables améliorations accomplies, ou commencées, ou préparées, ou méditées à cette époque dans tous les services publics, les travaux, en un mot, et les mérites des administrateurs de tout genre et de tout rang qui ont eu alors en main les affaires du pays, c'est ce qu'ont trop effacé les orages et les triomphes de la politique, ce qui n'a pas obtenu sa juste part de reconnaissance et de célébrité.

La maison de M. Paulze était l'un des foyers de ces utiles études, de ces salutaires réformes. Là se réunissaient Turgot, Malesherbes, Trudaine, Condorcet, Dupont de Nemours; là dans des conversations à la fois sérieuses et faciles, sans préméditation savante, sans autre but que la vérité, les questions étaient posées, les faits rapportés, les idées débattues. M. Paulze n'y fournissait pas seulement le tribut de ses lumières personnelles; il avait institué à la ferme générale un bureau chargé de recueillir, sur l'impôt et le commerce de la France, sur le mouvement des ports, sur tout ce qui intéresse la richesse nationale, tous les renseignements statistiques. Il entretenait, dans le même dessein, avec un grand nombre de négociants et de banquiers étrangers, une correspondance assidue. Ces documents étaient libéralement communiqués aux hommes éclairés qui fréquentaient sa maison. L'abbé Raynal, entre autres, ami particulier de M. Paulze, y puisa la plupart des faits et des détails qu'il a consignés dans son *Histoire philosophique des deux Indes*, et qui en sont la seule partie encore importante aujourd'hui.

Cette société, ces conversations, n'avaient rien qui pût entrer dans l'éducation de mademoiselle Paulze, ni influer directement sur elle. Mais, à vivre et à se développer dans une telle atmosphère, elle apprit deux choses, le plus salutaire enseignement que l'enfance puisse recevoir et léguer à toute la vie, l'estime des études sérieuses et le respect du mérite personnel.

Elle avait à peine treize ans quand l'abbé Terrai voulut la marier à la cour. Son père, peu touché de cette fantaisie, préféra un de ses collègues dans la ferme générale, M. Lavoisier, et l'abbé Terrai n'en prit point d'humeur. Le mariage fut célébré dans la chapelle de l'hôtel du contrôleur général, le 16 décembre 1771.

En passant de la maison de son père dans celle de son mari, madame Lavoisier changea d'horizon sans changer d'habitudes. Au mouvement des sciences économiques succéda celui des sciences physiques, et la société des savants à celle des administrateurs. Les hommes spéciaux témoignent quelquefois un grand dédain pour l'intérêt que les gens du monde peuvent porter à leurs travaux ; et s'il s'agissait en effet d'en juger le mérite scientifique, ils auraient pleinement raison. Mais l'estime, le goût du public pour la science, et la manifestation fréquente, vive, de ce sentiment, sont pour elle d'une haute importance, et jouent un grand rôle dans l'histoire. Les temps de cette sympathie, un peu fastueuse et frivole, ont toujours été pour les sciences, des temps d'élan et de progrès ; et à considérer les choses dans leur ensemble, l'histoire naturelle et la chimie ont profité de l'existence sociale de M. de Buffon et de M. Lavoisier, aussi bien que de leurs découvertes.

Soit affection pour son mari, soit disposition naturelle, madame Lavoisier s'associa à ses travaux comme un compagnon ou un disciple. Ceux-là même qui ne l'ont connue que bien loin de la jeunesse ont pu démêler que, sous une apparence un peu froide et rude, et presque uniquement préoccupée de sa vie de société, c'était une personne capable d'être fortement saisie par un sentiment, par une idée, et de s'y adonner avec passion. Elle vivait dans le laboratoire de M. Lavoisier, l'aidait dans ses expériences, écrivait ses observations sous sa dictée, traduisait, dessinait pour lui. Elle apprit à graver pour qu'il fût sûr d'un ouvrier exact jusqu'au scrupule, et les planches du *Traité de Chimie* furent bien réellement l'œuvre de ses mains. Elle publia, parce qu'il le désirait, la traduction d'un ouvrage du chimiste anglais Kirwan « sur la force des acides et la proportion des substances qui composent les sels neutres : » et elle avait acquis, de la science qu'ils cultivaient ensemble, une intelligence si complète que lorsque, en 1805, onze ans après la mort de Lavoisier, elle voulut réunir et publier ses mémoires scientifiques, elle put se charger seule de ce travail, et l'accomplit en effet, en y joignant une préface parfaitement simple, où ne se laisse entrevoir aucune ombre de prétention.

Un intérieur ainsi animé par une affection réciproque et des occupations favorites, une grande fortune, beaucoup de considération, une bonne maison à l'Arsenal, recherchée par les hommes les plus distingués, tous les plaisirs de l'esprit, de la richesse, de la jeunesse, c'était là, à coup sûr, une existence brillante et douce. Cette existence fut frappée, foudroyée par la Révolution, comme toutes celles qui l'entouraient. En 1794, madame Lavoisier vit monter le même jour sur l'échafaud son père et son mari, et n'échappa elle-même, après un emprisonnement assez court, qu'en se plongeant, avec la patience la plus persévérante, dans la plus complète et silencieuse obscurité.

Dès le début de la Révolution, M. Lavoisier, quelque favorables que fussent ses idées à la réforme de l'État, avait considéré l'avenir avec effroi. C'était un homme d'un esprit juste et calme, d'un caractère doux et modeste, qui poursuivait avec désintéressement, au sein d'une vie heureuse, de nobles et utiles travaux, et que les orages politiques dérangeaient beaucoup trop pour qu'il y plaçât ses espérances. En juin 1792, le roi lui fit offrir le ministère des contributions publiques. M. Lavoisier le refusa par cette lettre pleine d'élévation, de simplicité et de droiture :

« Sire,

« Ce n'est ni par une crainte pusillanime, bien éloignée

de mon caractère, ni par indifférence pour la chose publique, ni, je l'avouerai même, par le sentiment de l'insuffisance de mes forces que je suis contraint de me refuser à la marque de confiance dont Votre Majesté veut bien m'honorer en me faisant offrir le ministère des contributions publiques. Témoin, pendant que j'ai été attaché à la trésorerie nationale, des sentiments patriotiques de Votre Majesté, de ses tendres sollicitudes pour le bonheur du peuple, de son inflexible sévérité de principes, de son inaltérable probité, je sens, plus vivement que je ne puis l'exprimer, ce à quoi je renonce en perdant l'occasion de devenir l'organe de ses sentiments auprès de la nation.

« Mais, Sire, il est du devoir d'un honnête homme et d'un citoyen de n'accepter une place importante qu'autant qu'il a l'espérance d'en remplir les obligations dans toute leur étendue.

« Je ne suis ni jacobin, ni feuillant. Je ne suis d'aucune société, d'aucun club. Accoutumé à peser tout au poids de ma conscience et de ma raison, jamais je n'aurais pu consentir à aliéner mes opinions à aucun parti. J'ai juré, dans la sincérité de mon cœur, fidélité à la Constitution que vous avez acceptée, aux pouvoirs constitués par le peuple, à vous, Sire, qui êtes le Roi constitutionnel des Français, à vous dont les vertus et les malheurs ne sont pas assez sentis. Convaincu, comme je le suis, que le Corps législatif est sorti des limites que la Constitution lui avait tracées, que pourrait un ministre constitutionnaire ? Incapable de composer avec ses principes et avec sa conscience, il réclamerait en vain l'autorité de la loi à laquelle tous les Français se sont liés par le serment le plus imposant. La résistance qu'il pourrait conseiller, par les moyens que la Constitution donne à Votre Majesté, serait présentée comme un crime ; il périrait victime de ses devoirs et l'inflexibilité même de son caractère deviendrait la source de nouveaux malheurs.

« Sire, permettez que je continue de consacrer mes veilles et mon existence au service de l'État dans des postes moins élevés, mais où je pourrai rendre des services peut-être plus utiles, et probablement plus durables. Dévoué à l'instruction publique, je chercherai à éclairer le peuple sur ses devoirs. Soldat citoyen, je porterai les armes pour la défense de la patrie, pour celle de la loi, pour la sûreté du représentant inamovible du peuple français.

« Je suis avec un profond respect, de Votre Majesté,

« Sire, le très-humble, etc., etc. »

L'illustre savant prétendait trop quand il demandait la permission d'employer sa vie « à éclairer le peuple. » On l'envoya à la mort, au nom du peuple ignorant et opprimé.

Il légua à sa veuve toute sa fortune, et elle en dut en partie la conservation au dévouement habile d'un serviteur fidèle, à qui elle témoigna à son tour, jusqu'à son dernier moment, la plus fidèle reconnaissance.

En 1798, lorsqu'une proscription à la fois cruelle et honteuse d'elle-même frappa quelques-uns de ses amis, entre autres l'un des plus intimes, M. de Marbois, une lettre de crédit de madame Lavoisier, sur son banquier de Londres, alla les chercher dans les déserts de Sinamary.

Quand les proscriptions cessèrent, quand l'ordre et la justice revinrent apaiser et ranimer en même temps la société, madame Lavoisier reprit sa place dans le monde, entourée de toute une génération de savants illustres, les amis, les disciples, les successeurs de Lavoisier, Lagrange, Laplace, Berthollet, Cuvier, Prony, Humboldt, Arago, charmés, en honorant sa veuve, de trouver dans sa maison, en retour de l'éclat qu'ils y répandaient, les agréments d'une hospitalité élégante. M. de Rumford arriva parmi eux. Il était alors au service du roi de Bavière, et jouissait dans le public d'une grande popularité scientifique. Son esprit était élevé, sa conversation pleine d'intérêt, ses manières empreintes de bonté. Il plut à madame Lavoisier. Il s'accordait avec ses habitudes, ses goûts, on pourrait presque dire avec ses souvenirs. Elle espéra recommencer en quelque sorte son bonheur. Elle l'épousa le 22 octobre 1805, heureuse d'offrir à un homme distingué une grande fortune et la plus agréable existence.

Leurs caractères ne se convinrent point. A la jeunesse seule il est facile d'oublier, au sein d'un tendre bonheur, la perte de l'indépendance. Des questions délicates furent élevées; des susceptibilités s'éveillèrent. Madame de Rumford, en se remariant, avait formellement stipulé dans son contrat qu'elle se ferait appeler *madame Lavoisier de Rumford*. M. de Rumford, qui y avait consenti, le trouva mauvais. Elle persista : « J'ai regardé comme un devoir, comme une religion, écrivait-elle en 1808, de ne point quitter le nom de Lavoisier... Comptant sur la parole de M. de Rumford, je n'en aurais pas fait un article de mes engagements civils avec lui si je n'avais voulu laisser un acte public de mon respect pour M. Lavoisier et une preuve de la générosité de M. de Rumford. C'est un devoir pour moi de tenir à une détermination qui a toujours été une des conditions de notre union ; et j'ai dans le fond de mon âme l'intime conviction que M. de Rumford ne me désapprouvera pas, et qu'après avoir pris le temps d'y réfléchir... il me permettra de continuer à remplir un devoir que je regarde comme sacré. »

Ce fut encore là une espérance trompée. Après des agitations domestiques que M. de Rumford, avec plus de tact, eût

PIÈCES HISTORIQUES. 419

rendues moins bruyantes, la séparation devint nécessaire, et elle eut lieu à l'amiable le 30 juin 1809.

Depuis cette époque, et pendant vingt-sept ans, aucun événement, on pourrait dire aucun incident ne dérangea plus madame de Rumford dans sa noble et agréable façon de vivre. Elle n'appartint plus qu'à ses amis et à la société, tantôt étendue, tantôt resserrée, qu'elle recevait avec un mélange assez singulier de rudesse et de politesse, toujours de très-bonne compagnie et d'une grande intelligence du monde, même dans ses brusqueries de langage et ses fantaisies d'autorité. Tous les lundis elle donnait à dîner, rarement à plus de dix ou douze personnes, et c'était ce jour-là que les hommes distingués, français ou étrangers, habitués de la maison ou invités en passant, se réunissaient chez elle dans une sorte d'intimité momentanée promptement établie, entre des esprits si cultivés, par le plaisir d'une conversation sérieuse ou piquante, toujours variée et polie, dont madame de Rumford jouissait elle-même plus qu'elle n'en prenait soin. Le mardi, elle recevait tous ceux qui venaient la voir. Pour le vendredi étaient les réunions nombreuses, composées de personnes fort diverses, mais appartenant toutes à la meilleure compagnie de leur sorte, et venant toutes avec un grand plaisir entendre là l'excellente musique que faisaient ensemble les artistes les plus célèbres et les plus habiles amateurs.

Sous l'Empire, outre son agrément général, la maison de madame de Rumford avait un mérite particulier; la pensée et la parole n'y étaient pas officielles ; une certaine liberté d'esprit et de langage y régnait, sans hostilité, sans arrière-pensée politique ; uniquement de la liberté d'esprit, l'habitude de penser et de parler à l'aise sans s'inquiéter de ce qu'en saurait et dirait l'autorité. Précieux mérite alors, plus précieux qu'on ne peut le supposer aujourd'hui. Il faut avoir vécu sous la machine pneumatique pour sentir tout le charme de respirer.

Quand la Restauration fut venue, au milieu du mouvement des partis et des débats parlementaires, ce ne fut plus la liberté qui manqua aux hommes de sens et de goût : un autre mal pesa sur eux : le mal de l'esprit de parti, des préventions et des animosités de parti ; mal incommode et funeste, qui rétrécit tous les horizons, répand sur toutes choses un faux jour, roidit l'intelligence, aigrit le cœur, fait perdre aux hommes les plus distingués cette étendue d'idées, cette générosité de sentiments qui leur conviendraient si bien, et enlève autant d'agrément à leur vie que de richesse à leur nature et de charme à leur caractère. Ce fléau de la société, dans les pays libres, pénétra peu, très-peu dans la maison de madame de Rumford ; comme naguère la liberté, l'équité ne s'en laissa point bannir. Non-seulement les hommes des partis les plus divers continuèrent de s'y rencontrer, mais l'urbanité y régnait entre eux : il semblait que, par une convention tacite, ils laissassent à la porte de ce salon leurs dissentiments, leurs antipathies, leurs rancunes, et qu'évitant de concert les sujets de conversation qui les auraient contraints de se heurter, ils eussent d'ailleurs l'esprit aussi libre, le cœur aussi tolérant que s'ils ne se fussent jamais enrôlés sous le joug des partis.

Ainsi se perpétuait, dans la maison de madame de Rumford et selon son désir, l'esprit social de son temps et du monde où elle s'était formée. Je ne sais si nos neveux reverront jamais une société semblable, des mœurs si nobles et si gracieuses, tant de mouvement dans les idées et de facilité dans la vie, un goût si vif pour le progrès de la civilisation, pour l'exercice de l'esprit, sans aucune de ces passions âpres, de ces habitudes inélégantes et dures qui l'accompagnent souvent, et rendent pénibles ou impossibles les relations les plus désirables. Ce qui manquait au xviiie siècle, ce qu'il y avait de superficiel dans ses idées et de caduc dans ses mœurs, d'insensé dans ses prétentions et de vain dans sa puissance créatrice, l'expérience l'a révélé avec éclat; nous l'avons appris à nos dépens. Nous savons, nous sentons le mal que nous a légué cette époque mémorable. Elle a prêché le doute, l'égoïsme, le matérialisme. Elle a touché d'une main impure, et flétri pour quelque temps de nobles et beaux côtés de la nature humaine. Mais si le xviiie siècle n'eût fait que cela, si tel eût été seulement son principal caractère, croit-on qu'il eût amené à sa suite tant et de si grandes choses, qu'il eût à ce point remué le monde? Il était bien supérieur à tous ses sceptiques, à tous ses cyniques. Que dis-je, supérieur? Il leur était essentiellement contraire, et leur donnait un continuel démenti. En dépit de la faiblesse de ses mœurs, de la frivolité de ses formes, de la sécheresse de telle ou telle doctrine; en dépit de sa tendance critique et destructive, c'était un siècle ardent et sincère, un siècle de foi et de désintéressement. Il avait foi dans la vérité, car il a réclamé pour elle le droit de régner en ce monde. Il avait foi dans l'humanité, car il lui a reconnu le pouvoir de se perfectionner et a voulu qu'elle l'exerçât sans entrave. Il s'est abusé, égaré dans cette double confiance; il a tenté bien au delà de son droit et de sa force. Il a mal jugé la nature morale de l'homme et les conditions de l'état social. Ses idées comme ses œuvres ont contracté la souillure de ses vices. Mais, cela reconnu, la pensée originale, dominante, du xviiie siècle, la croyance que l'homme, la vérité, la société sont faits l'un pour l'autre, dignes l'un de l'autre et appelés à s'unir, cette juste et salutaire croyance s'élève et surmonte toute son histoire. Le premier, il l'a proclamée et a voulu la réaliser. De là sa puissance et sa popularité sur toute la face de la terre.

De là aussi, pour descendre des grandes choses aux petites et de la destinée des hommes à celle des salons, de là la séduction de cette époque et l'agrément qu'elle répandait sur la vie sociale. Jamais on n'avait vu toutes les conditions, toutes les classes qui forment l'élite d'un grand peuple, quelque diverses qu'elles eussent été dans leur histoire et fussent encore par leurs intérêts, oublier ainsi leur passé, leur personnalité, se rapprocher, s'unir au sein des mœurs les plus douces, et uniquement occupées de se plaire, de jouir et d'espérer ensemble pendant cinquante ans, qui devaient finir entre elles par les plus terribles combats.

C'est là le fait rare, le fait charmant que j'ai vu survivre encore et s'éteindre dans les derniers salons du xviiie siècle. Celui de madame de Rumford s'est fermé le dernier.

Il s'est fermé avec une parfaite convenance, sans que le découragement y eût pénétré, sans avoir accepté aucune métamorphose, en demeurant constamment semblable à lui-même. Les hommes ont leur caractère original qu'ils tiennent à garder jusqu'au bout, leur brèche où ils veulent mourir. Le maréchal de Villars enviait au maréchal de Berwick le coup de canon qui l'avait tué. Le parlement britannique n'avait point d'orateur qui ne vît d'un œil jaloux lord Chatham tombant épuisé dans les bras de ses voisins, au milieu d'un sublime accès d'éloquence. Le président Molé eût tenu à grand honneur de finir ses jours sur son siége, en rendant justice à l'État contre les factieux. Vespasien disait : « Il faut qu'un empereur meure debout. » Madame de Rumford avait passé sa vie dans le monde, à rechercher pour elle-même et à offrir aux autres les plaisirs de la société. Non que le monde l'absorbât tout entière, et qu'elle n'eût, dans l'occasion, les plus sensés et les plus sérieux conseils à donner à ses amis, les bienfaits les plus abondants et les plus soutenus à répandre sans bruit sur le malheur. Mais enfin le monde, la société étaient sa principale affaire; elle vivait surtout dans son salon. Elle y est morte en quelque sorte debout, le 10 février 1836, entourée, la veille encore, de personnes qu'elle se plaisait à y réunir, et qui n'oublieront jamais ni l'agrément de sa maison, ni la solidité de ses amitiés.

VIII

(Page 264.)

Procès-verbal de l'audience donnée et de la réponse faite, le 17 février 1831, par le roi Louis-Philippe aux députés du Congrès national de la Belgique venus à Paris pour lui annoncer l'élection de S. A. R. Mgr le duc de Nemours, comme roi des Belges.

Paris, le 17 février 1834.

Aujourd'hui, à midi, la députation du congrès national de la Belgique s'est rendue au Palais-Royal ; deux aides de camp de Sa Majesté l'ont reçue au haut du grand escalier pour la conduire dans le premier salon, où l'attendait M. le ministre des affaires étrangères qui l'a introduite dans la salle du trône. Le Roi l'a reçue, étant placé sur son trône, ayant à sa droite monseigneur le duc d'Orléans, et à sa gauche monseigneur le duc de Nemours. Sa Majesté la Reine était présente, ainsi que LL. AA. RR. les princes ses fils, les princesses ses filles, et la princesse Adélaïde, sœur du Roi. Les ministres et les aides de camp du Roi entouraient le trône. M. le président du congrès a prononcé le discours suivant :

« Sire,

« Organe légal du peuple belge, le congrès souverain, dans sa séance du 3 février, a élu et proclamé roi S. A. R. Louis

Charles-Philippe d'Orléans, duc de Nemours, fils puîné de Votre Majesté, et nous a confié la mission d'offrir la couronne à S. A. R. dans la personne de Votre Majesté, son tuteur et son roi.

« Cette élection, qu'ont accueillie les acclamations d'un peuple libre, est un hommage rendu à la royauté populaire de la France et aux vertus de votre famille : elle cimente l'union naturelle des deux nations sans les confondre ; elle concilie leurs vœux et leurs intérêts naturels avec les intérêts et la paix de l'Europe, et donnant à l'indépendance de la Belgique un nouvel appui, celui de l'honneur français, elle assure aux autres États un nouvel élément de force et de tranquillité.

« Le pacte constitutionnel sur lequel repose la couronne de la Belgique est achevé. La nation, reconnue indépendante, attend avec impatience et le chef de son choix et les bienfaits de la constitution qu'il aura jurée. La réponse de Votre Majesté comblera son attente fondée, et notre juste espoir. Son avénement a prouvé qu'elle connaît toute la puissance d'un vœu véritablement national, et la sympathie de la France nous est un gage de sa vive adhésion aux suffrages de la Belgique.

« Nous remettons en vos mains, sire, le décret officiel de l'élection de S. A. R. le duc de Nemours, et une expédition de l'acte constitutionnel arrêté par le congrès. »

M. le président du congrès a ensuite donné lecture de l'acte du congrès ainsi conçu :

Au nom du peuple belge,

Le congrès national décrète :

Article 1er. Son Altesse Royale Louis-Charles-Philippe d'Orléans, duc de Nemours, est proclamé roi des Belges, à la condition d'accepter la constitution telle qu'elle sera décrétée par le congrès national.

Art. 2. Il ne prend possession du trône qu'après avoir solennellement prêté, dans le sein du congrès, le serment suivant :

« Je jure d'observer la constitution et les lois du peuple
« belge, de maintenir l'indépendance nationale et l'intégrité
« du territoire. »

Bruxelles, palais de la nation, le 3 février 1831.

Le président du congrès, E. Surlet Chokier.

Les secrétaires membres du congrès, le vicomte Vilain xiv, Liedtz, Henri de Brouckère, Nothomb.

Le Roi a répondu à la députation :

« Messieurs,

« Le vœu que vous êtes chargés de m'apporter au nom du
« peuple belge, en me présentant l'acte de l'élection que le
« congrès national vient de faire de mon second fils, le duc de
« Nemours, pour roi des Belges, me pénètre de sentiments
« dont je vous demande d'être les organes auprès de votre
« généreuse nation. Je suis profondément touché que mon
« dévouement constant à ma patrie vous ait inspiré ce désir,
« et je m'enorgueillirai toujours qu'un de mes fils ait été
« l'objet de votre choix.

« Si je n'écoutais que le penchant de mon cœur et ma dis-
« position bien sincère à déférer au vœu d'un peuple dont la
« paix et la prospérité sont également chères et importantes
« à la France, je m'y rendrais avec empressement. Mais
« quels que soient mes regrets, quelle que soit l'amertume
« que j'éprouve à vous refuser mon fils, la rigidité des de-

« voirs que j'ai à remplir m'en impose la pénible obligation,
« et je dois déclarer que je n'accepte pas pour lui la couronne
« que vous êtes chargés de lui offrir.

« Mon premier devoir est de consulter avant tout les inté-
« rêts de la France, et par conséquent, de ne point compro-
« mettre cette paix que j'espère conserver pour son bonheur,
« pour celui de la Belgique et pour celui de tous les États de
« l'Europe, auxquels elle est si précieuse et si nécessaire.
« Exempt moi-même de toute ambition, mes vœux person-
« nels s'accordent avec mes devoirs. Ce ne sera jamais la
« soif des conquêtes ou l'honneur de voir une couronne pla-
« cée sur la tête de mon fils qui m'entraîneront à exposer
« mon pays au renouvellement des maux que la guerre
« amène à sa suite, et que les avantages que nous pourrions
« en retirer ne sauraient compenser, quelque grands qu'ils
« fussent d'ailleurs. Les exemples de Louis XIV et de Napo-
« léon suffiraient pour me préserver de la funeste tentation
« d'ériger des trônes pour mes fils, et pour me faire préférer
« le bonheur d'avoir maintenu la paix à tout l'éclat des vic-
« toires, que, dans la guerre, la valeur française ne manque-
« rait pas d'assurer de nouveau à nos glorieux drapeaux.

« Que la Belgique soit libre et heureuse ! qu'elle n'oublie
« pas que c'est au concert de la France avec les grandes puis-
« sances de l'Europe qu'elle a dû la prompte reconnaissance
« de son indépendance nationale ! et qu'elle compte toujours
« avec confiance sur mon appui pour la préserver de toute
« attaque extérieure ou de toute intervention étrangère ! Mais
« que la Belgique se garantisse aussi du fléau des agitations
« intestines, et qu'elle s'en préserve par l'organisation d'un
« gouvernement constitutionnel qui maintienne la bonne in-
« telligence avec ses voisins, et protége les droits de tous, en
« assurant la fidèle et impartiale exécution des lois ! Puisse

« le souverain que vous élirez consolider votre sûreté inté-
« rieure, et qu'en même temps son choix soit pour toutes
« les puissances un gage de la continuation de la paix et de
« la tranquillité générale ! Puisse-t-il se bien pénétrer de
« tous les devoirs qu'il aura à remplir, et qu'il ne perde ja-
« mais de vue que la liberté publique sera la meilleure base
« de son trône, comme le respect de vos lois, le maintien de
« vos institutions et la fidélité à garder ses engagements se-
« ront les meilleurs moyens de le préserver de toute atteinte,
« et de vous affranchir du danger de nouvelles secousses !

« Dites à vos compatriotes que tels sont les vœux que je
« forme pour eux, et qu'ils peuvent compter sur toute l'affec-
« tion que je leur porte. Ils me trouveront toujours empressé
« de la leur témoigner, et d'entretenir avec eux ces relations
« d'amitié et de bon voisinage qui sont si nécessaires à la
« prospérité des deux États. »

IX

(Page 278.)

Lettre du général Chlopicki à l'empereur Nicolas (décembre 1830).

« Sire,

« L'assemblée délibérante (la Diète), malgré le talent et même la popularité de ses membres, est trop faible pour pouvoir ramener la tranquillité au milieu de l'orage. Convaincu de cette vérité, d'autant plus que j'ai devant les yeux l'expérience des jours de terreur qui viennent de s'écouler, j'ai résolu de réunir en ma personne le pouvoir exécutif dans toute son étendue, afin qu'il ne devînt pas la proie d'une foule d'agents provocateurs et de perturbateurs qui, timides à l'heure du danger, possèdent cependant l'art de tromper les masses par des mensonges, et de faire tourner à leur profit les nobles sentiments du peuple. Ennemi de l'anarchie, après avoir vu renverser par elle trois sortes de gouvernements, je me suis proposé d'appuyer le gouvernement provisoire par une force organisée, et de rendre l'autorité à un seul homme, en l'entourant du secours de l'armée et de l'obéissance du peuple.

« Cette mesure, Sire, a déjà rétabli la tranquillité dans les esprits; le soldat observe la discipline militaire; la populace retourne à ses occupations habituelles; tous confient sans crainte ce qu'ils ont de plus cher à une autorité qui désire le bien public, et qui atteindra désormais ce noble but. En un mot, les troubles ont cessé et les traces de désordre s'effacent.

« Mais, Sire, ces sentiments qui, dans le cours de quelques heures, ont armé toute la capitale, qui ont réuni toute l'armée sous un même étendard, ces sentiments qui, comme une étincelle électrique, pénètrent tous les palatinats, et y produisent les mêmes effets, ces sentiments, dis-je, brûlent dans tous les cœurs, et ne s'éteindront qu'avec leur dernier soupir.

« Il en est ainsi, Sire ; la nation veut une liberté modérée; elle ne veut point en abuser ; mais par cela même, elle veut qu'elle soit à l'abri de toute violation et de toute agression ; elle veut une constitution applicable à la vie pratique. Par un concours inouï de circonstances, se trouvant dans une position peut-être trop hardie, elle n'en est pas moins prête à tout sacrifier pour la plus belle des causes, pour son indépendance nationale. Cependant, Sire, loin d'elle est la pensée de rompre les liens qui l'unissent à votre auguste volonté. Le gouvernement provisoire a déjà reconnu la nécessité d'envoyer à Saint-Pétersbourg deux députés qui ont été chargés de déposer au pied du trône de Votre Majesté Impériale et Royale l'expression des volontés et des désirs de la nation, que les provinces polonaises, anciennement incorporées à l'Empire, fussent admises à la jouissance des mêmes libertés que le royaume.

« Daignez, Sire, par humanité et par égard pour les bienfaits que vous avez répandus sur nous au commencement de votre règne, accueillir avec bonté les prières dont ils sont l'interprète ! Que la Pologne, déjà reconnaissante à Votre Majesté Impériale et Royale pour les bonnes intentions que vous lui avez toujours montrées, que cette Pologne, dis-je, puisse vous entourer, Sire, de cet amour qu'elle conserve dans son cœur pour son auguste régénérateur ! Que notre destinée s'accomplisse ! Et vous, Sire, remplissant à notre égard les promesses de votre prédécesseur, prouvez-nous par de nouveaux bienfaits que votre règne n'est qu'une suite non interrompue du règne de celui qui a rendu l'existence à une partie de l'ancienne Pologne. Du reste, la jouissance des libertés qui nous sont assurées par la Charte n'est point une concession que le trône nous fera ; ce ne sera que la simple exécution d'un contrat passé entre le roi et la nation, et confirmé par un serment réciproque.

« Connaissant, Sire, votre magnanimité, je dois espérer qu'une députation, qui n'a pour but que la paix, obtiendra l'effet qu'elle se propose ; les travaux du gouvernement provisoire sont consacrés à l'organisation intérieure du pays ; ses ordonnances seront respectées, comme les miennes propres, jusqu'au moment de la réunion du sénat et de la chambre des nonces, auxquels il appartiendra de prendre des mesures ultérieures.

« Sire, en ma qualité d'ancien soldat et de bon Polonais, j'ose vous faire entendre la vérité ; car je suis persuadé que Votre Majesté Impériale et Royale daignera l'écouter. Vous tenez, Sire, dans votre main les destinées de toute une nation : d'un seul mot, vous pouvez la mettre au comble du bonheur ; d'un seul mot, la précipiter dans un abîme de maux.

« Plein de confiance dans la magnanimité de votre cœur, Sire, j'ose espérer qu'une effusion de sang n'aura pas lieu, et je me regarderai comme le plus heureux des hommes si je puis atteindre au but que je me propose par la réunion intime de tous les éléments de bon ordre et de force. »

X

(Page 293.)

Mémorandum présenté le 21 mai 1831, par la Conférence de Rome, au pape Grégoire XVI.

I

« Il paraît aux représentants des cinq puissances que, quant à l'État de l'Église, il s'agit, dans l'intérêt général de l'Europe, de deux points principaux :

« 1° Que le gouvernement de cet État soit assis sur des bases solides par des améliorations méditées et annoncées par Sa Sainteté elle-même, dès le commencement de son règne ;

« 2° Que ces améliorations, lesquelles, selon l'expression de l'édit de S. E. Mgr le cardinal Bernetti, fonderont une ère nouvelle pour les sujets de Sa Sainteté, soient, par une garantie intérieure, mises à l'abri des changements inhérents à la nature de tout gouvernement électif.

II

« Pour atteindre ce but salutaire, ce qui, à cause de la position géographique et sociale de l'État de l'Église, est d'un intérêt européen, il paraît indispensable que la déclaration organique de Sa Sainteté parte de deux principes vitaux :

« 1° De l'application des améliorations en question, non-seulement aux provinces où la révolution a éclaté, mais aussi à celles qui sont restées fidèles et à la capitale ;

« 2° De l'admissibilité des laïques aux fonctions administratives et judiciaires.

III

« Les améliorations mêmes paraissent devoir embrasser le système judiciaire et celui de l'administration municipale et provinciale.

A. — Quant à l'ordre judiciaire, il paraît que l'exécution entière et le développement conséquent des promesses et principes du *motu proprio* de 1816 présentent les moyens les plus sûrs et les plus efficaces de redresser les griefs assez généraux relatifs à cette partie si intéressante de l'organisation sociale.

B. — Quant à l'administration locale, il paraît que le rétablissement et l'organisation générale des municipalités élues par la population et la fondation de franchises municipales pour régler l'action de ces municipalités, dans les intérêts locaux des communes, devraient être la base indispensable de toute amélioration administrative.

C. — En second lieu, l'organisation des conseils provinciaux, soit d'un conseil administratif permanent, destiné à aider le gouverneur de la province dans l'exécution de ses fonctions avec des attributions convenables, soit d'une réunion plus nombreuse, prise surtout dans le sein des nouvelles municipalités et destinée à être consultée sur les intérêts les plus importants de la province, paraît extrêmement utile pour conduire à l'amélioration et à la simplification de l'administration provinciale, pour contrôler l'administration communale, pour répartir les impôts et pour éclairer le gouvernement sur les véritables besoins de la province.

IV

L'importance immense d'un état réglé des finances et d'une telle administration de la dette publique qui donnerait la garantie si désirable pour le crédit financier du gouvernement, et contribuerait essentiellement à augmenter ses ressources et à assurer son indépendance, paraît rendre indispensable un établissement central dans la capitale, chargé, comme Cour suprême des comptes, du contrôle de la comptabilité du service annuel dans chaque branche de l'administration civile et militaire, et de la surveillance de la dette publique avec les attributions correspondantes au but grand et salutaire qu'on se propose d'atteindre. — Plus une telle institution portera le caractère d'indépendance et l'empreinte de l'union intime du gouvernement et du pays, plus elle répondra aux intentions bienfaisantes du souverain et à l'attente générale.

Il paraît que, pour atteindre ce but, des personnes devraient y siéger choisies parmi les conseils locaux et formant, avec des conseillers du gouvernement, une *junte* ou consulte administrative. Une telle junte formerait ou non partie d'un conseil d'État, dont les membres seraient nommés par le souverain parmi les notabilités de naissance, de fortune et de talent du pays.

Sans un ou plusieurs établissements centraux de cette nature, intimement liés aux notabilités d'un pays si riche en éléments aristocratiques et conservateurs, il paraît que la nature d'un gouvernement électif ôterait nécessairement, aux améliorations qui formeront la gloire éternelle du Pontife régnant, cette stabilité dont le besoin est généralement et puissamment senti, et le sera d'autant plus vivement que les bienfaits du Pontife seront grands et précieux.

Rome, 21 mai 1831.

XI

(Page 296)

1° Je n'insère pas ici le texte même des cinq édits du pape Grégoire XVI qui forment plus de 200 pages in-4°, et entrent dans des détails peu intéressants et peu clairs pour le public français; mais je donne un résumé exact de leurs dispositions essentielles, résumé fait sur les lieux mêmes et au moment de leur publication.

L'édit du pape Grégoire XVI en date du 5 juillet 1831 était divisé en trois titres. Le premier réglait l'administration des communes, le second celle des provinces, le troisième confirmait, en les améliorant, certaines dispositions qui avaient été établies par le *motu proprio* du pape Pie VII, du 6 juillet 1816, et qui étaient depuis tombées en désuétude.

L'ancienne division du territoire en dix-sept délégations de première, deuxième et troisième classe était provisoirement maintenue.

Rome et ses dépendances (la Comarque) restant soumises à un régime particulier, un chef, dont les attributions étaient analogues à celles de nos préfets, administrait, sous le nom de prolégat, chacune des provinces. En fait, ces magistrats étaient tous laïques. L'édit prévoyait, comme mesure exceptionnelle, que des cardinaux pourraient être mis à la tête des délégations de première classe. Une congrégation *governative* composée de quatre propriétaires nés ou domiciliés dans la province, y ayant exercé des emplois administratifs ou la profession d'avocat, siégeait auprès du prolégat et délibérait sur toutes les affaires. Celles qui touchaient aux finances locales se décidaient à la majorité des voix. Pour celles qui touchaient à l'administration générale, la congrégation *governative* n'avait que voix consultative ; mais les avis de ses membres, quand ils étaient contraires à celui du prolégat, devaient être visés, enregistrés et transmis à l'autorité supérieure.

Chaque délégation était divisée en districts, et à la tête de chaque district des *gouverneurs* remplissaient des fonctions analogues à celles de nos sous-préfets, et servaient d'intermédiaires pour la correspondance entre le *prolégat* et les *gonfalonieri* ou maires des communes.

Dans chaque chef-lieu de délégation, sous la présidence du prolégat, un conseil provincial se réunissait à des époques déterminées ; le nombre des membres de ces conseils était proportionné à la population des provinces. Aucun ne pouvait être composé de moins de dix membres ; les conseillers étaient nommés par le souverain, mais sur une liste de candidats présentés en nombre triple par des électeurs choisis librement par les conseils municipaux.

Les conseils provinciaux réglaient le budget, assuraient les comptes des dépenses de la province, faisaient la répartition des impôts entre les districts, ordonnaient les travaux publics, en adoptaient les plans et en faisaient suivre l'exécution par des ingénieurs placés dans leur dépendance. Dans l'intervalle de leurs sessions, une commission de trois membres nommés par la majorité restait en permanence, pourvoyait à l'exécution des mesures arrêtées par les conseils, et exerçait son contrôle sur les actes du prolégat et de la congrégation *governative*.

Le titre III de l'édit du 5 juillet 1831 réglait, d'après des principes analogues, l'administration des communes. Toutes recevaient des conseils municipaux de quarante-huit, trente-six et vingt-quatre membres. Ce dernier nombre s'appliquait aux villes d'une population de mille habitants. Les bourgs et les moindres villages avaient aussi des conseils composés de neuf membres, et les vacances survenues par cause de mort ou autrement étaient remplies par les conseils se recrutant ainsi librement eux-mêmes.

Des combinaisons habiles et conformes à l'esprit des localités réglaient le mode d'élection des conseils municipaux. On n'avait point visé à l'uniformité, à faire peser partout le même niveau. S'il arrivait que, dans quelques communes, les anciennes franchises parussent, à la majorité des habitants, préférables à la législation nouvelle, il était loisible de réclamer le maintien ou la remise en vigueur des statuts antérieurs.

La réunion des conseils avait lieu toutes les fois que les besoins de la commune le requéraient et sur la convocation d'un membre, tenu seulement à mentionner l'objet de la détermination à intervenir. Le gonfalonier et les anciens (maire et adjoints) étaient nommés par le souverain, mais parmi les candidats présentés sur une liste triple dressée par les conseils municipaux.

Enfin le cardinal Bernetti, en envoyant l'édit du 5 juillet 1831 dans les provinces, invitait expressément les congrégations *governatives* à lui faire connaître les vœux des habitants sur les améliorations à apporter dans les diverses branches des services publics. Il annonçait l'intention de Sa Sainteté d'y avoir égard. Une voie était ainsi ouverte aux progrès ultérieurs que les habitants voudraient poursuivre légalement.

Les édits réformateurs de l'ordre judiciaire furent conçus dans le même esprit que cet édit du 5 juillet sur la réforme de l'ordre administratif. Un règlement organique de la justice civile parut le 5 octobre et fut suivi, le 31 du même mois, d'un autre édit beaucoup plus développé qui établissait sur des bases toutes nouvelles l'instruction des affaires criminelles, la hiérarchie et la compétence des tribunaux. Ces deux actes législatifs, les plus importants du pontificat de Grégoire XVI, opéraient dans l'ordre judiciaire une réforme fondamentale, et faisaient disparaître les griefs les plus généralement imputés au gouvernement pontifical.

Le reproche le plus grave adressé au système en vigueur dans l'État Romain pour l'administration de la justice était la multiplicité des tribunaux exceptionnels. Dans la seule ville de Rome, il n'existait pas moins de quinze juridictions diverses dont la compétence et les formes de procédure arbitraires jetaient les plaideurs dans un labyrinthe inextricable, et remettaient indéfiniment en question l'autorité de la chose jugée. Entre ces tribunaux d'exception, celui de l'auditeur du pape (*Uditore santissimo*) subsistait encore en 1831, comme un monument monstrueux d'injustice et d'absurdité. La juridiction de l'auditeur du pape au civil et au criminel n'avait pas de limites ; il pouvait à volonté interrompre le cours de toute procédure à un degré quelconque, casser, réformer les jugements rendus en dernier ressort. Ce droit ne périssait jamais. Les plus vieilles contestions pouvaient être renouvelées, et sans instruction dans la procédure, sans motif dans le jugement, une famille se voyait journellement privée de ses propriétés les mieux acquises. Et comme si un tel instrument d'arbitraire n'était pas suffisant, les papes se réservaient le droit personnel d'évoquer toutes les causes et de les renvoyer à des commissions extraordinaires créées *ad hoc*. Les familles puissantes pouvaient ainsi se faire donner des juges complaisants, choisis sans égard à leur capacité, à leur instruction, et les habitants des provinces, enlevés à leurs magistrats naturels, pouvaient être traînés à Rome pour y défendre leur fortune contre des attaques inattendues. Cet incroyable abus trouvait des défenseurs parmi les gens de loi résidant à Rome. Il assurait la fortune et l'importance de cette classe dans laquelle se trouvaient les libéraux les plus accrédités, et ne pouvait cesser sans provoquer des clameurs intéressées.

L'édit du 5 octobre 1831 supprima la juridiction de l'*Uditore santissimo* et l'intervention personnelle du pape dans les causes civiles, qui toutes furent renvoyées à leurs juges naturels dans l'ordre établi par le droit commun. Il supprima pareillement les tribunaux d'exception et ne permit d'appel contre la chose jugée que pour vice de forme ou fausse application de la loi.

En France la vérité légale sort de l'ordre des juridictions, et la décision des juges d'appel est considérée comme ayant une valeur supérieure à celle des juges de première instance. A Rome la vérité légale sort de la majorité des jugements. Il y a trois degrés de juridiction, et deux jugements conformes font la chose jugée; si un second tribunal confirme la sentence rendue par le premier, elle devient définitive; s'il l'infirme, l'une ou l'autre des parties peut faire appel à un troisième tribunal auquel appartient la solution définitive du litige, à moins que les formes de la procédure n'aient été violées. En ce cas, il y a recours devant le tribunal de la *signature*, dont les attributions sont analogues à celles de notre cour de cassation et qui couronne l'édifice judiciaire depuis qu'on ne voit plus s'élever au-dessus de lui la monstrueuse puissance de l'*Uditore santissimo*.

Dans les provinces, les trois degrés de juridiction, établis par le nouveau règlement organique du 5 octobre 1831, étaient :

1º Les *gouverneurs*, magistrats locaux qui correspondent à nos juges de paix avec des attributions plus étendues ;

2º Les tribunaux civils établis dans chaque chef-lieu de délégation ; ils devaient être composés de cinq juges et remplaçaient les *préteurs*, qui précédemment jugeaient seuls en seconde instance. Dans un pays où malheureusement la corruption est fréquente, c'était un grand bienfait que l'organisation collégiale des tribunaux. L'obligation fut imposée aux juges de tous les degrés de ne prononcer leurs jugements qu'après discussion, de les motiver et aussi de les rédiger en langue vulgaire ; jusqu'alors, deux mots latins, *obtinuit* et *petiit*, inscrits sur la requête des parties, avaient formé tout le libellé des sentences, rendues sans publicité et sans être précédées de plaidoiries ;

3º Deux tribunaux supérieurs, dits tribunaux d'appel, composés chacun d'un président et de six juges, étaient établis l'un, à Bologne, pour les Légations ; l'autre, à Macerata, pour la Romagne et pour les Marches. Les habitants de ces provinces ne devaient plus, comme par le passé, porter à Rome l'appel de leurs procès. C'était pour eux un fort grand avantage qu'ils ne pouvaient manquer de sentir vivement, mais qui devait naturellement causer des sentiments contraires parmi les gens de loi de la métropole.

Les tribunaux de province, à tous les degrés de juridiction, n'étaient composés que de laïques.

A Rome et dans la Comarque, l'administration de la justice ne recevait pas des améliorations moins importantes. Par le règlement organique du 5 octobre 1831, douze juridictions, composées presque exclusivement de prélats, étaient supprimées. Il ne restait plus en exercice que le tribunal du Capitole, celui de l'A. C. et celui de la Rote.

Le tribunal du Capitole, magistrature municipale, était présidé par le sénateur de Rome et composé de trois avocats. Il jugeait cumulativement, en première instance, avec le tribunal de l'A. C., toutes les causes où des laïques étaient intéressés. Le demandeur pouvait à son choix porter sa cause devant l'une ou l'autre des juridictions. Le tribunal de l'A. C. (ainsi nommé par contraction de *Auditor Cameræ*) était composé de cinq avocats et trois prélats, divisés en deux sessions. L'appel au premier degré était porté de l'une à l'autre. Si les jugements étaient conformes, il n'y avait point lieu à procédure ultérieure ; en cas de dissentiment, la cause arrivait devant le tribunal de la Rote, cour d'appel pour Rome et la Comarque. La *Rota Romana* restait, comme par le passé, composée exclusivement de prélats, et elle continuait à rendre ses arrêts en langue latine. Les formes de la procédure étaient cependant simplifiées et améliorées. L'autorité suprême ne pouvait plus choisir arbitrairement parmi ses membres ceux qui connaîtraient de telle ou telle cause, et former ainsi des commissions particulières. Toutes les causes devaient arriver aux diverses chambres par la voie régulière, et y être jugées collégialement.

L'ancienne réputation de lumière et d'intégrité de la *Sacra Rota Romana* n'avait souffert aucune atteinte. Cette cour jouissait d'une considération générale en Italie et à l'étranger. L'Europe catholique prenait part à sa composition : l'Allemagne, l'Espagne, le Milanais, la Toscane nommaient des auditeurs de Rote, et, après la révolution de 1830, Mgr Isoard continuait à y représenter la France.

Le tribunal suprême de la Signature couronnait l'édifice de l'ordre judiciaire romain, et, comme nous l'avons dit, ses attributions étaient analogues à celles de la Cour de cassation en France.

Si à toutes ces améliorations on ajoute la suppression des droits que, dans tous les tribunaux, les plaideurs étaient tenus de payer aux juges, à leurs secrétaires, à leurs domestiques, et l'obligation aux procureurs et aux avocats de rédiger en langue vulgaire des actes de procédure, on ne pourra contester que la réforme ne fût, sinon complète, au moins très-profonde, et que le pape Grégoire XVI et son ministre le cardinal Bernetti ne fussent entrés résolûment dans la voie que le mémorandum du 21 mai avait ouverte.

L'organisation, le nombre, la compétence et la hiérarchie des tribunaux étant déterminés par l'édit du 5 octobre, un autre édit du 31 régla la manière de procéder devant eux. L'article 1er remettait en vigueur le code de procédure de Pie VII, œuvre de sagesse qui avait illustré son pontificat et que son successeur avait malheureusement laissé tomber en désuétude. Depuis 1816, l'expérience avait suggéré quelques améliorations qui trouvèrent place dans l'édit du 31 octobre. Cet important travail était le résultat des délibérations, continuées pendant plusieurs mois, des jurisconsultes les plus éclairés de l'État romain ; et dans une telle matière, il est difficile de comprendre qu'ils n'eussent pas cherché à faire le mieux possible. Le pape et son ministre, loin de repousser les lumières et l'action de l'opinion publique, les appelaient au contraire, et l'article qui terminait le nouvel édit enjoignait expressément à tous les tribunaux de faire connaître officiellement leurs vues à la secrétairerie d'État, sur les réformes et les améliorations dont leur paraîtrait encore susceptible le système de la procédure.

Cinq jours après la publication du code de procédure civile, le gouvernement pontifical promulgua un règlement organique de la procédure criminelle (5 novembre 1831), travail plus considérable encore que le précédent. Pour la première fois, par cet édit, des règles fixes et invariables étaient établies pour l'instruction et le jugement des causes criminelles. Les accusés ne pouvaient plus être soustraits à leurs juges naturels. Des formes substantielles, ennemies de l'arbitraire, réglaient avec précision tout ce qui regarde les juges, les tribunaux, l'instruction des procès, les preuves du crime ou du délit, l'interrogatoire des accusés, le récolement des témoins. Jadis les procès s'instruisaient à huis-clos en l'absence du prévenu ; il avait un défenseur qui n'assistait ni aux débats, ni à l'audition des témoins, et qui devait seulement fournir des mémoires dans l'intérêt de son client. Pie VII avait ordonné en 1816 que les sentences fussent motivées et que les juges ne prononçassent que des peines prescrites par la loi. Ces dispositions, oubliées sous Léon XII, furent remises en vigueur par l'édit du 5 novembre.

Si la publicité des débats n'était pas complète, au moins l'accusé et son défenseur prenaient connaissance de toutes les pièces de l'instruction, communiquaient librement ensemble, et faisaient appeler à l'audience tous les témoins nécessaires à la défense (art. 386, 389 et 394). Au jugement de la cause, l'accusé comparaissait devant ses juges, assisté d'un ou de plusieurs conseils (art. 406). Il était mis en présence de la partie plaignante, de son dénonciateur et des témoins dont il discutait les dépositions (art. 417). L'avocat de l'accusé résumait sa défense et parlait le dernier (art. 431). L'accusé déclaré innocent était mis de suite en liberté et ne pouvait être poursuivi de nouveau pour la même cause (art. 445). Toute condamnation au grand ou petit criminel était sujette à l'appel. L'instruction se devait faire dans les mêmes formes qu'en première instance. Les mêmes tribunaux, tant à Rome que dans les provinces, connaissaient des causes civiles et criminelles.

Ainsi, la Conférence de Rome avait prétendu seulement, par son mémorandum du 21 mai, obtenir du saint père en faveur de ses sujets : 1º La sécularisation de son gouvernement, 2º des institutions municipales et provinciales protectrices des intérêts locaux, 3º des réformes judiciaires favorables à la liberté ; et sur ces trois points les édits pontificaux du 5 juillet, des 5 et 31 octobre, et du 5 novembre, donnaient plus que les puissances n'avaient dû espérer après le refus du pape de prendre aucun engament envers elles. Il semblait même que Sa Sainteté eût l'intention de tenir compte de la quatrième demande du mémorandum touchant la junte centrale à établir à Rome pour y maintenir l'ordre dans les finances, et la régularité dans les diverses branches de l'administration. Un édit du 21 novembre 1831 institua une commission permanente pour le contrôle des comptes des diverses administrations; cette commission, sous le titre de Congrégation de révision, fut composée d'un cardinal président, de quatre prélats et de quatre députés laïques, choisis à Rome ou dans les provinces. Les affaires devaient y être discutées librement et votées à la majorité des voix. La surveillance générale des recettes et des dépenses de l'État, la rédaction des budgets, l'apurement des comptes étaient dans ses attributions ; elle devait aussi s'occuper de la liquidation et de l'amortissement de la dette publique, et généralement de toutes les fonctions de notre Cour des comptes ; et dans l'article 23 de cet édit, la Congrégation de révision était mise en demeure de rechercher et de soumettre directement à Sa Sainteté toutes les réformes qui sembleraient nécessaires dans le système général des finances, comme les congrégations provinciales et les corps judiciaires y avaient été invités, chacun selon sa compétence.

2° *Lettre de M. Rossi à M. Guizot.*

10 avril 1832.

« Mon cher ami, je ne saurais vous dire tout le plaisir que m'a fait votre lettre, quoique déjà l'arrivée de votre beau discours sur les affaires extérieures de la France m'eût prouvé que vous ne m'aviez pas complétement oublié. J'ai cherché une occasion pour vous répondre; mais grâce au choléra, on revient de Paris, on n'y va pas.—Vous pensiez à moi, et vous ne vous trompiez pas en pensant que c'était de l'Italie que je m'occupais ; c'est ma pensée, ma pensée de tous les jours; elle le sera tant que j'aurai un souffle de vie. J'ai compris votre système, comme vous avez compris mon chagrin. On ne saurait empêcher le malade qui a faim de se plaindre, lors même que le médecin est obligé d'être inexorable. Mais assez du passé. Vous me demandez quels sont mes rêves et mes espérances raisonnables. Laissons les rêves de côté. Tout le monde en fait; y croire c'est autre chose; les coucher sérieusement par écrit, c'est encore pis. Ils sont bons tout au plus pour passer une soirée au coin du feu quand on n'a rien de mieux à faire.—Mes espérances de bon sens sont plus faciles à dire. J'espérais que, tout en conservant la paix, la France exercerait sur certaines parties de la péninsule une intervention diplomatique, propre à préparer à ce malheureux pays un meilleur avenir, à cicatriser un grand nombre de plaies, à faire cesser beaucoup d'infortunes et de souffrances, et à y assurer à la France elle-même une influence plus solide et plus profonde que celle de cent mille baïonnettes. J'espérais que, grâce à la France, il se formerait du moins en Italie quelques *oasis* où des hommes qui se respectent pussent vivre, et respirer, et attendre sans trop d'impatience un avenir plus complet pour eux et pour leurs enfants. Les pays où cela me paraissait possible étaient plus particulièrement le Piémont, les États Romains, et même le royaume de Naples. Mais ne parlons pas, ce serait trop long, de ce dernier. Laissez-moi vous dire quelques mots des deux autres. Quant au Piémont, mes espérances sont presque évanouies. J'ai par devers moi des preuves de fait qui ne me laissent guère de doute sur le système qui a prévalu dans ce pays-là : c'est le système jésuitique, anti-italien, anti-français, comme on voudra l'appeler. Si quelqu'un croit le contraire, il se paye de paroles. Encore une fois, j'ai là-dessus des renseignements positifs. Le gouvernement de Piémont est de l'autre côté. Au surplus le pays entier le sait, le voit, le touche avec la main. Ce qu'on a eu l'air de faire, ce sont de pures simagrées dont il serait ridicule de parler. Maintenant comment cela est-il arrivé? n'a-t-on pas eu les moyens de l'empêcher? ou bien s'est-on abstenu par crainte de déplaire trop au gros voisin, de réveiller sa jalousie? Inutile de le dire. Ainsi les choses restant comme elles sont, les États sardes restent sous le coup d'une révolution future. Quand? comment? avec quel succès? Dieu le sait : mais les conditions y sont, et leur énergie va *crescendo*. Aujourd'hui que le système français est mieux assis à l'extérieur et même à l'intérieur, veut-il, peut-il reprendre ce travail sous œuvre et essayer de faire modifier le système piémontais? C'est à vous que je le demanderai. Mais puisque vous me demandez mes espérances, je vous dirai que je l'espère peu, très-heureux cependant si je me trompe. Car je suis, mon cher ami, tout aussi peu jacobin que vous ; seulement vous avez le sang-froid d'un homme qui est arrivé ; moi, l'impatience d'un homme qui veut partir. Et malgré cela, c'est avec un profond chagrin que je vois, grâce aux obstacles croissants, se développer au delà des Alpes, des opinions que je ne professe pas. C'est encore un fait bien positif, et croyez-moi, plus étendu qu'on ne pourrait le penser. Je connais le pays. Je disais en septembre 1830, à Paris, à MM... et plus tard ici à B... que je ne croyais pas qu'il se passerait six mois sans quelque éclat en Italie. Je ne me trompais point, et certes je n'étais point dans le secret, si secret il y avait. Malgré ce qu'il y avait de sérieux dans certaines assurances, ce n'est pas moi qui aurais donné le conseil ; je ne suis pas assez enfant.

« Venons aux États Romains. Je n'ai pas approuvé la première révolution, quoique légitime, très-légitime dans son principe. Une fois opérée, j'aurais voulu la diriger autrement. Mais que peut un homme à deux cents lieues de distance? Mettons de côté le passé. Je vous dirai aussi, comme preuve de ma franchise, que le ton de la première intervention diplomatique de la France me déplut souverainement. Aujourd'hui, je vois les choses autrement. Je retrouve la France, sa dignité, son poids, ses principes. Je ne me fais point d'illusion sur ce qui vous est possible. Je crois en entrevoir la mesure, et cependant je ne suis nullement au nombre de ceux qui ne vous savent pas gré de votre intervention, moins encore de ceux qui la maudissent. Ainsi de ce côté-là, au lieu de s'affaiblir, mes espérances se sont confirmées. Qu'est-ce que j'espère?

« J'espère qu'on est bien convaincu que la révolution, dans le sens d'une profonde incompatibilité entre le *système actuel* du gouvernement romain et la population, a pénétré jusque dans les entrailles du pays. Toute opinion contraire serait une pure illusion. Qu'on évacue demain en laissant les choses à peu près comme elles sont, et on le verra après-demain. Mais la chose ne se bornera plus au territoire des Légations et des Marches.

« J'espère qu'en partant de là on insistera fortement sur des changements sincèrement proportionnés au besoin.

« J'espère qu'au nombre de ces changements il y aura une administration générale, sinon exclusivement, du moins essentiellement laïque; une administration communale et provinciale qui ne soit pas une dérision ; un conseil central au siége du gouvernement composé, en partie du moins, d'hommes envoyés par les provinces et dont le préavis soit nécessaire, du moins pour les affaires intérieures, la législation, les impôts, etc.; un changement radical dans l'administration de la justice, changement dont les effets seraient immenses sur l'esprit public et pourraient seuls réconcilier la population avec le gouvernement papal; une commission législative chargée de préparer, sans retard, la réforme des lois civiles, criminelles et commerciales ; c'est encore un de ces besoins, de ces nécessités sur lesquelles la population ne transigera pas; enfin un système de force publique qui ne soit ni écrasant pour le pays ni propre à le livrer soit à l'anarchie, soit à la fureur d'une soldatesque vendue et déhontée. Je n'ignore pas les difficultés de ce dernier arrangement. Il y a cependant moyen de les lever par l'organisation d'une milice qui offrirait toutes les garanties désirables au gouvernement et au pays. Les éléments existent; il s'agit de savoir les mettre en œuvre. Il est impossible d'expliquer la chose en détail dans une lettre qui n'est déjà que trop longue.

« Je voudrais enfin espérer, mais je n'espère guère, qu'on trouvera moyen de garantir au pays ces concessions. Ne nous faisons pas d'illusion. Rome est toujours Rome. Tant que vous serez en Italie, c'est bon; mais après? De véritables garanties constitutionnelles, directes, positives, vous en voudrez et vous ne pourrez en obtenir. Le pape ne voudra pas, l'Autriche non plus. Dès lors que restera-t-il? L'influence française, les stipulations, l'ambassade du roi à Rome ; c'est sans doute quelque chose ; mais sérieusement, est-ce tout, une fois que vos troupes n'y seront plus, et que le parti apostolique nombreux, puissant, irrité, aura ou croira avoir le champ libre? Quand la garantie des choses manque, il faut au moins celle des hommes, de leur caractère, de leurs opinions, de leurs affections. Les uns, Rome ne voudra pas les employer ; elle dira qu'ils sont ses ennemis, qu'ils viennent d'agir contre elle. Les autres (ceux-là elle saura les trouver) seront ennemis apparents ou cachés du nouveau système et de la France. Au fait, de quoi s'agit-il ? de faire marcher d'accord un gouvernement qui cèdera à contre-cœur et un pays qui pendant longtemps se méfiera du gouvernement. Il faudrait pour cela des hommes acceptés d'un côté par le gouvernement et de l'autre bien vus du pays, également propres à modérer les uns, à se tenir en garde contre les autres et à faire marcher le système sans secousses, avec bonne foi, et sans alarmer aucune opinion, des hommes à qui le pays puisse en quelque sorte confier ses secrets sans craindre qu'ils en abusent, et la cour de Rome ses alarmes sans craindre de les confier à l'ennemi. Encore une fois, où les prendra-t-on ?

« N'oublions pas que si le pays, se croyant joué, éclate de nouveau après le départ des Français, le mouvement sera de plus en plus général et sérieux, car on n'ôtera de la tête de personne que le drapeau tricolore s'est déployé en Italie en faveur du pays, et qu'au besoin il y reparaîtrait suivi de forces plus nombreuses. Toutes les déclarations et toutes les protestations n'y feraient rien. Quant aux conséquences, je n'ai pas besoin de les dire. Reste à savoir si elles seraient dans les convenances de la France.—Mon cher ami, je termine par un mot. Si on vous dit qu'en Italie il peut naître des faits qui ne seraient pas bien liés, qui n'amèneraient pas un résultat heureux pour l'Italie, vous pouvez le croire. C'est peut-être la vérité. Mais si on vous dit que des faits il ne peut plus en éclater, qu'il n'y a pas ou qu'il n'y a plus d'éléments, qu'il n'y existe pas de matières auxquelles il suffit qu'un homme, le jour qu'il voudra, approche une mèche pour exciter un embrasement quelconque, utile, pernicieux, durable, passager, partiel, général, peu importe, mais toujours embarrassant pour le système de la paix, n'en croyez rien.

« Vous le voyez ; mes espérances sont tellement raisonnables qu'en vérité vous les devez trouver timides et au-dessous de ce qu'on doit espérer de l'influence que la France a le droit et la puissance d'exercer.

« Car enfin, si je vous avais dit, à côté de l'exemple de la Belgique, que j'espérais voir les Marches et les Légations former un pays se gouvernant par lui-même, sous la *suzeraineté* du pape et en lui payant un tribut annuel garanti par la France, l'Angleterre et l'Autriche, qu'y aurait-il là de si étrange ? Ce serait peut-être le seul moyen raisonnable de faire cesser un état de choses qui peut devenir de jour en jour plus sérieux et plus dangereux. Mais je ne vais pas si loin. Heureux si j'apprends que le peu que j'espère sera accompli ! »

XII

(Page 304.)

1° *M. Casimir Périer à M. le comte de Sainte-Aulaire.*

Février 1832.

Monsieur le comte,

En répondant à la lettre que vous m'avez écrite pour me recommander M. votre fils, et bien qu'elle n'ajoutât rien à ce que me disaient vos dépêches, je veux joindre à ma lettre officielle de ce matin quelques considérations plus intimes, quelques instructions plus particulières.

Je vous avouerai que j'ai été surpris que vous ayez cru voir, dans les intentions du gouvernement du Roi, l'idée d'une collision qu'il a constamment cherché à éviter de tous ses efforts. Rien ne serait plus opposé à nos vues ; et en occupant aujourd'hui une partie du nord de l'Italie, nous ne formons pas d'autres vœux que de pouvoir le plus tôt possible retirer nos troupes. Mais cela, nous ne voulons le faire que le jour où l'honneur de la France et sa dignité le permettront. Nous sommes entrés en Italie parce que, du moment où les Autrichiens y paraissaient, nos intérêts autant que l'amour-propre national étaient exposés ; nous ne pouvons avoir la pensée de favoriser des rébellions que nous avons toujours désapprouvées ; mais nous devons faire respecter un territoire sur lequel nous ne saurions souffrir, de la part de l'Autriche, une occupation, même momentanée. L'occupation simultanée de nos troupes remédie jusqu'à un certain point au mal que nous voulons éviter; mais nous espérons que le saint-siége comprendra ce qu'une pareille position a de difficile, et que, malgré l'espèce de refus que vous nous avez transmis, il ne croira pas devoir s'opposer davantage à une mesure que le gouvernement du Roi, parfaitement d'accord avec l'Angleterre, regarde comme indispensable.

Il faut bien le dire aussi : si les puissances désirent la paix comme elles nous l'assurent, elles doivent faire quelque chose pour le prouver, et ne pas créer des embarras à une administration qui leur offre seule peut-être des garanties et qui, si elle a des chances de succès, a des ennemis actifs, prêts à profiter de ses embarras passagers pour essayer de la renverser.

Je vous le répète donc, Monsieur, faites valoir de toutes vos forces ces raisons auprès du saint-siége ; montrez-lui ses véritables intérêts. Travaillez enfin avec constance et fermeté dans le sens des instructions que le gouvernement du Roi vous transmet aujourd'hui, et sur le but desquelles son opinion et sa volonté ne sauraient changer. Nous avons jusqu'ici beaucoup fait pour éviter la guerre, mais il nous faut trouver chez nos alliés loyauté et franchise. Nous comptons, Monsieur le comte, sur votre bonne et utile coopération dans cette circonstance, et le succès que nous en attendons ajoutera aux obligations que le gouvernement du Roi vous a déjà.

Je vous renvoie M. votre fils qui m'a témoigné le désir de vous rejoindre immédiatement, et qui vous répétera encore tout ce que je vous ai déjà marqué.

Agréez, Monsieur le comte, les assurances de ma haute considération.

2° *M. Casimir Périer à M. le prince de Talleyrand.*

Février 1832.

Prince,

J'ai tardé plus que je ne l'aurais voulu à répondre aux deux lettres particulières que vous m'avez fait l'honneur de m'écrire, car les premières discussions du budget ont été pour nous pénibles et laborieuses. Nous avons jusqu'ici gagné toutes les questions importantes. Nous avons surtout à combattre la Chambre sur des retranchements et des économies qui pourraient devenir embarrassantes pour le gouvernement. Au reste, nous sommes toujours décidés à lutter jusqu'au bout, à ne pas faire des questions ministérielles de celles qui ne seront que purement financières, et nous continuerons de faire tous nos efforts pour consolider au dedans ce système politique à l'affermissement duquel vous avez, Prince, si puissamment contribué au dehors.

J'ai reçu hier, Prince, avec les ratifications belges que vous m'avez envoyées, votre dépêche du ..... J'y ai vu avec la plus grande satisfaction ce que vous me dites du discours de lord Palmerston que je me suis fait représenter ce matin. Le gouvernement du Roi s'applaudit vivement de cette conformité de vues et de sentiments dont les deux pays peuvent attendre de si heureux résultats. Cette manifestation franche et sincère peut répondre à bien des choses et nous être véritablement utile. Nous y trouvons un gage nouveau de cet accord de la France et de l'Angleterre que nous nous efforcerons toujours de fonder sur des bases solides; nous y trouvons une confirmation de notre système de politique étrangère justifié par un aussi heureux succès dans son but le plus important.

Ma première dépêche officielle, Prince, vous donnera des détails étendus sur les affaires d'Italie; mais pour répondre à votre désir je m'empresse de vous informer aujourd'hui que nous avons lieu d'espérer que Sa Sainteté cédera aux pressantes instances que nous lui avons fait faire, et sera déterminée par elles à ne pas laisser subsister définitivement l'espèce de refus de nous permettre d'occuper Ancône, refus dont M. de Sainte-Aulaire fils nous avait apporté la nouvelle.

Nos troupes ont reçu provisoirement l'ordre d'entrer à Ancône, le seul cas excepté où les Autrichiens les y auraient devancées. Dans cette supposition, elles se porteraient sur Civita-Vecchia qu'elles occuperaient.

Nous ne varierons pas du but que nous nous proposons : montrer à l'Autriche que nous ne pouvons consentir à l'occupation de la Romagne qu'autant qu'elle ne sera que de courte durée; montrer au saint-siége que nous voulons obtenir de lui les concessions qu'il a solennellement promises aux puissances.

Du reste, sans nous départir en rien de cette volonté bien constante, nous ne comptons pas non plus nous éloigner de notre système politique que nous avons voulu rendre modéré et juste en même temps que ferme et digne de la France, et nous éviterons, aussi longtemps que nous le pourrons, une collision contre laquelle ont toujours été dirigés nos efforts.

XIII

(Page 317.)

*De la charité et de sa place dans la vie des femmes,
par madame Eliza Guizot* [1].

On entend souvent les femmes se plaindre des étroites limites où leur vie est renfermée ; elles la comparent à l'existence si vaste et si variée des hommes; elles accusent les lois de la société et presque celles de la Providence, qui les vouent à l'inaction et à l'obscurité.

De quelles classes de la société partent ces plaintes, ces reproches? Est-ce de celles où les femmes ont le plus à souffrir, où la brutalité d'un mari met quelquefois leurs jours en péril, où son inconduite expose à la plus affreuse misère de pauvres enfants qui ne savent que pleurer, où sa perte plonge dans un complet dénûment sa famille entière? Non; les femmes qui ont à porter un tel fardeau ne déplorent point avec amertume la condition de leur sexe ; leur esprit n'a pas assez d'oisive liberté pour se sentir à l'étroit dans la sphère que lui assigne la volonté de Dieu ; et lorsqu'elles peuvent réfléchir un moment sur leur destinée, c'est du repos et non du mouvement qu'elles invoquent.

Nous seules, heureuses du siècle, nous seules élevons ces réclamations contre la condition des femmes telle que la font les lois divines et humaines. Et cependant en quel temps, en

[1] Écrit en 1828.

quel lieu cette condition a-t-elle jamais été ce qu'elle est de nos jours, et en France? Où le père a-t-il eu plus d'affection, le frère plus de tendres égards, le mari plus de confiance, le fils plus de doux respect, la société tout entière plus de soin et de protection?

Regretterions-nous cette époque encore près de nous où la vie domestique obtenait si peu d'honneur et de place, où les visites, la conversation, les intérêts et les plaisirs de société remplissaient les journées, où les hommes et les femmes abandonnaient, pour des relations frivoles, mobiles, coupables, ces liens puissants et purs qui sont d'institution divine, èt procurent seuls un long et un vrai bonheur?

J'en ai la confiance : parmi les femmes mêmes que ne satisfait pas aujourd'hui leur situation, la plupart ne voudraient pas l'échanger contre cette vie tout extérieure et mondaine qui avait pour l'âme si peu de vraies joies et tant de périls. Ce n'est pas, à coup sûr, pour les dépenser ainsi en plaisirs vaniteux, en affections sans règle et sans dignité, que Dieu leur a si libéralement départi le don de plaire et la puissance d'aimer.

Il faut pourtant en convenir : ce mouvement, cet empire de salon accordé aux femmes dans le dernier siècle, était précieux à beaucoup d'entre elles, moins pour satisfaire de mauvaises passions que pour animer une vie qui leur semble à la fois trop courte et trop lente. L'ennui, ce fléau de ceux qui n'en connaissent pas d'autre, l'ennui est le mal réel dont se plaignent les femmes nées dans les classes aisées de la société et pour qui tout est facile : c'est à l'ennui qu'il faut attribuer ce malaise, ce mécontentement douloureux dont elles sont atteintes. En veut-on une preuve évidente? Jamais ce mal et les plaintes qui le révèlent n'éclatent aussi vivement que dans ces temps à la fois oisifs et animés, où le mouvement des événements ne répond pas à celui des intelligences, où c'est en soi-même, et non dans le monde extérieur, qu'il faut chercher l'aliment d'une énergie morale d'autant plus pénible aux femmes qu'elles ont moins d'occasions de l'employer et moins de ressources pour s'en distraire. Que la société au contraire se trouve fortement agitée, que les plus grands intérêts soient chaque jour mis en question et toutes les existences en péril, dans ces moments où l'activité, l'intelligence, la force du corps même sont si précieuses, on n'entend point les femmes regretter d'avoir été, sous tous ces rapports, moins bien traitées que les hommes : confiantes en leurs protecteurs naturels, elles ne demandent plus pourquoi il faut qu'elles en aient besoin ; et dans ces jours où toutes les puissances de leur âme arrivent au plus haut degré d'exaltation, lorsqu'elles sentent tout ce qu'il leur est donné d'être, elles ne songent plus à s'étonner de n'être pas davantage.

Comment croire cependant que les temps de trouble, de bouleversement social, soient pour les femmes des temps de faveur, de bien-être moral, et l'ordre habituel un état pesant et triste qui les condamne à se débattre en vain contre de nobles et légitimes besoins de l'âme ? Descendons au fond de nos cœurs; soyons sincères : cet ennui si lourd, si amer, n'est-il pas un tort encore plus qu'un malheur ? S'il y a certains emplois de nos facultés que nous refusent notre faible nature et les lois de la société, avons-nous exploité tous ceux qui nous sont permis ? Si beaucoup de portes sont fermées à notre activité, avons-nous frappé à toutes celles qui peuvent s'ouvrir ? Parce que Dieu nous a dispensées de la nécessité matérielle du travail, ne nous sommes-nous pas affranchies du devoir moral de l'occupation ? Parce que nous ne sommes point appelées à jouer un rôle dans les affaires de notre pays, ne nous sommes-nous point regardées quittes envers lui de toute responsabilité? C'est souvent l'erreur des femmes du monde de croire qu'elles ont rempli leur mission sur la terre lorsqu'elles ont accompli leurs devoirs de famille : certes, c'est bien là pour elles la grande affaire de la vie ; et l'épouse, la mère qui se voit obligée de s'y consacrer entièrement, accomplit bien toute sa tâche : ni Dieu ni les hommes ne lui en demanderont davantage. Mais dans les classes aisées de la société, la femme qui a le plus à cœur ces chers et saints devoirs se repose cependant, sur des mains étrangères, de mille soins qui absorberaient un temps qu'elle peut mieux employer. Combien ne lui reste-t-il pas d'heures libres après qu'elle s'est acquittée de tout ce qu'elle doit à son mari, à ses enfants, à son ménage? Ce sont là les heures dont le vide est un poids si lourd, et que je viens réclamer au nom du devoir comme dans l'intérêt du bien-être de l'âme.

Bien des femmes, je le sais, se contentent de les perdre, et se flattent d'en éluder ainsi le fardeau. L'expérience ne tarde pas à dissiper leur illusion ; l'ennui ne cède point à une activité vaine, à un mouvement sans but et sans résultat. D'ailleurs, il ne nous a pas été donné pour le perdre, ce temps, *le prix de l'éternité;* nous l'avons reçu pour le remplir de notre perfectionnement moral et du bien que nous pouvons faire sur la terre : si nous le prodiguons dans l'unique vue de nous en débarrasser, où le retrouverons-nous au moment du besoin, lorsque la vie se fermera pour nous, lorsque notre mémoire prête à s'éteindre se reportera avec inquiétude sur les années écoulées? La violence des passions et la fragilité de la nature humaine atténueront peut-être, devant le souverain juge, beaucoup de fautes et d'erreurs graves; mais une existence frivolement oisive, le mépris ignorant et futile des dons reçus de Dieu et des obligations qui en découlent, une indifférence égoïste pour les intérêts du prochain.... où serait la justification? où serait seulement l'excuse? Le monde lui-même, dans sa légèreté et sa paresse, blâme une vie toute inutile, et retire sa considération à qui n'emploie pas un peu sérieusement son temps et ses facultés.

Il est une façon plus dangereuse, car elle est plus noble, sinon de perdre son temps, au moins de ne pas l'employer suivant l'intention de la Providence ; c'est de se livrer entièrement aux plaisirs de l'esprit, aux occupations intellectuelles recherchées uniquement pour elles-mêmes, sans application ni utilité pour autrui : tentation bien séduisante pour les âmes élevées, car elle les nourrit d'émotions généreuses et de hautes pensées, mais qui leur sera comptée pour bien peu au jour de la rétribution. Le développement de nos facultés, considéré comme moyen, est un devoir ; pris comme but, c'est une belle mais fâcheuse illusion. Sans doute le goût de l'étude, le plaisir de la méditation intérieure, de la contemplation pieuse, ne sauraient être taxés de frivolité ni de lâcheté; ce sont des besoins, des instincts sublimes, gages de notre glorieuse origine et de notre glorieuse destinée, mais qui ne sauraient absorber toute notre vie et auxquels ne se borne pas notre mission sur la terre. Peut-être y a-t-il quelques âmes destinées par une vocation spéciale à concevoir et à conserver dans leur pensée solitaire les plus hautes comme les plus mystérieuses vérités, à qui il n'a été commandé que d'être tout ce qu'il leur est donné d'être, et de développer en elles-mêmes des facultés et des vertus difficiles à acquérir dans le commerce des hommes. Quoique sans action visible et immédiate, de tels êtres exercent quelquefois une grande influence sur les destinées de l'humanité; ils frappent les imaginations, ils donnent des exemples; qui pourrait dire que leur carrière a été oisive, leur passage sur la terre inutile ? Mais tels ne sont point la vocation générale, le devoir habituel ; chacun sent dans sa conscience la loi qui lui prescrit d'employer ce qu'il a reçu ; Dieu, qui a semé partout, a droit de recueillir partout. Quelle sera donc notre excuse, à nous dont la Providence a rendu la vie facile, si nous nous contentons de jouir de ses bienfaits sans penser aux devoirs qui leur correspondent ?

Est-ce pour que nos jours se passent mollement que Dieu nous a accordé les douceurs de l'aisance? Est-ce pour les faire servir à notre vanité ou à nos fantaisies qu'il a attaché quelques priviléges de considération et d'influence à certaines positions sociales? Est-ce pour qu'il reste sans fruit en nos mains qu'il nous a prodigué le loisir dont, pour beaucoup de nos semblables, il semble avoir été si avare ? N'a-t-il voulu que nous fournir de quoi satisfaire notre intelligence et peut-être notre orgueil, lorsqu'il nous a entourées de toutes les facilités de l'éducation, de tous les secours des lumières d'autrui ? Cela ne se peut supposer, à moins de supposer aussi que nous vivons uniquement pour *ce monde qui passe* et pour nous-mêmes, que notre destinée est essentiellement égoïste et fugitive. Mais si nous portons plus loin et plus haut nos regards, si nous nous considérons ici-bas comme les ouvriers de Dieu, si pour nous le temps n'est qu'un moyen et la vie le chemin de l'éternité, tout ce qui a lieu dans le présent doit se rapporter alors à ce qui nous attend dans l'avenir ; nous n'avons rien reçu dans la vue de si courts instants, de si étroits intérêts; tous les dons de Dieu, même les plus frivoles en apparence, nous ont été accordés dans l'intention du salut, du salut de nos semblables comme de nous-mêmes, et il nous en sera demandé compte un jour.

Quel moyen avons-nous donc d'employer, selon le vœu de la sagesse divine, nos loisirs, nos ressources, nos facultés ?

Il en est un qui, dans son immense étendue, suffit, et bien

au delà, à toutes ces conditions, l'exercice de la charité ; non de cette charité bornée, superficielle, qui se contente de donner des aliments et des vêtements aux malheureux que le sort jette devant ses pas, mais de cette charité prévoyante, élevée, qui va au-devant de toutes les infortunes, s'adresse à tous les besoins, aux misères de l'âme comme à celles de la vie, et ne *nourrit pas seulement de pain* ceux qu'elle prend sous sa protection.

Le moment est opportun, car jamais l'action de cette grande, de cette vraie charité n'a été à la fois plus nécessaire et plus facile. Malgré ses torts, malgré sa faiblesse morale, le siècle dernier a eu un mérite nouveau, immense ; il a aimé les hommes, tous les hommes. La justice envers tous, la sympathie pour tous, le désir de la dignité et du bonheur de tous, l'humanité, pour tout dire en un mot et en prenant ce mot dans son acception la plus étendue, c'est là l'idée sainte et puissante qui, au milieu de tant de folies et de maux, a déjà valu, et vaudra encore à nos sociétés modernes tant et de si beaux progrès. Elle a été étrangement interprétée, défigurée, travestie, obscurcie ; immorale et odieuse sous le nom d'*égalité,* ridicule sous celui de *philanthropie.* Elle a résisté à tout, survécu à tout ; après toutes les épreuves, malgré toutes les réactions et tous les mécomptes, elle a toujours reparu et repris son empire ; l'esprit d'humanité, le respect et le soin de l'homme dans toutes les conditions et sous toutes les faces de sa destinée, c'est là vraiment l'esprit du siècle, l'esprit nouveau et fécond qui anime le monde et présidera à son avenir.

Que la charité s'empresse donc : son temps est venu ; c'est à elle que l'esprit d'humanité prépare de la besogne ; c'est pour elle qu'on travaille en recherchant incessamment toutes les souffrances, toutes les misères de la société humaine, en les mettant en lumière, en propageant avec tant d'ardeur ce besoin d'amélioration, cette soif du bien-être qui caractérisent notre époque. Longtemps les riches, les puissants, les heureux de la terre ont pu en quelque sorte ignorer les pauvres, les faibles ; il n'en est plus rien aujourd'hui ; de toutes parts les faibles, les pauvres sont mis en avant, se mettent en avant eux-mêmes; de toutes parts on réclame pour eux, on leur fait de magnifiques promesses. J'espère qu'elles ne seront pas toutes corruptrices et trompeuses; j'espère que l'amélioration, déjà si grande, du sort des pauvres et des faibles ira se développant, et qu'on apprendra à concilier, avec le progrès du bien-être, celui de la moralité. Mais je suis bien sûre qu'ici comme ailleurs les hommes promettront beaucoup plus qu'ils ne pourront tenir. Je suis bien sûre qu'on mettra au jour plus de souffrances qu'on n'en saura soulager, qu'on excitera plus de prétentions de bonheur qu'on n'en pourra satisfaire ; et lorsque la science et les institutions politiques auront atteint leurs limites, à quelle puissance s'adressera-t-on pour accomplir ce qu'on n'aura pas fait, sinon à la charité ? Qui, sinon la charité, entreprendra de guérir, d'adoucir du moins tant de misères qu'on aura révélées pour les laisser retomber ensuite sur elles-mêmes ?

A vous, ô mon Dieu! je le sais, à vous seul il appartient de verser sur les plaies de tant d'hommes le baume véritable, le baume de la foi et de l'espérance en vous, et en vous seul. Mais vous permettez, vous commandez à la charité de consacrer ses efforts à cette œuvre ; et jamais, j'ose le dire, au milieu des perspectives si brillantes qu'on ouvre maintenant devant tous les yeux, jamais son zèle n'aura été plus indispensable, jamais elle n'aura eu plus à faire que de notre temps.

Jamais aussi, il en faut convenir, plus de facilités n'ont

été offertes et plus de succès assurés à ses efforts. Ardente et infatigable, la charité avait jadis à lutter contre beaucoup d'obstacles, et n'agissait souvent qu'au hasard, à l'aveugle, sans bien connaître les faits avec lesquels elle avait à traiter, ni le vrai résultat de ses travaux; aussi a-t-elle pu être quelquefois accusée de manquer son but et de propager les maux qu'elle voulait guérir. Aujourd'hui on s'empresse de toutes parts à la seconder et à l'éclairer ; non-seulement elle peut compter sur le concours des lois, de l'administration publique; mais des clartés nouvelles et chaque jour plus vives se répandent sur la route. Les hommes les plus puissants, les plus distingués, s'appliquent à recueillir pour elle tous les renseignements dont elle a besoin, à résoudre pour elle tous les problèmes qu'elle rencontre. L'amélioration de la condition humaine, le soulagement des misères humaines devient une science dont les limites et les moyens d'action sont étudiés, expliqués avec soin, et qui préviendra désormais, souvent du moins, un résultat profondément triste, les mécomptes des bonnes œuvres, un mal nouveau sortant d'une pensée pieuse et bienfaisante.

Et en même temps que la charité, élevée ainsi au rang d'une science, attire à son service les plus grands esprits, elle acquiert dans la société d'innombrables agents. Une puissance qui satisfait à la fois aux deux conditions imposées à toute œuvre humaine, l'unité d'intention et la division du travail, l'esprit d'association pénètre chaque jour plus avant dans l'exercice de la charité. L'esprit d'association ne s'effraye point des hautes théories et ne dédaigne pas d'intimes coopérateurs; semblable à ces machines merveilleuses où la main d'un enfant fait mouvoir les ressorts les plus compliqués, il admet la faiblesse, l'inexpérience, l'ignorance même à accomplir les desseins de la science, à réaliser les inspirations du génie, et il assure ainsi aux plus grandes entreprises des moyens d'exécution, aux plus obscurs efforts une grande efficacité.

Plus de prétexte donc, plus d'excuse : aujourd'hui quiconque a un peu de temps à donner peut faire beaucoup de bien. Les femmes ont du temps ; elles ont aussi ce qui importe encore plus au succès de la charité ; elles ont de l'affection, de la sympathie, une imagination facile à émouvoir, des larmes promptes à couler, des paroles tendres et pénétrantes, tout ce qui fait que des créatures humaines se comprennent, s'acceptent réciproquement, s'aiment presque, bien qu'elles ne se voient qu'en passant. A ce prix seulement, la charité fait réellement le bien qu'elle promet, et encore un bien qu'elle ne songe pas à promettre. On l'oublie trop de nos jours ; l'esprit de science et de règlement nous dominent ; fiers de notre habileté méthodique, de notre civilisation régulière, nous penchons à croire que tout peut se calculer, s'administrer, et qu'avec des tableaux imprimés, des commissaires et des distributions, tout le bien qu'il y a à faire sera fait. On ne soulage pas les hommes si aisément et avec si peu ; la science et l'administration y servent, mais n'y suffisent point. Il faut à la charité plus que de l'intelligence, plus que de l'activité bien ordonnée ; il lui faut une âme, une âme sensible, qui s'inquiète de tout autre chose que du soulagement matériel, qui s'applique à rendre le bienfait doux en même temps qu'utile, et provoque à chaque instant, entre le bienfaiteur et le malheureux, cet attendrissement mutuel, seul gage de l'efficacité morale de leurs relations. C'est là ce que les femmes surtout peuvent porter dans l'exercice de la charité ; c'est par là qu'elles seules peut-être peuvent lui rendre cet attrait, cette vie que la sécheresse scientifique et administrative de notre siècle court risque de lui faire perdre.

Ce n'est pas seulement du loisir de temps, c'est aussi du loisir d'imagination, du loisir de cœur, que les femmes ont à offrir à ceux qui souffrent ; leur destinée, même heureuse, n'épuise point en ce genre les facultés de leur nature ; hors d'état d'apporter à leur pays un tribut de forces et de lumières, elles ont à répandre des trésors infinis d'affection, de sympathie ; et placées au-dessous des hommes pour la prévoyance et la raison, elles s'élèvent, par la puissance d'aimer, jusqu'à l'Être qui récompense la foi, qui accomplit l'espérance, mais qui réserve à la seule charité le privilége d'être éternelle comme lui.

Ma conviction est profonde ; je voudrais la faire partager à d'autres femmes ; je voudrais qu'elles vissent dans la charité une partie de leur mission en ce monde, et je suis sûre qu'elles y trouveraient aussi un remède au mal dont elles se plaignent, le vide du temps et de l'âme. Mais ce double bien n'est possible qu'à une condition, à la condition de contenir, de resserrer dans une sphère prochaine et bornée l'ambition et le travail de la charité. Là où il y a tant à faire, beaucoup de personnes hésitent à commencer ; il ne faut pas hésiter : d'autres voudraient tout faire ; il ne faut entreprendre que peu. Je viens de lire l'ouvrage du docteur Chalmers, *Civic and christian OEconomy ;* il démontre avec une clarté admirable la folie de vouloir toujours agir en grand, et de dédaigner les petites œuvres, bien plus sûres, seules sûres. Sans parler du danger moral qui s'attache à des projets si brillants que l'on se sait déjà gré de les avoir conçus, et que, de leur flatteur aspect, on descend avec peine à la charité pratique et à ses humbles fatigues, n'est-il pas évident que personne, aucune femme surtout, ne dispose d'assez de temps, d'assez de moyens de tout genre pour suffire à une tâche étendue ou très-variée, et que des bienfaits qui, portés sur un seul point, y seraient efficaces, perdent, en se divisant, presque toute leur vertu? Aussi, je le dis avec une ferme confiance, appuyée de l'autorité de Chalmers : c'est un impérieux devoir que de limiter, de régler sévèrement sa compassion. Il est très-douloureux, je le sais, de voir près de soi le malheur, de n'en être séparé que par une ligne imaginaire, et d'avoir cependant les mains liées à son égard; le cœur se révolte à ce spectacle, et l'on s'accuse soi-même d'injustice : mais si cette modestie, cette retenue dans les espérances et les œuvres de la charité sont les conditions d'un véritable succès, si l'activité et la fortune, qui suffisent au soulagement de quelques familles voisines de notre demeure, ne peuvent manquer, en se répandant dans la vaste enceinte d'une grande ville, de s'y engloutir comme la goutte d'eau dans l'Océan, et de s'épuiser inaperçues même des misères qui les auront absorbées, n'est-ce pas un bien mauvais calcul à faire, dans l'intérêt même des pauvres, que de s'abandonner toujours et partout à l'émotion que cause leur vue? Il n'y a personne, si sévère que soient envers eux ses théories, qui résiste toujours à leurs prières, qui puisse entendre, sans céder à l'instant même, ces mots : *J'ai faim.* Eh bien! je le demande : si l'on réunissait, à la fin de l'année, tout ce qui se donne de la sorte dans Paris, et qu'on l'employât avec ordre et intelligence, n'en résulterait-il pas infiniment plus de bien? Et cependant, pour agir ainsi, combien de fois ne faudrait-il pas que la bienfaisance fît taire la charité? On a beaucoup disputé sur ces deux mots; les partis se les sont même appropriés et en ont fait des bannières; il serait aisé, ce me semble, de les leur enlever en les rendant à leur sens naturel et vrai. Les expressions *bienfaisance* et *charité* ne désignent point, si je ne m'abuse, les mêmes dispositions, les mêmes actes; la bienfaisance ne me paraît pas plus la charité des philosophes que la charité n'est la bienfaisance des dévots ; la bienfaisance me semble la science de la charité, la lumière de son feu, la raison de son sentiment. La bienfaisance et la charité ne sont ni semblables ni opposées ; elles existent à part, mais elles se donnent la main ; les sévères exigences, les sages combinaisons de la bienfaisance ne sont point étrangères à l'âme chrétienne de Chalmers lorsqu'il s'occupe du sort actuel des pauvres, surtout en vue de leur salut éternel. Elles n'ont point manqué au cœur du philanthrope Howard, ces émotions de la charité qui donnent, aux actions imposées par le devoir, le charme et la récompense de l'affection. Laissons donc les choses à leur place, les mots en paix, et tâchons, à l'exemple de ces illustres amis des hommes, d'unir toujours les vues de la raison aux mouvements du cœur, la science à l'amour, la bienfaisance à la charité.

Et qu'on ne croie pas que, pour y réussir, on ait besoin d'un effort toujours également pénible, et que nous devions éternellement nous condamner à voir, sinon d'un œil sec, au moins d'un regard oisif, toutes les misères que nous ne travaillerions pas à soulager, des misères plus affreuses peut-être que celles que nous soulagerions. Plus on donne, plus on donnera, a-t-on dit souvent ; on ne l'a pas encore dit autant que cela est vrai ; mais c'est surtout lorsque la charité se règle qu'elle devient féconde. Répandez des bienfaits sans discernement, ils auront trop peu de résultats pour vous encourager beaucoup vous-même et pour exciter vivement le zèle d'autrui : essayez au contraire de vous charger, soit d'un genre spécial de malheur, soit d'un espace limité ; que bientôt l'on voie, par vos soins, cette plaie de l'humanité soulagée, l'aspect de ce lieu changé ; qu'on mesure aisément ce qu'ont obtenu la force et la patience d'une personne, d'une association ; et bientôt d'autres associations, d'autres personnes se viendront placer à côté de vous, empressées d'exploiter le terrain que vous n'aurez pu vous approprier, de subvenir aux nécessités que vous aurez été contraint de négliger. Fiez-vous à l'esprit de justice inhérent au cœur de l'homme, et qui ne pourra soutenir, à côté de misères complétement secourues, la vue de misères complétement délaissées. Ce que d'autres ont fait pour cette infortune, il faut le faire pour celle-ci aussi douloureuse à supporter, aussi facile à soulager : voilà une rue voisine qui doit à tel de ses habitants tel ou tel avantage; celle que j'habite a le même besoin, a droit au même bienfait; et de proche en proche, les améliorations se propageront avec les vertus, et *l'Esprit renouvellera la face de la terre.*

Nous avons vu naguère combien il importe de se partager ainsi le travail et de faire le sien sans empiéter sur celui d'autrui. Le malheur et l'héroïsme des Grecs avaient profondément touché les cœurs; partout éclatait le désir de venir à leur aide. Le comité grec ordonna des quêtes : des femmes s'en chargèrent; elles se mirent à l'œuvre avec ce zèle et cette irrégularité, cette précipitation confiante qui leur sont naturels. Qu'en arriva-t-il ? A certaines personnes on demanda six fois; à d'autres on ne demanda point; quelques rues furent visitées à plusieurs reprises, d'autres furent entièrement négligées; des plaintes s'élevèrent de toutes parts; l'humeur, excitée par ces instances répétées ou ces oublis désobligeants, refroidissait et choquait; la quête ne rapportait point ce qu'on s'en était promis : que fit-on? on régla les aspirations des dames quêteuses; on leur assigna le lieu précis où elles devaient essayer leurs prières; chacune dut accomplir toute sa tâche et nulle ne dut la dépasser. L'effet de cette régularité, de cet ensemble dans les démarches se fit bientôt sentir ; et un peu d'ordre imposé au plus noble élan aura conservé, pour le jour du triomphe et du repos, quelques fils de la Grèce, aura sauvé de la mort, et peut-être de pis, leurs femmes et leurs enfants.

Cette division du travail, cette modestie dans les desseins sont absolument nécessaires pour que chaque personne charitable connaisse bien ce qu'elle a à faire et puisse s'en acquitter. On épargne ainsi beaucoup de temps en évitant toute incertitude, en prévenant tout double emploi, et surtout en permettant à chacun de choisir la part d'occupation qui convient le mieux à ses goûts, à sa position, à ses habitudes. Quiconque agit isolé est obligé d'accomplir en entier une certaine œuvre, ou d'y renoncer tout à fait. Dans les associations, au contraire, et surtout dans celles qui n'embrassent pas de trop vastes projets, quelque peu que l'on fasse, on avance le succès général ; on ne met point à soi seul la roue en mouvement, et cependant on contribue à presser sa marche. Vous trouveriez difficilement peut-être dix personnes qui pussent donner à l'intérêt du prochain un jour entier par semaine ; demandez seulement une heure, et des milliers se présenteront ; bien plus de temps sera employé au service des malheureux, et aucun devoir particulier n'en souffrira.

Un autre motif encore plus important, car il est plus élevé, nous prescrit de ne pas trop étendre la sphère de nos bienfaits. Tous les besoins de l'homme ne se rapportent pas à sa vie matérielle ; il en est de plus nobles, de plus délicats, et par cela même, comme le remarque le docteur Chalmers, ils sont moins clairement aperçus, moins vivement sentis de ceux qui les éprouvent ; au rebours des besoins physiques qui, moins ils sont satisfaits, plus ils sont impérieux, les besoins de notre nature morale s'éteignent par la privation. Cet homme pleure pour avoir du pain, c'est qu'il n'a pas mangé de la journée ;

celui-ci n'aspire pas même à sortir de sa brutalité, de son apathie ; il n'a pourtant pas été *rassasié de la justice*, mais il n'en a *ni faim ni soif*. Si donc nous pouvons nous fier à l'impulsion de la nature qui porte les malheureux à venir entretenir de leur souffrance ceux qui peuvent quelque chose pour la soulager, si nous pouvons sans grand péril ni tort bien grave attendre que les pauvres nous avertissent de leurs misères corporelles, il n'en est pas ainsi de leurs misères intellectuelles ; n'espérons pas les apprendre d'eux ; ils les ignorent encore plus que nous, ou, s'ils les connaissent, ils ne s'en inquiétent pas. Gardons-nous donc de nous contenter, pour cette plaie sociale, des méthodes et des remèdes qui suffisent aux autres. A quoi seraient bons les hôpitaux où les malades ne voudraient pas aller ? Que serviront des écoles, des prédications, si les personnes pour qui elles sont instituées passent chaque jour et n'entrent jamais ? Le *festin était préparé*, dit l'Évangile, *mais ceux qui y étaient invités* ne s'y présentèrent pas. Nous contenterons-nous comme ce maître de maison de remplir la salle au hasard et abandonnerons-nous à leurs vaines excuses ceux pour qui nous l'avions disposée ? Non, forçons-les d'entrer, mais comme force la charité ; allons les chercher ; montrons-leur le trésor caché qu'ils dédaignent ; enseignons-leur à en connaître toute la valeur ; prions, pressons, agissons par voie d'invasion, comme le dit ingénieusement Chalmers ; pénétrons dans l'intérieur des familles ; apprenons à cette mère, obligée par son travail de se séparer tout le jour de ses enfants, qu'il y a des lieux d'asile où ils passeraient innocemment leur temps à l'abri de la contagion des mauvaises habitudes et dressés à en contracter de bonnes. Donnons l'Évangile à ce vieillard privé de mouvement, et dont les jours s'écoulent dans un engourdissement stupide. Envoyons à l'école ce petit garçon qui use sa force en querelles et son intelligence en mensonges. Trouvons un bon apprentissage à cette jeune fille qui erre dans les rues pour vendre des gâteaux ou des fleurs, et expose à tous leurs scandales un front qui sait encore rougir; engageons ce chef de famille à consacrer à d'utiles délassements le temps qu'il consumait au cabaret; parlons-lui de ses devoirs, de ses vrais intérêts, de sa femme, de ses enfants, de leur avenir; faisons appel à ces sentiments simples, honnêtes, qui sont toujours à la portée du cœur de l'homme parce qu'ils tiennent aux relations les plus puissantes comme les plus naturelles; et peut-être l'ordre rentrera dans cette maison, les liens domestiques se resserreront, la misère sera moins grande; et une famille sera rendue à la paix, à la vertu, et par conséquent au Dieu qui se glorifie dans le bien et se *souvient du fils de l'homme.*

Certes, si nous avions à nous féliciter d'un tel résultat, n'eussions-nous fait que cela dans notre vie, nous devrions remercier la bonté divine de nous avoir choisis pour une si belle tâche, et nous pourrions nous écrier avec saint Paul : *J'ai accompli ma course, j'ai combattu le bon combat; j'attends la récompense que Dieu prépare à ses élus.*

Les difficultés sont grandes, je le sais ; il y aura beaucoup de démarches désagréables, de peines perdues, et ce qui est pis peut-être, beaucoup d'espérances trompées. Quand on entre en relation avec les classes pauvres, on se heurte à chaque instant contre un mur de préjugés opiniâtres, de méfiances injurieuses et grossières ; mais qui tentera de les surmonter sinon les femmes? Elles y semblent appelées par leur nature; leur faiblesse même devient ici une puissance. L'homme du peuple le plus ombrageux, le plus brutal, ne peut voir en elles un maître ; dans leur bouche, les exhortations tiennent encore de la prière, les reproches de l'affection ; elles peuvent parler avec vivacité, avec insistance, sans avoir rien de plus à craindre que de ne pas réussir. Les malheurs de la vie privée, de l'intérieur du ménage, les atteignent d'ailleurs plus complétement que les hommes, car ils leur enlèvent ce qui fait toute leur joie, toute leur existence : qu'elles les aient une fois ressentis, et elles sympathiseront avec toutes les douleurs de l'âme ; et leur cœur se fendra à la vue d'une mère qui perd son fils ; et celle-ci oubliera, en présence de leurs pleurs, la vanité de leur rang, le luxe de leur richesse ; elles seront des femmes, rien de plus. Les hommes auraient beau faire : ils n'arriveraient jamais à cette prompte et facile intimité.

Nous avons encore auprès du pauvre un autre avantage. Chargés de faire exécuter les lois, représentants de la justice divine sur la terre, les hommes ne peuvent pas toujours se montrer indulgents. Obligés de réprimer, il ne leur est guère loisible de pardonner, de tolérer ; et cependant où en serait la pauvre nature humaine si l'on comptait toujours avec elle au poids de la balance du sanctuaire ? Nous n'avons point cette dure mission : ce n'est pas dans les sociétés, mais dans les âmes que nous sommes appelées à rétablir l'ordre, et l'on y réussit moins par la sévérité que par la patience. Si la rigueur peut convenir quelquefois à ceux qui ont reçu la force en partage, elle n'appartient jamais aux femmes, êtres faibles et qui ont toujours besoin d'appui. Quelle est celle qui oserait dire qu'elle eût été tout ce qu'elle devait être si son père eût été dur, sa mère corrompue, son frère indifférent, son mari dérangé ? Qui sait ce que serait devenue cette frêle créature privée de tous les secours qui l'ont soutenue ? et si elle a le juste sentiment de tout ce qu'elle doit aux circonstances propices de sa vie, sera-t-elle jamais sans pitié pour les fautes du prochain ?

Enfin, un mot bien redoutable, le mot *égalité* retentit sans cesse autour de nous : que de terribles passions, que de folles espérances il éveille ! Sans doute elles n'atteindront point leur but, elles ne bouleverseront pas chaque jour le monde sous prétexte de répartir également le bonheur. Gardons-nous cependant de ne leur opposer que la force ; la justice même des lois ne suffira point à les guérir. Il y faut la charité, la charité amicale, sympathique, ardente non-seulement à soulager les pauvres, mais à attendrir leur âme, à en bannir l'envie, la colère, à rétablir, à entretenir entre les classes diverses ces relations faciles et douces qui sont la véritable paix de la société. L'inégalité ne disparaîtra point de la terre ; les hôpitaux, les distributions de secours, les ateliers de travail, tous les établissements imaginables de philanthropie et de bienfaisance ne suffiront point à la faire accepter sans murmure. Lazare n'eût pas été fort reconnaissant pour avoir *ramassé quelques miettes à la table du riche;* et maintenant plus que jamais l'homme demande à l'homme autre chose que son or ; il veut être connu, compris, aimé, il veut être traité en frère : c'est à nous de lui donner cette consolation. Effaçons tout ce que l'inégalité a de sec et d'amer ; allons chercher le pauvre ; apprenons-lui que, dans ces appartements dont le luxe l'offense, habitent des personnes qui songent à lui, se préoccupent vivement de ses maux et travaillent de cœur à les adoucir. Qu'il nous pardonne d'être riches, car nous n'oublions jamais qu'il ne l'est pas ; élevées dans la société, car notre main serre la sienne; heureuses, car nous pleurons sur ses peines. Mettons-nous à l'œuvre avec courage ; *voici des jours favorables, voici des jours de salut.* Notre belle France en paix appelle toutes les améliorations ; les esprits sont en mouvement, les cœurs animés : jamais circonstances n'ont été plus favorables. Un moment viendra peut-être où nous regretterons profondément de n'en avoir pas profité; et, s'il ne venait pas pour notre pays, il viendrait sûrement pour chacune de nous. Quand les temps ne seraient pas mauvais, *les jours sont courts;* nous marchons avec rapidité *vers le lieu d'où l'on ne revient pas; travaillons pendant qu'il fait jour.* Avons-nous le cœur triste ou trop peu occupé ; le travail de la charité est la plus sûre consolation dans les épreuves de la vie, le plus doux passe-temps au milieu de ses langueurs; et si une destinée heureuse nous est réservée en ce monde, pouvons-nous jamais faire assez pour ceux qui soupirent après le bonheur?

XIV

(Page 319).

Extrait du Moniteur universel *du 5 avril 1832, sur les troubles et les meurtres survenus dans Paris à l'occasion du choléra.*

En rendant compte de l'agitation qu'on avait cherché à répandre dans le public, sous prétexte de prétendues tentatives d'empoisonnement qui auraient eu lieu depuis deux jours chez les débitants de vin, nous devions penser que les habitants de Paris, avertis que la sollicitude du gouvernement était éveillée sur ce point, s'en rapporteraient à son zèle pour rechercher la source et les auteurs de ces alarmes, ou pour découvrir, s'il y avait lieu, les artisans de pareils crimes.

Cependant des inquiétudes nouvelles ont été propagées, et à la faveur de soupçons aussi légers que cruels, des violences ont été commises sur des hommes paisibles ; et des groupes exaspérés ont osé donner la mort à des citoyens inoffensifs, désignés aux fureurs populaires par le nom d'*empoisonneur* appliqué au hasard.

Le gouvernement a dû prendre les mesures les plus actives, d'abord pour prévenir d'odieux attentats du même genre, ensuite pour éclaircir tous les faits à l'aide desquels on chercherait à égarer les esprits d'une manière si funeste.

Des chimistes expérimentés ont été chargés d'analyser des vins de toutes qualités recueillis chez un grand nombre de débitants, chez cent cinquante environ ; pas une trace de poison n'a été reconnue. Dans quelques qualités de vins inférieures, ils ont signalé seulement la présence d'une petite quantité de cidre.

Des fioles, du pain, des dragées, de la viande saisis et signalés comme empoisonnés, ont été soumis également à l'analyse ; ils ont été reconnus purs de toute substance vénéneuse.

Des personnes arrêtées sur la clameur publique ont été attentivement visitées, interrogées. Il n'est résulté de toutes les recherches que la preuve de leur parfaite innocence.

Ainsi, toutes les vérifications les plus scrupuleuses n'ont abouti qu'à démontrer, de la manière la plus évidente, la fausseté, l'absurdité des bruits répandus.

Et cependant, c'est sur la foi de ces alarmes vagues que des citoyens ont été insultés, frappés, meurtris ou tués.

Hier, un employé a été dépouillé dans la rue Saint-Denis et assassiné. C'était un homme digne de l'estime de tous ceux qui le connaissaient.

Ce matin, un médecin se rendant par la rue Lafayette à la barrière du Combat, pour y faire, conjointement avec un vétérinaire d'Alfort, l'autopsie d'un chien, a été assailli par un attroupement, et n'a dû son salut, ainsi qu'un autre individu, inspecteur de la salubrité, qu'à son refuge dans la caserne la plus proche.

Le 4, à cinq heures, les attroupements poursuivaient du nom d'*empoisonneur*, sur la place de Grève, un homme qui s'est réfugié à l'Hôtel-de-Ville, d'où l'on voulait l'arracher de vive force. Deux individus ont été saisis par quelques furieux, et jetés, dit-on, dans la rivière par-dessus le pont d'Arcole. La force armée est accourue ; les attroupements ont été dissipés, et de nouveaux désordres évités. Un homme était menacé par un groupe, parce qu'il portait une bouteille à la main : c'était du vinaigre. Un commissaire de police arrive et boit une partie de la bouteille pour rassurer la foule, qui se rend à cette démonstration.

Le préfet de police a publié une proclamation qui éclairera le public. « Que les chefs de famille, que les chefs d'atelier, que tous les bons citoyens secondent les efforts de l'autorité, et les esprits, si perfidement égarés, seront ramenés à des idées plus saines. Quant aux agitateurs qui se feraient de ces alarmes vaines un prétexte de désordre, les lois veillent et le gouvernement saura les faire respecter.

« Ce soir, la tranquillité est parfaitement rétablie. Nous ne saurions trop répéter qu'au moment où nous écrivons, il n'existe pas, après les plus actives recherches, un seul fait qui donne la moindre apparence de vérité aux bruits d'empoisonnement. Que l'on se rassure donc, et qu'on se mette en garde surtout contre ces mensonges qui produisent des résultats si funestes.

« Cette avidité à se repaître des bruits les plus mensongers, cette cruauté sanguinaire qui se signale par la violence et par les assassinats, sont indignes de la nation française ! Des ordres sont donnés pour atteindre les auteurs ou les provocateurs des crimes commis : le premier devoir du gouvernement est de protéger l'existence des citoyens; espérons que de nouveaux attentats ou que de nouvelles tentatives ne rendront pas nécessaires les mesures que cette protection provoquerait. S'il en était autrement, les citoyens éclairés, les bons citoyens, souvent avertis de ne pas ravir à l'action de la justice les vrais coupables qui se perdent dans la foule, comprendraient que leur devoir est de ne pas grossir, par un sentiment de vaine curiosité, des attroupements qui ont été souillés par le crime.

XV

(Page 322).

1. *Discours de M. Royer-Collard aux obsèques de M. Casimir Périer* (19 mai 1832).

L'inexprimable tristesse de cette cérémonie est plus éloquente que nos vaines paroles. Il y peu de jours, nous avons vu s'éteindre la plus vaste intelligence du siècle, et voilà qu'un grand cœur est frappé, une âme héroïque se retire; sa dépouille mortelle est devant vos yeux, elle va descendre au tombeau, elle reçoit en ce moment notre dernier adieu.

Que vous dirai-je, Messieurs, que vous ne sachiez, que vous ne sentiez douloureusement? Comment M. Casimir Périer s'est-il élevé tout d'un coup au premier rang des hommes d'État? A-t-il gagné des batailles, ou bien avait-il lentement illustré sa vie par d'importants travaux? Non; mais il avait reçu de la nature la plus éclatante des supériorités et la moins contestée, un caractère énergique jusqu'à l'héroïsme, avec un esprit doué de ces instincts merveilleux qui sont comme la partie divine de l'art de gouverner. La Providence l'avait marqué de ce double signe; par là, il lui fut donné de prévaloir entre les hommes de son temps, quand son heure serait venue. Il ne fallait pas moins que les circonstances extraordinaires où nous vivons pour révéler à la France, à l'Europe, à la postérité, cette haute vocation de M. Casimir Périer. Jusqu'à ces derniers temps, nous l'ignorions, il l'ignorait lui-même. D'orateur de la liberté constitutionnelle, devenu homme d'État et chef du cabinet dans une révolution qu'il n'avait point appelée, il l'a souvent dit et je l'en honore, sa probité généreuse et la justesse de son esprit lui font aussitôt comprendre que si l'ordre est la dette de tout gouvernement, c'est surtout la dette d'un gouvernement nouveau, pour qui l'ordre est la garantie la plus efficace de sa sûreté au dehors, comme de son affermissement au dedans.

L'ordre est donc la pensée de M. Casimir Périer ; la paix en sera le prix ; il se dévoue à cette grande pensée. Je dis, Messieurs, qu'il se dévoue : là est l'héroïsme. A tout risque, il veut sauver l'ordre, sans considérer s'il se perd lui-même, sans trop compter sur le succès, sans détourner son regard vers la gloire qui devait être sa récompense. Dans cette noble carrière, soutenu par les vœux, par la confiance, par les acclamations presque unanimes de son pays, il a combattu jusqu'au dernier jour avec une intrépidité qui ne s'est jamais démentie ; quand ses forces ont été vaincues, son âme ne l'a point été.

La gloire de M. Casimir Périer est pure et inattaquable. Sortie comme un météore de ces jours nébuleux où il semble qu'autour de nous tout s'obscurcisse et s'affaisse, elle sera durable, car elle n'est point l'œuvre artificielle et passagère d'un parti qu'il avait servi ; il n'a servi que la cause de la justice, de la civilisation, de la vraie liberté dans le monde entier. Il a succombé trop tôt ; que les bons citoyens, que les amis de l'humanité qu'il avait ralliés achèvent son ouvrage. Élevons sur sa tombe le drapeau de l'ordre ; ce sera le plus digne hommage que nous puissions rendre à sa mémoire.

2º *Portrait et caractère de M. Casimir Périer, par M. de Rémusat.*

Il était d'une très-grande taille; sa figure mâle et régulière offrait une expression de pénétration et de finesse qui contrastait avec l'énergie imposante qui l'animait par instants. Sa démarche, son air, son geste, avaient quelque chose de prompt et d'impérieux, et il disait lui-même en riant : « Comment veut-on que je cède avec la taille que j'ai ? » Un portrait peint par M. Hersent, et un médaillon sculpté par M. David, donnent une assez juste idée de sa physionomie. Dans les dernières années, ses traits s'étaient altérés, et portaient une empreinte de souffrance plus que d'affaiblissement. Il avait des jours, ou plutôt des moments d'un abattement douloureux, auquel l'arrachaient soudain toute provocation extérieure, toute nécessité présente, toute épreuve que réclamait son honneur ou sa conviction. En lui luttaient sans cesse une raison froide et une nature passionnée. C'est là ce qui faisait une partie de sa puissance. Toujours fortement ému, il réagissait énergiquement sur les autres, tantôt les soumettant par la force, tantôt les troublant par son émotion. Sa pensée se présentait à son esprit comme une illumination soudaine ; elle s'emparait de lui avec tant de véhémence qu'elle l'emportait pour ainsi dire, et sa parole brève et pressée avait peine à la suivre. Cependant, son idée était si nette et son impression si vive qu'il était sur-le-champ compris, et qu'il étendait autour de lui l'ébranlement qu'il éprouvait. C'est par là surtout qu'à la tribune il influait sur les assemblées, et c'est de lui plus que de tout autre qu'on aurait pu dire que l'éloquence est toute d'action, et que la parole est

l'homme même. Ces luttes intérieures donnaient souvent à
ses mouvements une impétuosité qui trompait sur son caractère, et ne laissait pas apercevoir que sa raison restait calme,
et que l'esprit d'observation et de calcul ne l'abandonnait
guère dans ses relations avec les hommes. Presque toujours,
il offrait le spectacle de l'effort d'une âme puissante qui veut
en vain rendre à sa pensée toute la vivacité et toute la force
de l'impression qu'elle lui cause. Il ne pouvait jamais se satisfaire lui-même, ni réussir à se communiquer tout entier.
Car ce qu'on fait est toujours au-dessous de ce qu'on sent.

L'esprit de M. Casimir Périer devait plus à l'expérience
qu'à l'étude, et puisait dans son activité propre des ressources qu'il exploitait habilement. Il se refusait au travail
méthodique, et ne pouvait supporter le désœuvrement ; il
voulait agir, mais en agissant il réfléchissait toujours ; il
revenait incessamment sur lui-même, tournait et retournait
sa pensée comme pour s'assurer dans sa croyance et consolider sa conviction. Peu curieux des théories, il procédait
cependant toujours par quelques idées générales qu'il saisissait d'instinct, et auxquelles il rattachait tout. Il se fiait
à son premier coup d'œil. — « Il me manque bien des choses,
disait-il, mais j'ai du cœur, du tact et du bonheur. » — Cependant il raisonnait à l'infini sur toutes ses résolutions. Déterminé sur les grandes choses, la décision journalière lui
coûtait. Il hésitait longtemps, ajournait tant qu'il pouvait,
et ne prenait son parti qu'à grand' peine. Quand sa résolution était formée, elle était inébranlable, car il était circonspect et intrépide. Dans le gouvernement, il avait certes
un don bien rare, une forte volonté ; mais il lui manquait
peut-être des volontés assez nombreuses.

M. Périer avait des moments d'abandon, peu de confiance habituelle et constante. En général, il jugeait rigoureusement les hommes, et son langage était sans indulgence, quoique son cœur n'eût aucune haine. Jamais, j'oserais l'attester, on ne lui a surpris le désir de faire le moindre mal à ses ennemis politiques, quoiqu'il leur prodiguât d'amers reproches et de hautains mépris. Il avait la passion de vaincre et non de nuire, et il concevait difficilement, n'apercevait qu'avec surprise l'inimitié que lui suscitaient parfois ses dédains et ses succès. Car il était porté à juger les hommes plutôt par leurs intérêts que par leurs passions, et ne tenait pas assez compte, à mon avis, de tout ce qu'il y a de mauvaises pensées et d'actions mauvaises qu'on ne peut imputer à aucun calcul. Le cœur humain est souvent désintéressé dans le mal.

Et cependant il a eu de tendres amis. Il gagnait aisément ceux qui l'approchaient; il inspirait du dévouement sans trop y croire; il se faisait aimer en se faisant un peu craindre. Pour qui le voyait avec intimité, il était attachant, et son commerce, quoiqu'il ne fallût pas y porter trop de liberté, avait du charme et du piquant. Rien n'était aisé pour qui le connaissait, je voulais dire pour qui l'aimait (car on ne connaît bien que ceux qu'on aime) comme de lui dire la vérité, toute vérité. Il cherchait les conseils, en demandait toujours, ne craignant pas d'être contredit, mais seulement d'être méconnu. Dans le monde, on le trouvait réservé, froid, un peu inquiet; dans sa famille, sa conversation était gaie et moqueuse; il riait quelquefois de ce rire des jeunes gens d'une autre époque, et s'amusait de mille puérilités de la vie intime dédaignées aujourd'hui que l'affectation du sérieux est la mode de l'esprit.

XVI

(Page 327).

*Lettre de M. de La Fayette à M...... sur la mort
de M. Casimir Périer.*

On trouve dans les *Mémoires de M. de La Fayette* (t. VI, p. 660) une lettre par lui adressée le 16 mai 1832, à une personne dont le nom est laissé en blanc, et qui porte : « Le pauvre Casimir Périer est mort ce matin à huit heures. Il laisse, dans une des deux grandes divisions de la France et de l'Europe, de profonds regrets et une haute renommée, dans l'autre des sentiments d'amertume qui s'adouciront à mesure qu'on saura mieux qu'il n'était pas le chef du déplorable système adopté au dedans et au dehors. Déjà *le Moniteur* de ce matin en revendique la pensée pour qui de droit [1]. Quant à nous, nous n'éprouvons que des sentiments de famille et d'amitié, et nous voudrions empêcher, dans le peu qui dépend de nous, qu'on attaquât sa mémoire au delà de la condamnation de l'administration dont il a été l'organe.......... On a beaucoup dit que j'avais causé avec le Roi sur notre

---

[1] Il y a dans cette lettre un anachronisme que la date de la lettre de M. de La Fayette (date fixée avec certitude par les premiers mots de cette lettre) rend bien difficile à expliquer. *Le Moniteur* du 16 mai ne dit absolument rien sur la politique de M. Casimir Périer, qui n'était pas mort au moment où il parut; c'est *le Moniteur* du 17 mai seulement qui contient l'article auquel fait allusion la lettre de M. de La Fayette, datée du 16.

situation actuelle. Plusieurs patriotes, même parmi les plus ardents, me pressaient de faire cette démarche. Je m'y suis refusé, parce que j'ai l'intime conviction de son inutilité, et que j'y vois des inconvénients. »

XVII

(Page 352).

Note sur la mise en état de siége de Paris par l'ordonnance royale du 6 juin 1831, par M. Vincens de Saint-Laurent, président de Chambre à la Cour royale de Paris.

§ Ier. La loi du 10 juillet 1791, concernant la conservation et le classement des places de guerre et postes militaires, la police des fortifications et autres objets y relatifs, considère les places de guerre et postes militaires sous trois rapports, savoir : dans l'état de paix, dans l'état de guerre et dans l'état de siége.

L'état de paix est l'état ordinaire dans lequel l'autorité civile conserve toutes ses attributions dans leur indépendance.

L'état de guerre doit être déclaré par un décret du Corps législatif, ou, dans l'intervalle des séances de ce corps, par le Roi. Il laisse à l'autorité civile ses attributions, mais à la charge de se prêter aux mesures que l'autorité militaire croit nécessaires pour le salut de la place.

Quant à l'état de siége, trois articles de cette loi sont à considérer. L'article 11 indique d'où résulte cet état, l'article 12 quand il finit, l'article 10 quelles sont ses conséquences relativement aux attributions de l'autorité militaire. En voici le texte :

Art. 11.

Les places de guerre et postes militaires seront en état de siége non-seulement dès l'instant que les attaques seront commencées, mais même aussitôt que, par l'effet de leur investissement par des troupes ennemies, les communications du dehors au dedans et du dedans au dehors seront interceptées à la distance de 1800 toises des crêtes des chemins couverts.

Art. 12.

L'état de siége ne cessera que lorsque l'investissement sera rompu ; et, dans le cas où les attaques auraient été commencées, qu'après que les travaux des assiégeants auront été détruits et que les brèches auront été réparées ou mises en état de défense.

Art. 10.

Dans les places de guerre et postes militaires, lorsque les places et postes seront en état de siége, toute l'autorité dont les officiers civils sont revêtus par la constitution, pour le maintien de l'ordre et de la police intérieure, passera au commandant militaire, qui l'exercera exclusivement sous sa responsabilité personnelle.

Il faut remarquer sur cette loi :

1º Qu'elle ne concerne que les places de guerre et postes militaires ;

2º Qu'elle ne fait résulter l'état de siége que d'une attaque ou d'un investissement réels, sans donner au gouvernement le droit de mettre en état de siége une place qui ne serait pas investie ;

3º Qu'elle n'explique point si l'autorité des tribunaux pour la répression des délits passe à l'autorité militaire.

§ II. La loi du 10 fructidor an V a rendu toutes les communes de l'intérieur, sans distinction entre celles qui sont places de guerre ou postes militaires et celles qui ne le sont pas, susceptibles de l'état de guerre et de l'état de siége, dans les termes suivants :

Art. 1er.

Le Directoire exécutif ne pourra déclarer en état de guerre les communes de l'intérieur de la République, qu'après y avoir été autorisé par une loi du Corps législatif.

Art. 2.

Les communes de l'intérieur seront en état de siége aussitôt que, par l'effet de leur investissement par des troupes ennemies ou des rebelles, les communications du dedans au dehors et du dehors au dedans seront interceptées à la distance de 3502 mètres (1800 toises) des fossés ou des murailles : dans ce cas, le Directoire exécutif en préviendra le Corps législatif.

Cette loi ne fait qu'étendre les dispositions de celle du 10 juillet 1791 aux villes qui ne sont point places de guerre ou postes militaires. Elle ne se compose que des deux articles ci-dessus.

1° Sous son empire, l'état de siége ne peut résulter que de l'investissement réel et non d'une déclaration du gouvernement ;

2° Bien qu'elle ne dise point quand cet état cesse, il est évident que, résultant du fait même de l'investissement, il doit cesser, comme sous la loi de 1791, lorsque le fait qui y donne lieu a lui-même disparu ;

3° Cette loi, muette sur les conséquences que l'état de siége doit avoir relativement aux attributions respectives de l'autorité civile et de l'autorité militaire, se réfère nécessairement sur ce point à la loi de 1791.

Une loi du 19 fructidor an V, rendue après le coup d'État de la veille, après avoir annulé les opérations d'un grand nombre d'assemblées électorales, frappé de la déportation plusieurs membres de la représentation nationale et rapporté diverses lois récentes, contient, dans son dernier article, une disposition qui a pour objet de *rendre* au Directoire le pouvoir de mettre une commune en état de siége. Mais il faut remarquer que ce pouvoir ne lui avait jamais légalement appartenu ; il est vraisemblable qu'il l'avait usurpé, et que la loi du 10 fructidor an V avait été rendue pour mettre un terme à cette usurpation. Dans ces circonstances, la loi du 19 ne peut être considérée comme donnant au gouvernement le droit de déclarer l'état de siége. Cependant deux décrets du 26 mars 1807 ont déclaré les villes de Brest et d'Anvers en état de siége.

§ III. Avant d'aller plus loin, il convient de remarquer :

1º Que la loi du 10 juillet 1791 ne peut être invoquée pour justifier l'ordonnance du 5 juin 1832, puisque, d'après sa rubrique et ses termes exprès, elle ne concerne que les places de guerre et postes militaires, et que Paris n'est ni l'un ni l'autre ;

2º Que la loi du 10 fructidor an V ne peut pas l'être davantage, puisqu'elle exige pour l'état de siége l'investissement et l'interception des communications entre le dedans et le dehors, et que ces circonstances n'ont point existé pour Paris les 5 et 6 juin 1832 ;

3º Que, d'après ces deux lois, l'état de siége cesse avec le fait de l'investissement qui seul a pu lui donner naissance, et qu'ainsi l'ordonnance dont il s'agit peut d'autant moins être justifiée par ces lois que sa date et surtout sa promulgation sont postérieures à la répression de la révolte.

§ IV. Mais la législation a reçu de notables modifications par le décret du 24 décembre 1811, relatif à l'organisation et au service des états-majors des places. Trois articles de ce décret doivent être rappelés ici.

Art. 53.

L'état de siége est déterminé par un décret de l'empereur, ou par l'investissement, ou par une attaque de vive force, ou par une surprise, ou par une sédition intérieure, ou enfin par des rassemblements formés dans le rayon de l'investissement sans l'autorisation des magistrats.

Dans le cas d'une attaque régulière, l'état de siége ne cesse qu'après que les travaux de l'ennemi ont été détruits et les brèches mises en état de défense.

Art. 101.

Dans les places en état de siége, l'autorité, dont les magistrats étaient revêtus pour le maintien de l'ordre et de la police, passe tout entière au commandant d'armes qui l'exerce ou leur en délègue telle partie qu'il juge convenable.

Art. 103.

Pour tous les délits dont le gouverneur ou le commandant n'a pas jugé à propos de laisser la connaissance aux tribunaux ordinaires, les fonctions d'officier de police judiciaire sont remplies par un prévôt militaire, et les tribunaux ordinaires sont remplacés par les tribunaux militaires.

Si l'on compare ces articles aux dispositions correspondantes de la loi de 1791, on est frappé des dispositions suivantes :

1º L'investissement ou une attaque régulière ont cessé d'être les seuls faits déterminant l'état de siége. Il a pu résulter, soit d'une surprise, de rassemblements illégaux dans le rayon militaire, d'une sédition intérieure, toutes circonstances qui n'emportent point avec elles, comme l'investissement ou le siége proprement dit, l'interruption des communications entre le dedans et le dehors, soit aussi d'un simple décret du chef du gouvernement.

Quelques personnes confondant l'état de siége et l'état de guerre, et partant de ce principe que le droit de déclarer une place en état de guerre est une conséquence du droit de déclarer la paix et la guerre, ont pensé que la constitution de l'an VIII, donnant ce dernier droit au chef du gouvernement, lui donnait aussi le droit de déclarer une ville en état de siége. C'est sous ce point de vue que M. Merlin, dans son *Répertoire de jurisprudence*, considère les décrets qui, avant celui de 1811, ont mis diverses places en état de siége. D'après cette opinion, le décret de 1811, faisant résulter l'état de siége d'un décret de l'empereur, n'innoverait point et ne serait que l'exécution des lois antérieures et de la constitution elle-même. Mais cette opinion ne peut se soutenir en présence du texte des lois de 1791 et de l'an V.

Quelques autres personnes ont soutenu que le décret qui déclare l'état de siége devait être fondé sur l'une des circonstances qui sont énumérées dans l'article 53 ; c'est une erreur manifeste. La forme alternative dans laquelle l'article est rédigé ne permet pas de douter qu'une seule des causes qu'il signale ne suffise pour déterminer l'état de siége ; et d'ailleurs ces circonstances sont de nature à exiger que l'état de siége commence, que l'autorité militaire devienne plus forte, dès qu'elles existent, et sans attendre une déclaration du gouvernement qui risquerait le plus souvent d'arriver trop tard. L'état de siége, qu'on pourrait appeler fictif, résultant d'un simple décret, doit sans doute être déterminé par des motifs graves ; mais ces motifs peuvent exister avant ou après l'investissement ou la sédition.

2º D'après la loi de 1791, l'état de siége cessait avec l'investissement, et, en cas de siége, après la destruction des ouvrages de l'ennemi et la réparation des brèches. Le décret a une disposition pareille pour ce dernier cas, et il est muet pour tous les autres.

Il semble impossible de ne pas étendre cette disposition au cas de l'investissement déjà prévu par la loi de 1791 et aux nouveaux cas de la surprise, des rassemblements illégaux dans le voisinage de la place et de la sédition intérieure. L'analogie le demande ainsi et on ne voit rien dans le décret qui puisse faire décider le contraire. La cause cessant, l'effet doit cesser aussi.

Mais l'état de siége déterminé par une déclaration du gouvernement ne peut cesser que de la même manière qu'il a commencé. C'est au gouvernement seul, qui sait quels dangers l'ont décidé à recourir à une telle mesure, qu'il appartient de calculer leur durée et par conséquent celle du remède qu'il leur oppose.

3º La loi de 1791 faisait passer au commandant militaire toute l'autorité des officiers civils pour le maintien de l'ordre et de la police intérieure. Le décret, en répétant cette disposition, y substitue le mot *magistrats* aux mots *officiers civils*; et dans un second article plus explicite, il dépouille la juridiction criminelle ordinaire de ses attributions qu'il transporte aux tribunaux militaires.

Ces dispositions sont-elles dérogatoires à la loi de 1791 ou en sont-elles l'exécution?

On a soutenu qu'elles innovaient, que la loi de 1791 ne contenait aucun déplacement de juridiction; et l'on s'est fondé sur ce qu'elle ne parle point des tribunaux ni de la justice.

Il peut être répondu avec avantage que les mots officiers civils, employés dans la loi, et le mot magistrats, employé dans le décret, sont synonymes; que par officiers civils, la loi entend tout aussi bien les fonctionnaires de l'ordre judiciaire que ceux de l'ordre administratif; que l'autorité nécessaire pour le maintien de l'ordre et de la police intérieure, autorité que la loi de 1791 fait passer aux commandants militaires, ne peut être, au moins en partie, que l'autorité des tribunaux.

L'article 103 du décret n'est donc que le développement, le règlement du principe posé dans l'article 101 du même décret, et dans l'article 10 de la loi du 10 juillet 1791.

Au surplus, cette loi a de tout temps été exécutée dans ce sens que les tribunaux d'une ville assiégée ne continuaient leurs fonctions qu'avec l'autorisation du commandant militaire.

§ V. C'est sur ce décret que doit être appuyée la légalité de l'ordonnance du 6 juin.

Les objections, de nature fort diverses, qui ont été faites, ont été le plus souvent mêlées et confondues ensemble. Il est nécessaire de bien les distinguer pour les mieux apprécier. Elles peuvent se réduire aux quatre suivantes :

1° L'ordonnance ne s'appuie que sur un simple décret;

2° Elle est même rendue hors des termes de ce décret;

3° Dans tous les cas, elle ne peut rétroagir;

4° Enfin le décret a été, au moins en partie, abrogé par la Charte.

La question de rétroactivité a été soulevée la première et a paru quelque temps considérée comme la principale. Il n'en pouvait guère être autrement; les organes de l'opposition, ayant eux-mêmes sollicité cette mesure pour la Vendée et loué le gouvernement d'y avoir eu recours, ne pouvaient, dans le premier moment, avoir l'idée de la combattre comme illégale. C'est cette question de rétroactivité qu'a tranchée la Cour royale dans son arrêt du 7 juin 1832.

Mais bientôt le cercle de l'attaque s'est agrandi; c'est le droit même du gouvernement qui a été mis en doute; c'est la légalité de l'ordonnance qui a été contestée et surtout la compétence des tribunaux militaires. C'est dans ce sens que le défenseur de Geoffroy a plaidé devant la Cour de cassation.

§ VI. La première objection n'en est réellement pas une. La jurisprudence constante de la Cour de cassation et de toutes les Cours royales a reconnu aux décrets impériaux force de loi, lorsqu'ils n'avaient point été attaqués dans les dix jours de leur promulgation pour cause d'inconstitutionnalité, et avaient été au contraire reçus et exécutés comme lois.

Devant la Cour de cassation, le ministère public, voulant sans doute placer son argumentation sur une base plus respectable que l'usurpation du pouvoir législatif tant reprochée à Napoléon, a soutenu que le décret avait été rendu pour l'exécution de la loi du 10 juillet 1791 et y était conforme. Il l'a fait avec quelque avantage, parce que son adversaire a cherché l'innovation dans la disposition relative à la juridiction, où, d'après ce qui a été dit, § IV n° 3, elle n'existe pas. Mais cette argumentation n'en doit pas moins être rejetée, parce que le décret a innové sur un point important, en n'exigeant plus l'investissement pour condition déterminante de l'état de siége, ainsi que cela est expliqué au § IV, n° 1.

§ VII. La deuxième objection se divise en deux branches :

Et d'abord on dit que le décret de 1811 ne concerne que les places de guerre et postes militaires, et ne pouvait, par conséquent, être appliqué à Paris.

On appuie cette proposition sur la signification ordinaire du mot *place*, qui s'emploie surtout pour désigner les places de guerre, et sur ce qu'un grand nombre d'articles de ce décret, par leur objet et par les termes dans lesquels ils sont conçus, supposent clairement que c'est des places de guerre qu'il y est question.

Sans nier ces deux points, il semble que les considérations suivantes établissent solidement l'opinion contraire :

1° Le décret de 1811, si l'on consulte son intitulé, est relatif à l'organisation et au service des états-majors des places ; il règle, entre autre choses, les attributions des gouverneurs et commandants d'armes avec les autorités civiles. Or, d'après l'art. 12, des gouverneurs peuvent être nommés dans les principales places de guerre ou villes de l'empire ; d'après l'art. 8, des états-majors peuvent être entretenus dans des villes de garnison non fortifiées. Les attributions de ces gouverneurs, de ces états-majors, ne peuvent être réglées que par le décret. Il n'est donc pas exclusivement relatif aux places de guerre ;

2° Lorsque le décret est intervenu, la législation reconnaissait l'état de guerre et l'état de siége, non-seulement pour les places de guerre, d'après la loi de 1791, mais pour toutes les villes ou communes, d'après la loi de l'an V. Comment admettre que le décret, qui règle, ou, si l'on veut, qui modifie les causes et les résultats de cet état, ne se rattache pas également aux deux lois antérieures ?

3º Les villes qui ne sont pas places de guerre peuvent être, si ce n'est assiégées, au moins investies et attaquées par l'ennemi. Paris ne l'a-t-il pas été en 1814? Elles sont donc susceptibles de l'état de siége comme les places de guerre elles-mêmes; et lorsque le décret de 1811 a donné au gouvernement le droit de déclarer l'état de siége, même avant tout investissement et sur la seule prévision du danger, il a dû le lui donner pour toutes les places, de guerre ou non, qui pouvaient être exposées à une attaque.

§ VIII.—La seconde partie de l'objection consiste à dire que l'état de siége ne pouvait être déclaré après la cessation des troubles qui l'ont motivé.

Cette objection, sous le rapport de la légalité, ne pourrait avoir quelque poids qu'autant que, d'après les termes du décret, le droit de mettre une ville en état de siége serait subordonné au fait d'un investissement, d'une surprise ou d'une sédition. Mais il n'en est rien, et il a été expliqué, § IV, nº 1, que ce droit était abandonné à la sagesse du gouvernement, bien entendu sous la responsabilité des ministres qui ont conseillé la mesure.

Cette responsabilité donne lieu à une autre question sur la nécessité ou la convenance d'une mise en état de siége après que la révolte a été réprimée et que la perturbation a cessé; mais cette question n'a rien de judiciaire, elle est toute parlementaire.

§ IX.—On dit en troisième lieu que l'ordonnance ne peut rétroagir et soumettre à la juridiction militaire les délits consommés avant la déclaration de l'état de siége.

Cette difficulté doit se résoudre par les principes du droit qui veulent que tout ce qui tient aux formes et à la compétence soit réglé par la loi en vigueur à l'époque de la poursuite et non par la loi en vigueur à l'époque où le délit a été commis, principes consacrés par divers arrêts et par une décision du conseil d'État du 5 fructidor an IX, relative, il est vrai, à une affaire civile, mais qui s'applique d'autant mieux à la question qu'elle a pour objet d'attribuer à l'autorité administrative, par suite des lois qui l'ont chargée de connaître du contentieux des domaines nationaux, le jugement de difficultés qui avaient pris naissance avant ces lois.

Sans doute il ne s'agit pas ici d'une loi, mais d'une ordonnance. Mais en reconnaissant que l'ordonnance ne peut pas rétroagir plus que la loi, on doit reconnaître aussi que les effets d'une ordonnance, lorsqu'elle est conforme aux lois, doivent être réglés par les mêmes principes que les effets d'une loi.

Les objections qu'on a faites contre l'application de ces principes à la question de l'état de siége ne sont guère prises que de l'importance de cette question et de la gravité des conséquences qui s'y rattachent. Mais, dans une discussion judiciaire, le plus ou moins de gravité des résultats n'est pas une raison de décider.

Le ministère public, devant la Cour de cassation, s'est appuyé sur un autre argument : c'est que l'ordonnance qui déclare l'état de siége ne le crée pas, que cet état préexistait dans les faits qui motivent l'ordonnance, laquelle ne fait que le constater ; d'où la conclusion que les conséquences de l'état de siége et notamment l'attribution de juridiction doivent remonter à l'instant même où ces faits ont commencé. Mais cette argumentation a le grave inconvénient de confondre l'état de siége réel avec l'état de siége fictif, de supposer que le gouvernement ne peut déclarer une ville en état de siége que lorsqu'elle se trouve investie, en proie à une sédition, ou dans quelqu'une des circonstances que précise l'art. 53 du décret ; ce qui n'est pas exact, ainsi que la chose a été expliquée ci-dessus, § IV, n° 1. Cette confusion a un danger qu'il importe de signaler. Comme dans ce système la déclaration de l'état de siége, pour une ville qui a été investie mais qui ne l'est plus, serait évidemment illégale, puisque d'après les lois de 1791 et de l'an V, même d'après le décret de 1811, l'état de siége cesse avec l'investissement, il serait assez naturel de conclure de là, dans le silence du décret, que la déclaration de cet état pour une ville qu'une sédition a troublée, faite après la fin de la sédition, est pareillement illégale. Les troubles des 5 et 6 juin doivent être allégués non comme justifiant la légalité du décret, mais comme justifiant son opportunité ; non comme constituant l'état de siége, ou donnant naissance au droit du gouvernement de le déclarer, mais comme expliquant l'exercice qu'il a fait de ce droit.

§ X.—Enfin la Charte n'a-t-elle pas abrogé la faculté donnée par le décret au gouvernement de déclarer l'état de siége? N'a-t-elle pas au moins abrogé la disposition particulière de ce décret qui substitue, durant l'état de siége, la juridiction des tribunaux militaires à celle des tribunaux ordinaires? C'est la dernière objection soulevée contre l'ordonnance du 6 juin.

Il ne peut être ici question d'une abrogation expresse, aucun article de la Charte n'ayant littéralement abrogé les art. 53 et 103 du décret du 24 décembre 1811.

Quant à l'abrogation tacite, c'est un principe professé par tous les auteurs qu'on ne doit l'admettre qu'avec beaucoup de réserve et de discernement, parce que ce serait ébranler la force morale dont les lois ont besoin d'être environnées que de présumer facilement leur changement; on exige, pour qu'il y ait abrogation tacite, que la nouvelle loi soit incompatible avec l'ancienne.

Sans méconnaître cette règle, on a soutenu qu'une loi qui permettait au gouvernement de mettre, par une ordonnance, une ville non investie en état de siège, c'est-à-dire de la soumettre à un régime exceptionnel, de la placer en quelque sorte hors de la constitution, était contraire à la Charte et incompatible avec elle.

On a soutenu que cela était surtout vrai de la disposition de l'art. 103 du décret qui change, dans les lieux en état de siège, l'ordre des juridictions ; et ici l'on ne s'est pas borné à opposer à cette disposition les principes généraux de notre nouveau droit public, mais on a invoqué particulièrement les art. 53 et 54 de la Charte de 1830, qui portent que nul ne pourra être distrait de ses juges naturels, et qu'il ne pourra être créé de commissions ni de tribunaux extraordinaires, à quelque titre et sous quelque dénomination que ce puisse être.

L'abrogation tacite en vertu des principes généraux que proclame la Charte est un argument qu'on a employé un très-grand nombre de fois, soit avant, soit depuis la révolution de Juillet, et que les Cours de justice n'ont jamais accueilli. On peut citer pour exemples les tentatives faites depuis juillet 1830 pour faire déclarer abrogés, soit l'article 291 du Code pénal relatif aux associations de plus de vingt personnes, soit la loi qui soumet les imprimeurs à avoir un brevet, ou celle qui exige des journalistes un cautionnement.

L'article 53 de le Charte s'explique par l'article 54, puisque celui-ci dit : En conséquence, il ne pourra être créé de tribunaux extraordinaires. Ce qu'ils contiennent, l'un et l'autre, c'est une défense de créer à l'avenir des tribunaux autres que ceux dont les lois actuelles reconnaissent l'existence. Qu'est-ce qu'une pareille défense peut avoir d'incompatible avec un changement de compétence déterminé à l'avance, pour certains cas spécifiés, par une loi préexistante ?

Un second principe de droit, aussi généralement reconnu que le précédent, c'est que les lois générales ne sont jamais censées abolir les lois spéciales et exceptionnelles, à moins qu'elles n'en aient une disposition formelle. Quoi de plus exceptionnel que le décret de 1811 ? Quoi de plus général que la Charte ? Elle a évidemment laissé subsister le décret dont elle ne s'est point occupée.

Une dernière considération se présente, si l'on fait attention aux suites qu'aurait l'abrogation résultant de la Charte. Cette abrogation devrait être appliquée, sans aucune distinction, à tout état de siége, non-seulement à celui qui est déclaré par une simple ordonnance, mais encore à celui qui est déterminé par un investissement réel ; non-seulement aux villes non fortifiées, mais encore aux places de guerre. Qui n'est frappé du danger que présenterait la continuation libre et entière de la juridiction ordinaire dans une place de guerre assiégée?

§ XI. De toutes les questions ci-dessus, l'arrêt rendu par la Cour de cassation, le 29 juin 1832, dans l'affaire Geoffroy, n'en a jugé qu'une, l'abrogation par la Charte de l'article 103 du décret de 1811.

La solution que cette question a reçue pouvait dispenser la cour d'examiner les autres et de s'en expliquer en aucune manière. Elle a cru cependant devoir déclarer en tête de son arrêt que les lois et décrets qui régissent l'état de siége doivent être exécutés dans toutes les dispositions qui ne sont pas contraires au texte formel de la Charte. Elle semblerait par là avoir voulu décider implicitement en faveur du gouvernement quelques-unes des questions débattues devant elle.

Il ne faut cependant pas perdre de vue qu'elle n'a point indiqué si, dans sa pensée, le gouvernement, en déclarant Paris en état de siége, le 6 juin, s'était renfermé dans les limites de ses pouvoirs ; elle n'a point, en un mot, tranché la seconde des objections ci-dessus, § V.

Elle n'a rien décidé non plus sur la rétroactivité.

Enfin, on ne peut pas méconnaître que la Cour de cassation, tout en paraissant reconnaître au gouvernement, dans certains cas, le droit de déclarer l'état de siége, s'est néanmoins placée en opposition avec lui sur la question de compétence. Le gouvernement, en effet, ne s'est pas borné à déclarer l'état de siége, laissant aux tribunaux de l'une et de l'autre juridiction à prononcer sur ses conséquences ; le ministre de l'intérieur, dans son rapport au Roi qui a précédé l'ordonnance du 6 juin, et le ministre de la guerre, dans l'instruction qu'il a adressée le 7 juin au commandant de la première division militaire, ont expressément fait connaître que l'un des principaux objets que le gouvernement avait en vue, en prenant cette mesure, était le déplacement de la juridiction.

XVIII

(Page 353).

Tableau des condamnations prononcées par la Cour d'assises contre les individus poursuivis à raison de l'insurrection des 5 et 6 juin 1832.

Par suite de l'insurrection de juin, le jury a condamné quatre-vingt-deux individus à diverses peines, savoir :

7 à mort ; les sieurs Cuny, Lepage, Lecouvreur, Toupriant, Bainsse, Lacroix et Forthom ; tous ont vu commuer leur peine en celle de la déportation.

4 à la déportation ; les sieurs Colombat, le même qui fut arrêté par Vidocq, et qui s'est évadé du Mont-Saint-Michel en 1835 ; Jeanne, O'Reilly, dont j'ai fait commuer la peine ; Saint-Étienne.

4 aux travaux forcés à perpétuité.
5 — pour dix ans.
1 — pour huit ans.
1 — pour sept ans.
1 — pour six ans.
5 — pour cinq ans.

En général, ces peines ont été commuées en une détention pour une même durée.

3 à dix années de détention.
2 à sept années de détention.

(Les sieurs Thielmans et Marchands, chefs de la Société Gauloise.)

2 à six années de détention.
4 à cinq années de détention.
1 à huit années de réclusion.
3 à six années.
(Parmi ces trois condamnés, figurait le sieur Vigouroux, que j'ai fait gracier en 1835.)
4 à cinq années de réclusion.
10 à cinq années de prison.
3 à trois années.
1 à deux ans sept mois de prison.
5 à deux ans.
16 à dix-huit mois, treize mois, un an, six mois, trois mois, un mois de prison.

82

(*Mémoires de M. Gisquet, ancien préfet de police,* écrits par lui-même. T. II, p. 281-283.)

XIX

(Page 353).

1° *Le roi Louis-Philippe au maréchal Soult, en mission pour réprimer l'insurrection de Lyon.*

Paris, ce 29 novembre 1831, à 2 heures du soir.

J'ai reçu, mon cher maréchal, votre lettre datée de Mâcon le 27 et j'y réponds à la hâte. Toutes vos dispositions me paraissent excellentes et telles qu'on pouvait les attendre de vous. J'en dis autant de tout ce que vous me mandez. Déjà vous devez avoir reçu les ordonnances que vous demandiez, tant pour le licenciement des diverses gardes nationales de Lyon et de ses faubourgs, que pour la mobilisation des gardes nationales des départements voisins, avec la faculté de les en faire sortir. Ainsi vous êtes pourvu de tous ces moyens.

Quant à la mise de la ville de Lyon en état de siége, la question me paraît mériter un mûr examen, et j'ai convoqué le Conseil pour ce soir à huit heures et demie, afin qu'elle y soit bien discutée avant de me former une opinion et de prendre un parti. Je n'arrêterai donc aucune opinion finale avant ce soir, mais ma disposition actuelle est d'espérer que cette mesure ne sera pas nécessaire. Je crois que le seul cas où elle le serait est celui où l'entrée dans Lyon serait refusée aux troupes, ou que cette entrée ne serait accordée qu'avec des conditions. Alors il faudrait nécessairement cerner, bloquer, attaquer, et par conséquent l'état de siége deviendrait un fait qu'on devrait déclarer. Mais si au contraire, comme je l'espère et comme je le crois, et surtout comme je le désire vivement, les portes de la ville de Lyon s'ouvrent sans coup férir et sans conditions, et que les troupes y rentrent sans que nous ayons à déplorer une nouvelle effusion de notre précieux sang français, alors la mesure de la mise en état de siége me paraîtrait superflue, et je craindrais que, malgré la douceur que vous apporteriez dans son exécution, il n'en résultât des alarmes et des irritations dangereuses.

Le grand point, le point culminant de notre affaire, c'est d'entrer dans Lyon sans coup férir et sans conditions. Tout sera, si ce n'est fini, au moins sûr de bien finir, quand cela sera effectué. Sans doute, il faudra le désarmement et les mesures nécessaires pour l'opérer. Il faudra de la sévérité, surtout pour ces compagnies du génie et autres militaires qui ont quitté leurs drapeaux et sont restés à Lyon ; mais vous savez pourtant que, quand je dis *sévérité*, ce n'est pas d'*exécutions* que je veux parler, et ce n'est pas à vous que j'ai besoin de le dire. Je suis bien sûr de votre modération sur tout ; et elle est toujours nécessaire dans le succès, car alors les conseils violents arrivent de toutes parts, et surtout de ceux qui se tenaient à l'écart pendant la lutte. La bonne politique est d'être sage sans faiblesse et ferme sans violence.

Vous connaissez toute mon amitié pour vous.

2° Le ministre du commerce et des travaux publics à M. le maréchal Soult, en mission à Lyon.

Paris, le   novembre 1831.

Monsieur le maréchal et cher collègue,

Je crois utile de mettre sous vos yeux le fond de la contestation qui, ayant agité la manufacture lyonnaise, a donné lieu enfin aux fâcheux événements qui ont éclaté.

A Lyon, les fabricants n'ont point de grands ateliers. Ils donnent les soies préparées pour chaque pièce d'étoffe à des maîtres-ouvriers qui en font le tissage dans leur propre domicile, sur des métiers dont ils se fournissent.

Chaque maître-ouvrier a ordinairement dans sa demeure plusieurs métiers. Il travaille sur l'un de ses mains ; il fait travailler sur les autres ou par ses enfants ou par des ouvriers compagnons qu'il prend à son service.

La main-d'œuvre du tissage se règle à la mesure, et non à la journée. Il y a du fabricant au maître-ouvrier une convention à faire pour déterminer le prix de cette main-d'œuvre ou façon, et une autre convention du maître-ouvrier à l'ouvrier compagnon pour savoir combien, sur ce même prix, il restera de salaire à l'ouvrier et combien au maître pour bénéfice, emploi de son métier, etc.

Il convient de remarquer, en passant, que le maître-ouvrier domicilié, propriétaire de métiers, offre plus de garanties d'ordre que la population plus nombreuse des ouvriers compagnons, population flottante qui circule sans cesse de Lyon à Avignon et à Nîmes, et sur laquelle on a peu de prise. Il est probable que ses exigences envers le maître-ouvrier ont contribué à pousser celui-ci dans ses prétentions, et que, quand le maître a été exaspéré, ses ouvriers n'ont pas tardé à s'abandonner aux excès.

Depuis quelque temps, les uns et les autres prétendaient que le cours des mains-d'œuvre était trop bas, qu'ils ne pouvaient vivre sur leurs salaires, qu'ils avaient le droit d'exiger davantage, et que l'autorité devait y pourvoir ; qu'à plusieurs reprises, et jusqu'en 1811, il avait été fait des tarifs concertés par les soins de l'autorité, garantis par elle, et que la sécurité ne pourrait régner que lorsqu'on aurait suivi cet exemple, qu'il y aurait un tarif reconnu et publié, en sorte que le fabricant ne pût plus essayer de faire agréer au plus misérable de moindres salaires qui finissaient par faire la loi à tous.

Il serait inutile aujourd'hui de rappeler comment leurs demandes se sont produites et ont été entendues, comment on a cru leur avoir procuré le tarif par voie de conciliation, comment un grand nombre de fabricants ont refusé de l'admettre, et comment les ouvriers, ayant cru en être légitimement en possession, ont regardé les refusants comme des réfractaires qui manquaient et à un traité et à un règlement public.

Quoi qu'il en soit, le tarif ne pouvait être admis. L'autorité n'a aucun droit de régler les salaires ; aucune loi ne le permet ; et dans l'ordre légal si universellement et si justement réclamé aujourd'hui, les exemples de 1811, pas plus que ceux de 1793 qu'on a cités aussi, ne sauraient être invoqués. Je le répète, aucune loi ne permet de donner un tarif à une manufacture. S'il y a des traités, ils n'engagent que ceux qui les consentent ; l'autorité administrative, loin de pouvoir y soumettre personne, ne saurait même s'en mêler envers les parties contractantes ; les tribunaux seuls pourraient connaître de leurs contestations ; et quant à ceux qui n'ont point adhéré à une transaction, aucun juge ne peut leur imposer un tarif qui leur est étranger. Si les prud'hommes s'y laissaient induire, la Cour de cassation en ferait justice.

Il est bon d'ajouter, pour empêcher toute méprise à venir, qu'on a particulièrement oublié à Lyon une loi très-expresse, quand on a cru pouvoir convoquer une assemblée légale de tous les fabricants et leur faire nommer des commissaires. Les assemblées de professions sont défendues et ne peuvent donner des pouvoirs qui engagent qui que ce soit; les assemblées des ouvriers, qui avaient précédé, étaient encore plus irrégulières, et, de plus, tombaient dans la disposition de l'art. 415 du Code pénal, car c'était évidemment une coalition pour renchérir le prix du travail.

Mais en laissant à l'écart ce qui s'est fait, sinon pour empêcher qu'on ne le refasse, et en examinant le tarif sous le rapport de la possibilité de l'exécuter, voici ce qu'il importe de savoir. Quel que soit le sort de l'ouvrier, il ne dépend pas du fabricant de l'améliorer, et il y a une grande injustice à croire que c'est pure dureté ou pure avidité que de ne pas accroître les salaires.

La fabrique de Lyon ne travaille en général qu'à mesure que des commandes lui arrivent ; celles de l'étranger sont considérables, et d'elles seules dépend le mouvement plus ou moins sensible de la fabrication ; le nombre des métiers occupés augmente ou diminue suivant que l'Allemagne, la Russie, l'Angleterre elle-même et surtout l'Amérique demandent ou ne demandent pas.

Mais Lyon rencontre aujourd'hui une grande concurrence, surtout pour les étoffes unies, dont le monopole lui échappe. Non-seulement l'Angleterre pourvoit à sa consommation, mais Zurich, Bâle, Creveldt, Elberfeldt, fabriquent en grand, à des prix beaucoup plus modérés que les Lyonnais, et fournissent au dehors, à ceux qui autrefois ne connaissaient que Lyon. Les commandes y viennent encore de préférence, mais c'est à condition de n'y payer les étoffes pas plus cher que dans les autres fabriques; cette condition, on peut l'accepter ou la refuser, mais on ne saurait la changer. Elle est fondée sur la nature évidente des choses.

Quand la diminution du prix de l'étoffe fabriquée est ainsi imposée, il faut bien que le fabricant fasse économie; il peut sacrifier une partie de son bénéfice, mais il ne saurait travailler à perte; si l'ouvrier peut se contenter du prix qu'on lui offre, les commandes de l'étranger sont acceptées et Lyon travaille. Si l'ouvrier ne peut vivre et s'il ne peut accepter pour ressource le salaire que la circonstance comporte, il faut bien refuser la commission, et le travail est forcément interrompu.

On dira que ce partage du bénéfice étant fait par le fabricant, il se réserve un profit tandis qu'il laisse l'ouvrier en perte. Mais il n'en peut être ainsi, car le fabricant ne gagne rien s'il ne fait travailler; il est évident qu'il offre à l'ouvrier tout le salaire qu'il peut donner plutôt que de refuser des commissions. D'ailleurs quand on pourrait l'astreindre à un tarif, s'il trouve qu'il lui est impossible de s'y accommoder et qu'il aime mieux ne pas faire travailler plutôt que de perdre, aucune puissance au monde ne peut l'obliger à donner de l'ouvrage aux ouvriers; le tarif ne peut donc en aucun cas être pour eux une garantie, et c'est ce qu'il serait bien essentiel de leur faire entendre.

Enfin, monsieur le maréchal, je crois utile de vous bien faire remarquer de quel point on est parti. La première fois que M. le Préfet a parlé du tarif, il a déclaré que la fabrique de Lyon n'avait point eu les interruptions de travail qui ont affligé les autres manufactures, que tous les bras étaient occupés, qu'il en manquait à quelques milliers de métiers pour lesquels on avait de l'ouvrage ; ainsi, on se plaignait seulement que le travail fût trop peu rétribué. C'était là une position bien moins fâcheuse que celle de tant de villes où les ateliers étaient fermés ; ces villes ont souffert sans troubler l'ordre, et l'on ne peut assez regretter qu'à Lyon, où le travail abondait, une situation bien plus tolérable ait eu une semblable issue.

Veuillez agréer, monsieur le maréchal et cher collègue, l'assurance de ma haute considération,

Le pair de France,
Ministre de l'agriculture et du commerce,

Comte d'Argout.

En résumé, monsieur le maréchal et cher collègue, aucun tarif ne peut être maintenu à Lyon : 1º parce que cette mesure est illégale ; 2º parce qu'elle ne saurait être obligatoire, puisqu'aucun tribunal ne pourrait la reconnaître et forcer les fabricants à s'y conformer ; 3º parce qu'en supposant que cette mesure fût légale et que les tribunaux eussent la faculté d'en sanctionner l'exécution par des arrêts, il n'existe aucune puissance au monde qui puisse contraindre un fabricant à donner du travail aux ouvriers en leur payant un salaire qui mettrait le fabricant dans la nécessité de vendre à perte. La conséquence du tarif approuvé par M. Dumolard a donc été de tarir le travail et d'empirer la situation des ouvriers au lieu de l'améliorer. La conduite suivie par M. le président du Conseil et par moi, à l'égard de M. Dumolard, a été celle-ci : nous lui avons fait connaître l'illégalité de la mesuré qu'il avait approuvée; nous l'avons éclairé sur les conséquences forcées qu'elle devait entraîner ; nous lui avons déclaré que nous ne voulions pas casser le tarif pour éviter de provoquer une secousse à Lyon, mais que nous voulions lui laisser l'honneur de réparer le mal, qu'il devait éclairer les ouvriers, leur faire comprendre le dommage que le tarif leur causait à eux-mêmes, et, lorsque les esprits y seraient préparés, abroger le tarif sans éclat ou le laisser tomber en désuétude. Tels sont, monsieur le maréchal, les renseignements que j'ai cru utile de vous donner; il me semble en effet fort essentiel, maintenant que la révolte a éclaté, de ne laisser aucune espérance aux ouvriers (lorsqu'ils rentreront dans l'ordre) de conserver un tarif quelconque, car tant qu'ils en conserveront un, ou tant qu'ils auront l'espoir d'en obtenir un, Lyon se trouvera exposé à de nouvelles perturbations. Elles se manifesteront dès que les fabricants, mécontents d'un tarif qui ne leur permettrait pas de vendre avec profit, cesseront leurs commandes aux ouvriers.

FIN DES PIÈCES HISTORIQUES DU TOME DEUXIÈME.

TABLE DES MATIÈRES

DU TOME DEUXIÈME

CHAPITRE IX.

LA RÉVOLUTION DE 1830.

(26 juillet—11 août 1830.)

Mon arrivée à Paris. — Je trouve la Révolution soudainement flagrante. — Réunions de Députés chez MM. Casimir Périer, Laffitte, Bérard et Audry-Puyraveau. — État des esprits dans ces réunions ; — parmi le peuple et dans les rues. — Les Députés prennent séance au Palais-Bourbon et appellent le duc d'Orléans à Paris.—Il accepte les fonctions de lieutenant général du royaume.—Insignifiants et vains essais de négociation entre Paris et Saint-Cloud. — Le raccommodement avec Charles X était-il possible? — La royauté du duc de Bordeaux avec la régence du duc d'Orléans était-elle possible?—M. de La Fayette et ses hésitations.—M. le duc d'Orléans et les motifs de sa détermination.—Il n'y avait de choix qu'entre la monarchie nouvelle et la République. — Emportement public.— Sentiment dominant parmi les royalistes.—Empire de l'exemple de la Révolution de 1688 en Angleterre.—Différences méconnues entre les deux pays et les deux événements.—Révision de la Charte.—Origine du parti de la résistance.— Fallait-il soumettre la royauté et la Charte nouvelles à la sanction populaire?—Symptômes anarchiques. — Prétentions républicaines. — Faits divers qui déterminent ma ferme adhésion à la politique de résistance. — Je deviens ministre de l'intérieur.. 1

CHAPITRE X.

MON MINISTÈRE DE L'INTÉRIEUR.

(1er août—2 novembre 1830.)

Ma principale préoccupation en entrant au ministère de l'intérieur.—Voyage et embarquement de Charles X.—Composition et incohérence du cabinet du 11 août 1830.—Ses divers éléments.—MM. Laffitte, Dupont de l'Eure, maréchal Gérard et Bignon. — MM. Casimir Périer, duc de Broglie, baron Louis, comte Molé, général Sébastiani, Dupin et moi.—Attitude du Roi dans ce Conseil.—Vastes attributions et mauvaise organisation du ministère de l'intérieur.—Mes travaux.—L'Opposition m'accuse de ne rien faire.—Mon Exposé de l'état du royaume en septembre 1830.—Mes relations avec les préfets.—Mes relations avec M. de La Fayette au sujet des gardes nationales. — Mon administration dans ses rapports avec les lettres, les sciences et les arts.—Ma participation aux affaires extérieures. — L'Europe veut le maintien de la paix. — Dispositions de l'Angleterre, — de la Russie et de l'empereur Nicolas, — de l'Autriche et de la Prusse. — Le parti révolutionnaire en France méconnaît complétement cette situation européenne. —Le roi Louis-Philippe la comprend et en profite.—Sentiment de la France à l'égard des révolutions étrangères.—M. de Talleyrand ambassadeur à Londres.—Pourquoi il convient à cette mission.—Est-il vrai que le roi Louis-Philippe ait seul fait ce choix? — Notre politique envers la Belgique, le Piémont et l'Espagne. — Ma conduite envers les réfugiés espagnols. — Rapports du cabinet avec les Chambres. — La Chambre des députés se complète par des élections nouvelles.—M. Pasquier est nommé président de la Chambre des pairs. — Projets de lois présentés aux Chambres.—Propositions nées dans les Chambres. — Mes débuts à la tribune. — Fermentation des partis.—Débat sur les clubs.—Clôture des clubs.—La Chambre des députés accuse les ministres de Charles X.—Proposition de M. de Tracy et Adresse de la Chambre des députés pour l'abolition de la peine de mort.—Émeutes révolutionnaires.— Elles se portent sur le château de Vincennes,—sur le Palais-Royal.—Dissolution du cabinet.—Ses causes.—Mon sentiment en sortant des affaires.—Lettre de M. Augustin Thierry. 35

TABLE. 515

CHAPITRE XI.

LE PROCÈS DES MINISTRES DE CHARLES X ET LE SAC DE SAINT-GERMAIN-L'AUXERROIS.

(3 novembre 1830—13 mars 1831.)

Dissentiments dans le cabinet de M. Laffitte.—Mort et obsèques de M. Benjamin Constant.—Procès des ministres de Charles X. —Mon discours contre l'application de la peine de mort.— Attitude de la Cour des pairs.—M. Sauzet et M. de Montalivet. —Embarras de M. de La Fayette après le procès des ministres. — Prétentions et espérances du parti démocratique. — La Chambre des députés abolit le commandement général des gardes nationales du royaume.—Négociations entre le Roi et M. de La Fayette à ce sujet.—Exigences et démission de M. de La Fayette.—Le comte de Lobau est nommé commandant supérieur de la garde nationale de Paris. — Conversations de M. Laffitte avec l'ambassadeur de France à ***. — M. Thiers sous-secrétaire d'État des finances.—État des affaires étrangères.—M. de Talleyrand et la Conférence de Londres.— Sac de l'église de Saint-Germain-l'Auxerrois et de l'archevêché de Paris. — Scènes anarchiques sur divers points.— Suppression des fleurs de lis dans les armes de France.— Effet de ces scènes en Europe;—sur l'état des partis en France;—dans la Chambre des députés.—Mollesse et impuissance du cabinet. —Mon opposition.—Chute du cabinet.—Lutte intérieure pour son remplacement. — M. Casimir Périer forme un nouveau ministère.. 136

CHAPITRE XII.

M. CASIMIR PÉRIER ET L'ANARCHIE.

(13 mars 1831—16 mai 1832.)

Rapports de M. Casimir Périer avec ses collègues;—avec le Roi Louis-Philippe ; — avec les Chambres ; — avec ses agents. — Action personnelle du Roi dans le gouvernement. — Prétendues scènes entre le Roi et M. Casimir Périer.—Anarchie dans Paris et dans les départements.—Efforts des partis politiques pour exploiter l'anarchie.—Parti républicain.—Parti légitimiste.—Parti bonapartiste.—Leurs complots.—Faiblesse de la répression judiciaire.—Écoles et sectes anarchiques.—Les saint-simoniens.—Les fouriéristes.—Insurrection des ouvriers de Lyon.—Sédition à Grenoble.—Désordres sur divers autres points du territoire.—Grande émeute à Paris sur la nouvelle de la chute de Varsovie.—M. Casimir Périer et le général Sébastiani sur la place Vendôme.—M. Casimir Périer réorganise la police.—M. Gisquet préfet de police.—Le roi Louis Philippe vient habiter les Tuileries.—Travaux dans le jardin des Tuileries et leur motif.—M. Casimir Périer aussi modéré qu'énergique dans l'exercice du pouvoir.—Il se refuse à toute loi d'exception.—La reine Hortense à Paris.—Conduite du roi Louis-Philippe et de son gouvernement envers la mémoire et la famille de l'Empereur Napoléon.—Débats législatifs.—Liste civile.—Abolition de l'hérédité de la pairie.—Proposition pour l'abrogation de la loi du 19 janvier 1815 et du deuil officiel pour la mort de Louis XVI.—Discours du duc de Broglie sur cette proposition.—Mon attitude et mon langage dans les Chambres.—Ce qu'en pensent le roi Louis-Philippe, M. Casimir Périer et les Chambres, — Débat sur l'emploi du mot *sujets*.—État de la société dans Paris. —La politique tue les anciennes mœurs sociales.—Décadence des salons.—Ce qui en reste et mes relations dans le monde. —M. Bertin de Veaux et le *Journal des Débats*............ 180

CHAPITRE XIII.

M. CASIMIR PÉRIER ET LA PAIX.

(13 mars 1831—16 mai 1832.)

Caractère général de la politique extérieure de la France, de 1792 à 1814;—de 1814 à 1830.—Le congrès de Vienne.—La Sainte-Alliance.—Caractère général de la politique extérieure du gouvernement de 1830;—de la politique extérieure de l'opposition après 1830.—De l'alliance anglaise.—Question belge.—Le roi Louis-Philippe, le roi Léopold et M. de Talleyrand dans la question belge.—Rapports de M. Casimir Périer et de M. de Talleyrand.—Question polonaise.—Vitalité de la Pologne.—On n'a jamais tenté sérieusement de la rétablir. —Ce qu'auraient pu faire les Polonais en 1830.—Le général

Chlopicki et sa lettre à l'empereur Nicolas.— Que le gouvernement du roi Louis-Philippe n'a jamais donné de fausses espérances aux Polonais. — Comment et par qui ils ont été induits en illusion.—Question italienne. — Le Piémont et Naples, de 1830 à 1832.— Insurrection dans les petits États italiens gouvernés par des princes de la maison d'Autriche et dans les États romains.— Première occupation des Légations par les Autrichiens.—Ils les évacuent.—Le prince de Metternich et M. Casimir Périer sur les affaires d'Italie.— Le comte de Sainte-Aulaire, ambassadeur de France à Rome. —Démarche des grandes puissances auprès du pape pour lui conseiller des réformes. — Édits du pape. — Nouvelle insurrection.—Seconde occupation des Autrichiens.—Expédition d'Ancône. — L'amiral Roussin devant Lisbonne.— Grande situation de M. Casimir Périer en Europe.—Pourtant son succès est incomplet et précaire.—Son propre sentiment à ce sujet. — Explosion du choléra à Paris. — Mon sentiment sur la conduite du gouvernement et du peuple de Paris pendant le choléra.—Visite du duc d'Orléans et de M. Casimir Périer à l'Hôtel-Dieu.—Mort de M. Cuvier.— Maladie, mort et obsèques de M. Casimir Périer........ 248

CHAPITRE XIV.

INSURRECTIONS LÉGITIMISTE ET RÉPUBLICAINE.—OPPOSITION PARLEMENTAIRE.— FORMATION DU CABINET DU 11 OCTOBRE 1832.

(16 mai—11 octobre 1832.)

État des esprits après la mort de M. Casimir Périer; — dans le gouvernement; — dans les divers partis. — Insurrection légitimiste dans les départements de l'Ouest. — Principe et sentiments du parti légitimiste.—Mme la duchesse de Berry.— Principe et sentiments du parti républicain. — Ses préparatifs d'insurrection à Paris.—Manifeste ou *Compte rendu* de l'opposition parlementaire.—Ses motifs et son caractère.—Courage et insuffisance du cabinet.—On pense à M. de Talleyrand comme premier ministre. — Voyage de M. de Rémusat à Londres. — M. de Talleyrand s'y refuse. — Mort du général Lamarque. — Insurrection républicaine des 5 et 6 juin 1832.— Énergique résistance du parti de l'ordre. — Le roi parcourt Paris. — Je me rends aux Tuileries. — Visite aux Tuileries de MM. Laffitte, Odilon-Barrot et Arago. — Leur conversation avec le roi. — Faiblesse croissante du cabinet malgré sa victoire. — Ses deux fautes. — Mise en état de siége de Paris. — Arrestation de MM. de Chateaubriand, Fitz-James, Hyde de Neuville et Berryer. — Tentative du Roi pour conserver le cabinet en le fortifiant. — M. Dupin. — Urgence de la situation. — Le Roi nomme le maréchal Soult président du conseil et le charge de former un cabinet. — Le duc de Broglie est appelé à Paris. — Il fait de mon entrée dans le cabinet la condition de la sienne. — Objections et hésitation. — Le maréchal Soult fait une nouvelle proposition à M. Dupin, qui refuse.—On me propose et j'accepte le ministère de l'instruction publique.—Formation du cabinet du 11 octobre 1332. . 324

PIÈCES HISTORIQUES.

I.

Protestation des députés contre les ordonnances du 25 juillet 1830.................................... 369

II.

Proclamation adressée à la France par les députés des départements réunis au palais Bourbon, après l'appel et l'arrivée de S. A. R. Mgr. le duc d'Orléans à Paris........... 371

III.

Exposé de la situation du royaume présenté aux Chambres le 13 septembre 1830, par M. Guizot, ministre de l'intérieur.................................... 373

IV.

Rapport présenté au Roi le 21 octobre 1830, par M. Guizot, ministre de l'intérieur, pour faire instituer un inspecteur général des monuments historiques en France...... 385

V.

1° Décret de l'empereur Napoléon Ier (20 février 1806) qui règle la destination des églises de Saint-Denis et de Sainte-Geneviève.. 390

2° Ordonnance du roi Louis XVIII (12 décembre 1821) qui confirme et complète la restitution au culte de l'église Sainte-Geneviève.. 391

VI.

Circulaire adressée aux préfets par M. Guizot, ministre de l'intérieur (29 septembre 1830), sur les élections à la Chambre des députés.. 393

VII.

Notice sur madame de Rumford, par M. Guizot (écrite en 1841)... 397

VIII.

Procès-verbal de l'audience donnée et de la réponse faite, le 17 février 1831, par le roi Louis-Philippe, aux députés du congrès national de la Belgique, venus à Paris pour lui annoncer l'élection de S. A. R. Mgr. le duc de Nemours comme roi des Belges.. 424

IX.

Lettre du général Chlopicki à l'empereur Nicolas (décembre 1838).. 429

X.

Memorandum présenté le 21 mai 1831, par la Conférence de Rome, au pape Grégoire XVI........................... 432

XI.

1° Résumé des édits de réforme du pape Grégoire XVI en 1831.. 436

2° Lettre de M. Rossi à M. Guizot (10 avril 1832)........... 446

XII.

1° M. Casimir Périer à M. le comte de Sainte-Aulaire...... 453
2° M. Casimir Périer à M. le prince de Talleyrand......... 455

XIII.

De la charité et de sa place dans la vie des femmes, par madame Éliza Guizot... 457

XIV.

Extrait du *Moniteur* du 5 avril 1832, sur les troubles et les meurtres survenus dans Paris à l'occasion du choléra.... 477

XV.

1° Discours de M. Royer-Collard aux obsèques de M. Casimir Périer (10 mai 1832)............................... 480
2° Portrait et caractère de M. Casimir Périer, par M. de Rémusat... 482

XVI.

Lettre de M. de La Fayette à M*** sur la mort de M. Casimir Périer... 485

XVII.

Note sur la mise en état de siége de Paris par l'ordonnance royale du 6 juin 1831, par M. Vincens de Saint-Laurent, président de chambre à la Cour royale de Paris.... 487

XVIII.

Tableau des condamnations prononcées par la Cour d'assises contre les individus poursuivis à raison de l'insurrection des 5 et 6 juin 1832................................... 503

XIX.

1° Le roi Louis-Philippe au maréchal Soult, en mission pour réprimer l'insurrection de Lyon.................. 505
2° Le ministre du commerce et des travaux publics à M. le maréchal Soult, en mission à Lyon................ 507

FIN DE LA TABLE DU TOME DEUXIÈME.

PARIS.—IMPRIMÉ CHEZ BONAVENTURE ET DUCESSOIS.

www.ingramcontent.com/pod-product-compliance
Lightning Source LLC
Chambersburg PA
CBHW071610230426
43669CB00012B/1894